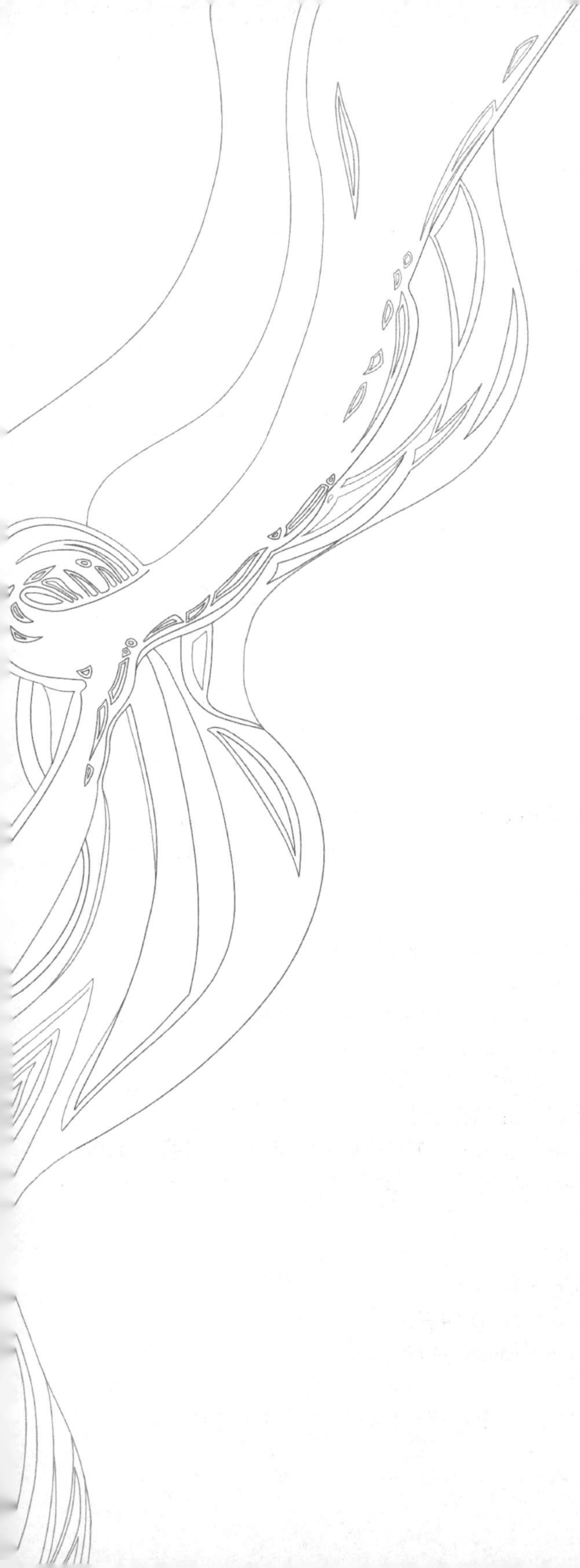

孟宪实读史漫记

（增订本）

孟宪实 著

凤凰出版社

图书在版编目（CIP）数据

孟宪实读史漫记 / 孟宪实著. -- 增订本. -- 南京 : 凤凰出版社, 2021.6
ISBN 978-7-5506-3405-3

Ⅰ. ①孟… Ⅱ. ①孟… Ⅲ. ①中国历史－古代史－通俗读物 Ⅳ. ①K220.9

中国版本图书馆CIP数据核字(2021)第054416号

书　　名	孟宪实读史漫记(增订本)
著　　者	孟宪实
责任编辑	李　霏
装帧设计	陈贵子
出版发行	凤凰出版社(原江苏古籍出版社) 发行部电话025-83223462
出版社地址	江苏省南京市中央路165号,邮编:210009
出版社网址	http://www.fhcbs.com
照　　排	南京理工出版信息技术有限公司
印　　刷	南京爱德印刷有限公司 江苏省南京市江宁区东善桥秣周中路99号,邮编:211153
开　　本	652毫米×960毫米　1/16
印　　张	26.75
字　　数	345千字
版　　次	2021年6月第1版
印　　次	2021年6月第1次印刷
标准书号	ISBN 978-7-5506-3405-3
定　　价	78.00元

(本书凡印装错误可向承印厂调换,电话:025-57928003)

目录

[序言]

历史的天空是自由的

历史的天空是什么颜色？我不知道。但是我知道，历史的天空是自由的。

在历史阳光的照射下，人人平等，没有人拥有特权。多少不可一世的帝王，只有回归历史，才会获得与人平等的地位。历史的天空是自由的，人人平等是自由的底色。受尽冤屈的小人物，历史可以为他平反。王侯将相，丧失了平生的权力依仗，与平民同等。即使是帝王，在历史自由的天平上，也不得不接受平等原则的审判。

历史是资源，任何人都可以自由开发，自由索取。每个人都是自己的历史学家，但是作为一种职业，绝大多数的人会跟历史研究绝缘。不论历史发生多少变化，不论你能细数多少古今的不同，但是人与人的关系，人性与人情，人生与社会凡此等等的问题，总会不分昼夜地来纠缠你，考验你的耐心，折磨你的心智。阅历成了制胜法宝，因为阅历积累经验，经验生成智慧，但是人性的底蕴才是人人获得审判权力的根基。不论如何分类，人人心中都会有一个自由的尺度，人人有权按照自己的尺度去测量历史。即使技术掌握有所不同，但是在历史的天空下，人人得以自由。现实世界的羁绊无所不在，回归历史就是回归自由。

在有限的生命长度里，在狭窄的生活空间里，能经历的事情永远属于少数。听故事是一种增加阅历的途径，小时候听老人讲故事，就是百听不厌。在别人的故事中，我们正在学习成长，至少开始探寻未来的成长之路。后来是听说书，其实也是故事的一种，听《三国》掉眼泪，替古人担忧。真的是替古人吗？不，在聆听的时候我们自己成了主人公，我们在一个虚拟的环境中尝试摆脱困境、获得友谊和养成自己的侠肝义胆。听别人讲故事属于童年的往事，真正阅历的增长，是在我们学会阅读之后。每个人，都有从历史中获取资源的经验。历史曾经被固定的阶层垄断，如今那已经成为不可复制的过去。每个人面对历史，都有一种自由的权力，那就是评判的权力，那是类似上帝审判一样的权力。

人类掌握的技能中，只有很少一部分来自我们自己独特的实践，绝大多数都是通过间接经验获得的，其中很大一部分就来自阅读。阅读让我们掌握了技能，至少技能的掌握是从阅读开始。阅读让我们领略世界，让我们到达了生活中不可能到达的领域。空间和时间在我们的阅读中无限地延伸，如同我们学会了分身之术，如同我们个个都是千岁老人。所有前人记载下来的经验，你都可以通过阅读获得，你的独特经验，也可以通过阅读传递给后人。阅读，成了渠道，人类智慧在这里滔滔不绝。阅读，成了魔法，所有武功都可以吸纳。凡能阅读的，都是前人经验的总结；所有的知识，都是过去（历史）形态的。历史的知识是有益的，它增强了我们历史判断的能力；但即使历史知识是缺乏的，也不意味着丧失了自由审判的权力，人心、人性和人情，依然是我们历史审判权力的核心要件。

不过，历史学如今是一个狭小的空间，在我们的阅读书目中，属于历史学的是少数。在这个世界上，阅读并研究历史的人也应该属于少数。经济发达，社会节奏加快，人生面临的挑战日益增多，提高技能成了我们的家常日用品。于是我们看到，有关技术和教育的书籍，会永久畅销，历史的书籍在这样的环境中会忽然闪烁出一种奢侈品的光芒。挚爱历史书籍的人，热衷历史研究的人，在我们这个世界，绝对属于一小撮。让这么一小撮的人独享广阔无垠的历史，他们不是太奢侈了吗？所以，解放历史，可以看作是人类解放的一部分，让所有的人都享有自由，至少先从历史开始。

人类经历的往事，再也不会重现，所有的历史最多如大海中的一滴水，残存的一滴水，到底能够说明什么。时间如飞箭划过天空，历史就是时间留下的碎片，一段文字、一件文物，都是时间这个大海残留下来的一滴水。依靠这些片段琢磨历史，通过一滴水复原大海。这是科学研究，还是成人的童话？从事成人的童话，并不受到歧视，这不是意味深长吗？社会需要历史，所以留给历史以足够宽大的位置。往事的追踪，谁说不是未来探索的一个组成部分？这是一道几何题，虚线往往也具有正面的证明意义。何况，历史与未来，究竟哪个方向更虚幻呢？不仅如此，现实世界的虚幻不是早就存在系统的主张吗？历史的认识，于是成为各种意志自由翱翔的天空。

还是回归人性比较稳妥，具有精神世界的人，不希望在任何维度上出现空白。往事，代表过去的时间，在以往的足迹中求证经验教训，以便更好地走向未来，这是人类社会理性的部分体现。无用之用，这时就会挺身而出，当仁不让地表达自己的存在根据。政治家多为历史学家的时代已经成为历史，但是历史学提供经验教训的习惯依然属于社会。历史若被消灭，仍然是可怕的现象。历史被篡改，还会引起巨大的纠纷。从历史的源头启动政治阴谋，这样的故事还没有讲完。用历史作证，至今仍是人类说理的一种方式。谁都可以利用历史，但是谁也不能束缚历史，或者，这就是历史拥有的自由属性。

于是，更多的人拥有了对历史讨论的热情，有的隶属于史学界的象牙塔，有的不隶属于任何行业。讨论的方式也是五花八门，尤其是网络兴起之后，历史爱好者的园地雨后春笋般地生长，从网络上成长起来的历史著作，大有后来居上的气势。历史学走出神秘殿堂，成为所有爱好者的日常用品，“旧时王谢堂前燕，飞入寻常百姓家”。这不仅丰富了历史的研究，而且促进了历史的研究。至少，历史提供的愉悦性正在增强，如同艺术品装点我们的起居，历史正在走向更多人的精神生活。

自由的时代迎面扑来，这如同航船驶出港湾面向大海。历史原本是自由的，没有人可以随意支配历史。历史研究是自由的，没有谁能够垄断。历史认识表达的方式是自由的，没有谁能强力推行统一的戒律。历史的天空是自由的，今后一定会变得更加自由。

这里，我希望提供一份个人的证明，不仅有严肃的研究报告，还有嬉笑的小品文，都与历史相关，都是个人的观点。杂乱无章的议论，信口开河的文字，长短不齐的片段，漫无目标的取材，苦思已久的比喻，一时兴起的愤怒，凡此等等，无法归类，统称之为漫谈。历史漫谈，就是历史自由谈。多是发表过的小文，最后都在博客上再次出现。当它们以博客文章再现的时候，又会有所修改。一篇长文分作几段，因为博客文章不宜过长。有的学术论文改成随笔方式，也是因为适应博客文章体裁的需要。有最近才写的，也有多年以前的文字。集中在这里，给历史的自由天空增加一缕微风吧。

第一章

生猛春秋

生猛春秋

“春秋”本来是史书的统称，据说那个时代各国都有自己的历史书籍，又都叫作《春秋》。后来，因为儒家的作用越来越大，所以孔子参与修订的鲁国《春秋》就差不多独占了这个名称。“春秋”更原始的含义当然是四季的两季了，含有四季变化的意味。可是，为什么不用夏冬来代替一年的四季呢？这可是个难题。古代注释家没少为此吵架，后来就笼统解释说，一年四季中春秋比较受重视，或许更重要，所以就用春秋代替一年四季了。

很多以“春秋”命名的史书后来都遗失了，最后只剩下鲁国的《春秋》。孔子和鲁国的《春秋》的关系是——有人说孔子是这些书的作者。孟子是孔子的力挺派，坚决说孔子著《春秋》，并且很有效果，孔子作《春秋》，“乱臣贼子惧”了。在《孟子·滕文公（下）》中，孟子还为孔子著《春秋》找到理由，说当时的情况很乱啊，臣弑其君，子弑其父，孔子很担心，这样下去还得了吗？于是作《春秋》。孟子还引用孔子的话来为自己证明，说孔子说过这样的话：“知我者其惟春秋乎！罪我者其惟春秋乎！”看着有点晕。孔子会用自己的著作“知我”、“罪我”吗？如果孔子口中的“春秋”是广泛意义的历史，那还好理解一点。有人说孔子是修订者，古代太久远的事情，要找出新的证据太难了，不过现在多数人好像遵从后一种观点。

一说到《春秋》，总让人联想起微言大义来，那可是个古奥的学问，难免晕乎其晕。好在有《左传》这样的书在，通常都给了解释。给《春秋》作注者著名的有三家——《公羊传》、《穀梁传》和《左传》，前两者尤其擅长微言大义的解释，后者主要是用历史史实来解释，看着比较清楚一些。

《春秋》记载了 242 年的历史，以鲁国 12 个君主为线索，把当时的天下大事都择要记录了下来。第一年是隐公元年，公元前 722 年。最后一年是鲁哀公十六年，公元前 479 年。公元前 479 年 4 月 11 日，孔子去世。孔子逝世是件大事，但是经文如此书写，让人联想很多。这句话，总不该是孔子写上去的吧。

孔子之死，后来有一种说法很神奇。鲁哀公十四年，鲁国国君打猎，获得了一只前所未见的麟。麟是上天派往人间最尊贵的祥瑞，可是大家都不认识，以为是只怪兽很不吉祥。孔子也去观看，一看吓一跳，这不是麟吗？可能孔子见到麟时，麟已经被杀死，所以孔子万分悲哀。他流着眼泪说麟刚一出来就死掉了，我的前途也没了。孔子还特意为麟写了首悼念的歌，歌词是："唐虞世兮麟凤游，今非其时兮来何求。麟兮麟兮我心忧。"孔子这是悼麟还是自悼呢？我看两者都有。两年以后，孔子也离开了人世。孔子是人间麟凤，可惜生不逢时，他的梦想如同麟一样，刚刚出现就逝去了。

很多年以后（725 年 11 月 16 日），一位意气风发的皇帝来到孔子的旧宅，他就是刚刚封禅泰山的唐玄宗李隆基。想想孔子一生的不幸，看看如今的大唐盛世，唐玄宗挥笔写了《经鲁祭孔子而叹之》的诗：

夫子何为者，栖栖一代中。地犹鄹氏邑，宅即鲁王宫。

叹凤嗟身否，伤麟怨道穷。今看两楹奠，当与梦时同。

我理解的玄宗此诗，大意是孔子忙乎了一辈子，到处都能见到他老先生的足迹，可是生不逢时，麟凤误出。好在，夫子的理想今天总算是实现了。应该说玄宗还是挺含蓄的，说自己完成了孔夫子的理想，比起“数风流人物还看今朝”来，气概还是有点欠缺。

就在唐玄宗得意之后不久，唐朝发生了安史之乱，唐朝虽然没有因此颠覆，但走下坡路的趋势是无法挽回了。仅仅是唐朝吗？后来振作的朝代也不多，往往是外战外行，内战内行。元朝倒是很彪悍，但是最终还是没戏，百年就完事了。

于是后来有人说，都是中国文化闹的，把中国人的阳刚之气搞没了，化来化去，把中国精神化了。有人更直白，说中国文化阉割了中国人的野性，而没有野性就没有了创造性。说皇帝喜欢这样，倒也能够理解，偏偏却与文化算账，有道理吗？要我看，这是一种毛病，不敢碰政治，所以专挑文化这个软柿子。

任何一种文化，都不可能一面倒。任何民族的思维，都应该有相辅相成的部分。任何偏向的看法都能找到证据，任何观点都会有对立方。最近读书，特别是读《左传》，忽然读出了以前未曾着意的味道。春秋时代的中国人，那才叫野性十足呢。战争，很容易发生。政变，平常得令人不敢想象。政治人物没有操守，但是他们往往又是言必称诗，行必依礼。

如何评价春秋这个时代，用个广告词吧：“生猛春秋。”

春秋笔法

中国历史很悠久这是真的。不过，你要是说四千年不说五千年，就会有人跟你发急，攻击你是追随洋人，有意贬低本国历史。四千年是贬，五千年就是褒，这褒贬之间如何把握，还真是个技术活。

认真追究下去，中国历史，大概是指中国文明的历史，要从文字和国家产生那一刻算起。现在可以确认的最早中国文字要算甲骨文，那也是商朝中后期的。学者从甲骨文的系统性推测，此前一定会有一个相当长的发展期，但是应该从什么时刻开始计算，还是一头雾水。

还是从国家产生的那一刻开始计算吧，好像也有麻烦。商朝已经被考古学证明，而夏朝，考古学家还在努力寻找。可以肯定，谁从考古学上找到夏朝，谁就是考古英雄。考古至今不能确定，只好从古文献角度去确定了。现在通常的推测说法是夏朝开始于公元前 21 世纪。这样，夏朝至今大约四千一百年，四舍五入，说五千年还是太悬。

如此伟大的国度，却只有四千年的历史，真是惭愧啊。前些年有过一个重大的历史考古项目，叫作夏商周断代工程。据说，某位重要人物参观埃及归来，发现古代埃及的历史记录，远远长过中国，心中不服，于是组织专家认真考证。很遗憾，最后仍然没能把中国的历史记录拉长。

爱国主义激情遭遇事实的铁幕，只能黯然神伤。爱国主义属于立场，在这个纷争不已的世界，爱国主义具有天然合法性。然而，立场遭遇不争气的事实，我们该如何选择呢？

先别急，看看圣人如何处置。两千年前的孔子，也遇到了这个问题。

春秋时期就是一个不争气的年代，诸侯坐大，天子式微，全是没大没小的事。孔子作《春秋》，用自己的立场记录了那个时代，用鲁国特有的视角，记录了当时的礼崩乐坏。

襄公二十六年（前547年），晋文公称霸，举办践土会盟，把周天子也召来一同开会。天子式微，被诸侯呼来唤去，实在是没有办法。但是孔子觉得天子丢人，诸侯过分，不好直接如实书写，却写成“天王狩于河阳”（天子到河阳去打猎），如果不是后人作注，真不知道是怎么回事。那时候，不理周天子的大有人在，吴、楚这样的化外“诸侯”，不求周天子册封，直接自称“王”，跟天子平起平坐。如此这般不在乎此前的政治秩序，孔子当然很生气，在《春秋》中把他们称作“子”（比较低级的爵位），当然不能承认他们是王。这些事，司马迁在《孔子世家》中专门做了说明，所谓春秋笔法，这就是其中重要一条。

据说春秋笔法发挥了很大的政治效用，孟子就说过“孔子成《春秋》，乱臣贼子惧”。司马迁在孔子传中也表达了这层意思。那些政治上有野心，不能好好遵守政治秩序的人，会在历史学家的笔下成为小丑。后来的野心家看到这种记录，害怕自己将来也有如此下场，所以就恐惧起来了。具体都是什么人，因为怕被历史记录搞得难看就放弃野心，真是所知甚少，但是孔子、孟子、司马迁等人的思想还是能够理解的，至少他们的愿景如此。

立场随时而有，随时而变，这不是费解的事。问题是，春秋笔法，有的时候为尊者讳，为亲者讳，会让历史事实走样。我们后人只能靠记录了解历史，你的记录左隐讳右隐讳，我们弄不清楚事实，把好人坏人混淆了不是太抱歉了吗？比如，我们不赞成晋文公如此对待周天子，但是你说天子去狩猎，我们也看不出来晋文公有什么毛病啊。

春秋笔法是一种艺术，为了立场会牺牲一点事实，但是出发点蛮“可爱”。后人学习圣人笔法，用历史表达立场，成为我们的文化传统。到后来，可能尊者、亲者太多，为谁都隐讳，导致读者被蒙在美丽的迷雾之中。比如新闻报道，发生火灾时总是重点报道感人的救火英雄，至于火灾原因永远在调查中。新闻也有春秋笔法，证明春秋传统的“伟大”而厚重。

故国之思

国破家亡之后才想起故国的种种好处，梦牵魂绕，这样的文学主题经常会举证南唐后主李煜。亡国之君，必有可恨之处。没有荒政害民，怎么会有如此下场？但是，李煜用自己的文学创作，特别是故国之思的主题创作，赢来了赎罪的效果，以至于王国维先生认为李煜的词作中，充满了佛祖的慈悲。人间已经没有欢乐，纵然是春花、春水，触目皆是哀愁。人生已经如此这般，后来又因此而死，后人如何还能不原谅？

但是故国主题的开创人，却不是李后主。我以为，这个主题的创始人应该是箕子。

箕子是殷末三大忠臣之一，此外两位是微子开（通常都说微子启，《史记》记为微子开，就从司马迁吧）和比干。微子开是商纣王同父异母的兄弟，见纣王暴政害民，多次进谏不听，微子开只好逃亡。箕子是纣王的亲戚，也是多次进谏，纣王依然不听，箕子披发装疯，成为别人的奴隶，以躲避可能遭遇的危险。比干也是纣王亲戚，性格最强悍，他认为逃亡和扮奴都于事无补，只有以死相争才能影响纣王，才能拯救百姓。没有想到，纣王更凶猛，说你这样的圣人应该有一颗不同寻常的心，让我们领略一下吧，结果比干被剖心而死。

周武王灭商，给殷商旧部划了一块地方居住，让纣王儿子武庚统领。没有想到，武王逝世成王即位，周朝的管叔、蔡叔联合武庚造反，被周公击败。武庚和管叔被诛杀，蔡叔也被流放，周公请出微子开继续统领殷商旧部，这就是宋国。

武王灭商完成，曾经面见箕子，而箕子给武王狠狠地上了一堂政治课，例如如何治国安民等等。武王好像很受用，决定不让箕子成为自己的臣下，特别分封他到了朝鲜。这就是后来史书一提朝鲜，就说是箕子之后的缘故。

箕子被分封，也要朝见周朝。一次箕子来中原朝见周天子，路过殷墟（《史记》写作“殷虚”），看到原来的宫殿荒废毁坏，连禾苗都长了出来，故国之思，油然而生。《史记》说，箕子触景心伤，不能自已，想大哭却不符合身份；想偷偷流泪，又太像女人，于是作诗一首抒怀。

箕子的诗题目是《麦秀之诗》：“麦秀渐渐兮，禾黍油油，彼狡童兮，不与我好兮。”狡童，意思是美少年。《史记》解释道，所谓狡童，意指商纣王。麦苗茁壮，谷苗悠悠，那位美少年，却与我分道扬镳。纣王已经死了，商朝不复存在，往日宫殿旧址，长满绿油油的庄稼。过去的主人呢？更是无影无踪。

比起李后主“雕栏玉砌应犹在，只是朱颜改”的诗句来，箕子所面对的场景更加凄惨。李后主的“朱颜改”表达物是人非的感受，而箕子这里是物非人亡。对于已经死去的故人，即使生前有千种恩怨，死亡都会对此打上绝然句号。所以在箕子的眼中，仿佛又看到风度翩翩的美少年——那是早年的商纣王。商纣王的亡故使得所有的知情人不再有怨恨，因为始作俑者为此已经付出了最大的代价。箕子再次想起了纣王曾经有过的好处，比如美少年的形象，不再提起他的过错。而历史的事实，正是纣王的独断专横、一意孤行才导致了商朝的灭亡，才导致了箕子面对的景象：旧日宫殿，残垣断壁。对于自己与商纣王的分歧——商朝灭亡的原因，箕子不愿多说，甚至刻意回避，他用少年友谊的断裂来描写这个问题，两个要好的少年不再保持友谊，对于饱经风霜的过来人，谁还会去认真追究？哪里还有追究的价值呢？

箕子的轻描淡写，进一步折射出内心的巨大痛苦。太多的往事，太多的情感，都压缩在故国的意念之中，无法多说，没有必要深说，然而又不能不说。箕子的这首诗歌，流传很广，殷商的遗民听了，无不泪流满面。

历史不可更改，故国已然不再，这仅仅是一种怀旧情绪，并不代表复辟行动。周天子对于箕子没有采取行动，宋太宗却对李煜下了杀手。时间流逝如故，政治家的胸怀并没有因此变得宽广。

春秋系列讲起箕子来，有点跑题。看《左传》，宋国的故事不少，对照《史记》就看到了箕子的故事。故国之思，是最有历史感的，与其是故国，不如说是往事，对于故国的无奈，不就是对往事的无奈吗？我们虽不是箕子，却能够同情和理解他。

晋国的兄弟之争

民间至今有一种说法是“宁可投错胎，不可起错名”，用来强调命名的重要性。名字，无非反映父母的期望而已，真的可以影响前程吗？这本来是不可太当真的，可是晋国的一个故事，好像就是这种重名观点的演绎，说起来真是玄之又玄。

晋穆侯的夫人来自齐国，在他即位七年的时候，夫人为他生了第一个儿子。当时，晋国刚刚出兵讨伐条戎，仗打得十分艰难，于是穆侯就给自己的儿子取名仇，并且立为太子。三年以后，晋国再出兵讨伐千亩那个地方，取得胜利，夫人正好又生了一个儿子，穆侯于是给他取名为成师。当时就有一个叫作师服的人大发感慨，说我们君主命名真是很奇怪啊。太子叫作仇，而少子叫作成师，嫡庶之间，成败相反。以后，晋国能不乱吗？

师服的话，一语成谶。

晋穆侯去世，太子仇还来不及即位，就被叔叔抢班夺权了，这就是殇叔，太子只好出奔。第四年，太子仇发动反攻，取得胜利，他就是晋文侯。这是公元前780年的事。晋文侯在位35年去世，他的儿子昭侯即位。昭侯上任伊始，就把自己的叔叔成师分封到曲沃那个地方，而曲沃比晋国国都所在的翼地方更大。成师被称作桓叔，当时已经58岁，乐善好施，彬彬有礼，晋国的人都很敬重他。虽然如此，还是有明眼人出来预言：晋国的乱源一定是在曲沃啊，本末实力颠倒又得人心，不乱何待！

聪明人可能早就看到了这个趋势，昭侯在位七年被大臣潘父杀掉，而潘父的第二个动作就是到曲沃迎接桓叔，而桓叔的好德神话立刻破产，他跟随潘父要去当国君。晋国的其他人不干了，他们组织起来反抗桓叔，并且取得胜利。桓叔作战失败，只好退回曲沃。国人立昭侯的儿子平为国君，这就是晋孝侯。那个弑君的潘父，也受到审判，被处以死刑。

桓叔在孝侯即位的第八年死去，不过他有自己的继承人，这就是曲沃庄伯。曲沃庄伯不忘父亲遗志，再过七年，他找到机会，杀掉晋孝侯。这一次，曲沃的主人可以成为晋国的国君了，没有想到，晋人再次团结起来反抗曲沃主人。战斗展开，晋人再次胜利，曲沃庄伯只好再次退守曲沃。晋人立孝侯的儿子为国君，这就是鄂侯。

鄂侯在位六年去世。曲沃庄伯也积累了六年。机会再次成熟，曲沃主人兴兵攻打晋国。这是周平王的时代，周天子还多少管点事。周平王知道了晋国的情况，立刻派兵讨伐曲沃庄伯，庄伯不是对手，依然退保曲沃。曲沃与晋国，形同两个敌对国家。晋国把鄂侯的儿子光立为国君，这就是晋哀侯。

晋哀侯在位第二年，曲沃庄伯死了，他的儿子代立，这就是曲沃武公。曲沃的主人已经到了第三代，曲沃取代晋国的梦想依然还是梦想。晋哀侯第九年，晋国与曲沃的战争失败，哀侯成了曲沃武公的阶下囚。不过，晋国并没有屈服，晋人继续抵抗曲沃，并且立哀侯的儿子叫作小子的为国君，这就是晋小子侯。曲沃依然攻不下晋国，在小子侯即位的当年，曲沃武公丧心病狂地杀掉哀侯。

这时，曲沃更加强大，晋国没有一点应付的办法。这种背景下，晋小子侯可能产生和谈愿望。而他在位第四年的时候，曲沃武公也释放出和谈的诚意。小子侯亲自前往，要与武公和谈。没有想到，这是武公的阴谋，小子侯一到，就被武公杀掉了。周天子桓王再次主持正义，派兵攻打曲沃，曲沃武公再次防守曲沃成功。晋人于是立晋哀侯的弟弟缗为国君，他被径直称为晋侯。

曲沃武公虽然杀掉晋国君主，但是就是不能取而代之，晋人的不服之气正在降低，但是周王的强力干预，让曲沃的主人理想不申。然而，曲沃的武公没有就此罢休，他仍然继续努力。晋侯在位的时间几乎是最长的，在他治理晋国的第 28 年，曲沃武公再次发动进攻，这一次取得彻底胜利，晋国完全失败。《史记》在记录这件事的时候，说曲沃武公攻伐晋侯缗，“灭之”。这个“灭之”的用语很奇怪，是灭了晋国还是晋侯缗呢？如果是后者，为什么不用杀或者弑之类的概念呢？

曲沃武公以下犯上，应该再次引起周天子的愤怒才对。但是，这一回曲沃武公学乖了，在周天子还没有反应的时候，他主动给周天子送去了大量的宝器。这时的周天子是周釐王，他不仅欣然接受了曲沃武公的礼物，还正式任命他为晋国的国君，列为诸侯。原来晋国侯的位置晋升为公，而曲沃武公正式升格为晋武公。天子尚且纳贿，天下还有理可讲吗？

从桓叔曲沃分封到曲沃武公成功获得晋国，整整过去了 67 年。几代人不懈的努力，即使是野心也值得赞赏。晋武公代晋的第二年就去世了，他和几代祖先终于可以瞑目了。晋武公的儿子是晋献公，晋献公有一个儿子后来成了大名，那就是晋文公。这是生猛春秋的一个乐章，无序混乱，战争杀戮，然而在这一切的后面还有一种存在，那就是战斗到底的精神。

亲情与政治

这是一个老故事。在传统的中国，这个故事应该是家喻户晓的。现在，很多古文选编的书中，这个故事仍然是众多选家所钟情的一篇。这是《左传》开篇最引人入胜的一个故事，后来的文选家，究竟是因为《左传》而选它，还是因为它的故事确实经典呢？今天，我宁愿相信是后者。

《左传》是因给《春秋》作注而闻名的一部书，据说孔子是《春秋》的整理者，而左丘明是《左传》的作者。两部书因为总是捆绑在一起，现在也混称《春秋左传》。《春秋》开始于鲁隐公元年，即公元前 722 年。这一年的 5 月，《春秋》记录了一句话："夏五月，郑伯克段于鄢。"幸亏《左传》，现在我们知道，这是一个亲情与政治的故事。

郑武公从申国娶回了夫人武姜。武姜为郑武公生了两个儿子，这就是庄公和共叔段。根据《史记》的说法，共叔段也叫太叔段，庄公与共叔段两人相差三岁。武姜生庄公的时候难产，这让武姜痛苦而惊恐，从此武姜开始厌恶庄公，并越发喜欢小儿子共叔段。作为母亲的武姜，因为对亲生的儿子有了好恶之别，所以努力让这种情感发生政治上的效用，她多次要求郑武公立共叔段为继承人，可是郑武公不同意，最后还是庄公即位。

武姜不能改变郑武公的意愿，但是她没有放弃努力。庄公即位以后，按照制度规定，他的弟弟共叔段可以分封到外地，武姜就为共叔段申请制这个地方。制这个地方地势险要，庄公不同意，说其他地方随便选。于是武姜为共叔段申请到了京这个地方。从此以后，共叔段进驻京，被称之为京城大叔。郑国大夫祭仲警告庄公说：京这个地方的城墙超出了制度规定，防卫能力空前提高，后果不堪设想。庄公说：母亲如此要求，我也没有办法。多行不义必自毙，等等看吧。

不久，京城大叔果然表现出扩张的意图。他先是要求将西鄙、北鄙两个地方同时隶属于自己，庄公同意了。郑国另一位大夫公子吕也看出了问题，提醒庄公注意。庄公说不会有什么问题吧，还是很放任的态度。后来，京城大叔不仅将西鄙、北鄙两个地方收归自己，并且继续延续到廪延这个地方。第三个大夫子封也来提醒庄公了，说京城大叔的势力足够大了，问题一定快发生了。庄公说，关键还是正义与否，势力大而不正义，反而失败得更快。

终于，京城大叔把城墙修缮稳妥，武装准备停当，战车也装备完毕，准备进攻郑国首都。他的母亲武姜参与阴谋，作为内应，计划及时打开郑国首都的大门。然而，这一切都在庄公的掌握之中。庄公认为现在是解决问题的时候了，于是命令子封率领军队讨伐京。京地百姓背叛京城大叔，共叔段入居鄢。郑国的军队继续攻打鄢，共叔段支持不住，逃亡卫国。

这就是“郑伯克段于鄢”的来历。

郑庄公与弟弟共叔段之间的恩怨情仇，主要发源于母亲武姜。现在，武姜支持小儿子叛乱，证据确凿，也不得不接受庄公的处分。庄公让母亲离开首都，住到城颍，发下誓言：不到黄泉，永不想见。好好的一个家庭，就这样分崩离析。

庄公对自己的誓言后悔了，或者发现如此对待母亲有违孝道，但是骑虎难下。颍考叔知道了庄公的心思，主动来找庄公，给庄公设计了一个台阶，让庄公走出自己的誓言困境。掘地及泉，修建一个地道，然后母子在地道里相见。庄公赋诗说："地道之中，其乐融融。"出了地道，武姜也赋诗说："地道之外，欢乐如海。"母子二人朗诵的到底是什么诗？有人说是《诗经》中的诗句，有人说是两人随便想到就朗诵的。不管怎样，反正母子相见后，庄公迎接母亲回到首都，母子团圆和好，皆大欢喜。

郑庄公与母亲的关系，总算是大团圆结局，但是整个事件，还是悲剧性的。母亲因为不喜欢长子就支持小儿子造反，这究竟是为了爱，还是为了恨？对于庄公当然是恨，但是这对于共叔段是爱吗？共叔段虽然没有被杀，但是逃亡国外并不是好结局。共叔段在母亲的支持下野心勃勃，最终以惨败而告终。自不量力、自寻绝路正是共叔段的写照。然而，最有城府的还是庄公。母亲的恨，弟弟的野心，一直在他的掌控之中，他没有教导弟弟，更没有迫使弟弟中止犯罪，而是暗中纵容弟弟走上不归路，为他最后以最严酷的手段惩罚弟弟积累理由。用后来的说法，正是引蛇出洞。如此对待亲人，郑庄公一家，真算得上"生猛春秋"的典型。

大义灭亲

郑国的共叔段逃亡卫国，被卫国收留。他好像把一股戾气带到了卫国，不久以后，卫国就发生了灾难。

卫庄公从齐国娶回夫人庄姜，人很美，可惜不能生育。于是庄公又从陈国娶回厉妫，厉妫为庄公生了两男一女，不过第一个男孩早死，最后剩下一男一女。女儿叫戴妫，儿子就是桓公。后来厉妫不幸去世，庄姜就把桓公收作自己的儿子。卫庄公后来又生了一个庶子，母亲因为身份低贱没有留下名，这个儿子叫州吁。州吁虽不是嫡生，但同样拥有公子身份，并且很受庄公的宠爱。州吁的爱好很可怕，他喜欢军事。庄姜对于州吁的态度可想而知，讨厌至极。

当时，庄公还没有确立继承人。大夫石碏就及时地提醒庄公注意，要么立州吁，要么不要宠坏州吁，说了好大一篇道理。但是庄公并不理会石碏。后来，还是桓公即位，而那时石碏已经告老还乡。说来奇怪，石碏对于州吁很警惕，但是他的儿子石厚却跟州吁关系密切，石碏虽然禁止他们交往，但没有效果。

公元前719年春天，该发生的事情终于发生了。州吁杀了卫桓公，自立为国君。州吁没有群众基础，虽然夺得了国君之位，但是没有信心获得拥护。他想到一个办法巩固自己的地位，那就是对外战争。他联合了几个跟郑国有过节的国家：宋国、陈国、蔡国，去攻打郑国，围攻郑国的国都东门，没有打进去又撤了回来，这是夏天的事情。到了秋天，他们又发动了一次进攻，取得了一些无足轻重的胜利。宋国为了扩大统一战线，请求鲁国也一同出兵。鲁隐公曾经跟臣下讨论过州吁的前途，他们一致认为州吁众叛亲离，根本没戏。所以，鲁国拒绝了宋国的要求，不去趟州吁的浑水。

州吁呢？他真正关心的还是国内。然而，在本国还是看不到好转的迹象。

怎么办呢？石厚跟州吁同样心急如焚。石厚最后来请教自己的父亲石碏。石碏虽然年纪很大了，但毕竟政治经验丰富。石碏说如果能去朝见周天子，获得周天子的认可，那么地位就可以巩固。可是，周天子不是随便就可以朝觐的，如何能够获得朝觐的机会呢？石碏告诉石厚，陈桓公很受天子（周平王）的宠爱，如果他向天子推荐，天子一定会同意的。现在，卫国跟陈国的关系很好，如果州吁亲自向陈桓公求情，相信陈桓公会照办的。州吁肯定也没有别的办法，何况石厚毕竟是石碏的亲生儿子，没有什么不放心，带上丰厚的礼品，州吁在石厚的陪同下前往陈国，游说陈桓公。

陈桓公还没有答应州吁的请求，又接见了石碏另外派出的使者。通过使者，石碏向陈桓公说：卫国是个小国，我如今年事已高，不能做什么事了。州吁和石厚，就是杀害我们国君的罪人，恳请陈国能够逮捕这两个罪犯。陈国显然也不看好州吁，果然听从了石碏的建议，立刻把州吁和石厚逮了起来，并通知卫国，让卫国派人处置这两人。卫国派人杀了州吁，石碏也派自己的家臣前往陈国，杀死石厚。

然后，卫国人从邢国接回了公子晋，并立他为卫国国君，这就是卫宣公。

从卫桓公被杀到卫宣公即位，卫国的历史经过了一场劫难，而最后匡定国难的竟然是退休在家的石碏。为了国家的根本利益，石碏设计杀掉了弑君者，还包括自己的亲生儿子。石碏因此被评价为“大义灭亲”。

权力代表着重大利益。为了权力，兄弟相残，亲情难过利益关，这是人间悲剧，难获半点同情。是亲人也是国之罪人，大义灭亲当然不是喜剧，然而毕竟存在人类理性的光芒。白发苍苍的石碏，决定舍弃自己儿子的生命，他的内心该是怎样的痛苦和挣扎？因为石厚是罪有应得，所以石碏只能将父子亲情忍痛让位给更高的群体利益。

读书至此，感觉石碏的痛苦如在眼前。试想，可否不杀石厚？然而，州吁肯定要杀。作为弑君同党，只杀州吁不杀石厚是否可行？可否考虑把石厚留作对石碏老人的奖赏？从卫人杀州吁而不杀石厚的情况看，卫人是把石厚留给了石碏。州吁是公子，弑君而死，那么我石碏的儿子弑君怎能得活？石碏做出了最难的决定，那也是最痛苦的决定——杀石厚，只要对卫国有利。石碏在做决定时一定会想到：卫国，才是我的父祖之邦。

宋督是爱情至上主义者吗？

宋国虽然是殷商的后代，国君是微子开的子孙，但是在春秋时代，也跟其他邦国一样，遭受漫无秩序的冲击。其中，华父督之乱，很有代表性。

公元前 711 年，华父督在路上遇到了另一位大臣孔父的夫人。华父督为孔父夫人的美貌所征服，眼睛盯在孔父夫人身上不肯离开，“目逆而送之”。当孔父夫人远去之后，华父督感叹道：“美而艳。”谁知道，这么一次偶然的路遇，竟然掀起了一场狂风巨浪。

华父督因为是宋国的贵族，一般简称宋督。宋督遭遇孔父夫人，在公元前 711 年，转年二月，宋督就发动进攻，杀孔父而得其妻。大夫之间如此行事，宋殇公与夷很愤怒，宋督一不做二不休，干脆把宋殇公也干掉了。对于此事，《春秋》的记载是“宋督弑其君与夷及其大夫孔父”，大概是因为弑君性质更严重，所以写在前头，其实弑君是杀孔父的“再接再厉”而已，《春秋》的写法很容易让人误会。

春秋时代混乱不假，即使是贵族也格外生猛。以宋督为例，见孔父夫人美艳就动手杀人，甚至杀掉国君，换一个时代真是不敢想象。

那么，宋督真的是一个爱情至上主义者吗？如果不是，至于爱美心切，杀夫夺妻吗?

其实，宋督不是一个小人物，他是宋国的“太宰”，是行政方面的最高长官。被他杀掉的孔父是宋国的大司马，军事方面的负责人。比较宋督和孔父，殇公显然更亲近孔父。这三人的关系，其实远比美人祸水之类的问题要复杂得多，但是史书记录，不管是《左传》还是《史记》，都更重视孔父夫人的意义。这在今天看来，八卦意味浓厚。

宋殇公名与夷，本来是宋宣公的太子。但是宣公临死的时候，不知道为什么，突然宣布不让儿子继承国君之位，他要把君位让给弟弟和，这就是宋穆公。宋穆公在位九年，临终决定让位给侄子与夷，以此报答哥哥宣公。当时，与他一起商量此事的就是大司马孔父。最后的结果是与夷即位，而穆公让自己的儿子冯到郑国去居住，大约是不让他成为与夷的障碍。孔父在穆公身边表态，还是应该让冯即位，但是穆公既然坚持，孔父看来就成了穆公意志的执行者。

与夷上台以后，可没有父辈那样的宽宏大量，他把居住在郑国的冯看成是自己的死敌，非要消灭他不可，于是连续多年对郑国展开军事行动，而郑国就是坚持保护冯。宋国的战争政策，有十年十一战的记录，导致了一个十分严重的后果，那就是“民不堪命”，老百姓受不了了。主政者制造反对派，这个政治铁律再次出现。殇公政策的反对派代表人物就是宋督。而大司马孔父，就是殇公政策的执行者。所以，宋督与孔父之间，可不是情敌那样简单。

宋督在血统上，跟殇公与夷并不远。殇公的父亲是宣公，宣公的父亲是武公，爷爷是戴公。而宋督就是戴公的孙子，他是宣公的堂兄弟，是殇公与夷的族叔。宋督与孔父的政治分歧，在承担战争责任的问题上表现很清楚，因为民怨反对战争，宋督已经对外宣布是大司马在支持战争，而自己是反对的。

宋督杀孔父，究竟是为了夺妻，还是因为政治分歧呢?《左传》把宋督的宣言放在杀孔父之前叙述，而《史记》说是为了“利孔父妻”而宣言表态。《史记》中的宋督宣言，甚至直接说出了他要杀孔父是为了“宁民”。这个记载可信的话，说明两个人的矛盾已经彻底公开化了。最后，宋督杀孔父不是偷袭，而是“攻杀”，证明双方都有一定准备，战斗有一定的规模，而对此《左传》与《史记》的记载没有分歧。

宋督杀了殇公，接下来就是到郑国迎回冯，这就是宋庄公。各国很快都承认了宋庄公，而宋督继续当他的太宰，一直持续到庄公儿子闵公的时代，主持宋国政治近 30 年。

然而，宋督之乱，还是不能一言以蔽之。孔父那位“美而艳”的夫人，在这个事件中究竟是因还是果呢？她如果一开始就是宋督的唯一目标，不免令人感佩春秋时代的生猛；如果她仅仅是政治斗争的战利品，那仍然不免有些悲哀，因为后世的这种故事也是史不绝书。

齐襄公私通事件

鲁国是齐国的近邻，而齐国是强国，为了维护两国的友好，鲁国在齐国面前经常礼让三分。鲁桓公继承这个传统，在位的第三年，就从齐国迎娶了姜氏为夫人。这是公元前709年的事。当时齐国的国君是齐釐公。姜氏是釐公的女儿。釐公有个太子叫诸儿，与自己这个妹妹关系很不平常。父亲把妹妹嫁给鲁桓公，最伤心的大概就是齐国太子诸儿了。大概釐公也很喜欢自己的这个女儿，特意亲自送了女儿一程。有人说这是违背礼仪的，谁也没有想到，更严重的事还在后头呢。

鲁桓公与齐姜所生的儿子恰巧跟桓公的生日相同，于是起名叫同。父母都很疼爱他，立他为太子。公元前694年，鲁桓公为了巩固跟齐国的关系，携夫人一起前往齐国，而齐国的国君如今已经是诸儿，即鲁夫人的哥哥齐襄公了。鲁桓公按道理是不应该携带夫人出访的，或者鲁夫人跟她哥哥的故事鲁人有所耳闻，有一位大臣就反对鲁桓公携带夫人，不过这没有成为障碍，鲁桓公还是跟夫人一起高高兴兴到了齐国。

不幸的事件终于发生了。鲁国夫人跟齐侯公然私通，其他知情人就不用说了，最后连鲁桓公也知晓了。鲁桓公颜面扫地，他十分气愤地指责夫人。大概他的愤怒溢于言表，夫人有些害怕，赶快告诉了齐襄公。

怎么办？事情已经败露，自己的情人加妹妹可能面临危险，齐襄公决定干脆做掉鲁桓公。齐襄公请鲁桓公喝酒，把桓公灌得差不多了，就派一个武功高手公子彭生去护送桓公，然后在车上把桓公干掉了。至于具体手法，史书记载为“拉杀”，大概是勒死。

鲁国国君访问齐国，齐国不但不能保护他的安全，反而把他杀了，这在古今中外的国际礼仪中怎么也说不过去。鲁国派出使者对齐襄公说：鲁国国君是为了修好前往齐国的，礼仪完成了，人却没有回来。各国听说都很反感，而齐国不该没有一个交代啊。面对鲁国的责问，齐襄公确实无法应对，想来想去，还是找个替罪羊吧。于是，公子彭生就成了牺牲品，先替齐襄公杀人，再成齐襄公的替罪人。说起来，真是太冤了。

春秋时代，各国之间，一言不合就可能干戈相向。这次，鲁国面对如此奇耻大辱，竟然没有大动干戈，而是同意齐国杀掉彭生，平息一时的舆论喧哗而已。说起来，鲁国也真的没有办法。鲁桓公一死，儿子同即位，这就是鲁庄公。齐襄公是鲁庄公的舅舅，通奸丢人的是自己的母亲，虽然有杀父之仇不共戴天，但是鲁庄公选择的还是忍受。

鲁国虽然忍受了，但是这事在齐国留下了严重的后遗症。

齐襄公公然与妹妹私通，这在任何道德系统中都无法被肯定。一个在道德上失去立足之地的国君，在政治上当然会遭遇种种挑战。齐襄公的弟弟们，看见国家要乱，纷纷外逃，公子纠、公子小白都先后逃到国外。而他另外一个堂兄弟叫作公孙无知的，则决定跟他周旋到底。公孙无知是齐釐公弟弟的儿子，齐釐公很喜爱这个侄子，下令国家给公孙无知的待遇比照太子，就是跟太子一样。可是，太子即位成了齐襄公，立刻下令取消公孙无知的待遇，而待遇这种东西，提高是顺理成章的，缩减只能引发矛盾冲突。公孙无知跟齐襄公的矛盾就这样出现了，而当齐襄公众叛亲离的时刻，公孙无知决定加以利用，解决齐襄公。

公元前 686 年的 12 月，齐襄公外出打猎，遇见了一只大野猪。可是明明是只野猪，不知道为什么，随从都在喊“彭生”、“彭生”。彭生是替齐襄公杀鲁桓公的杀手，后来又被齐襄公所杀，难道他变成了野猪来寻仇不成？齐襄公十分气愤，立刻发箭攻击，奇怪的事情继续着，那只野猪像人一样站立起来，大声地哭号（“人立而啼”）。这一下，齐襄公也害怕了，两腿一颤，从车上摔了下去，脚也挫了，鞋也丢了，内心肯定恐怖已极。

听说齐襄公受伤了，公孙无知立刻行动起来，率领他的支持者前来袭击。虽然有一位受尽委屈的管鞋人（名字叫茀）拼命保护，但齐襄公还是被搜出来杀掉了。当然，公孙无知也很快被人杀死，此后齐国进入桓公称霸的时代。

不论是道德上的堕落还是政治上的混乱，在春秋时代，几乎都是由贵族们一手造成的。生猛且无序，不管是哪个方面。如果有人认为这个时代充满生气的话，那可是一种很可怕的生气。限制贵族成了后代中国十分重视的政治原则，看看春秋时代，可以认为渊源有自。

父亲和丈夫谁亲？

男子汉大丈夫讲信义，必有挚友。于是有人提出：朋友与妻子，谁亲？朋友是手足，妻子是衣服，当然手足更亲。不如此，会被看作重色轻友。这是传统而典型的男子汉立场，那么女子是否也有同样的问题呢？春秋时代，还真有一件很经典的事。

公元前 697 年，郑国的国君是郑厉公，而当时掌握邦国大政的是正卿祭仲。

祭仲在郑伯（庄公）的时代就很受宠，也为郑国建立过功勋，比如郑伯（庄公）曾经与周天子开战，祭仲就表现出色。郑庄公有三个儿子，邓女所生的太子忽、公子亹（wěi）和雍氏所生的公子突。雍氏来自宋国，宋国是她的强大后盾。庄公死，祭仲立忽为国君，他就是郑昭公。昭公刚刚即位，宋国就来捣乱。宋国用计让祭仲出使宋国，祭仲到了宋国就被逮了起来，宋国跟他说，如果不立突为郑国君主，你就只有死路一条。祭仲无奈，为了自己的性命，只好同意，并且与宋国一起签订了盟约，发下了誓言。当时突也在宋国，也答应给宋国好处等等。于是，祭仲就带着突回到郑国，立突为国君，他就是郑厉公。昭公刚即位不久，只好逃亡到了卫国。

厉公虽然当上了国君，但是郑国的大权掌握在祭仲手里。这一年，郑厉公再也忍受不下去了，决定动手解决权臣问题。厉公的计划是让祭仲的女婿雍纠设计杀掉祭仲，具体计划是雍纠搞一次野餐会，请祭仲参加。女婿请岳父，应该不会有什么戒备，杀人计划就在野餐会上执行。交给自己如此重要的任务，证明国君对自己的高度信任，雍纠应该豪情万丈，所以他在筹划阴谋的时候，也没有回避自己的妻子，也就是祭仲的女儿。

自己的丈夫要杀掉自己的父亲，雍纠妻陷入了严重的自我冲突之中：在父亲与丈夫这场游戏中，事关生死。而对她来说，相当于选择哪一方去死，太难决定了。她向母亲咨询：父亲与丈夫谁亲？她的母亲回答很坚决："父亲是唯一的，谁都可以成为丈夫。"雍纠妻立刻停止了犹豫，向父亲通报了情况。雍纠本来想采用袭击的办法对付权臣祭仲，现在祭仲掌握了情报，丝毫不敢怠慢，立刻大张旗鼓地杀了雍纠，并且在市场上公开示众。郑厉公没有办法，只好怨雍纠，说："你跟妇人谋划，死得活该！"话虽这么说，厉公在逃走之前，还是带上了雍纠的尸体。祭仲从卫国迎回昭公，他自己继续执掌大权。

春秋时代，政治纠纷不断，不论是国与国之间，还是君臣之间。当时，人们解决纷争的办法，常常是诉诸武力。杀人，几乎是政治上解决争端最常见的手段。如果说当时没有君臣礼仪，显然也不恰当，关键是政出多门，各具势力，不能长期实现力量均衡，政治道德在多数情况下根本不具备约束力。巧取豪夺者总是受不到惩罚，跟进学习的自然摩肩接踵。

郑厉公要解决权臣祭仲，选择暗杀的办法，这是因为别无选择，还是因为这是优胜的手段呢？后来晋灵公要杀赵宣子，也是首先选用暗杀。是因为暗杀的代价更小吗，抑或是习惯使然？最大的可能是，中国的政治还处在十分幼稚的阶段，更好的经验还没有总结出来，更稳健地行使权力还有困难。

很多年以后，公元 1126 年，北宋钦宗的靖康元年二月，宋钦宗也决定采用暗杀手段对付几个重要人物，他们就是宋徽宗身边的童贯、蔡攸和朱勔。这几个人，当金兵南下进攻开封的时候，跟随宋徽宗一同逃亡南方。现在，金人虽然撤兵了，但钦宗的地位并不稳定，宋徽宗是在国难当头的时候让位给宋钦宗的，他和身边的人还希望有朝一日能够复辟帝位。这当然是宋钦宗最大的心病。他知道，如果没有了那几位人物，宋徽宗就是光杆司令，不会再有政治动作了。可是，怎么消灭这几个人物呢？没有什么公开的理由，也不希望给人以防范太上皇的联想，于是他想到了暗杀。派个武功高手，神不知鬼不觉地解决几条人命，让自己的政治威胁悄悄消失，这不是一个很巧妙的办法吗？大臣李纲得知钦宗这个荒唐决定之后，立刻制止。为什么放着光明正大的手段不用，要用这些见不得人的办法呢？暗杀如果不成功，那不是皇帝授人以柄吗？这几个人，民愤极大，皇帝可以公开他们的罪行，贬谪他们的官职，正当地要求徽宗太上皇排斥他们，既能获得民心支持，又能公开地表达皇帝的权力意志，也能够避免担心的情况发生。宋钦宗采纳了李纲的建议，果然很顺利地解决了问题，宋徽宗也乖乖地回到了开封。

或许郑厉公无法跟宋钦宗比拟，他用暗杀手段是迫不得已。不管怎样，一个政治过度无序的时代，经常让人面对两难抉择。父亲与丈夫谁亲？这样的问题实在太难，太非人性。但是，在那个生猛的时代，就是有人必须做出类似的选择。

如此父子

卫国发生州吁之乱，幸亏石碏大义灭亲，及时拯救了卫国。公子晋被立为国公，他就是卫宣公。卫宣公跟州吁一样，都是卫庄公的儿子。所有这些混乱，无不以公子们为中心。宣公大乱之后得以即位，照理说，他应该积极吸取教训才是。

谁知道，宣公制造的混乱，比他父亲有过之而无不及。

宣公最初就不是什么好货色，他父亲在世的时候，他就偷偷跟父亲的小妾有私下来往。父亲的小妾，名叫夷姜，也就是他的庶母。这是一种不道德的乱伦关系。他当了国君，就立夷姜为夫人（这是后来唐高宗立武则天为皇后的前代样板）。

宣公与夷姜生了一个儿子名字叫伋（这是《史记》的记载，而《左传》称“急”，一音两写），并立他为太子。宣公嘱咐右公子当太子的老师。等到太子长大了，宣公从齐国为太子娶来了妻子。太子夫人从齐国而来，还没有正式与太子成亲，先拜见宣公。哇，这是一个绝世美人！宣公一见，立刻魂不守舍。他很快做出了决定，由自己亲自娶下这位美人，至于太子，回头再说。宣公的这位新夫人，后来名叫宣姜。

宣公与齐国美女先生下一个儿子，这就是子寿。宣公一定是很喜欢子寿，嘱咐左公子好好当子寿的老师。后来，又生一个儿子名子朔。

到了公元前696年，宣公在位已经23年了。三个儿子都已经长大，而这一年夷姜终于去世，她的去世有说法是上吊自杀。一个重要的原因是宣公夺了太子的妻子，内心恐惧太子报复，所以越发讨厌太子。夷姜应该是预感到了不久即将发生的祸乱，干脆一死了之。

夷姜一死，夫人的位置自然由宣姜占据。接下去的故事，谁都会知道。宣姜和儿子子朔开始继续努力，谋求废除太子伋。他们的办法也是最常见的，拼命说太子伋的坏话。究竟怎么说的，史书省略了，不外是挑拨太子与宣公的关系，说太子如何可恶等等。因为宣公内心早就讨厌太子，这些做法很容易奏效，这就是外因通过内因而起变化。

宣公决定废掉太子，但是没有办法明目张胆宣布，他决定暗杀太子。这种做法，坐实了太子无辜。宣公派太子出使齐国，在半路上埋伏了刺客。宣公交给太子一面白色的大旗，告诉刺客，见执白旗的核心人物即开杀。子朔是这一系列阴谋的积极参与者，说不定就是他把消息告诉了子寿。子寿立刻去见太子，把阴谋告诉了太子，他建议太子赶快出逃，否则可能相似的阴谋会接踵而至。然而，太子伋已经抱定必死的决心，说：不可以为了求生而违背父亲的命令，坚持出使齐国。子寿看说服不了太子，就为太子饯行，席间用计灌醉了太子，然后他拿起太子的白旗上路。刺客并不认识刺杀的对象，按照宣公的指示，杀掉了子寿。太子伋酒醒之后，发觉了子寿的意图，于是拼命追赶上来。但是他到现场时，子寿已死，刺客还没有撤离。太子对刺客说：我才是你们要刺杀的对象，你们杀错人了，请你们还是把我杀了吧。刺客为了完成任务，把太子也杀了。

刺客向宣公交了差，宣公只好立子朔为太子。

春秋时代，政变是各国的家常便饭，一旦发生政变，出逃往往是公子们的第一选择。各国往来的道路上，随处可见出逃的公子们。出逃的公子们，首先是为了避乱，其次也对未来抱有希望。卫宣公要杀太子伋，得知这个消息后，太子伋完全可以选择出逃，何况弟弟子寿也是如此建议的。然而，他对未来已经没有任何希冀，毅然赴死，是绝望的表达。至于所谓遵从父命的说法，最多是想用自己的死感动一下父亲而已，他要让父亲的错无法挽回。

然而，弟弟子寿却决定代替哥哥去死，子寿一定以为自己的死可以换回哥哥的生命。因为刺客完成杀人命令就会很快撤离现场，即使回头发现错了，父亲说不定也会忽然良心发现，不再继续对太子追杀。或许，子寿应该让太子伋再多喝一杯。如果太子伋晚一点赶到现场，历史将会是另外一番景象。太子伋肯定想赶上子寿，但是晚了一步。看见弟弟为自己死在当场，太子伋一定万念俱灰，本来就想以死明志，如此一来，更无他路可走。

子寿之死，不是宣公的计划。但是，很难说这不是子朔的愿望，因为他成了最终的受益人。他与母亲宣姜的积极行动，很难说是为了哥哥子寿。但是，原本代替太子伋的最可能人选是子寿，因为他不仅是子朔的哥哥，还有左公子这样的师傅。宣公发出一矢，而让太子伋和子寿双双丧命的，应该是子朔。当后人为太子伋和子寿纷纷赴死的场面所感动的时候，或许也能感到子朔站在场外，一双阴冷的目光，让人胆寒。

子朔即位，是为卫惠公。卫惠公第四年，左右公子联合发动政变赶走了卫惠公，立太子伋的弟弟黔牟为君。卫国，再次陷入冤冤相报的泥潭。

宣公这样的父亲，有一个子朔这样的儿子是很正常的，常言道有其父必有其子。但是，太子伋和子寿竟然也是卫宣公的儿子就有点让人意外。在政治利益面前，他们人性的光芒没有泯灭，反而照亮了春秋时代昏暗的夜空。

为了女人的战争

最经典的特洛伊战争，起因于美女。人间第一美女海伦，背叛了斯巴达国王墨涅拉奥斯，带着大批财宝跟随特洛伊的王子帕里斯私奔了。当初，众多英雄都来向海伦求婚，最后是海伦自己选择了墨涅拉奥斯，而众英雄曾经发誓，谁也不会伤害海伦选择的丈夫。然而，海伦却放弃了丈夫与人私奔。希腊众英雄于是团结起来攻打特洛伊。人间矛盾本来由神引起，特洛伊和希腊都有神做后盾，战争打了整整十年，很多英雄战死，帕里斯也死于毒箭。最后希腊人木马计成功，特洛伊被屠城，美女海伦被丈夫带回希腊。因为海伦的美貌，丈夫并不计较刚刚发生的背叛和流血，两人重新开始了幸福生活。这当然不能当信史看待。

能够引发战争的美女，才应该叫作倾国倾城。“北方有佳人，绝世而独立，一顾倾人城，再顾倾人国。”汉武帝的李夫人，是这首诗歌的原型，美肯定是美了，但还不至于倾国倾城。名副其实的倾国美人，在中国要数息夫人。可惜，没有荷马史诗这样的文学巨著来描写流传，一般往往知道“四大美女”而不知道息夫人。

这是一则春秋时代的故事，悠久固然悠久，但是所知有限，还算不上经典。

蔡哀侯和息侯两人的夫人都是陈国人，息侯夫人名息妫。息妫嫁给息侯，路过蔡国，蔡哀侯说这是我的小姨啊，就留下一行人在蔡国做客。息妫是位美人，蔡哀侯行为轻狂，对小姨很没礼貌，这是一种委婉的说法，其实就是企图非礼。息侯得知新妇受辱，十分愤怒。为报此仇，息侯向楚文王建议：楚国装作攻打我国的样子，我向蔡国求援，蔡国肯定来救援，请楚国乘机攻打蔡国。楚文王欣然同意，结果蔡国上当，蔡哀侯成了楚国的俘虏。这是公元前 684 年秋天的事。

蔡哀侯也要报复，作为俘虏的他就天天向楚王描述息妫如何美貌。蔡侯一定口才卓越，楚王终于被打动了，于是设计入息，灭息而得到息妫。息国灭亡了，息夫人是条重要的导火索。息妫后来为楚王生了两个儿子，但是息妫没有跟楚王说过话。终于，在楚王的追问之下，息妫说了心里话，她说：作为一名妇人，一人而事二夫，应死而未死，还有什么话好说呢？看见夫人的痛苦，楚王认为这是由蔡国引发的，于是兴兵灭了蔡国。

息夫人长期不言，是否就是处心积虑要报蔡国的仇恨呢？现在已经无法考证。蔡国就这样亡了，跟息国一样都成了楚国的盘中餐。

息夫人的美貌，就这样导致两个国家的灭亡。古希腊的海伦，不过毁灭了一个特洛伊城而已。就美貌引发的祸乱而言，海伦比息夫人，那是小巫见大巫。

蔡侯和息侯冤冤相报，最后同归于尽，似乎因息夫人引发，但是息夫人更令人同情。那些主持国政的，没有深谋远虑，却又好色易怒，所有的人都跳进了自己设置的陷阱。小国在大国旁边，总以为可以利用大国，最终总免不了自作牺牲品。这里，确实存在着小国的悲哀。但是，既然从设计别人开始，虽灭亡也不能令人同情。只有息夫人，不能左右时局，更不能决定自己的命运，每每成为别人的战利品。不言，至少是她表达抗争命运的一个手段。

两个国家灭亡了，却不如一位息夫人的真情感动古今。

蔡侯调戏息夫人，息侯大怒。这跟斯巴达国王墨涅拉奥斯的愤怒是同样的，他们也同样选择了报复。为什么会愤怒，因为受辱，而国王的受辱就是国家的受辱，所以很多人愿意为报复而发动战争。希腊的众英雄出发了，而息侯决定利用楚国，宁愿引狼入室。从蔡侯愿意在息国受到攻击时出兵支援这一点来看，蔡息两国关系很好，至少比蔡国与楚国的关系更近。

蔡侯被俘，肯定发现了真相，他要继续报复。息夫人于是再成为诱因。

土地、人口和财富，战争几乎就是为了这些战利品。对于男人而言，女人也是战利品的一种，所以为了女人的战争才可以真实地发生。女权主义者这时一定会有一点点犹豫：作为战利品，有物化倾向，女人不成其为人，是男权主义的时代特征；但是，为了一个女人，多少英雄杀得死去活来，这不凸显了女人的优越吗？想一想，爱情至上的中世纪，骑士们为了爱情，情愿决斗而死。特洛伊战争，也可以理解为国王的爱情至上啊。让众多男人在自己面前争风吃醋，至今仍然是美女们最喜欢的场景。特洛伊不过是更激烈的争风吃醋而已。

为了美女的战争，只是一个属于国王时代的历史故事。只有国王受辱才会发动战争，只有国王愤怒才会变成一个国家的愤怒。试想在当今的时代，即使所有的总统夫人都私奔了，也不会引发战争。最多，这会成为一个话题，丰富群众的业余生活而已。

看谁脾气大

公元前683年，是鲁庄公十一年。前一年，齐国与鲁国开战，史称长勺之战。鲁国出了一个英雄叫曹刿，大败齐国，古文教科书经常引用，即《曹刿论战》。齐国被鲁国打败，心有不甘，转年，联合宋国再次出击。鲁国大夫公子偃向庄公建议，齐宋之间，宋国兵力较弱，应该全力攻宋，宋败，齐国也只能撤军。庄公不同意，公子偃真理在手，不听庄公命令，私自统兵出击，全力以赴，庄公也只好指挥大军跟进。果不其然，宋军大败，齐国军队只好撤退。这就是乘丘之战。

宋国军队中，有一员猛将叫南宫长万，战斗中被鲁庄公射中，鲁庄公手下冲上去把南宫长万活捉了回来。春秋早期的战争特别具有戏剧性，开战很容易，和好更容易。战后不久，宋国发生了水灾，鲁庄公特意派出使者，前往慰问，宋国的闵公态度极好，对鲁国的使者说因为自己不能敬神导致天灾，又让鲁国国君担忧，十分惭愧等等。两国关系这就和好了。宋国乘机提出南宫长万问题，希望鲁国放归，鲁国当然也就放了南宫长万。

南宫长万，力气过人，史书也称宋万，显然是一种简称。按理说，南宫长万归国，应该感激宋闵公才是，谁知道竟然发生了预想不到的事。

有一次，宋闵公与南宫长万一同打猎，还设下赌注，进行打猎比赛。谁都想取得胜利，于是都要抄近道前进，一条道，两人争抢，南宫长万不让，国公更不让。宋闵公很生气，对南宫长万说：过去我很尊重你，但是你是什么人？你是鲁国的俘虏，我现在已经不敬重你了。

国君不敬重臣下，没有什么奇怪的。奇怪的是宋闵公一定要当面说出来。这就是宋闵公的可爱之处，心里话，他不想憋在心里。然而，这一句心里话，却引发了天大的祸患来。国君公然表示不敬重，接下去会如何对待自己呢？宋闵公一生气，南宫长万害怕了。为防不测，南宫长万决定先下手。

公元前682年秋天，南宫长万设计亲手杀死宋闵公。一个闻讯赶来的臣下仇牧，与南宫长万相遇在门口，仇牧不是南宫长万对手，被南宫长万当场杀死，连脑袋都被击碎，牙齿散落一地。南宫长万又遇到大宰宋督，毫不手软，挥手杀了宋督。可怜宋督，当年也能弑君杀臣，如今遇到更生猛的南宫长万,一声闷响成了刀下鬼。

南宫长万继续努力，让子游当上宋国国君，其他公子都不配合，奔逃到萧国，另一公子据说逃亡亳。南宫长万手下南宫牛、猛获率领军队包围了亳。南宫长万的弑君不能与当年宋督相比，宋督实际上利用了旧有矛盾，有政见冲突的因素，如今南宫长万只是屠杀。宋国国君此前所有的后裔们联合起来，在萧叔大心的领导下，利用萧国的军队展开反击，先杀掉南宫牛，再杀掉子游。子游虽然也是公子，但他显然想利用南宫长万，所以结局很糟。猛获逃往卫国，南宫长万逃亡陈国。

宋人向卫国发出国书，要求卫国交出猛获，卫国开始不想交，卫国大夫石祁子认为猛获的罪行在任何地方都是令人厌恶的，为这么一个人而失去一个邦交国，得不偿失，没有必要为猛获得罪宋国。卫国于是交出了猛获。陈国也收到了宋的国书，他们让美人陪南宫长万喝酒，在南宫长万醉了之后，用犀牛皮把南宫长万捆绑起来交给宋国。南宫长万是大力士，后来他几乎撕破犀牛皮。两个弑君者最后被宋国蒸了，做成肉酱。

这场政治动乱，说起来原因很简单，就是宋闵公和南宫长万都很容易生气。好像是在比赛看谁脾气大。闵公生气，说出讨厌南宫长万的话来，究竟是一时气话还是真心所想，并不容易辨别。他要知道后果，肯定会小心的。那么，他这么动气，究竟是依仗国君的势力，还是性格体现呢？我看应该是后者。到了后来，君臣之间这样的故事十分罕见。君主要是不重视某臣下，轻易不会表现出来，反而有可能还要升其官，虚其职，经常嘘寒问暖。臣下能够感受到君主的不重视，但是说不出来。即使证据确凿，臣下通常的做法是更加殷勤地表达忠心，一再自称罪该万死，自我可怜到连君主也产生怜悯之情。后来的君臣是否吸取了宋闵公的教训呢？很有可能。

我一直很钦佩中国台湾作家龙应台，她曾经有一篇文章叫做《中国人，你为什么不生气》，她是建议民众对坏人坏事要敢生气、敢斗争。我看春秋时代的中国人，好像特别容易生气，因一时意气之争而发生严重后果的故事，真的有很多。“春秋”本有历史之意，历史本来的面目就是生猛多姿的，而历史上的春秋时代尤其生猛。

妖由人兴

郑厉公为了铲除权臣正卿祭仲，派祭仲的女婿刺杀祭仲，阴谋失败，郑厉公逃亡。他没有逃到外国，而是在郑国边境上的一个小城栎居住下来。祭仲迎回昭公忽，继续统治郑国，他们也没有攻打栎，因为宋国坚决支持厉公，给了厉公很多武装，至少保证厉公的自卫能力。

郑厉公在外，郑昭公在内，郑国这个时候，存在着两个国君。

郑昭公在位只有两年，就被卿高渠弥在打猎时射杀，昭公的两个弟弟前后即位成为国君。其中，公子婴在位时间长达 14 年，他就是郑子。前后 17 年，郑厉公一直居住在栎地。当然，他也始终没有放弃复辟的打算，睁大双眼关注郑国，时刻寻找可能的机会。

公元前 679 年，郑厉公终于抓到了机会。郑国大夫傅瑕（《史记》称“甫假”）上当受骗，被郑厉公诱骗绑架，郑厉公威胁要杀他。傅瑕害怕了，对郑厉公说：放了我，我为您杀掉郑子，让您归国做国君。这大概就是郑厉公的本来目的，两人举行了盟约，傅瑕回到郑国。这一年的 6 月，傅瑕忠实地履行了自己的誓言，杀掉郑子和他的两个儿子，迎接郑厉公回国。

郑厉公两次即位为国君，这一年称作后元元年。

成功复辟的郑厉公，很快开始反攻倒算。他先找到傅瑕，说：你侍奉君主，没有一心一意啊。傅瑕说：重德不求回报，这是当然的。于是傅瑕成了郑厉公杀掉的第一人。郑厉公接着找到了伯父原繁（《史记》用一单字“原”），说：“傅瑕不能忠心于国君，我已经杀了他。对我忠心不二的人，我答应他们做上大夫。我在外面，伯父不给我通消息。现在我回来了，伯父也没有亲近的表示。我感到十分遗憾。”原繁知道郑厉公来者不善，说：“国内有郑子而心在国外，那是最不忠心的人。一旦做了国君，一国之内，谁不是臣下呢？现在，你的兄弟还有八人活着，用收买的办法可以解决所有问题吗？当然，我已经得到命令，我知道如何做了。”随后，原繁上吊自杀。

傅瑕不忠于郑子而忠于厉公，但厉公认为傅瑕应该忠于郑子，所以认为他不忠心，最后杀掉傅瑕；原繁忠于郑子，没有对厉公表达忠心，厉公则认为原繁应该忠心于自己，同样也责问原繁的忠诚。最后，原繁也只有自杀。这可是忠君观念的大悖论。世上常有先后君主，甚至也会出现郑国这样的同时有两位君主。为臣应该忠诚，但是如何表达忠诚呢？如郑厉公这样，用两个君主的立场，要求同一个大臣的忠诚，可以肯定没有谁能够逃脱不忠的追问。尤其这个郑厉公，先是绑架傅瑕，强迫他背叛自己的君主，当自己的阴谋成功以后，又去追究人家的不忠之罪。应该说，对彼君主的不忠，祸首在此君主；对于前君主的不忠，祸首在后来君主。归纳起来就是，要求忠于君主的是君主，要求背叛君主的还是君主。

不仅这些前后君主，那些改朝换代的朝代无不面临这样的问题。唐初的人写《隋书》，那些主编和写手，无不出自隋朝，但是他们还是毅然决然地在《隋书》中撰写“诚节”类传，那位不屈不挠与李唐周旋到底的将军尧君素就被写入这个类传之中。在隋末唐初朝代更迭之际，究竟应该抵抗唐朝还是应该追随唐朝呢？很多人面临考验。更多的人会从利益出发做出选择，也有人，如尧君素，就是秉持忠诚。如果说尧君素是正面的忠诚表率，那么攻打尧君素的唐朝军将呢，他们不正是在叛臣首脑李渊领导下的叛臣集团吗？若忠诚于刚刚举起大旗的李渊，那么尧君素不是完全应该被钉在历史的耻辱柱上吗？

这个难题，后代显然要比郑厉公聪明得多。要杀人，就事论事，不要去牵涉什么忠诚之类的话题。论及忠诚，要么比较宽容，各为其主，皆为忠诚。要么就各说各话，保卫隋朝是忠臣，支持唐朝是功臣。郑厉公这样，杀人找堂皇的理由，最后必然伤害对君主们最有利的忠臣。

郑厉公复辟成功之前六年，在郑国国都的大门口，发生了两蛇相斗的事，最后门外来的蛇杀死门内的蛇。很多人在场观看，后来出现很多流言。到郑厉公复辟成功，有人说那场蛇斗，最后应验了——外面的蛇是郑厉公，里面的蛇是郑子。

这个流言流传甚广，连鲁国也有传说。鲁庄公问申繻：郑厉公复辟，真的是由于妖孽吗？申繻说：如果说有妖怪的话，那也是由人导致的，“妖由人兴”。人不按照人道行事，兴妖作怪的事才会出现。两千多年前，这是多了不起的朴素唯物主义啊。

庆父之乱

鲁庄公无力跟齐国翻脸，无法报父亲之仇，不仅如此，他继续娶齐国的女人为夫人，这就是哀姜。哀姜没有生育，但是她的妹妹为庄公生了一个儿子，叫做开。开，应该成为庄公的继承人，但是事情发生了变化。庄公后来又有新宠，爱上了党氏的孟女，就是党氏的长女，并且跟她生了一个儿子叫做斑（《史记》称斑，《左传》称般）。庄公发下誓言，一定要立孟女为夫人，也处心积虑地要立斑为继承人。

鲁庄公有三个弟弟，庆父、叔牙和季友。在当时的政治生态中，这些国君的弟弟在重大的政治问题上，往往十分关键。庄公试探地问叔牙，谁为继承人更合适呢？叔牙态度很坚决，说庆父在，足以继任，不用发愁。兄终弟及，庄公可不愿意，他是希望斑来接班。于是，他再询问季友，季友的态度让庄公很满意，季友说打死也要立斑为继承人。庄公还是有心病，说叔牙要立庆父，这可怎么好啊。季友说，交给我吧。

季友派人囚禁了叔牙，并给叔牙送上毒酒，说这是毒酒，饮毒酒而死，你依然会有后人，否则挣扎而死，死而无后。没有人给自己焚香祭祀，这是可怕的事情。叔牙饮下毒酒而死。季友也不食言，立叔牙的儿子为叔孙氏，这叔孙氏后来成为鲁国的重要政治势力。

公元前661年，鲁庄公去世，季友立斑为鲁君。在继承问题上，鲁庄公似乎没有询问庆父，而庆父有自己的打算，他要立庄公另外的儿子开为继承人。为什么要立开呢？因为开是哀姜妹妹所生，而庆父跟哀姜是地下情人关系。大约鲁庄公爱上孟女以后，哀姜也移情别恋，跟庄公的弟弟大开私通店。

鲁庄公8月去世，10月庆父就派人杀了斑。杀斑的人名叫荦，他杀斑是有缘由的。斑原来喜欢梁氏的女儿，经常前往看望。有一次，他刚刚到达，见到这位专门负责养马的荦正隔着墙跟梁氏女谈笑。斑怒火中烧，挥鞭抽打荦。荦蒙羞，与斑结下大仇。当时鲁庄公还在世，听说这事以后对斑说，荦是一个强有力的人物，要么不得罪他，要么杀了他，如此鞭打之后置之不理最麻烦。斑后来一定是努力要杀掉荦，但是没得手。当庆父要立开的时候，需要有人杀掉斑，荦于是成为最佳候选人，并且出色地完成了任务。

季友看见庆父大开杀戒，只好逃跑。开被庆父立为国君，这就是鲁闵公（也写作湣公）。鲁闵公是因为庆父才当上国君的，感激之情可想而知。但是，庆父也是有资格当鲁国国君的，当初叔牙就坚持这个看法。现在，没有什么人可以管庆父了，于是他与哀姜的关系公开化，连国君都是庆父立的，庆父与嫂夫人的关系谁会在乎呢。不仅如此，哀姜如今是更加喜欢庆父了，她和庆父都有了新的想法：为什么不让庆父亲自当国君呢？

鲁闵公虽然是庆父所立，但是对于庆父的行为也很恐惧。闵公开始与季友取得联系，而季友告诉闵公，庆父才是祸乱的根源，不去庆父，鲁国不可能平静。当他们还在讨论的时候，庆父已经准备停当。闵公即位的第二年，庆父派遣卜龄杀死闵公。卜龄之所以恨闵公，是因为卜龄的一块土地被人夺走，而闵公竟然不能主持公道。

既然闵公死了，庆父准备自己即位，但是，他连续杀害两个国君，确实太过分，鲁国的众怒被庆父激发起来，很多人积极准备干掉庆父。季友也积极活动，带着闵公的弟弟申，向鲁国宣告要回到鲁国。这就等于给鲁国人准备了两个答案，鲁国人要在庆父和申之间做出选择。毫无悬念，大家都选择申。于是，季友带领申回到鲁国，申就是鲁釐公。庆父见势不妙，逃亡莒国。哀姜也是知情者，不敢留在鲁国，逃亡邾。

逃亡中的庆父依然是鲁国的威胁。鲁釐公正式要求莒国归还庆父，莒国只能答应。庆父请求永远流亡，鲁国不放心所以不答应。庆父只好自杀。庆父的后代为孟氏，是鲁国的三桓之一，即鲁国后来重要的政治势力之一。哀姜是齐国人，齐桓公出面主持正义，从邾索回哀姜，杀了她，把她的尸体还给鲁国。

季友成为重要的功臣，他的后代成为季孙氏，也是后来鲁国的三大政治势力之一。然而，鲁国这一通政治混乱，一方面与继承制度有关，而另外一个暗线，则是庆父与哀姜的私通关系。个人的情感与私利，一旦有机会与政治取得联系，就渴望利用政治的资源扩大私人利益，而政治秩序既然无序，就会被这类私人利益所利用，政治的混乱于是不可避免。而政治一旦陷入混乱，谁会最终成为受益人又变得扑朔迷离。其实，有序的政治，才是大家利益的共同基础。不过，对于庆父这样鬼迷心窍的贵族而言，这个道理他可能永远也不会明白。

可爱又愚蠢的宋襄公

公元前 638 年 11 月 1 日，在泓水发生了一场战役。这次战役，宋国的统帅就是大名鼎鼎的宋襄公，这次战役为他赢得了持久的历史名声。直到今天，我们还拿他说事。

关于这次战役的前因，真是说来话长，至少得从公元前 643 年讲起。这一年，春秋五霸之首的齐桓公死了，而他又是死在管仲之后，后事没有安排好。像后来的许多政权一样，齐国立刻陷入内战状态。几个公子都想继承父亲的遗志，把齐国的霸业进行到底。但是，彼此都想自己动手，都反对别人动手，于是他们之间先动了手。可怜齐桓公一世英明，死后却连入土为安都做不到，尸体腐烂，蛆虫从大厅里一直爬到大街上。齐国一乱，可不是齐国自己的事情，天下都跟着发生危机。有迹象表明，长期被齐国压制的“南蛮”楚国，要乘机造些事端。

于是，宋襄公出面，联合诸侯，协调齐国内部的关系，几个公子也打累了，齐昭公即位。宋襄公的地位很高，在诸侯国的等级中，属于公，比侯、伯、子、男都高。这一次，又露了大脸，竟然解决了齐国的内部纷争，国际名声和地位，包括自我感觉，都有了显著提高。于是，他再接再厉，决定继续前进，由齐昭公继承齐桓公的国内事业，他自己则继承齐桓公的国际事业。用后来的话说，就是当霸主。

在当时，当霸主要有仪式，要召开盟会，各个诸侯都参加，那个召集人就成了事实上的盟主，也就是霸主。宋襄公好像召开了好几次盟会，也都有人参加。但是，宋国实力有限，大家对于宋襄公似乎也不看好。盟会是召开了，但他的霸主地位并没有实际建立起来。更重要的是，楚国的楚成王也有当霸主的意愿，并且可能比宋襄公更强烈。于是，宋襄公就继续开会，却因此丢了大人。公元前639年秋天，宋襄公又召集了一次会议，在宋国的盂邑（今河南睢县一带）。结果，楚成王的武装侍从在大会上逮捕了宋襄公，然后押着宋襄公攻打宋国的首都睢阳（今商丘一带）。本来公子目夷建议宋襄公多带些人马以防万一，宋襄公说没有关系了，谁敢对我怎么样？好在公子目夷统兵力战，国都才没有被攻破，但国君还是被楚国带走了。称霸未成，宋襄公先成了阶下囚。

这一年的冬天，楚国要召集一次国际大会。鲁国鲁僖公就提出了一个条件，请楚国释放宋襄公。在各国的眼里，这楚国是不讲理的，但楚国要进入中原，就得与中原取得某些共识，接受某些“公理”。何况这个宋襄公在手里也没有用处，就慷慨地同意了鲁僖公的调停，把宋襄公放回去了。

宋襄公这个气啊。他要气的很多，楚国蛮夷，没有一点规矩，哪有在盟会上动手的道理？更生气的是其他国君，怎么会去跟楚国开会啊，有没有道义，有没有公理啊。不行，这口气得争回来。于是，他调动军队，发动了战争。不过，他不是直接对楚国的，他先拿楚国的附庸郑国开刀。公子目夷头脑很清楚，劝宋襄公不要开战，但宋襄公太坚决，谁的话也听不进去。

军队出发了，郑国赶快派人报告楚国。楚国二话不说，大军立刻北上。结果，宋襄公还没有跟郑国接火，家里告急的消息先到了，没有办法，立刻返回。幸亏宋襄公回师及时，把楚国的军队挡在了国门之外，否则后果不堪设想。宋襄公在泓水北岸排兵布阵，以逸待劳。看着楚国的军队还没有到达，宋襄公心里一定很得意。他要光明磊落地教训一下楚国，决不能像对手那样，毫无仁义礼信可言。历史上著名的泓水之战就这样开始了。后来的事情广为人知。楚军后到，宋军可以在楚军半渡的状态下发起攻击，宋国大司马公孙固也如此主张，但宋襄公反对那样做，因为那样做太不讲道理。后来楚军过河之后集合列队，这是宋军又一次进攻的机会，但宋襄公依然不同意进攻，因为他认为此时进攻太不讲道义了。

等楚军一切准备完毕，双方才击鼓进军。宋军不是楚军的对手，被打得大败，甚至宋襄公大腿上也中了一箭。幸亏公子目夷等拼死突围，宋襄公才没有第二次当俘虏，得以逃回都城。他在第二年因这个伤势去世。

宋国的失败，宋襄公应当承担什么样的责任呢？即使大家不说，宋襄公也要自己考虑，是否他的战略战术存在问题呢？宋国的人都认为宋襄公有问题，但他有自己的理由，他说："君子不重伤，不禽二毛。古之为军也，不以阻隘也。寡人虽亡国之余，不鼓不成列。"君子作战，不打击已经受伤的人，不俘虏头发花白的人，不利用地形优势，不攻击没有排好队形的对手，等等。这是曾经的作战原则，然而，现在过时了。宋襄公从此就落得一个过时的名号。

后人对于宋襄公实在是爱不起来，说他愚蠢。其实，宋襄公也有可爱的一面，他在坚持一种原则，一种正在走向衰亡的原则。在他看来，即使是战争也应该讲究原则，不能欺诈，不能不公平。兵以诈立，那个时候还没有这个通则，那时候盛行的是《司马法》，《司马法》就是坚持君子的作战原则，而后来坚持的则是《孙子》的作战原则。

究竟应该怎样看待英雄呢？说是不以成败论，那就是原则论了。多数派，还是成败论，所以宋襄公成了愚蠢的典型。

宋襄公与《司马法》

宋襄公是位历史名人，他的仁义之战的观点同样著名。宋襄公的观点，当时就有人反对，后来更没有什么人去效仿。但是，作为历史，不论是这个历史人物，还是他坚持的观念，都是我们要分析的。我们不能从所有方面恢复历史的本来面目，但是我们必须对历史抱以同情的理解。

宋襄公的理由，究竟有没有历史背景呢？如果没有，那仅仅是他的个人辩护；如果有，我们必须认真对待。《穀梁传》有云："古者不重伤，不禽二毛。"《淮南子・氾论训》云："古之伐国，不杀黄口，不获二毛。于古为义，于今为笑。"这两部西汉时代的著作，都承认古代有这样的战争原则：战争过程中，不杀儿童，不俘虏老人。而《淮南子》认为这种原则是古代正义表达，但在今天则为笑谈。可见《淮南子》是承认这个历史变迁的。

这些后来罕见的战争法则，到底有哪些内容呢？在那个曾经有过的时代里，为什么会产生这样的战争法则呢？

现在所知，那些古老的战争法则，主要保存在《司马法》这部兵书中。如今，我们只能看到残留的五篇，这是比《孙子兵法》更古老的兵书，反映更古老的一种传统。

"古者，以仁为本，以义治之为正。正不获意则权。权出于战，不出于中人。是故，杀人安人，杀之可也；攻其国，爱其民，攻之可也；以战止战，虽战可也。”这是战争发生的最重要原则，用战争的方式表达关系，是出于不得已的理由，战争的目的不是掠夺土地、人口和资源，而是为了更重要的目的。用杀人的方式达到安人的目的，攻打这个国家是因为爱护这里的人民，战争的目的是为了制止战争。

如何又打仗，又号称是爱民呢？这是有具体约束的。“战道：不违时，不利民病，所以爱吾民也。不加丧，不因凶，所以爱夫其民也；冬夏不兴师，所以兼爱其民也。”战争要选择时间，不能伤害农时，耽误农业生产。不要有意利用对方民众的困苦，更不能在对方国丧的时候展开进攻。这都是爱民的体现。

还有更具体的。“入罪人之地，无暴圣祇，无行田猎，无毁土功，无燔墙屋，无伐林木，无取六畜、禾黍、器械，见其老幼，奉归勿伤。虽遇壮者，不校勿敌。敌若伤之，医药归之。”进入敌人的国家，不能施暴于圣庙这样的地方，不可以打猎伤害农业，不可以破坏建筑物，不能焚烧居所，不能砍伐林木，不可以抢掠六畜、庄稼和其他器械。此外，如果见到老幼，不要伤害，要把他们送回家。遇到壮年人，只要他不动手，绝不把他当作敌人。如果遇到对方受伤的战士，要给他治疗并送他回家。

想了解这部古书，可以看《武经七书注译》。《汉书·艺文志》是中国目前所见最早的图书目录，在描述《司马法》的时候这样说：“下及汤武受命，以师克乱而济百姓，动之以仁义，行之以礼让，《司马法》是其遗事也。”《汉书》的观点认为，《司马法》是仁义战争原则的体现。我们现在仍然有所谓仁义之师的说法，《司马法》的战争法则，应该就是仁义之师所坚持的原则。

应该说，这不仅是古老兵法的遗存，也是一个古老时代的遗存。宋襄公的说法是有根据的，但在后人的眼中，他依然是愚蠢的。这差不多就是所有后一个时代看前一个时代经常存在的现象，甚至可以说是时间最残酷的基本法则。但是，应该承认的是，当时各国应该都遵守这个原则，虽然后来它演变为历史。

今天的战争也是讲原则的，有关的国际法、《日内瓦公约》等都有这方面的规定。而今天的所谓国际法，也是一个历史的产物，是现代化的产物。国际间不可能没有纠纷，人们有时甚至采取战争的方式解决纠纷，但是战争要有原则。违犯这些原则，战争就是一种罪过，这叫战争罪。而在这种战争原则没有确立以前，人类的战争是否也存在原则呢？基本的情况是各有各的原则。

就战争而言，也有一个历史变迁的过程。我们从宋襄公的言论和《司马法》等记载中可以看到另外一个战争景象，甚至用今天的国际标准都难以理解，人道主义在战争中贯穿始终。相对而言，显然是后代自以为聪明的做法更野蛮。

然而，《司马法》代表的时代很快远去，后起的法则是《孙子兵法》。有人比较过这两部古代兵法，认为："《司马法》以仁为本，孙武以诈立；《司马法》以义治之，孙武以利为动；《司马法》以正，不获意则权，孙武以分合为变。"这个变化在中国开始于春秋时期，《汉书·艺文志·兵书略序》："自春秋至于战国，出奇设伏，变诈之兵并作。"正是在发生了这样的变化之后，宋襄公才变得愚蠢的。

如今不择手段的战争也在遭受质疑，有限战争论成为主导舆论。《孙子兵法》的时代也在成为历史。或许，我们今天更应该怀念《司马法》的时代，怀念宋襄公所崇尚的理想。是什么历史土壤产生了《司马法》呢？是兄弟之国吗？各国之间，都是兄弟之邦，即使有矛盾冲突，甚至允许用战争的方式表达怒火，但是战争的手段却要严格限制，本质上就是要限制战争的破坏。这不仅有利于战后重建，更有利于兄弟之国的友谊重建。

把冲突四起的各国，想象为兄弟之邦的世界，仅仅把这当作理想，行吗？

人为食亡？

“人为财死，鸟为食亡”，这本来是俗语，反映了人的唯物性。只有鸟才为食而亡吗？春秋时代的有些故事，读来倍觉可爱。争食而斗，不仅闹出人命，甚至弑君造反都在所不惜。

公元前 607 年，宋国与郑国发生战争，宋国的大臣华元统率宋国军队，抗击郑国的军队。决战前一天，照例要犒劳军队，华元命令杀羊，分肉给武士们吃。一顿酒肉之后，指望明天士气大振。没有想到，一个小小的忽略，引发了巨大的灾难。为华元赶车的羊斟，辛苦工作，华元竟然忘记了给他分羊肉，这把羊斟气得要死。第二天，两军准备开战，华元也登上了自己的战车。羊斟心想：昨天分羊肉你决定，今天该我决定了。战斗还没有开始，羊斟忽然发动战车，直接把华元送进了郑国的阵营。郑国没有花费一兵一卒，就把宋国的统兵元帅俘虏了。宋国被打败，还要花很多物资赎买华元。华元若知道原因的话，肯定宁可把整只羊都送给羊斟吃。羊斟呢？为一口羊肉竟然把元帅给卖了，有这么严重吗？羊斟肯定不是为了一口羊肉，关键是自己不被长官承认，争的是一口气。

这是羊斟的性格，也是春秋时代中国人常见的性格表现。谁说中国人不生气，春秋时代的中国人常常怒不可遏。

宋国华元成了郑国的俘虏，是在郑穆公的时候。一年以后，华元逃跑回到了宋国。再过一年，即公元前605年，郑穆公去世，子夷即位，这就是郑灵公。

郑灵公刚刚即位的那年春天，楚国为了表示友好，为郑灵公送来一些鼋（yuán，生活在河中的动物，可能很美味）。这一天，卿大夫子家和子公正好要去朝见灵公，子公发现自己的食指动了起来，于是对同行的子家说：我的食指一动，一定有好吃的要出现，特别灵。两人走进灵公的殿堂，正好看到鼋羹已经做好，进献上来。子公说：果然。两人不禁相视一笑。灵公就问，你们笑什么？两人把刚才的故事原封不动讲给灵公听了。灵公还真不信邪，心说我今天非要你的食指白动，就是不给你吃。于是上鼋羹的时候，灵公吩咐了，别人都给，就是不给子公。灵公这是开玩笑，还是在斗气？反正在子公看来，这是对自己严重的侮辱。子公发怒了，他把手指伸进盛鼋羹的鼎里（“染指于鼎”），用手指蘸了羹，一边舔着，一边斜眼看着灵公，一边走出殿堂。你不给我吃，那我就自己吃，我的手指决不能白动。国君不给子公鼋羹吃，子公还就受不了，违令染指，针锋相对、寸步不让。

于是，意气之争在这个过程中迅速升级。郑灵公看见自己的命令不被执行，子公公然与自己叫板，怒不可遏，发誓一定要杀掉子公。子公呢？也不敢怠慢，立刻跟子家商量，决定先下手。就在这年的夏天，郑灵公被子公等人杀掉了。郑灵公在国君的位置上还不到一年。

染指，在今天不过是一个普通的词汇，表示插手，这背后，竟然有一段血淋淋的故事。纯粹是意气之争，根本没有什么深厚背景。十分偶然，完全可以看作是从一句玩笑开始的。然而，玩笑之后一方坚持证伪，一方坚持证实，争端不断升级，终于变成了政治斗争，臣下竟然为此杀死国君。或许有人认为，子公等如果不杀灵公，肯定也会被灵公杀掉，子公的行动有一定的自卫成分。但这些显然不重要，重要的是这最后斗争的局面，本来是可以完全避免的。双方在食指这个小事上，稍微作一点点让步，就不会如此难以收场。如果子公摊摊手承认不灵，如果灵公笑一笑承认很灵，任何一方的稍微让步，都会避免后来的悲剧。争强好胜，不肯服输，哪怕是在这微不足道的小事上。这不正反映了时代的性格吗？

灵公就这么死了，灵公的庶弟坚即位，他就是郑襄公。襄公即位之后，立刻就要展开报复，而灵公的亲弟弟去疾坚决反对，没有实施。襄公在位的第六年，子公死，他的家族遭到了郑国的驱逐。子公方面的这个结局，显然也不是善终。

人都有性格，遇事都会有自己的看法。如何避免政治人物的性格或者意气之争导致严重的政治后果，这显然是需要探索的问题。后来的中国政治，应该说越来越成熟，至少这类莫名其妙的斗争，在朝廷上再也难得一见了。人们习惯的感受是，朝廷上下的大臣们，都是圆滑透顶的人，见风使舵，八面玲珑，也有跟皇帝较真的大臣，比如魏征之类，但是他们的争执肯定不会是为了食指灵不灵这样的小事。

晋灵公该不该死

公元前607年，是晋国的不祥之年。

当了12年国君的晋灵公有些腻烦了，他想找更多的乐子来填充每一天。开始，他拼命装修房子，把宫殿搞得雕梁画栋，那当然是以增加百姓负担为前提的。后来，他又研究起弹弓来。可以确认，他喜欢上了弹弓，尤其喜欢看见别人躲避弹丸的动作。于是，他会经常用弹弓考验卿大夫们的腿脚功夫，躲避不及被击中，只能怪自己。

大概是夏日的某一天，大臣们正准备上朝，忽然看见国公的侧门里，一群宫中女人抬着簸箕出来，看她们战战兢兢的样子就知道不是寻常的东西。当时，大臣的首脑是赵宣子，名赵盾。他到了近前一看，吓出一身冷汗，因为簸箕里伸出一只手。宫女们告诉赵宣子，这是灵公的烹饪师，因为没有把熊掌蒸熟，灵公当场打死了他，并进行了人体解剖试验，现在准备扔了。

赵宣子和大臣们感到了恐惧，如此对待生命谁不恐惧？他们向晋灵公提出谏言。晋灵公先是躲避不见，最后没有办法，答应以后改正。赵宣子表示肯定，说出了千古传颂的话："人谁无过？过而能改，善莫大焉！"结果呢？当然没有改正，晋灵公依然故我。赵宣子只好频繁地提出谏言，搞得晋灵公比杀人还烦。

晋灵公决定除掉赵宣子。他派了一个杀手叫钼麑，大清早前往赵宣子家准备行刺。到了赵宣子家，看到赵宣子已经穿好朝服，正等着上朝时间的到来。如此恭敬地对待朝政，钼麑大受感动，心里说这可是国家栋梁啊。杀害国家的栋梁是不忠的，但是不执行君主的命令是不信的，钼麑陷入巨大的内心冲突之中。最后，他选择了自杀，一头撞死在槐树上（“触槐而死”）。

杀手太多情，晋灵公决定亲自动手。他招赵宣子来喝酒，暗中准备了刀斧手。喝得差不多了，晋灵公对赵宣子说：听说你的剑很锋利，拿出来给我看看。赵宣子正准备起身拔剑，忽然赵宣子的护卫提弥明跑了进来，对赵宣子说：饮国君的酒超过三爵是非礼的。上前扶起赵宣子就走。晋灵公放出猛犬来追，猛犬被提弥明扭断了脖子。晋灵公的刀斧手一齐出动，提弥明寡不敌众，力尽而死。

就在赵宣子危在旦夕之际，晋灵公的一个刀斧手忽然调转枪口，挥舞长戟掩护赵宣子撤退。赵宣子一边逃跑一边问：阁下是谁，为何救我？那人也不报姓名，只说了一句：“翳桑饥饿人。”赵宣子于是得以逃脱。这是怎么回事呢？多年前，赵宣子在首阳山下经营自己的田地，就住在翳桑那个地方。有一天，他忽然遇到一个快要饿死的人，他的名字叫灵辄。于是，赵宣子不仅给他饭吃，救他一命，还为他的母亲准备了一份粮食。灵辄后来成了灵公身边的武士，关键时刻救了赵宣子。

不久以后，赵宣子的弟弟赵穿发起军事行动，杀死晋灵公。赵宣子开始选择逃亡，但是没有到达国境又改了主意，返回国内。后来，在赵宣子的主持下，从周接回公子黑臀，并立之为国君，这就是晋成公。罪恶的晋灵公虽然死了，但是在这次事变中，赵宣子应该承担什么责任呢？当时的太史名叫董狐，写到“赵盾弑其君”，并在朝廷上向大家宣示。臣下杀了君主为弑，跟后来的谋大逆罪行差不多。赵宣子自我辩白，不是这样的。但是，董狐更强有力，说你身为正卿，逃亡的时候没有越过边境，归国以后没有讨伐乱贼，不是你是谁呢？赵宣子没有办法，只好引用《诗经》来自我解嘲，说我是因为热爱这个国家才遭受了这样的冤枉啊。

然而，赵宣子并没有杀害董狐，以至于后来的孔子还赞扬过董狐，说他是“古之良史也”。大约因为赵宣子立了晋成公，他政治上无所畏惧。何况晋灵公确实罪恶多端，杀晋灵公有不得已的理由，所以赵宣子仅仅是自我感叹，并没有去追究董狐。

那么，晋灵公这样的国君该不该死呢？这个问题董狐并没有讨论。

陈灵公之死

公元前 598 年，是鲁宣公十年，是陈国灵公在位的第 14 年。一代国君在位 14 年，也算资格老到，政治经验丰富，内外无忧了，但是像陈灵公这样忘乎所以的还是比较罕见的。

陈国有一代国色，这就是夏姬。她是郑穆公之女，嫁给陈国的大夫御叔，生了一个儿子叫做夏征舒。这个时候，御叔应该已经不在人世，而夏征舒也是大夫身份，是陈国有头有脸的贵族。这位夏姬，大概住在株林，《诗经》有诗云："胡为乎株林？从夏南。匪适株林，从夏南。"为什么去株林？追随夏南。不是去株林，是追随夏南。这里的夏南，就是夏姬。是谁前往株林追随夏南呢？《诗经》这首诗在写谁呢？不是别人，正是陈灵公。这首诗出自《国风》中的《陈风》，应该来自陈国的歌谣。

百姓因为讽刺国君而写出这样的诗，唱出这样的歌，是在陈灵公的生前还是身后，现在已经难以考证。可以考证的是，陈灵公对于自己与夏姬的关系是乐此不疲。陈灵公有自己的嫔妃，但是更喜欢到夏姬那里去喝酒。尤其不可思议的是，灵公前往株林不是一个人，而是率领自己的大夫孔宁和仪行父。三个人抛弃朝服，穿上便服，不分日夜，有机会就往株林跑。《国语》中有个说法是陈灵公"帅其卿佐，淫乎夏姬"。其实，这些贵族，他们的血缘关系并不远，但是他们热衷此道，不顾一切。

陈灵公的多人淫乱游戏不仅在株林进行，有的时候他们还把游戏搬到朝堂上。三个人，有的穿着夏姬的外衣，有的穿着夏姬的内衣，然后在朝堂上炫耀，或者彼此喧笑。朝堂，简直就成了淫窟。

如此明目张胆的道德败坏，不会带来祸患吗？有旁观者看不下去了，及时提醒陈灵公。有位叫做泄冶的大臣对灵公说："君臣淫乱，民何效焉？"你们如此淫乱，是给老百姓树立怎样的榜样啊？灵公显然无法说服泄冶，甚至不知道如何应对这样的提问。不应对，似乎又丧失了国君的权威。陈灵公心中一定很郁闷，就把泄冶的话告诉了两位同道好友，即孔宁和仪行父。两人一听怒火中烧，凭什么你泄冶来管我们的爱好！两人决定杀掉泄冶，并告诉了灵公。《史记》说灵公"弗禁"，没有禁止，于是两人就把泄冶杀了。

敢于提出反对意见的人被杀了，他们的游戏更加肆无忌惮了。本来，夏征舒面对母亲与国君的淫乱只是忍耐再忍耐，一方是母亲大人，一方是国君大人，如何表态都有不妥，最多是装作看不见。但是三位贵族，已经看不见任何危险了，他们有一次在株林，竟然开始拿夏征舒开涮。当着夏征舒的面，陈灵公对孔宁和仪行父说：你们看看，夏征舒长得像你。两位大夫仔细端详夏征舒，回答国君说：也像您啊。然后，一定是淫荡地相视而笑。夏征舒终于愤怒了，这不仅涉及自己的尊严，也涉及父亲在天之灵的尊严。他一定是怒气冲冲转身离去，而身后传来的是三人不堪入耳的笑声。

当陈灵公酒足饭饱准备离开株林的时候，一排弩箭迎面射到，陈灵公闷响一声命归黄泉。不用说，夏征舒的伏兵发动了，他要杀掉淫君以泄心头之恨。孔宁和仪行父一看，回身就跑，一口气跑出陈国，跑到了楚国。灵公的太子叫午，听说消息也立刻出逃，他逃亡去了晋国。

夏征舒一不做二不休，干脆自立为陈国侯。

不知道跑到楚国的孔宁和仪行父是如何劝说楚王的，一定会说夏征舒罪大恶极杀害国君什么的，反正楚庄王觉得是一个好机会，就号召诸侯各国，跟随自己去讨伐陈国。臣下弑君，确实不可容忍，各国都听从了楚王的号召。楚庄王对陈国宣布：大家不要惊慌，我只是诛杀夏征舒而已。陈国国民大概也反感高层如此丑恶，没有什么人肯为夏征舒卖命，所以楚庄王很快就完成了诛杀夏征舒的目标。

接着，谁也没有想到的事情发生了。楚庄王宣布陈国为自己的一个县，正式吞并陈国。这是公元前 597 年的事。楚国上下一片欢腾，在楚王的宫殿，大臣纷纷向楚庄王祝贺。

楚庄王的大臣申叔时刚刚从齐国出使回来，只有他不向楚王道贺。要不是申叔时的一番话，要不是楚庄王从谏如流，陈国本来就会到此画上句号。申叔时对庄王说：夏征舒弑君，大王讨伐，道义在大王这边。现在大王反而趁机吞并陈国，道义便不在大王这边。从此以后，大王就会失去诸侯的信任。总之，申叔时帮助楚庄王算了一笔账，这个时候吞并陈国，得不偿失。楚庄王于是从晋国迎回午，立他当了陈国君主，这就是陈成公。

陈国大难不死，国运又延续了下去。如果陈国就此灭亡，在今天看来，也没有什么可惜。道德是维系社会秩序最基本的法则，君主是政治秩序最高的代表，二者虽然没有本质连带，但是政治家向来代言道德，为君带头公然破坏道德，政治合法的基础也会被连带破坏，一切恶果，都是咎由自取。

崔杼弑君

公元前548年，齐国又出了乱子。齐庄公被大夫崔杼杀了。《春秋》的记载很简略，就是一句话："夏五月乙亥，齐崔杼弑其君光。"后来《左传》记录了这件事的来龙去脉，否则我们永远会有云雾之感。

这是又一起因为美色引发的政治动荡。

先是这一年的春天，齐国对鲁国发动军事行动，领兵元帅就是崔杼。鲁襄公很担心，立刻禀告了晋国，大约是希望晋国施以援手。不过，鲁国的大夫孟公绰却不以为然，建议鲁襄公不要太担心。为什么呢？孟公绰说：崔杼马上就会有重大行动，他的心病不是我们鲁国，而是齐国。他一定急于赶回齐国，不会对鲁国形成危害。果然，齐国的军队没有什么有力的行动就撤回去了。

崔杼是齐国的权臣，他的心病到底是什么呢？这还得从头说起。齐国的一个大夫叫棠公，他去世的时候崔杼前往吊唁，为崔杼驾车的是东郭偃，而东郭偃的姐姐就是棠公的夫人棠姜。棠姜是个美人，崔杼一见钟情，立刻催促东郭偃为自己把棠姜娶来。东郭偃不同意，说我们是同姓，同姓是不应该结婚的。崔杼十分坚持，并且请人卜卦，也很吉祥。但是东郭偃认为卦象不吉祥，是克夫之象。崔杼说，要克夫，那么棠公已经被克了。反正，最后东郭偃拧不过崔杼，他姐姐还是进了崔杼的家。

崔杼强娶棠姜，好日子没过多久就出了麻烦，齐庄公也看上了棠姜，并最终通奸成功。这一定是强迫的，崔杼面对国君如此，似乎也没有办法可想。但是，齐庄公也太不客气了，棠姜跟他在一起的时间，甚至比跟崔杼在一起的时间还多。庄公经常光顾崔杼的家，谁都知道是来干什么的。有一次，他还把崔杼的帽子赐给了别人，虽然随从劝他，他也无所谓。庄公说：在崔杼的家里，把他的帽子赏赐给别人，比较方便，我又不是缺少帽子。这话说得很不清楚，经过后人的解释才多少明白了，原来他的行为是想表现出对崔杼的不在乎。

崔杼本来还是容忍庄公的，现在看见庄公反而不容自己，他真的愤怒了。用我的人，用我的东西，还不把我当回事。崔杼决定报复国君，但是没有什么机会。最终，崔杼的机会还是庄公创造出来的。一个伺候庄公的人叫贾举，庄公莫名其妙鞭打他，不久又来亲近他。贾举很愤恨，于是与崔杼联合起来，寻找机会杀掉庄公。

这年的5月，莒国国君来齐国访问，齐庄公在都城的北郭举行招待宴会。崔杼是重要大臣，但是这个重要的国事活动他没有参加，据说是病了。齐庄公只好到崔府去探视崔杼的病情，这是君臣友好的证明。然而，齐庄公对于崔府再熟悉不过了，他说是探视大臣病情，其实更想见到的却是棠姜。他看见棠姜进了一个房门，赶紧跟了进去。他刚进门，贾举在后面便拦住其他人，关上大门。国君经常在这里出没，随从们也应该知道是怎么回事，所以没有人怀疑这次有问题。棠姜跟着崔杼从侧门出去了，庄公还作浪漫情调，一边轻叩门框，一边唱起歌来。他想告诉棠姜，他在这里。他的歌声引来了伏兵，全副武装的甲兵突然出现，庄公才发现事情不妙。他请求免死，不许；请求发誓结盟，不许；请求自杀，还是不许。他于是奔跑冲出，却在爬墙的时候中箭，掉了下来，被大家乱刀砍死。这一切，显然都是崔杼的计划。

跟随齐庄公一起死的有好多人。很多人应该是闻讯赶来，晏子也是其中一位。这位著名的贤臣，站在崔杼家的门外，略作思考。他的随从说：追随国君而死吧。晏子说他不是我一个人的国君。那么，逃亡吧。晏子说：我没有过错，为什么要逃亡。国君如果为社稷死、为社稷亡，我应该追随；他为自己死亡，我又能怎样呢？最后，晏子推门而入，跳在庄公的尸体上，高声哭号，一副伤心的样子。崔杼都看在眼里，有人建议崔杼杀了晏子。崔杼说：他有民望，不杀他，可以得民心。

面对崔杼的大屠杀，很多人并不惧怕。掌管历史记录的大史堂而皇之地写下“崔杼弑其君”。崔杼毫不客气地把他杀了。大史的两个弟弟继续哥哥的事业，接着如此书写，又被崔杼杀了。第三个弟弟又站出来，继续书写。这次，崔杼不杀了。一个叫做南史的史官，听说崔杼连续杀死史官，准备好笔墨竹简，前往齐国宫廷。听说最后还是如实书写了，才中途返回。对于南史这些人而言，其实记录的不是历史，而是如实记录政治，危险性高是理所当然的。

崔杼立庄公异母弟为国君，是为齐景公。就在这一年崔杼与庆封争权，一家被灭，他的夫人棠姜和他自己都自杀而死。

如此兵连祸结，在春秋时代，真是史不绝书。生猛固然生猛，但是太过血腥，虽两千年后，仍然气味浓烈。

父亲抢了儿子的大位

政治权力因为凝聚着太多的利益，不仅受到社会关注，更是有实力者角逐的对象。利益实在重大，虽是父子兄弟，流血死磕也在所不惜。但是，历史上常见的是后来者抢班夺权，而父亲抢夺儿子大位的则比较少见。少见不等于没有，春秋时期卫国就发生了这样的事。

卫灵公在位时间很长，一共42年。他在位的第38年，孔子曾经到过卫国，还担任了什么官职，因为《史记》说孔子得到的俸禄跟在鲁国时差不多。孔子在卫国，最引人瞩目的事情是孔子见南子。南子是卫灵公的夫人，是个美人。孔子被后代推为圣人，在当时至少是个有影响力的学者。孔子见了南子，学者见美人，是否受到美色的诱惑，引人遐想。其实，那最多就是个交际活动，孔子这位外来的新任官员，受到国君及其夫人的接见，如此而已。

南子这位美人在国人的观感中到底如何不得而知，孔子见南子的时候，除了卫灵公在场，还应该有一位重要人物，那就是卫国的太子蒯聩。如果说，孔子见南子，应该努力掩饰激烈的心跳的话，那么在旁边斜目而视的蒯聩，则在尽力地掩饰自己对南子的仇恨。太子为什么仇恨南子，历史没有留下详细的记录，但太子要杀掉南子的计划，确实在暗中进行着。受太子指使，动手杀人的是太子手下，他们的计划竟然是在一个太子也在场的公开场合实行。刺客临场后悔，迟迟不动手，太子着急，不停地用眼光发出命令。南子看来也是聪明人，立刻发觉情况不妙，大声高喊：太子要杀我！卫灵公显然也在场，怒不可遏。太子一看计划败露，立刻出逃，先是到了宋国，后来去了晋国，被赵简子收留。

这里八卦一下。听说有一部关于孔子的电影由周润发饰演孔子，并且有“子见南子”一场戏。其实，可以把太子与南子的矛盾写进去，太子要杀南子，应该让孔子也在场。孔子偶然发现了太子的阴谋，提前通知了南子，并用“仁者爱人”理论说服了刺客，让南子及时脱险。后来南子对孔子很是感激，甚至不知道如何表示。孔子感到巨大的情感压力，只好离开卫国。这样一来，孔子与南子的情感关系变得有些暧昧（观众爱看），而圣人终于战胜了诱惑（不辱孔子的圣人形象）。孔子虽然离开了卫国，但是把自己的弟子子路留在卫国任职（这句话不是八卦）。

太子出逃，卫灵公只好让自己的小儿子郢（字子南）来做太子，但是郢不同意。灵公去世，夫人南子以灵公的名义命令郢即位，但是郢仍然坚持不就，并推举原太子蒯聩的儿子辄。不得已，最后卫国立辄为国君，这就是卫出公。卫出公即位后，赵简子护送老太子蒯聩归国，到达宿这个地方，被卫国拒绝，蒯聩只好住在宿地。

蒯聩的姐姐嫁给了大夫孔圉文子，生了儿子悝。孔家有一个男佣叫浑良夫，是个美男子，孔圉文子去世之后，悝的母亲与浑良夫私通。女主人因为是老太子的姐姐，所以跟宿地的蒯聩有来往，浑良夫就是往来的使者。蒯聩对浑良夫说：如果你想办法把我接回国，我保证你富贵荣华，有高级的马车，还可以免除你三次死罪。更重要的许诺是，同意浑良夫与悝的母亲结婚。这些对浑良夫太有吸引力了，两人于是结盟。

这是卫出公即位的第 12 年，即公元前 480 年。这一年，浑良夫给蒯聩穿戴上女人的衣服，蒙上头巾，乔装进入卫国，住在孔家。然后，把悝扣押，强迫卫国公孙大夫同意立蒯聩为君。听说事变，卫出公出奔鲁国。蒯聩终于当上了卫国的国君，他就是卫庄公。卫庄公在外居住 15 年左右，终于成功了。虽然，他的国君之位是从儿子手里夺得的，但他一定很兴奋。兴奋之余，他想追究大夫们为什么不早点迎接自己，搞得大家很恼火，于是有人商量发动政变干掉庄公，庄公只好妥协，同意不再追究。

但是，卫国的混乱并没有休止，庄公的君位也没有保持终身。三年后，他在赵国的进攻之下再次出逃，又经过了两位国君的短暂统治，卫出公才返回卫国。出公还好，在位 21 年而死，可是他儿子的位子却被叔叔武装取代。生猛春秋在继续，卫国的混乱也在继续。

孔子说春秋时代礼崩乐坏，在我看来，就是没有规矩。秩序的维护、制度的执行，这些规矩都是在极度混乱之后，一点一滴建立起来的。经过了无数次如此这般的混乱，人们才慢慢懂得建立规矩的重要性。整个邦国或者整个社会，因为几个野心家的自我膨胀而丧失安定，甚至流血牺牲，显然是不合理的。保证政治权力继承、行使的秩序性，是社会安定的政治前提。春秋后期到战国，君权加强，官僚制度完善，直到秦、汉建立帝国体制，都可以看作是这一系列历史运动的结果。

小人挖坑

挖坑害人，我一直以为是俗语。读《左传》到襄公二十六年才发现，用挖坑的办法陷害人，还真有历史根据。

宋国的大夫芮师徒生了一个女儿，本来是件喜事，最后成了悲剧。女儿浑身通红，还长着长长的毛。家里人很害怕，以为是妖怪，就把新生儿扔到河堤的下面，不要了。正巧，宋共公夫人（共姬）的侍女遇到，就抱回了家，给孩子起名叫弃，本来就是弃儿嘛。谁也没有想到，这个孩子长大以后，成了美女。宋平公看望自己的母亲共姬，共姬留他吃饭，遇到了美女弃，平公被弃的美丽震撼，吃什么全忘了。共姬看在眼里，就把弃送给了平公。

弃成了平公的小妾，平公宠爱非常。弃为平公生了一个儿子，名为佐。没有想到，美女生的孩子十分丑陋，不过性情却很好，这就叫做"恶而婉"。佐已经有一个太子哥哥，叫做痤。这位太子与弟弟正好相反，外表十分英俊，但内心极其狠毒。

有权势的大夫向戌对于这个太子，是既害怕又厌恶，但是没有什么办法对付。伺候太子生活的宦官（当时称作寺人）头叫做惠墙伊戾，虽然他每天伺候太子，不知道为什么，就是不能取得太子的欢心。伊戾跟太子关系不好，连平公都知道。

公元前 547 年，即鲁襄公二十六年的秋天，楚国的使者路过宋国前往晋国，而楚国的这位使者恰好与太子认识，于是太子很高兴，要尽一番地主之谊，邀请楚国的客人野餐，平公同意了。伊戾也要前往参加，特意向平公申请。平公说：太子不是很烦你吗，为什么不离他远点？伊戾很恳切地说：我的任务就是侍奉太子，厌恶也不敢远离，喜欢也不敢靠近，恭敬地等待命令，一心一意，绝无二心。何况野餐也需要人手。平公同意后，伊戾立刻前往。

伊戾真是来帮忙的，他是忙着陷害太子。伊戾到了野餐的地方，就开始挖坑。真的挖坑，并在坑里放入一些事先准备好的东西，有太子与楚人的盟书，有盟誓所用的牺牲，然后小心地盖上其他东西。挖完坑放好东西，仔细检查一遍，确定稳妥了，伊戾就骑马飞奔回来，向平公报告：不得了，太子要谋反，已经跟楚国人完成了盟约。宋平公有点怀疑：太子已经是我的继承人，为什么要谋反？伊戾解释说：太子要早些即位。宋平公派人去检查，果然发现了证据。问问夫人弃，弃回答说好像有这样的传闻。再问左师向戌，向戌也说有这样的传闻。

宋平公只好相信了太子谋反的说法，把太子囚禁起来。太子危在旦夕，不过太子知道，弟弟佐是可以救自己的，因为平公信任佐，而佐为人善良，大家都知道。太子请佐见面，希望佐去父亲那里求情，佐答应了。太子说了一句话，不知道是当着佐的面说的，还是佐离开后说的：如果中午佐还不回来，我就知道必死了。反正，这句关键的话，被向戌知道了。于是向戌拦住佐，如簧之舌不停不休，最后熬尽了佐的时间。到了中午，佐还没有回来，太子痤认为自己没救了，于是上吊自杀。

太子死了，佐成了太子。这件事，《春秋》就一句话："秋，宋公杀其世子痤。"

英俊的太子痤终于被人陷害了。他掉进了伊戾亲手挖的坑里，那是政治陷害之坑。但是，这个陷害坑最终发挥全面的作用，却不是伊戾一个人的力量。夫人弃提供了旁证，她是宋平公相信的人。弃的动机，无非是希望自己的儿子成为继承人。她不过是三号人物。向戌，不仅提供假证据，而且从旁协助，不是他拖住佐，太子痤应该是有救的。他是消灭太子的二号人物。第一号人物还是伊戾，这位整天伺候太子的寺人，应该对太子的一切都了如指掌，他因不得宠而生陷害之心，并且十分巧妙地利用了周边的一切。宋平公最信任的人，客观上都走上了伊戾预设的路线。宋平公提防太子之心，在关键时刻也发挥了作用，他还是相信太子有抢班夺权动机的。最后杀太子的最大的凶手当然还是这位父亲。别人的陷害，必须通过国君才能实现。

提防小人，是中国古代最常用的箴言。小人善于逢迎，更善于挖坑。但是，到哪里去寻找小人？没有人脸上会标示“小人”二字。唐太宗就曾经为找不到小人而深感困惑。与其说防范小人，不如说防范敌人。与其防范敌人，不如不制造敌人。如伊戾这样的人，最终应该看作是太子培养出来的。史书说太子内心狠毒，但没有提供具体事证，我们无法继续了解。或许，他的狠毒就是伊戾下定决心的源头。

在政治的旋涡中，利益如此巨大，如何能够不培养敌人呢？提防小人也好，提防敌人也好，说到底，这与痴人说梦恐怕没有什么区别。凡有利益分配问题，有冲突发生的地方，就难免出现敌对的人或势力。后来的人，除了法家主张积极参与斗争以外，很多人主张远离政治这个是非之地。这也是没有办法的选择。

第二章 风云人物

政治与商人
——范蠡的故事

如今的美国总统，昨天还是标准的商人。政治家的传统岗位，现在让位于商人，商人与政治的话题自然引人关注。但是，这里说的却是中国的故事。不管是政治人物从商，还是商人从政，这种人生换位的故事，背后总有值得追究的缘故。

相比眼前的美国，对于远去的春秋战国，我们判断起来似乎更有信心。

吴越争霸

范蠡，开始引人注意，是在吴越争霸的历史剧目中。

春秋争霸的故事，到了吴国越国奋起的时候，已经属于强弩之末，但戏剧性却有增无已。吴国，核心区域是今天的苏州，越国核心区域在今天的绍兴。吴王阖闾很能战斗，越王允常总吃败仗，最后含恨而死。允常的儿子勾践即位，他成为新的越王，这一年是公元前496年。

听说老越王死、新王即位，吴王阖闾立刻挥师进发，这是攻击越国的绝佳机会。在传世文献中，越国人“文身断发”，这是一种很奇怪的装束。越国在国丧期间受到攻击，这激起越国的战斗激情。勾践刚刚即位，也不希望被吴国灭了威风。两军阵前，越国采取了先声夺人的进攻方式，果然产生奇效。

越国敢死队出发了，他们排列整齐、步伐坚定地来到吴国的阵前。但是，他们没有继续前进，没有到达搏击的位置却停了下来。所有人，在一阵剧烈的呼喊之后挥剑自杀。接着第二队如此，第三队还是如此。

这是什么战法？吴国军队被越国奇怪的战术震晕了，或者是被越人不怕死的精神吓到了。反正，当越国主力发动进攻之后，吴国丧失了应有的战斗力。吴国大败，连国王阖闾也被射伤，最后不治而逝。《左传》记载，阖闾伤的是手指，竟然也会因此而死，一定是伤口感染所致。临死，阖闾对儿子夫差说："绝不可忘记越国。"这就是死磕到底的遗嘱。

夫差从此以报仇为志。他让一个人专门站在院子中间，只要见到夫差就要大声地说："夫差，尔忘越王之杀尔父乎？"夫差一定要回答："是！不敢忘。"于是，夫差率领吴国军队日夜操练。吴国上下弥漫着复仇的气氛，这让越王勾践寝食难安。他想，如果自己乘吴国还没有准备好就主动进攻，总比吴国强大了再交战更有利。但是，他的大臣范蠡不赞成，他反对的理由是主动进攻反而不利。对，就是这位范蠡，他才是我们的主角。

勾践不顾范蠡的反对，主动发起进攻。吴国准备好的仇恨再次被越国的进攻点燃起来。夫差展开大反击，精锐悉出，一举攻入越国，越国的灭顶之灾正在发生。勾践一退再退，最后在五千名战士的保护下，退守会稽山。然后派出大夫文种前往吴国的阵营求和，只要求得生存，越国甘愿接受一切条件，称臣纳质，奴隶人民，一切都可以。夫差被打动了，他准备接受。这时，夫差的大臣伍子胥站出来坚决反对，他说天要灭越，如果吴国不接受，一定会反遭其殃。夫差犹豫了，这么多年以来，吴国的强盛与称霸，伍子胥居功甚伟。如果听从伍子胥的话，那么越国危在旦夕。好在吴国有大人物太宰嚭，他接受了越国的厚礼帮助越王说话。结果，吴国退兵，放过了越王勾践。这是公元前 494 年的事。

建议派出大夫文种的，是范蠡，而文种发现了太宰嚭，越国逃得一劫。史书记载，帮助越国称霸成功的，一是范蠡，二是文种。此后，范蠡作为越国的人质，前往吴国，两年之后才被释放。而勾践，从此开始卧薪尝胆，十年生聚十年教训，准备彻底报仇。根据《会稽典录》的记载，范蠡是越国的上将军，即最高军事领导人。报仇雪恨，成为越王勾践唯一目标。这期间，文种负责内政，范蠡负责军事，相互配合，努力工作，越国迅速积聚力量。

吴国战胜越国，野心大增，开始向北方发展，夫差准备对齐国发动战争。伍子胥再次出面反对，主张把力量用来防范越国。夫差不听，而进攻齐国也取得胜利。对此，伍子胥认为虽然胜利也不是好事。这样，就给太宰嚭提供了进谗言的机会，说伍子胥并不爱吴国。伍子胥来自楚国，似乎不如太宰嚭忠诚，因为太宰嚭虽然也不是吴国人，但他到达吴国的时间比伍子胥久。吴王夫差最后还是相信了太宰嚭而怀疑伍子胥，最后命令伍子胥自杀，让太宰嚭主管国政。这一年是公元前 484 年。

伍子胥死了，去掉了越国的一个心腹大患。越国是否到进攻的火候，勾践问。范蠡摇头。这次，勾践相信范蠡的判断。又过一年，公元前 482 年，吴王夫差去北方黄池大会诸侯，国内只有老弱残兵。勾践再询问范蠡，范蠡说是时候了。于是越国主力倾巢出动，乘虚攻入吴国。吴国抵抗失败，连夫差的太子也被杀了。正在大会诸侯的夫差封锁了失败的消息，然后派人向越国求和，现在轮到吴国卑躬屈膝了。越国考虑到还不能消灭吴国，答应了吴国的请求，双方回到平等关系之中。

吴国似乎没有接受教训，继续在齐国、晋国用兵，损失严重。四年之后，公元前 476 年，越国再次发动总进攻，吴国实在无还手之力。夫差一度希望勾践能够善待自己，如同当年一样。勾践还真的一度心软。

因为范蠡，又是因为范蠡，他赶走了吴国的使者，他说：当初上天要灭亡越国，吴国放弃了，如今上天要灭亡吴国，越国不能放弃。其实，最后越国还是给夫差留下了生的机会，给他一百户养活自己。夫差说：我老了，不能再伺候君王了。最终，他蒙面自杀。蒙面是为了不见伍子胥，他没有脸面去地府见伍子胥。伍子胥临死的时候说，把我的头颅挂在城头吧，我会看到越国灭亡吴国的。

勾践吞并了吴国，取得了前所未有的胜利。接着，他开始走上夫差的老路，北上与诸侯争霸，获得诸侯的一致认可。但是，他的身边永远地失去了一个身影，那就是范蠡。范蠡帮助勾践取得了胜利，然后毅然离去。范蠡跟在勾践身边，早就了解了勾践的性格与心地，所以才做出这个选择。文种，当初与范蠡一起来到越国寻求发展，两人是至交，身在齐国的范蠡给文种写了封信，信中说到："蜚鸟尽，良弓藏；狡兔死，走狗烹。越王为人长颈鸟喙，可与共患难，不可与共乐。子何不去？"文种接到范蠡的书信，犹豫不决，称病不朝。有人向勾践报告，文种可能在谋求作乱。勾践于是赏了一把宝剑给文种，并说："你交给我七种办法对付吴国，我只用了三种吴国就灭亡了，还有四种办法，请你到先王那里帮我试试吧。"果然不出范蠡的所料，勾践迫使文种自杀。狡兔死，走狗烹，这句用来形容君主过河拆桥的名言后来还多有应用，比如韩信用于刘邦，原来正出自智者范蠡。

智者范蠡

范蠡和文种，都不是越国人。《吴越春秋》记载，文种是楚人，曾经在楚国做过县令。而《越绝书》记载，范蠡也是楚人，出生在"宛橐"或者"伍户"。当地人不了解范蠡，认为他是个疯子。终于有一天，文种在经过范蠡家附近的时候，范蠡的狗在文种面前拼命地叫，而文种认为有圣人在此，于是找上了范蠡。范蠡终于放弃了癫疯之态，修整衣冠，进退揖让，一个标准的君子形象出现在文种面前。两人日夜相谈，志合意同，指点江山，认为东南最有政治发展潜力，于是二人携手前往吴越，寻求个人发展机遇。春秋末期，各国争霸，为有抱负有才干的人提供了广阔舞台。同时，各国国君为了增强竞争力量，求贤若渴，只要是人才，来者不拒。一个时代，正在这种竞争中发生变化，各国的斗争立场不同，但文化、制度正在趋同，为一个崭新时代的到来准备条件。

范蠡和文种，首先来到吴国，而当时的国王是阖闾，而主政者是伍子胥。伍子胥也是楚国人，为报家仇来到吴国。伍子胥深得吴王信任，而吴国在伍子胥的主持下，国力迅猛发展。伍子胥在吴国的发展，并非一帆风顺，反对派的代表的太宰嚭，就是伍子胥的劲敌。只是，在吴王阖闾的时代，太宰嚭没有办法离间国王与伍子胥，直到夫差后期，太宰嚭才有机会上下其手，最终导致伍子胥被杀，吴国灭亡。

看到吴国没有机会，范蠡和文种才前往越国。此时的越王，还是允常，他很欣赏二位的才华，经常相谈终日。不过，越国同样有障碍。大夫石买，是越国人，“居国有权”，对于这两位外国人，很是反感，跟国王说了很多话，无非是不能任用外国人。看来，石买确实有实力，允常一度妥协，范蠡一言不发，离开了。好在文种很有耐心，引古论今，终于让国王回心转意，范蠡和文种获得重用。石买呢？则越来越被疏远。公元前 494 年的那次吴越之战，后来勾践退守会稽山，是因为此前的战斗连续失败，而其中一个很重要的原因是石买。石买统兵与吴国的伍子胥作战，双方高下立判。石买贪财好利，无长策，为了树立自己的权威，斩杀无罪，导致军心动摇，士众恐惧。伍子胥则屡变奇谋，石买根本无法应付，最终石买政令不行，越师大败。勾践没有办法，只好杀石买以谢军队。石买，很可能是越国传统贵族，他的做派也很有贵族气，但在一个全面竞争的时代，他代表着已经逝去的旧时代。然而，败局已定，最后只好屈膝求和。

春秋战国时代，是中国的大变革时期。各国的贵族政治遭遇瓦解，士人游走天下，地位不断提高。在各国生死竞争的背景下，能否识贤用贤，事关政权存亡。有作为的君主，无不广召天下人才，大兴争霸事业。吴王阖闾开始信用伍子胥，吴国的争霸事业蒸蒸日上。此时的太宰嚭，即使有破坏之心也没有机会。但当夫差怀疑伍子胥的时候，太宰嚭的机会终于到来，夫差迫令伍子胥自杀，太宰嚭执掌吴国，吴国很快走向灭亡。是重用外来贤才，还是听信贵族与权贵，吴越两国上演了几乎完全相同的戏码。越国是因为外来的范蠡、文种掌管政治，而本土贵族石买最后战败被杀，结局与吴国恰好相反，越国灭亡吴国拥有了更多的必然性。各国外部厮杀的同时，内部也斗争激烈，这才符合历史大变局的规律。

然而，越国战胜了吴国，权力游戏并没有终止。到底范蠡怎么看到了勾践的不能同乐的本性？他曾说勾践长得是“长颈鸟喙”，真的是因为相面术吗？看来，这必定要成为历史之谜。虽然两个朋友一起来，最终的结局并不美好，但评价范蠡为智者是恰当的。根据《吴越春秋》的说法，伍子胥遭受谗言而死，身在越国的范蠡就有评论说：“知数不用，知惧不去，岂谓智者？”或许，范蠡的聪明是从伍子胥教训中得来的。

能够看透君主的内心，相信这是所有臣下都渴望获得的特异功能，仅仅为了自保，这项能力就有无上的价值。古今中外，多少忠臣都如同文种一样，死到眼前而不自知，徒令后世读者扼腕。范蠡则树立了另外一种形象，功成身退，远走江湖，智慧的重要性太突出了，进可谋求富贵，退可保证平安。想想古今读《史记》者，追文至此，谁能不拍案叫绝。

商人陶朱公

根据《史记》的说法，范蠡离开越国是跟勾践打过招呼的。不过，勾践的回答很坚决：“孤将与子分国而有之。不然，将加诛于子。”你不走，我跟你分国而治，就是共同拥有越国，如果非要走，我也不会客气。范蠡的回答也很坚决“君行令，臣行意”，即我们各行其是。最后，范蠡把他的轻宝珠玉装上船，带领他的家眷奴隶，乘舟浮海，扬帆而去。

太史公著《史记》，把范蠡后来的故事，就记录在《越王勾践世家》之后，直接造成了两个作品前后紧密衔接、无法分离。《勾践世家》，看上去如同范蠡的前传，记载的是政治家范蠡，之后则是商人陶朱公的故事。太史公为什么会这样安排？我自己猜想，对于范蠡的潇洒、智慧，太史公充满敬意，所以才附传于《勾践世家》之下，用这样的安排说明陶朱公的故事也够得上世家的水准。

范蠡到了齐国，变姓名，自称谓鸱夷子皮。先是在海边耕作，父子共同劳动，艰苦奋斗。时间不长，家业大发展，多达数十万。他赢得了齐人的尊重，齐人共推范蠡担任齐国的丞相。他认为自己太顺利，不管做官还是经营，都迅速达到极致，这样反而不吉利，于是归还相印，把家财分给朋友和乡亲，然后带着贵重宝物，悄悄离开。最后，他看中了陶这个地方，认为居于天下的中心位置，四面通途，有利于从事贸易，发家致富。从此以后，范蠡自称陶朱公。不久之后，陶朱公果然财富积累巨万，更是名满天下。

但是，《史记》记载陶朱公，根本没有谈及他如何贸易致富，反而用了很长的篇幅记述陶朱公救子的故事。陶朱公有三个儿子，结果次子杀人被楚国关押起来。陶朱公认为杀人偿命是正当的，但是在闹市上被示众则太丢人，希望花钱买个有尊严的死法。于是，他拿出很多黄金，隐藏在牛车上，让三子去楚国找人办事。长子看见父亲派遣三弟去而不派自己，觉得不公平，难道自己如此不肖吗？决定自杀。夫人对陶朱公说：救次子，人死活还不一定，先死了长子，太没必要了，就派长子去办吧。陶朱公没有办法，只好让长子去。临行，带封信给楚国的庄先生，并一再嘱咐说：把黄金交给庄先生，一切听从他的吩咐，千万不要有任何参与。庄先生见了陶朱公的黄金，心里说陶朱公的钱是不能真收的，但为了表达办事的诚意，先收下，事成再退还。然后吩咐陶朱公的长子说：钱放下，你尽快回家，如果你弟弟出来，你也不要问是怎么回事。长子看见庄先生很穷，那么大一笔钱交出去，真是很不放心。于是悄悄地留下来，并且用钱买通楚王身边的人。庄先生在楚国影响巨大，国王以师礼相待。于是庄先生说通楚王，准备大赦天下。陶大公子听说要大赦，弟弟当然没事了，可是那么多钱白白给了庄先生，很是不舍，于是再次访问庄先生。庄先生问：怎么没有走吗？回答说：一直没有走，听说要大赦了，弟弟也安全了，现在跟庄先生辞行。庄先生知道了他的来意，请长子带走所有的黄金。陶大公子十分满意。

但是，陶大公子的行为让庄先生感到被出卖了，十分生气。他找到楚王说：外面传言，大王大赦是为了陶朱公的公子，大王身边的很多人都拿了陶朱公的金钱。楚王说，这怎么可能呢？楚王为了证明自己大赦与陶朱公没有关系，下令先杀了陶朱公的次子，转天再宣布大赦。于是，陶大公子只好用车拉着弟弟的尸体，返回家中。大家都很悲伤，只有陶朱公很洒脱地说：我早就知道他一定会害了他弟弟。他不是不爱弟弟，他是有所不舍。他从小与我受苦，深知钱财来之不易。小儿子从出生开始，只见富贵，根本不知钱从哪里来，所以毫无吝惜。救次子，只需要不吝钱财，所以我派他去。至于老大，舍不得金钱，最终只能如此。这是事理，不必悲伤。

陶朱公的成功，有的书强调他各种经商之道，但太史公没有如此记录。从《史记》的这个故事中，或能感受到太史公的重点，陶朱公对“事理”的把握，就是他人生成功的关键。战争有战争的事理，政治有政治的事理，经商有经商的事理，只有掌握了这些事理，才会进退有据，随处而成。

范蠡曾经这样评价自己："居家则致千金，居官则至卿相，此布衣之极也。"权力与金钱，都是重要的社会资源，前者隶属于政治，后者常与商业有关。任何方向的成功，都是人生的成功。但如范蠡这样，在两个方向都成功的确实难能可贵。所以范蠡成为中国人的人生榜样。理解范蠡，不仅要重视范蠡的才干，更应该重视范蠡身后的历史背景。

范蠡自称布衣，布衣这个概念，很容易被读者忽略。春秋末期，正是贵族政治消亡、布衣之士崛起的时代，范蠡就是布衣崛起的代表之一。没有政治身份的人就是布衣，用今天的概念看，与平民一词的含义最相近。不仅如此，春秋战国时代，也是社会结构急剧变化的时代，不仅政治给士人提供了展现才干的平台，社会上也给平民发展提供了巨大的空间。范蠡弃政经商，不仅仅在于政治的危险性被发觉，更重要的理据是社会进步提供新的可行的人生，即经商作为人生目标的选项，具备了一切资格和条件。在此以前，比如在西周时期"工商食官"的背景下，即使比范蠡聪明千倍的人，也不可能选择经商的。历史大变局的时代，人们拥有了更多的机会，甚至可以尝试在多个领域大显身手。不要说当时人，即使作为历史的读者，也难免为这样的局面激动不已。

韩非子曾经说过：臣下的行为，是用才智换取君王的俸禄。经商，则是物物交易。人类社会，始终摆脱不了能量交换，政治如此，商业何尝不如此。类型不同，但获取剩余价值的目标是相同的。孟子也讨论过，交换劳动，效率远胜于凡事亲力亲为。如此说，政治是特殊的商业，经商是特殊的政治。范蠡是从经营政治走向经商的，他的经商之路不知道是否留下了政治的痕迹。如果相反，从经商进入官场，把政治当作商品来经营，那会是怎样一番景象呢？历史提供给我们的资源众多，我们不必担心故事不足。

苏格拉底与商鞅的生死异同

公元前399年，古希腊70岁的苏格拉底选择了死亡。又过了9年，在东方的中国，商鞅呱呱落地。52年之后，名震一时的商鞅被杀。苏格拉底，有很多机会选择生，但是他都放弃了，是他自己选择了自己的死。商鞅临死之前，采用了多种手段，希望挽留生命，但最终没有成功。面对死亡，苏格拉底是一个成功者，商鞅是一个失败者。

人生自古谁无死？没有人会在与死神搏斗中真正取胜。然而，苏格拉底和商鞅，他们两人在生命最后表现出来的截然态度，是至今都不能忽视的先例。是什么决定了两种命运？是制度？是文化？还是人性？

一

苏格拉底是战士，他曾多次代表希腊出征，不仅杀敌英勇，而且冒险救人。他主张并且率先锻炼身体，他认为健康的体魄不仅有利于战时杀敌，也有利于和平时的思考。但是，当时的希腊，正面临堕落，苏格拉底眼看着自己心爱的城邦走向衰落。对此，他痛心疾首，如同东方的孔子一样，知其不可为而为之，努力要自己的城邦重新振作。他研究问题，城邦的政治和社会的伦理，他自称是思想的助产士。他到处演讲，推广自己的观点，他指责政治腐败，抨击社会堕落。他认为，人们过分关心自己的财产，而对于灵魂的丧失毫不动心。他是一名成功的人士，但是拥护他学说的人跟反对他学说的人一样众多。当更多的人不耐烦他的说教的时候，他最热心的民主制度给他带来了最终的审判，他不信神并且腐蚀雅典青年的罪名成立，他要被处以死刑（饮毒酒）。

苏格拉底可以不死。他可以选择认罪，然后道歉，请求法庭宽恕。采用这样的低姿态，可以获得法庭的原谅，可以救赎苏格拉底的生命。但是，苏格拉底认为这是为了生命而出卖灵魂，他高贵的头颅不能因为生命而低下。他拒绝这样生。

苏格拉底仍然可以不死，他可以采取赎买的办法。有人给他出这笔钱，交给法庭一笔钱，换取生命的保留。生命不是无价吗？既然如此，赎买生命就是最有价值的行为。如此，不需要低头，不需要道歉，仅仅是物质上有所损失而已。然而，这再次被苏格拉底拒绝。他在考虑什么，难道他担心别人如此攻击：你不是曾经说社会因为金钱而堕落吗？结果呢，却是金钱拯救了你的生命。

即使如此，苏格拉底仍然有活的希望，那就逃走。有人为他办理了一切，买通看门人，准备好了逃出希腊的船只以及所有费用。那是一个阳光灿烂的早上，苏格拉底看到监狱的后门开着，就走了出来。所有知情人都为苏格拉底高兴，他们以为他从此开始踏上逃亡之路。然而，苏格拉底确实是出来散步的，他要最后看一眼自己热爱的希腊城。然后，他从监狱的大门安然走了进去。

苏格拉底肯定是早就想清楚了，他不可能不考虑生死问题。希腊人投票决定了他的死，而他一直是希腊民主制度的拥护者，他反对的是希腊的堕落，他希望希腊的民主制度更加健全。然而，悲剧就在这一刻发生了。他的理想显然没有得到希腊多数人的理解和支持，相反，他们把苏格拉底看成了破坏者。在他的生命和雅典制度之间，苏格拉底选择了后者放弃了前者，当我热爱的国度对我犯下错误的时候，我当如何选择？苏格拉底说：让雅典人杀我吧！宁为受难者而死，不为叛逆者而生。作为教育家的苏格拉底，他希望用自己的死再完成一次教育活动，他想自己的死会成为雅典的一个经典教材。为理想而死，不是可怕的事。

法国画家雅克-路易·达维特，1787年创作了油画《苏格拉底之死》。阳光照进监狱，死亡之神在空气中盘旋。在亲友学生一片愁云惨雾、掩面哭泣的时候，只有苏格拉底还在滔滔不绝地演讲，他要把他为什么如此选择告诉人们，一只手高扬着，表达着他宁死不屈的意志，另一只手轻轻地接过盛着毒酒的碗。人性的高扬，比阳光更热烈。两千多年后，达维特显然理解了苏格拉底之死的意义。

二

苏格拉底死后63年，在东方的秦国，叱咤风云的商鞅也面临生死抉择。商鞅来自卫国，曾经在魏国效力，因为不被重用，便投奔秦国。正赶上秦孝公向天下招揽人才，两人一见如故，秦孝公立刻重用商鞅，在秦国大搞改革，史称商鞅变法。商鞅取消贵族特权，废井田，开发农业和水利，奖励耕战，加强对人民的管理，推行郡县制度和残酷的连坐制度。秦国迅速强大起来，邻国魏国为了躲避秦国的锋芒，迁都大梁，连周天子也来主动讨好秦国。

商鞅为了贯彻新法，不惜与旧贵族公开决裂，甚至对太子的师傅也进行刑事惩罚。秦国的强大也让商鞅获得了利益，他成为一人之下万人之上的大臣，秦孝公还分封商鞅於、商之地十五邑，号为商君，荣誉、地位、利益都汇聚到了顶峰。

商鞅在秦国努力工作了十八年，秦国是在商鞅执政时期成为战国七雄的领跑者。但是，商鞅积累的矛盾也在日益增加。商鞅的真正基础其实就是秦孝公的信任与支持，而命系一人，这个政治基础是十分脆弱的。纵横之士赵良就看到了商鞅潜在的危机，他劝商鞅急流勇退。赵良说：你是依靠宠臣跟秦王联系上的，又是靠着秦王的支持获得这么多荣誉和利益的，你待民过于严苛，从来没有过什么德政用于百姓，不论是诸侯还是百姓几乎都是你的敌人，如果你如今仍然贪恋你的地位，晨光下的露水，想长久也是不可能的。然而，商鞅用一生换来的成功，让他就这么简单地放弃，当然不甘心。他肯定还抱着各种希望。

赵良的劝说，应该是在秦孝公病重的时候，他看到了商鞅惟一的靠山要倒，所以如此奉劝。商鞅如果急流勇退，他的那些政敌就能饶过他吗？或许商鞅就是这么想的，所以等着最后时刻的到来。秦孝公终于一命呜呼，他的太子驷继位为惠文王。他们也不用更多的思考，完全可能是蓄谋已久，公子虔等出面告商鞅谋反，政府发吏追捕。

商鞅当然没有谋反，他知道这是政治敌人在陷害自己，他甚至也能预料结果如何。曾经被自己打击过的公子虔一派，现在开始对自己进行政治清算了。怎么办？是听任政敌陷害，还是争取一线生机？商鞅如今跟苏格拉底面临同样的困境，生死两个极端需要选择。苏格拉底争取死亡，而商鞅决定争取生存。

商鞅开始了逃亡生涯。他希望逃出秦国，到山东六国寻找机会。商鞅来到函谷关前，因为关口已经按时关闭，商鞅只能寻找投宿，待天明马上出关。于是，商鞅遭遇了由他一手造成的困境。他是逃亡之人，没有政府发放的证明文件，而正是他当年规定的，店家要是收留没有证件的客人，要受到法律惩罚。所以，没有哪家客店敢收留他。历史记载，此时的商鞅十分感叹，他说道：“嗟乎，为法之弊，一至此哉！”他后悔了，他原来制定的法令竟然有如此弊端。“遁来关下无人舍，正为商君法太行。”后来的很多读史者，看到这里都笑了，认为这是造化弄人，命运设巧。

商鞅还是想办法逃到魏国，然而，魏国不仅自己不收留商鞅，还劝说其他国家不要收留商鞅。商鞅现在是秦国的叛臣，而这个秦国因为商鞅的努力如今更加强大。所以，各国不敢收留商鞅，也有商鞅自己的“功劳”。商鞅的生存之路再次遭遇自己设置的障碍。

魏国不敢得罪秦国，但是也没有用商鞅来讨好秦国，因为魏国完全可以把商鞅抓起来交给秦国，而魏国并没有那么做。商鞅只好再从魏国返回秦国，他要困兽犹斗，一线生机，百倍努力。他回到自己的封邑，发动自己有限的人力组建了一支军队。他没有用这支军队对抗秦国，他应该知道秦国的军力，他带领这支军队去攻打郑国。这是一个很奇怪的决定，他的头脑里到底想的是什么？攻打郑国，自立一方？即使如此，秦国怎么会坐视不管呢？打下郑国的一些城池，为秦国立功，将功抵罪？引起一番国际纠纷，自己再寻找生机？果然，秦国没有让商鞅的计划得逞，发兵攻打商鞅，商鞅战败而死。秦惠文王还不罢休，依然把商鞅车裂，并宣告世人：“莫如商君反者！”（不要学商鞅谋反，否则都是一样下场）

商鞅在生命的最后关头，到底心怀怎样的念头，我们至今已经无法弄清。但是，商鞅在拼死延续生命，这是没有问题的。就这努力而言，是否也可以获得一些尊重呢？

三

不论是苏格拉底还是商鞅，都不免令人感叹。人生一世，莫贵于生命。商鞅不愿俯首就毙，百般挣扎，虽然最后失败，然而就其挣扎本身还是体现出了一种可贵的努力。

然而，从苏格拉底到商鞅，他们人生最后的生死抉择，到底说明了什么？是人类面对生死的自然分野？是东西方文化的差异表现？还是人类社会人与制度张力的不同方向？

苏格拉底本质上还是学者，他到处演说，接受学生，以推广自己的理念为宗旨，不屈不挠。希腊城邦的民主制度经过改革以后，扩大了社会基础，更多的人可以参与到希腊城邦的管理之中。民主基础扩大了，但是相伴而来的新问题也出现了，执政者素质下降，利用职权大搞个人利益成为普遍现象。希腊面对世界的傲慢也在腐蚀着城邦世界的良好关系。这些都成了苏格拉底忧心忡忡的问题，他大声疾呼，提高政府素质，改善民主制度。他看到了现有制度潜在的危机，但是也被很多人看成是自己既得利益的威胁者。于是，他终于被法庭判为有罪。

中国古代一直没有形成公平公开的审判制度，法律一直是掌权者手中的利器，没有成为社会公器。对此，商鞅是亲历者，跟所有个中之人一样心知肚明。所以商鞅知道，一旦被告发就意味着审判完成，他不是面对法律的有罪无罪辩护，而是生死抉择。所以，一个曾经的制度制定者、维护者，商鞅走上了违背制度的必然之路。为了生存下去，他要特别努力，甚至批评既有的法律弊端丛生。

可叹的是商鞅制订的法律的严苛呢，还是商鞅的法律观念呢？制定法令的人，如果从心里就是为他人制定法律的话，就会遭遇商鞅式的困惑。商鞅的感叹是以自身的便利与否来衡量法律是否具有弊端的。他为百姓制定法令的时候，不会设想自己也有证件不足的问题，为了把百姓牢牢束缚在土地上，他一定十分得意自己发明了相关法律。当他自己也受到同一部法律约束的时候，立刻反身来指责法律了。他为什么没有因为百姓认真执法而倍感自豪呢？他为什么不说，商鞅虽去，商鞅法律仍在，为什么不高兴商鞅的法律比商鞅本人还具有生命力呢？或许，商鞅毕竟是政治家，投身政治本身没有社会理想因素，仅仅是为了图谋个人的发展而已。所以，在这样政治家的眼中，法律也好制度也好，都跟政府一样，是自己谋生手段，并不是自己的人生理想。所以，当个人生命面临威胁的时候，他毅然决然选择放弃制度。

说商鞅谋反当然是冤枉的，说苏格拉底腐蚀雅典青年同样是冤枉的。然而，一个端坐在监狱中岿然不动的苏格拉底，另一个是函谷关前慌不择路的商鞅，他们分别为截然不同的选择而努力奋斗。

商鞅认定，对手的动机清楚明白，政治的牺牲者没有任何意义。苏格拉底却不然，他要努力争取成为牺牲者。商鞅知道，对手一定会给他加上无数的罪名，而这个世界没有人能为自己辩白。苏格拉底想用自己的生命给雅典人上最后一课，一个人的冤死或许可以带来一代人的反省。

然而，无论是商鞅还是苏格拉底，他们真的获得后人的理解了吗？苏格拉底的死，并没有让雅典获得教益，苏格拉底最不希望看到的，却仍然发生着，希腊民主社会一如既往地衰落下去。苏格拉底的被追认，先由他的学生们不绝如缕地坚持推崇，在很久以后，他才被承认为伟大的牺牲者。比较起来，似乎商鞅还好，因为他根本就没有指望过被理解。中国人以胜败论英雄的秉性没有多少变化，没有人对秦惠文王的做法提出质疑，更多的人认为商鞅车裂是咎由自取。有人对商鞅也抱有一点同情，为秦国做出那么大的贡献，结局让人有些心凉。

商鞅不甘，是否部分理由是他不足六十岁的年龄？而苏格拉底的毅然决然是否因为他是七十岁的老人？这肯定不会成为公论，生命的价值与年龄无关。然而，从更根本的意义上说，两人都是牺牲者，一个是主动一个是被动。但悲剧的特点却是同一的，在人与制度之间，苏格拉底为他热爱的制度牺牲了生命。商鞅呢？他是政治的牺牲品，因为他是战败者。

苏格拉底毕竟留下了理想的旗帜，而商鞅呢，只剩下生命本能。

廉颇、李牧的悲剧

赵国名将廉颇，从赵国逃亡了。这个消息，震惊了战国。这是公元前245年，是秦王政即位的第二年。赵国给秦国送了一件大礼，但双方都没有察觉。赵国加速灭亡，秦国的统一也因此提速。

事情是怎么发生的？赵魏之间的战事还在进行，但刚刚接管赵国的新国王赵悼襄王不知道为什么，做出了一个谁都意想不到的决定，他派一个叫做乐乘的将军取代廉颇，主管赵魏之间的战事。不久之前，廉颇刚刚攻下魏国的繁阳，他的很多计划还来不及施展。这是廉颇第二次被阵前夺帅，上次取代他的是赵括，然后就是长平之战，赵国元气大伤。得到命令的廉颇，心慌意乱，拿不出一个万全之策。最后，他决定不再听之任之，先攻击了前来接班的乐乘，然后逃亡敌对的魏国。

赵国的有利局面立刻瓦解，这是理所当然的。可怜一代名将，他的人生剧情从此进入悲剧环节。

很显然，魏国是不能信用廉颇的，廉颇是赵国名将，这个定义谁都知道。赵国内部，对于廉颇的逃亡，应该存在不同解释，但廉颇之后，秦国连续取得胜利，赵国缺少廉颇这样的将军。赵悼襄王在压力与需要面前终于屈服，决定召回廉颇。廉颇大概也后悔当时的意气用事，也希望继续为祖国效力。战国时期的各国关系，晴雨不定，面对来自秦国共同的军事压力，魏国也不反对廉颇回国。

于是，赵王的使者来到魏国首都大梁，他的任务是考察廉颇，看看廉颇是否还能领兵。廉颇也明白，所以表现不俗。廉颇一顿饭，吃了一斗米做成的饭，十斤肉，然后披甲上马，毫不费力。如此表现，证明廉颇还能为赵国战斗。使者返回赵国，向赵王汇报：廉颇年纪大了，吃饭还可以，可是一会儿工夫，就去三趟厕所。赵王相信了，人老不能用了，于是放弃召回计划。

廉颇是等不到赵国的召唤了。楚国知道廉颇在魏国，偷偷把他迎到楚国，但是作为楚国的将军，廉颇没有为楚国建立什么功勋。廉颇死前，最常说的一句话是“我想为赵国战斗”。但最后他却老死楚国，再也没有见到赵国。赵国的使者为什么这样汇报？小人为什么总在关键时刻出现？廉颇的悲剧，本质上就是赵国的悲剧，但为什么赵王毫无觉察？

廉颇的故事，主要记载在《史记·廉颇蔺相如列传》之中，司马迁用“廉颇者，赵之良将也”开端，把廉颇的一生，简明扼要地记录下来。接下去，《史记》写道：“赵惠文王十六年，廉颇为赵将伐齐，大破之，取阳晋，拜为上卿，以勇气闻于诸侯。”廉颇拜上卿，是公元前283年，由此推测，廉颇肯定在上一任国王（即赵武灵王时代，前325年即位），已经开始了将军生涯。赵武灵王是赵国军事扩张十分显著的时代，这显然有利于廉颇的军功积累。

赵惠文王时代，廉颇是赵国军事的顶梁柱，不过，当时的历史聚光灯更关注蔺相如。“将相和”的故事显示蔺相如的大度，同时也表达了廉颇的胸怀，知错能改，善莫大焉。赵国虽然国势不如秦国，但正如蔺相如所说“强秦之所以不敢加兵于赵者，徒以吾两人在也。今两虎共斗，其势不俱生。吾所以为此者，以先国家之急而后私仇也”。廉颇听说，立刻负荆请罪。将相都以赵国安危为头等大事，不计较个人恩怨得失，这个时刻，小人无所用力，就如同他们从来未曾出现过一样。而赵国的对外战争，尤其在东方对齐国、对魏国，不断取得胜利。廉颇虽然资格更老，能与蔺相如勠力同心。后来赵奢成长起来，连续立功，“赵奢于是与廉颇、蔺相如同位”，同样相安无事。

廉颇第一次遭遇挫折，就是长平之战中被阵前换将。当时惠文王已经去世，新的赵王是孝成王。新赵王对廉颇的信任，无法与先王相比，加上赵奢已经去世，而蔺相如病重，于是发生了长平之战。赵国的历史，进入衰落的转折点，国王与将军的关系，成了赵国盛衰的关键。廉颇有小败，但总体上看本来防守有效，秦军无可奈何，战场形势对赵国有利。秦国要改变战场局面，想办法从赵国内部攻破，于是大用离间计，宣言秦军更怕赵括，不怕廉颇，而赵王很听话，决定阵前换将，用赵括换下廉颇，于是赵国迎来了长平之战的惨败。

长平之战后，秦国围攻赵国首都邯郸，而邯郸之围，成为战国后期影响全局的重大事件。赵国危在旦夕，幸亏秦国也有失误，没有让白起乘胜追击，加之后来魏、楚等国的有力支援，赵国终于渡过难关。经过这一系列的波折，孝成王开始信任廉颇，廉颇也为赵国取得多场胜利。尤其是公元前 251 年，燕国想利用“赵壮者尽于长平，其孤未壮”，发兵攻打赵国，赵王重用廉颇，大破燕军，并乘胜包围燕国首都。燕国被迫割让五城请求结束战争，赵国取得重大胜利。赵王封廉颇为信平君，为假相国。廉颇的人生，进入巅峰状态。

廉颇与孝成王的信任关系十分稳固。但六年之后，孝成王去世，廉颇立刻进入悲剧状态。

赵悼襄王还没有正式即位，就匆忙宣布解除廉颇兵权。赵王背后，是郭开。郭开的信息，《史记》所载十分有限，只有“廉颇之仇”的说法。当赵王有意再次召回廉颇的时候，又是“郭开多与使者金，令毁之”。郭开要赵国永远不要起用廉颇，保卫赵国的重要性，完全让位于他的丑恶私心。如果廉颇真的再次被重用，他原来的阴谋就可能暴露。

如果仔细分析，假设赵王决心再用廉颇，径直召回，即使年高体弱不复当年，不用又何妨。推测起来，就连派使者考察，恐怕也是郭开的主意，只有如此郭开才能上下其手。廉颇的悲剧终于发生，但悲剧同样属于赵王和他的赵国。廉颇不能回归赵国，悲剧已然如此。然而，郭开的行动没有停止，赵国的悲剧也没有停止。廉颇之后，李牧成为下一个目标。

廉颇逃亡之后，赵国的军事由另一大将李牧支撑下来。李牧是赵国北方大将，长期战斗在匈奴前线，培养了军队，积累了成功的战术。李牧于赵王，也是经过曲折的过程才赢得信任。悼襄王时期，赵国军队在李牧的率领下，曾经再次大破燕国军队。赵国的西面，能够阻挡秦国的进攻，给秦国造成损失的，也只剩下李牧。不过，郭开在赵国的地位，在不断提高。悼襄王在位十年，前 235 年赵王迁即位，对于新国王而言，最信任的人还是郭开。

前 229 年，秦国派出王翦攻打赵国，赵国派出李牧、司马尚帅军防御。秦国没有取胜的把握，再次故伎重演，纵反间计，离间赵国君臣。《史记》记载分明，文字也不难懂：“秦多与赵王宠臣郭开金，为反间，言李牧、司马尚欲反。赵王乃使赵葱及齐将颜聚代李牧。李牧不受命，赵使人微捕得李牧，斩之。废司马尚。后三月，王翦因急击赵，大破杀赵葱，虏赵王迁及其将颜聚，遂灭赵。”郭开是悼襄王的宠臣，赵王很信任他，而他拿了秦国的钱，替秦国办事，终于葬送了赵国和宠信他的赵王。作为秦国的一个方面军，郭开的作用胜过军队。在廉颇、李牧这样的将军面前，虎狼之师的秦国也惧怕三分，只有郭开可以轻易地把他们除掉。司马迁评价廉颇和李牧，“安边定策，颇、牧之功”。但在内鬼的有力配合下，赵国的军事长城，就这样灰飞烟灭。

赵国的灭亡，郭开起的作用重要呢，还是赵王起的作用重要呢？当然是赵王。郭开是奸臣，是内鬼，他只有自己的私人利益，并不在乎国家兴亡。赵王，无论如何荒淫无道，也不会置亡国于不顾。关键是郭开如何赢得了赵王的信任，而很多政治悲剧的基本剧情都很相似：国王就是判断不了臣下的忠奸，总是把奸臣当忠臣信任，总怀疑忠臣的忠诚之心。在《赵世家》的最后，司马迁有段“太史公曰”，其文如下：“吾闻冯王孙曰：‘赵王迁，其母倡也，嬖于悼襄王。悼襄王废適子嘉而立迁。迁素无行，信谗，故诛其良将李牧，用郭开。’岂不缪哉！”显然，太史公更重视赵王的作用。赵悼襄王原来有嫡长子名嘉，后来又有更喜欢的儿子迁出世，迁因为母亲受到悼襄王的宠爱，于是废兄立弟。这位赵王迁，从来行为不端，听信谗言，于是杀了李牧，信用郭开。

赵王迁的行为不端与他的判断力缺乏是否有因果关系，其实很难证明，但司马迁既然承认有联系，可能是根据一般经验。赵王迁信任郭开，廉颇出逃，李牧被杀，赵国灭亡，赵王迁也成为阶下囚。后续的故事历史没有记载，郭开是否获得秦国的奖励？他是否以秦国的功臣自居？赵王迁得知自己被出卖，是否大生悔意？史书以赵王迁为愚蠢，不会有人质疑。但是，这个故事到处都是续篇，这类的历史故事，依然史不绝书。一定是阳奉阴违，一定是投其所好，一定是两面三刀，郭开这种人能够人生得意，套路都是固定的。远小人近君子，这样的理论，赵王迁肯定不会陌生，但是如何分辨眼前人的忠奸，绝对是大难题。赵王迁一定认可郭开，认为郭开是世上难得的好人。所以，史书认为赵王迁愚蠢，甚至连累了他的母亲竟被称为“倡后”。

廉颇的悲剧、李牧的悲剧，直接引发了赵国的灭亡。最终，这也是赵王迁的悲剧。其实，宠臣罪恶的要害不在于宠臣往往都是奸邪小人，要害在于宠臣发挥作用，正是以君王为靠山。读者很容易发现，廉颇每次被阵前换将，都跟新赵王有关。以廉颇的名声，新上任的赵王并不在意廉颇的感受，也不屑与廉颇商议，一声令下，换将完成。国王的权力，雷厉风行，乾纲独断。看来，新国王不至于利用廉颇验证自己的王权，王权的绝对性应该早已形成。

对战国历史的研究，人们往往重视秦国新体制的发展，径直走到秦始皇时代。实际上，战国七雄，在君权加强的问题上，无不新制叠出，更上层楼。强化君权是春秋以来的政治方向，在克服贵族体制的问题上，具有历史必然性。然而，新的问题也接踵而至，至高权力一旦出错，就会导致严重后果，如赵国身死国亡，千万年以为讽刺对象。

战国时期的赵国，因为廉颇、李牧将军的存在，无论是防守还是进攻，很少败绩，一代名将，从此傲立千古。然而，比较当时四大名将，除了王翦之外，无一善终，尤其是廉颇、李牧，惨烈的战场他们向来应付自如，而面对朝廷政治，每每捉襟见肘。当李牧最后惨然被杀的时候，没有人知道同时死去的还有赵国，而当历史学家明白其中的因果关系之时，早就于事无补。

白起与王翦的悲喜剧

白起和王翦，都是战国后期的秦国战将，名垂千古，连后代的启蒙读物《千字文》也有“起翦颇牧，用兵最精”的文句，说的是白起、王翦、廉颇、李牧。这里，我们只谈白起和王翦。

从春秋到战国，中国的统一大业滚滚向前。思想家们，为未来的统一设置种种理论框架，各国的政治家和军事家们，则能扩张的扩张，能战斗的战斗，很少纠结。秦国自商鞅变法以来，国力蒸蒸日上，对外扩张不仅热情高涨，而且制度支撑有力，来势汹汹。战国七雄的其他六位，面对秦国只有招架之力，绝无反攻实力。秦国盛产名将，这是军事扩张和统一大业带来的必然结果。

司马迁把王翦与白起写入《史记》同一卷中，不仅因为他们的事迹相类，也因为他们的故事可比。白起主要事迹发生在秦昭王（前306—前251在位）时代，而王翦主要活动在秦始皇（前246—前210在位）时期。秦昭王是秦始皇曾祖，因为秦孝文王、庄襄王两任国王在位时间只有四年，秦始皇成为继昭王之后最重要的秦国国君。白起是指挥长平之战的秦国统帅，战功卓著，但最后却不免被迫自杀。功勋卓著的战将，为秦国的统一发挥了巨大作用，但最后却以悲剧收场。王翦也曾与秦王发生意见冲突，甚至一度罢朝归乡，令人很担心他走上白起的生命之路。但是，王翦最后却峰回路转，摆脱阴霾，生命以光辉结束。

看上去仅仅是两位将军的人生命运故事，其实还有更深的历史背景。阅读历史，不仅是增长历史知识，更应该扩展历史识见，更深刻地领悟历史发展的真谛。春秋战国时代，是中国社会剧烈变革的大时代，高山为谷，深谷为陵。传统的贵族社会正在远去，崭新的时代迎面走来。在这样的新时代，一些平民出身的人能够在政治舞台上崭露头角，施展才干，逐渐成为历史的主人公。白起就是其中的代表，因为特善用兵，成为一代名将。

白起的悲剧

《史记》有白起王翦列传，有关白起的出身，仅仅一句“白起者，郿人也”。《史记正义》解释说，郿即岐州的属县，此县最初由秦国设立。白起是关中人，毫无问题。为什么说白起出身于平民不是贵族呢？唐朝白居易追述自己的家世，认为白氏来自楚国，姓芈，为楚国公族，号白氏。后来白公胜在楚国发动叛乱失败，遭到清剿，后代于是奔秦，成为太原人（《白居易集卷四六》）。这个观点，得到郑樵《通志·氏族略》的支持，认为白氏起源于楚国，是白公胜之后代，“楚有白邑”，因邑名氏，白起属于这一支脉。

白氏虽然是楚国贵族，但因罪奔逃，贵族身份自然丧失。这在春秋战国时期是一个普遍的现象。白公胜是政治冒险失败，属于不能保持贵族身份者。白起传，不言及先世，也是一个平民出身的证明，因为没有先世可以依托。白起因军功起家，主要在秦昭王时期。阅读白起传，先罗列官爵发展，最后详细叙述长平之战和最后的自杀结局。前文可谓喜剧开篇，后文则是悲剧谢幕，一个时代的种种纠结，都凝聚在白起一个人的身上。

白起的喜剧发展，其实就是一个立功年表。昭王十三年（前 294），白起为左庶长。按照秦国二十等军功爵，这是第十等爵。昭王十四年（前 293），为左更。这是第十二等爵。同时，迁国尉，有了官职。昭王十五年（前 292），为大良造，这是第十六等爵。此后，白起连年立功，爵位还在不停地提高，到昭王二十九年（前 278），白起进攻楚国，攻下都城郢，焚烧楚国先王的陵墓夷陵，迫使楚国迁都陈。这一年，白起“迁为武安君”。人臣封君，其实就是封侯，这是战国时期个人政治发展的至高标志。

白起的战争经历，以长平之战达到高潮。秦昭王四十七年（前 260），秦国在白起的统帅下，赢得长平之战的胜利，史书记载赵国四十万投降的士兵遭到坑杀，成为战国时期最惨烈的事件。但是，长平之战，并没有为白起的人生赢得新的高度，反而由此开始发生问题，事态竟然转向了一个意想不到的方向。面对咄咄逼人的秦国，作为对手的赵国刚刚发生将相和的故事，廉颇和蔺相如携手一心保卫赵国。而胜利的一方秦国，却刚好向反方向进发，将相之间产生严重内讧。

白起乘长平之胜进攻赵国首都邯郸，赵国被长平之战的结果震惊，军心不强。这是秦国最终战胜赵国的绝佳机会，而白起也志在必得。从《史记》的文字看，白起被封为武安君之后，十多年没有升迁记录，这究竟是事实，还是史书未记，今天完全不得要领。但白起要再立新功，这确实是难逢的机遇。但是，面对大好局面，秦相范雎却改变了注意，他劝昭王放弃进攻，“秦兵劳，请许韩、赵之割地以和，且休士卒”。即允许韩国、赵国割地求和，使秦国士兵获得休息机会。昭王同意了，于是秦国撤兵，赵国得到了喘息机会，而白起则功亏一篑。

《史记》引用《战国策》，认为应侯范雎的撤兵建议，来自韩国、赵国派来的特使苏代。苏代不仅带来了厚礼，而且言辞打动了范雎，切中范雎的心病。苏代说服范雎，如果秦国继续围攻邯郸，即使赵国灭亡，秦国也得不到好处，因为上党的故事证明，各国民众不希望成为秦国人，赵国灭亡之后，土地会被四邻瓜分，燕国、齐国、韩国、魏国都会分得部分赵国，唯独秦国得不到好处。上党郡本来属于韩国，被秦国攻打独立难支，于是主动投靠赵国，于是引发长平之战。此事刚刚发生，尽人皆知。苏代又说，不仅秦国不会得到好处，范雎作为秦相还会得到坏处。因为秦国灭亡赵国，势必称帝，武安君白起因为功劳太大，一定会当上三公，位势定在范雎之上。请问，范雎希望落得这样一个结局吗？这正是范雎不想面对的局面，于是他向秦昭王提出了撤兵建议。

苏代的证据是一个未曾发生的故事，是否能够发生属于未知数，最多是一种可能性而已。但是，用个人利益说服个人，这在历史上从来都不是罕见的。如果分析苏代之说，可以发现他的两个假设是有矛盾的，如果第一假说成立，即赵国灭亡秦国无利可得，那么第二个假设就不能成立，秦国亡赵没有获得土地人民，哪有什么条件称帝？看来，真正打动范雎的应该是秦国称帝、白起位势三公这个景象，那么范雎为什么担心白起超越自己呢？

秦国主动撤军，《史记》说“武安君闻之，由是与应侯有隙”。撤兵应该是昭王四十八年（259）正月，但没过多久，同年九月，秦国再次发动了对邯郸的进攻。因为白起生病，这次没有让他带兵。转年正月，白起病愈，秦国的前线先胜后败。白起对于这次战役，有十分明确的看法，即秦国不会胜利，原因是此前的长平之战，秦国损失重大，现在还没有恢复元气，加上赵国与诸侯联合，秦国无法取胜。这就是说，白起不同意发动这场战争。

为什么此前白起坚持围攻邯郸，但如今却反对出兵呢？看起来出尔反尔，其实白起是正确的。当初攻打邯郸在长平战后，利用赵军破胆，诸侯惶恐的机会，乘胜一举拿下邯郸是可能的。但是，现在时间虽然不久，却已经时过境迁：还是长平之战，让赵国誓死抵抗，因为连投降都不会有活命的机会，只有拼死一条路。各国看到长平之战的结局，如同看见自己的未来，因为赵国的今天就是自己的明天，帮助赵国就是帮助自己，于是魏国、楚国都愿意参战，共抗秦军。白起的根据如此，无法否认其正确性。

但是，君主集权的体制在秦国已经建立起来，秦昭王不愿意证明自己的错误。于是他要将错就错，要求白起出征，依靠白起的军力为自己证明。白起不愿意参加一个注定要失败的战争，称病不应。"秦王自命，不行；乃使应侯请之，武安君终辞不肯行，遂称病。"不管谁来请，白起就是称病不行。为什么连昭王的命令都不执行的白起，昭王会再派范睢来请呢？难道说范睢比国王的面子更大吗？不当如此。看来，昭王是知道白起对范睢有意见，让范睢来请，是让范睢承认当初的错误，给白起设计一个台阶，接受朝廷的委托。结局呢？白起依然没有同意。一个很大的可能是范睢仅仅是执行国王命令，他的态度没能让白起接受，双方关系没有缓和。

不幸的是前线传来的消息越发证明白起是正确的。秦国损兵折将，邯郸巍然屹立。白起似乎有些幸灾乐祸，他说：不听从我的意见，现在怎么样？秦昭王听说了大怒，非要白起出征不可。白起，继续称病，说病情更严重了。昭王再次派出应侯范睢去请，还是不得要领。于是，昭王下令，取消白起的一切爵位，让他成为普通士兵，并迁到阴密居住。白起的一生战斗成绩现在归零。此时白起是真的病了，竟然无法行走。三个月之后，秦军连续吃败仗，昭王没有办法，继续拿白起出气。昭王命令白起不许继续留在咸阳，白起只好出发，出咸阳西门十里，到达杜邮这个地方。这时，朝廷进一步处理意见追了上来。昭王与范睢商议，认为白起内心不服，说出了对朝廷不利的话。于是派人给白起送来了一把宝剑，要他"自裁"，白起于是自杀。《史记》记载到："武安君之死也，以秦昭王五十年十一月。死而非其罪，秦人怜之，乡邑皆祭祀焉。”这是公元前257年的事。

白起之死，毕竟是个悲剧，相关的三方，都有自己的责任。白起的超级自负，是因为自己的战功，还是因为自己的看法正确？他稍有妥协，不至于断送自己的性命。难道说，他并不畏惧死亡，人争一口气？仅仅是为了一个说法，他宁愿付出生命的代价？秦昭王的暴怒可以理解，臣下不为君主着想、不为国家考虑，不服从国王命令，虽然是一将难求，但为了君主的威信，宁可杀人。范睢在白起之死的问题上，角色最为模糊。他几乎是什么都没有做，所有的决定都是国王做出的，他完成昭王分配的工作，说服白起不成功，也不能怪在他头上，因为连国王也没能说服白起。

就个人而言，白起付出的代价最大。昭王丧失一员大将，秦国的损失也可以换算成国王的损失。考虑到范睢曾经担心白起担任三公超越自己，那么范睢的问题显然最大。有人认为，范睢无错。但是，从事后的结果看，范睢为此承担了相应的责任。《史记》的《范睢蔡泽列传》中，明确写道：“与武安君白起有隙，言而杀之。”白起虽然死了，但范睢的政治道路也进入拐点，开始走下坡路。昭王对于范睢，有很明确的意见。《史记》记载到：

> 昭王临朝叹息，应侯进曰：“臣闻‘主忧臣辱，主辱臣死’。今大王中朝而忧，臣敢请其罪。”昭王曰：“吾闻楚之铁剑利而倡优拙。夫铁剑利则士勇，倡优拙则思虑远。夫以远思虑而御勇士，吾恐楚之图秦也。夫物不素具，不可以应卒，今武安君既死，而郑安平等畔，内无良将而外多敌国，吾是以忧。”欲以激励应侯。应侯惧，不知所出。蔡泽闻之，往入秦也。

秦昭王的意思很明显，楚国很危险，但秦国白起（武安君）死了，郑安平投降了敌国，没有办法不担忧。郑安平是范雎推荐的人，战败投降赵国。很显然，昭王也认为范雎对于白起之死负有责任。史书记载分明，此时的范雎无计可施，而闻听此事的燕国谋士蔡泽正急急赶来。蔡泽劝说范雎急流勇退，并很快取而代之。这个替代发生在白起死后的第三年，即公元前 255 年（昭王五十一年）。

白起之死，现在看来，第一责任人非范雎不可。白起的自负性格，昭王的君主脾气，都被范雎利用了。那么，范雎为什么处心积虑要杀白起呢？根据《史记·穰侯列传》的记载，白起发展，主要是穰侯相秦时期。穰侯，名魏冉，他是秦昭王母宣太后的弟弟，即昭王的舅舅。昭王初立，面临很多危机，主要是依靠魏冉一一解决，所以魏冉几次担任秦相，立功甚多。其中，重用白起，是穰侯的一个重要举措，而白起直到封为武安君，都是在穰侯时代。《史记》记载到“白起者，穰侯之所任举也，相善”。

昭王三十六年（前 271），穰侯遭遇危机，而危机的来源就是范雎。范雎来自魏国，属于纵横家之列。他说服昭王的主要说辞是主弱臣强的危害，而秦国正处在这样的危害之中而不知。昭王有多疑的心理，于是开始怀疑穰侯。转年，范雎成为客卿。四十一年，范雎成为秦相，封应侯。范雎攻击穰侯，《史记》称作：“奸说秦昭王，昭王于是用范雎。范雎言宣太后专制，穰侯擅权于诸侯，泾阳君、高陵君之属太侈，富于王室。于是秦昭王悟，乃免相国，令泾阳之属皆出关，就封邑。”穰侯后来死于封地陶，“秦复收陶为郡”。

对于穰侯魏冉的结局，太史公有段评论：“穰侯，昭王亲舅也。而秦所以东益地，弱诸侯，尝称帝于天下，天下皆西乡稽首者，穰侯之功也。及其贵极富溢，一夫开说，身折势夺而以忧死，况于羁旅之臣乎！”穰侯为秦国立下如此大的功劳，结果一个范雎的言论，就导致如此下场，那么其他普通大臣的状况，就更不用说了。穰侯的悲惨下场，昭王当然是主要责任人，但祸起范雎，这也是人所共知的。白起既然与穰侯关系良好，范雎对白起的压制与防范再不是无源之水了。

范雎对白起下手，都是暗中发生的，白起完全无感。苏代说范雎，白起未来会超越你成为三公，白起不知道。昭王发火，白起可能也毫不知情。在昭王与白起之间，担任沟通任务的是范雎，他的上下其手，对结局发挥了极大作用。昭王最后对于白起死亡的惋惜之情，证明昭王不是一心要杀白起。白起最多是不应命，如此大功之臣，一定要死罪处分吗？比较起来，范雎收取敌国厚礼，听从敌国安排，才是更大的罪恶。范雎有睚眦必报的个人心理特质，他也担心别人如此对待自己，所以为了防范未来可能的危险，提前动手杀人。个人利益超越了国家利益，陷害忠良以为一己之私，范雎这种个人的成功，暴露了历史阴暗的一面。

赵国廉颇和蔺相如的将相和故事，中国家喻户晓，令人赞叹。范雎暗害白起的故事，很少有人知道，让人扼腕。历史如烟，都会变成谈资。但是，白起之死，让秦国的统一大业又延后一些年头，这是很清楚的。商鞅变法，加上穰侯的重用，让出身平民的白起等，有机会施展抱负，崭露头角，这是白起的喜剧。但是君主集权体制下的政治斗争，却是陷阱重重，暗箭难防，这是白起的悲剧。白起没有发挥更大的历史作用，令人嘘唏。太史公说：“白起料敌合变，出奇无穷，声震天下，然不能救患于应侯。”跟我们读者的遗憾心情是一致的。

虽然是悲剧，但这样的戏码在中国历史上，刚刚开幕，后续无穷无尽。

王翦的喜剧

王翦是战将，秦国最终统一六国，许多战役都有王翦父子的身影。

赵国与秦相持多年，开始有名将廉颇，后来有李牧，因为赵王总是愿意听信秦国的离间之计，不相信这些名将，两员大将都是由赵王亲自替秦国解决掉的。赵国灭于王翦之手，魏国亡于王翦儿子王贲。燕国太子丹派出荆轲刺秦失败，刺激秦王加速攻打燕国，统帅秦军的还是王翦。太子丹穷途末路，燕王丢卒保车，派人杀了太子丹，但并没有换来秦国的停战。

《史记》记录王翦事迹，除了指出王翦是“频阳东乡人”之外，还说他“少而好兵，事秦始皇”，有关战争的过程，多是一笔带过，重点放在王翦与秦王的关系上。王翦在追击燕太子丹的时候，先锋军由年轻的将军李信统领，一直深入到辽东地区，最后获得太子丹首级的也是李信。李信一战成名，获得秦王的极大好感，“以为贤勇”。秦王有了彻底统一天下之心，于是提问：攻取荆楚需要多少兵力？年轻气盛的李信说二十万足够。而王翦的回答是非六十万不可。秦王的内心自然是希望用兵越少越好，于是公开鼓励李信，认为李将军“果势壮勇”，而王将军年老胆怯。

于是，李信和蒙恬统帅二十万秦军出发了。王翦看到秦王不赞成自己的看法，主动称病，“归老频阳”，回家养老去了。结果，李信与蒙恬，先胜后败，遭到楚国的跟踪追击，节节败退。前线消息传来，史书记载说“秦王大怒”。但接下去，秦王却亲自到王翦家拜访，“自驰如频阳，见谢王翦”，骑马快速到达王翦的家乡，见面并道歉。秦王的道歉，可谓真诚感人，他说：“寡人以不用将军计，李信果辱秦军。今闻荆兵日进而西，将军虽病，独忍弃寡人乎！”我因为没有采纳将军的计策，导致秦军失败，楚国步步紧逼，将军虽然有病在身，怎么忍心弃我不顾呢？王翦又回到老话题上：“大王必不得已用臣，非六十万人不可。”秦始皇完全同意，于是王翦率领大军出发，秦王亲自送行到灞上。

本来，在用兵多少问题上，秦王与王翦产生认知上的矛盾，这和秦昭王与白起的情形很类似。但是，当结果呈现，证明将军的看法正确之后，秦始皇与乃祖的做法完全相反，主动承认错误并向王翦道歉，于是紧张的关系获得逆转，王翦无法拒绝，统兵出发。当初秦昭王不仅没有道歉，反而怪罪白起，双方关系进一步紧张起来。帝王心胸过于狭隘，在事实面前依然强硬坚持，权力让帝王的心态发生扭曲，秦昭王是很好的例证。秦始皇见识高于乃祖，勇于认错，没有导致君臣关系进一步恶化，帝王的心胸决定了政治事业的未来，在这一点上，秦始皇的成熟是很明显的。

不过，相对于白起而言，王翦在与秦始皇发生认知冲突之后，并没有过分坚持。他的第一个动作是因病请假回老家养老，非常明确的后退动作，不用则退，低调姿态，也给事情后来的发展提供了机会，因为面对已经退休的老将军，秦始皇无法再意气用事。当初的白起没有退让，住在咸阳，坚持要看到最后结果，当自己被证明正确之后，还不断扬言，说国家的损失就是因为没有听从自己。秦昭王颜面扫地，无路可退，转而继续坚持，竟然把一股怨气都出在白起头上。君臣关系急转直下，白起意见正确，最后却因而被杀。白起丢掉了性命，秦国丧失了名将，秦昭王历史名望受损，秦国的统一事业停顿，总之是一场全面的悲剧。

王翦再次出征，与始皇帝的良好关系恢复。不仅如此，王翦还采取了很特殊的方式加强与皇帝的关系。王翦利用皇帝送行的机会，“请美田宅园池甚众”，秦始皇说：将军你就出发吧，还担心受穷吗？王翦回答说：为大王的将军，立功也不过是封侯（“为大王将，有功终不得封侯”），现在大王亲自来了，我要及时申请园池，为子孙挣得一份家业啊。史书说秦王大笑，肯定是答应了王翦的请求。不仅如此，军队出发以后，王翦还反复派人向秦王继续申请良田，竟达五次之多。显然，都得到了秦王的批准。于是有人询问王翦“将军如此，是不是太过了”。王翦的回答，道出了问题的实质，他说：“不然。夫秦王怚而不信人。今空秦国甲士而专委于我，我不多请田宅为子孙业以自坚，顾令秦王坐而疑我邪?”在王翦的心目中，秦始皇是一位傲慢而多疑的人，如今秦国的战士都交给我统领，我如果不多请田宅，只能坐等秦王怀疑我啊。

史书引证王翦这番话，几乎都是不差一字的。读书至此，其实并不能迅速理解王翦的用意。最初，以为王翦即使有功也不会封侯，所以要多请田宅。但是，王翦其实获得了封侯。始皇帝二十六年（前 221）琅琊台铭中有“武成侯王离，武通侯王贲”，王离是王翦之孙，王贲之子，位在父亲之前，学者认为这是王离继承了王翦的封侯。于是，只能理解不过封侯而已，但田宅有限。王翦自我解释，因为秦始皇这种多疑的性格，不能引起他的怀疑，所以要多请田宅“以自坚”。为什么你王翦表现得比较贪婪，秦始皇反而不怀疑你呢？王翦统帅的秦国大军是前往楚国的，最可能的疑点在于把持这份巨大的军权，养敌自肥。王翦所要的田宅都在秦国，家业越大，留恋就越强，秦王就不再担心他生出别的心思了。史书引证此言具体详细，证明王翦的所作所为，获得同情理解。

王翦的这个看法有根据吗？不久之前，发生的荆轲刺秦王故事，其实就是很好的证明。燕太子丹派荆轲刺杀秦王，杀人是第二个方案，首个方案是逼迫秦王答应吐出侵吞各国的土地，如同当年曹沫执匕首逼迫齐桓公那样。因为荆轲努力实现第一计划，所以没有及时刺杀秦始皇。按照太子丹的计划，即使实现第二计划，也能导致秦国大乱，因为“彼大将擅兵于外而内有乱，则君臣相疑，以其间，诸侯得合纵，其破秦必矣”(《通鉴》卷六)。这是太子丹的完美计划，很难行通。但君臣相疑为一国之病，还是容易理解的。王翦统重兵在外，便有这种担心，他努力求田宅，便是让秦王放下心疑。

此后，王翦可以一心在前方作战。在所有王翦指挥的战役中，《史记》只记录了灭楚之战的细节。王翦代替李信前来，楚国非常重视，动员了全国所有的军力抗拒秦军。但是，双方的作战，看上去楚国比秦军更迫切，楚国军队多次挑战，而王翦坚壁不出。王翦在干什么？“休士洗沐而善饮食”，在进行十分彻底的休整。直到战士们无事可做，每天比赛投石，证明身心状况良好。王翦认为士卒可用，作战时机成熟。楚国的军队大约是临时集合，没有长期作战的准备，挑战不应之后，他们主动撤退了。王翦于是挥师追击，大破楚军，杀将军项燕。一年之后，俘虏了楚王，变楚国为秦国的郡县。这是公元前223年的事。转年，王翦继续东进，平定“群蛮”，在今苏州设立会稽郡。同时，王翦的儿子王贲帅军灭燕国、齐国，秦完成统一。

王翦看上去就是为了秦国的统一大业而生的。从王离继承王翦封侯一事来看，王翦在平定群蛮之后、公元前221年之前离世。

战国，是中国历史的巨变期。贵族社会解体，士农工商的“四民”社会崛起，贵族政治解体，士大夫政治取而代之，与此同时，一般意义的君主制奋发有为成长为皇帝制度。很多臣下因功上升，不管是文臣还是武将，但君臣关系也发生巨变，君为臣纲的诸多规矩成形，君主对于臣下的权力正在绝对化。白起尚不自觉，也未适应，变成了这个历史进程的牺牲品。王翦则多有体会，他的言辞似乎是针对秦始皇的，说秦始皇个性多疑。但是，作为后来的读者，我们宁可相信，多疑不是秦始皇的个性，而是皇帝们的共性。

秦汉时代，作为中国皇帝制度的成熟期，很多君臣故事成为经典。王翦的事君之道，也堪称经典。臣下不能不考虑自己与皇帝的关系，微观说这是个别大臣与皇帝之间的两人关系，宏观地看，这也是所有的君臣关系的写照。怎样赢得皇帝的信任，几乎是所有臣下必须面对的关键问题。能力是一个方面，没有能力就没有卖点，对于皇帝而言如同废物。但是，仅有能力又不够，白起没有能力吗？有能力，又要态度柔顺，如王翦。王翦内心不会认为自己错了，但立刻放弃争论，告老还乡，这就是顺从了基本的君臣关系，给自己和君主都留下余地。白起坚持与君主论彼此是非，忘记或者忽视了君臣关系的实质，结果谁也下不了台，自然是君主不能屈服，只好搭上臣下的卿卿性命。

保存柔顺是王翦成功的一个方面，更难做到的是屡求田宅。仅仅是顺从看来是不够的，就如同忠诚的口头表达永远是不够的，不足以获得皇帝真正的信任。忠君爱国，本来是传统的政治伦理，但是这种伦理没有办法实现君臣和谐的目的，人所共知，春秋以来的乱局的背后，并非不存在忠君伦理。那么，还有什么更能保证君臣关系和谐呢？王翦担心自己被怀疑，君主疑心大臣，这当然不是和谐。王翦的做法是请求更多的田宅，以此获得君主的信任。为什么如此就能让皇帝安心呢？原来忠诚的伦理之外，还是需要物质保证的，这就是君臣共利，只有存在共同利益，君主才会更放心。忠心与利益，才是臣下忠诚的保证，仅有忠诚是不够的。君主的这种思维，证明私利的价值。君主宁可相信臣下的忠诚是为了获取利益，也不认为大公无私才是忠诚的保证，太多的历史教训养成了君主的多疑，历史就这样造成了错综复杂的君臣关系。

王翦求田很经典，后来的很多同类故事可能都以此为原型。汉高祖刘邦打天下，萧何为相，保障后方，萧何不止一次要努力表达忠心，与王翦求田有异曲同工之妙，也有曲外之音。君臣关系的复杂性，又上升一个台阶。

政治商人吕不韦的成与败

吕不韦应该是位成功人士，这可以从多个侧面获得证明。他是成功的商人，他经营大有收获，所以才进军政治。他是秦国丞相，连续十二年执掌秦国的政治。他也是学者，他主编的《吕氏春秋》，搜集了很多宝贵资料，至今都是思想史研究的重要对象。吕不韦到底算不算成功人士？成功的标志到底是什么？在生命的最后一刻，吕不韦应该也在反复地追问自己。最终，他选择喝下毒酒，避免被秦王嬴政处死，史书没有交代，他端起毒酒的时候是否怀疑自己搭错车。

这是战国时代特有的镜头：一切秩序似乎都改变了轨道，整个中国看上去混乱而充满朝气，很多无法想象的事真实地发生了，很有把握的判断也会出乎意料地失败。但是，传奇人生却找到了最佳舞台，这些上演的剧目，即使是两千年后的观众，也不能不表示新奇。吕不韦就是这种传奇人生的一员。吕不韦的家乡有多种说法，或者阳翟（属颍川），或者濮阳，总之他经商成功，通过贱买贵卖的方法，迅速致富，家累千斤。一个大有前途的商人正在奋力发展。但是，吕不韦忽然决定放弃已经熟悉的商业，决定进军政治。因为，他发现了一个更有前途的商品，他说

“奇货可居”，不该放弃。

原来，吕不韦盯上了一个人，一个拥有政治身份的人。子楚，是秦国太子安国君的儿子，当时的秦国是在秦昭王的时代。秦太子安国君有二十多个儿子，子楚位在中间，最不重要。他的母亲夏姬也不得宠，太子最宠爱的是正夫人华阳夫人，可惜华阳夫人却没有儿子。子楚作为人质生活在赵国的首都邯郸，秦国也不把这位人质当回事，进攻赵国从来不考虑还有一个人质。赵国因此也不待见子楚，子楚只能居住在荒凉的地方，生活相当寒酸。邯郸，这个浪漫之都，作为战国时期的一个焦点之城，谁会想到，一个寒酸的人质，一个忙碌的商人，他们的相遇，不仅改变了各自的人生，也严重影响了中国的历史。

吕不韦想帮助子楚进军政界，但他是如何盘算的，《史记》却没有记载，反而是《战国策》记录了他的思想过程。吕不韦开始构思利用子楚的身份，有一天回家跟父亲商量，他问：“耕田的利润有几倍？”父亲回答“十倍”。“朱玉的利润是几倍？”答曰“百倍”。又问：“确立国君的利润是几倍？”父亲回答“无数”。看吕不韦父亲的回答，可以肯定，吕不韦的经商才干是有家传的。商人看中的还是利益的最大化，经营政治远比经商利润率更高。子楚在商人吕不韦的眼中，正是奇货可居。

吕不韦开始行动，他确实拥有极高的行动力。他先找到子楚，说“我能扩大你的事业”。子楚不信，说“你还是先扩大自己的事业吧”。吕不韦说“我的事业要在你事业扩大之后才能扩大”。吕不韦和盘托出自己的计划，要让子楚成为秦国王位的继承人。子楚当然愿意改变人生境遇，他欣喜地同意了，说道：“如果成功，你我共同分享秦国。”秦国值多少黄金，怎样的经商能够赢得半个国家？政治巨大的诱惑力正在这里。吕不韦送五百金给子楚，让他生活富裕，广结宾客，扩大影响。自己呢，分兵合击，携带重金，奔赴关中秦国。

吕不韦是通过什么渠道说服了华阳夫人的？《史记》的记载是华阳夫

人的姐姐。吕不韦一副替华阳夫人打算的样子，说：大王如此爱你，可你却没有子嗣，容貌总会衰老，而色衰爱弛就不可避免。这当然深深打动了华阳夫人，这就是夫人长期以来的心病啊。那怎么办呢？有一个上佳人选，他很爱戴夫人，在各国极具影响，那就是子楚啊。如果夫人把他收养为自己的儿子，再推荐给太子成为继承人，那么夫人的恩宠就终身不绝了。华阳夫人立刻开窍了。政治合谋，看来就是结成利益集团，紧密团结以获得更大利益。于是，子楚成了华阳夫人的儿子，先有了一方玉刻的印玺为证，接着就是大笔的金钱源源不断地从关中运来。而吕不韦正式成为子楚的师傅。

政治是个巨大的名利场，凡利益，皆有人愿意经营。巨大的历史车轮，就这样在个人的利益驱动下开始转动，在世人毫不知情的夜里，悄悄转向另一个方位。在新形势迎面扑来的时候，即使历史秘密搬上所有人的餐桌，也不过多了一件佐餐调味品，历史已经疾驰而过。

有一个插曲，有点令人怀疑。吕不韦有一邯郸妾善歌舞，子楚见了很喜欢，就跟吕不韦求娶。吕不韦从本心上说不愿意，但不想坏了自己的大计划，只好把小妾送给了子楚。没有想到，小妾已经怀孕，但子楚不知道，婚后十二月生下孩子，取名政，就是后来的秦始皇。可疑之处在于，吕不韦为什么不可以直言相告，这不一定就会破坏大计划。十二月生子，证明孩子是子楚的，与吕不韦无关，早产可以解释，晚产两个月，不好解释。另外，《史记》说子楚的这位夫人是“赵豪家女”，在赵国有势力，怎么会与吕不韦有同居关系。应该是吕不韦与女孩父亲有交情，因而介绍给子楚。如今史书的这种写法，很可能是在针对秦始皇，指明秦始皇来路不正，并且最终还逼死了亲生父亲吕不韦，可见秦始皇天生孽种，且是一个不孝子。

秦昭王五十年（前256），秦国进攻邯郸，子楚与吕不韦逃脱归秦。子楚夫人和孩子，在赵国也隐藏得很好。此时的子楚再不是当年那种无人关心的样子了，秦国的进攻，应该提前让子楚获知了情报，所以早就安排停当。吕不韦的计划，有条不紊继续进行。六年以后，秦昭王去世，安国君即王位，他就是秦孝文王，子楚于是顺利成为太子。为了获得秦国的好感，赵国特地把太子的夫人和孩子送还秦国。一年之后的公元前249年，孝文王去世。这位短命的秦王，如同有人安排一样，天生就是给子楚当台阶的，当子楚一切准备就绪的时候，他就非常配合地离开了人世。子楚即位，他就是秦庄襄王。庄襄王以吕不韦为丞相，封文信侯，获封洛阳十万户。吕不韦初识子楚于邯郸，是在秦昭王四十二年（前265），经过十六年的坚持，终于获得最后的成功。

吕不韦政治计划的成功，证明政治如同商品一样，确实有规律可循，可以投资可以经营。当然，政治也会有风险，经商同样有风险，凡是投资皆如此。最重要的是，回报是否丰厚。对此，吕不韦同父亲商议的时候已经明白，政治投资成功，回报不计其数。商人的吕不韦，自从投资子楚，开始当子楚的师傅，如今成为秦国的丞相，一位商人成功蜕变为大政治家。

十六年，吕不韦的成绩应该怎样评估？特殊的途径，特殊的安排，吕不韦一步登天。如果同样投身政治，很多人的十六年，恐怕依然在政治的底层徘徊，是否有巨大的晋升空间，没有人说得清。吕不韦的成功是确实的，关键是他看中的“奇货”可以最终升级为国王，这条捷径，在当时的政治制度中，绝对最佳，无出其右。

庄襄王在位，仅三年便去世，继承王位的是嬴政。国王年幼，尊吕不韦为相国，号称仲父。吕不韦进入了他一生的巅峰状态。这一步应该不是吕不韦计划的，但既然已经是仲父，在国王之后继续掌管秦国也是顺理成章的。《史记》记载说，这个时期吕不韦与太后关系不正常，常常私通。这可能是真实的，因为这个时期的秦国，就政治来说，其实是太后政治，比起幼小的国君，太后才是大权总揽者。吕不韦要保住相权，讨好太后是可能的。后来，吕不韦给太后介绍了身强力壮的嫪毐，证明吕不韦确实存在着说不清的干系。同时这也说明吕不韦不希望跟太后过于亲密而败坏了自己的大事业。

吕不韦经营政治，不仅获得了经济上无数倍的回报，而且进一步尝到了权力的甜头。这是战国后期，七雄割据，魏国有信陵君，楚国有春申君，赵国有平原君，齐国有孟尝君，号称“战国四公子”。吕不韦认为，秦国强大，却没有相应的名声，于是起身挑战。他家门客，多达三千人，各个待遇优厚。他还集中大家力量，合著了一部大书《吕氏春秋》。吕不韦对自己的著作充满信心，认为该书“备天地万物古今之事”，还在首都城门上悬赏，有能增损一字的赏千斤。这是最强大的秦国，行事风格也十分猛烈，山东六国，罕有其比。

《战国策》记载了一段故事，从一个侧面证明吕不韦权势之大。吕不韦为秦国经营天下，迫使燕国太子丹作为人质居住秦国，这是秦国取得进展的一个重要证明。然后，吕不韦找张唐谈话，要派张唐去燕国担任丞相。没有想到，被张唐拒绝了，理由是去燕国会路过赵国，而赵国正在悬赏张唐。吕不韦没有达到自己的目的，很气愤。这时，十二岁的甘罗出现了，他要替吕不韦说服张唐。甘罗见张唐，先问：“你的功劳比武安君谁大？”武安君就是白起，是秦国大将，著名长平之战的秦军主帅。张唐说武安君功劳大。甘罗又问“你看应侯和文信侯，谁的权力大？”文信侯就是吕不韦，应侯是秦昭王时期的秦丞相范雎。张唐说“文信侯权力大”。甘罗说“武安君对秦国有那么大的功劳，后来在赵国问题上与应侯为难，结局呢？离开咸阳只有七里，就被绞杀。现在文信侯请你去燕国为相，你却拒绝，我现在仅仅是不知道你会死在哪里而已”。张唐害怕了，立刻答应去燕国。总体上说，甘罗所言，是符合历史实际的。当时的吕不韦权势巨大，一人之下万人之上。

吕不韦的才能是多方面的，确实当得起政治家的称号，如果当初他没有做出如此这般的选择，中国历史就少了一位出色的政治家，确实很可惜。吕不韦当政的秦国，秦国的统一事业继续发展，对外战争不断取得胜利，中国在向统一的目标靠近。吕不韦把政治当作商业来经营，取得巨大成功。但是，政治的风险，同样远超经济，他最初一定没有预料到。看吕不韦小心保持与太后的距离，应该说明吕不韦在政治上是谨慎的。他家虽然门客众多，但没有惹出什么祸端。可见吕不韦也不是不懂得政治的险恶。

最大的危险来自国王嬴政。随着国王年纪的增长，权力的意识也在觉醒，此时的吕不韦已经独掌相印多年，他成了国王权力发展道路上的一个理所当然的障碍。在条件具备的时候，同样的要素会发生成败转化。吕不韦与秦始皇矛盾的总爆发，实在太过突然，导致吕不韦完全无法预防，只能被动接受。

此事，追究下去，确实也与吕不韦有关。吕不韦给太后介绍的那位情人嫪毐，长期以来一直以宦官的身份侍奉太后，他们甚至生下了两个儿子，嫪毐也被封为长信侯。事情最后的败露，根据《说苑》的记载，是因为嫪毐酒后失态。他与宦官领袖喝酒赌博，发生言语冲撞，最后大打出手。嫪毐大叫："我是皇上的继父，你们这种人怎能跟我比？"打架的宦官立刻跑去找皇帝告状，秦始皇下令调查，不仅查出了两个私生子，还有更可怕的内容，太后他们计划，等秦始皇死，让这孩子继承大统。秦始皇的愤怒是可以想象的。这是秦王政九年（前 238 年）的事情。嫪毐垂死挣扎，发兵造反，很快被镇压。事情也牵连到相国吕不韦。转年，吕不韦从相国岗位上离职，回到自己的封地河南。

吕不韦离开了政坛，他是什么感觉？他感到委屈吗？秦国在他的手里获得发展，确实，这一点谁都承认，吕不韦经营秦国，让秦国继续保持大发展态势，为秦始皇最后统一中国累积了更大的可能性。秦王嬴政如此对待吕不韦是否不公？因为牵涉太深的后宫秘密，没有人能够说清楚。吕不韦经营秦国时间很长，政治人脉未断，他虽然离开了政治中心，但来请教他的人依然络绎不绝。吕不韦的寂寞感，也许得以安慰。但是，这被秦王看作是威胁，如果吕不韦发动一场政变，秦王是否有取胜的把握？他自我判断没有。于是他给吕不韦写了一封信，连提两个问题："你对秦国有什么功劳？竟然成为封君，享受十万户。""你跟秦国有什么亲缘？竟然号称仲父。"秦王发出命令：把吕不韦及其亲属，一律迁徙到蜀地。或许，这不是最后一道命令，谁也不知道在前往蜀地的道路上，秦王已经给吕不韦准备了怎样的结局。权力背后的阴险，吕不韦完全熟知，然而如今他却不能确知自己的未来。

面对这样的窘境，吕不韦仰头喝下毒酒。

临死之前，吕不韦怎样总结自己的一生？一个成功的商人，成功经营政治，是政治的成功，让他获得人生的巅峰，享受到成功商人享受不到的荣誉、权力和地位。还是政治，让他感到无限的恐怖，最后不得不毅然了断自己的生命。这样的结局，同样是商界难以想象的。春秋后期的范蠡，弃政经商，成为商业之神。战国后期，吕不韦选择了一个相反的方向，弃商从政，也非常成功。写这篇小文，曾寻找《吕氏春秋》中如何评价范蠡，想探知一点吕不韦的内心世界。吕不韦高度评价范蠡，是范蠡作为勾践的辅臣，作为勾践的老师，让勾践霸业获得成功。《吕氏春秋·当染》说道："齐桓公染于管仲、鲍叔，晋文公染于咎犯、郄偃，荆庄王染于孙叔敖、沈尹蒸，吴王阖庐染于伍员、文之仪，越王勾践染于范蠡、大夫种。此五君者，所染当，故霸诸侯，功名传于后世。"但是，《吕氏春秋》没有讨论到范蠡后来的急流勇退。

然而，在笔者看来，吕不韦还是创造了一种人生奇迹，弃商从政，一举成功，证明吕不韦的计划是可行的，吕不韦的能力是足够的。还是要回到战国，那个特殊的历史环境，才使得这种神奇的人生故事从幻想变成现实，最典型地反映了时代的印记。政治人物，什么时代不是奇货可居？权力与金钱的能量交换，什么时候不是高层的核心故事？想想吕不韦之后的中国理论，政治对商人的排斥，以及政治人物的彻底政治化，吕不韦这样的政治家，前无古人后无来者，成为一个孤独的历史坐标。

李斯：上蔡小吏还是帝国丞相？

大秦帝国二世皇帝二年（前 208）七月，前丞相李斯，因叛国罪诛三族，同日与小儿子腰斩于咸阳市场。据观刑的人说，李斯临死对儿子说：现在想跟你一起领着自家的黄狗出上蔡东门追野兔，还能行吗？父子二人相拥大哭。李斯临死前，怀念起老家上蔡，又想起上蔡时候的美好生活。然而，为时已晚。

战国时期的上蔡，是楚国的地盘，在秦汉时属于汝南郡。年轻的李斯，就是上蔡地方的小吏，地位虽然卑微，心中常有大志。据说是两只老鼠让李斯改变的人生观念。他看到厕所中的老鼠，肮脏恐慌，而粮仓中的老鼠，优哉闲适。他大发感慨，认为人生亦如老鼠，地位决定一切。于是，他决定改变自己的卑微地位和平民的生活。

为改变自己的命运，李斯选择了读书，拜著名学者荀子为师，学习“帝王之术”。学成之后，李斯不要著书立说，他要从政。他辞别荀子的时候说了一番话，认为秦国要吞并天下，天下形势必将发生巨大变化，这个时候，正是布衣人士发挥作用的好时机。他说，人最大的疾病就是卑贱，最大的悲哀就是贫穷，口不言利，自托无为，都不是读书人的真心话。他决心入秦，大有作为一番。上蔡时候的价值观，还在坚定地支持着他。

李斯入秦，成为相国吕不韦的客人，吕不韦很欣赏他，让他当了郎官。于是，李斯有机会与秦王接触，展开自己的学说。他给秦王分析历史变迁和天下大势，认为灭诸侯成帝业，一统天下，是秦国难得机会，稍纵即逝，必须紧紧抓住。秦王大喜，拜李斯为长史，专门从事瓦解山东六国的工作，离间他们的君臣，拉拢他们的人才。成绩显著，又升官为客卿。

李斯正在成为平民奋斗的典型，一步步实现着自己的富贵梦想。

正在这时，秦国破获了一个重大的间谍案。韩国派间谍郑国，到秦国修建水渠，为的是用水利工程拴住秦国的民力，让秦国没有力量侵蚀韩国。案件告破之后，很多人怀疑来自山东六国的人目的不纯，都在为本国出力，于是建议驱逐这些人。看来政策已经制定，李斯也在被驱逐的名单之中。

眼看着秦国正在走向悬崖，自己的梦想也可能因此化为泡影，李斯很认真地给秦王写了一封谏议书。李斯列举秦国多位著名的人物，从百里奚到商鞅，从张仪到范雎，他们都是来自山东诸国，但是他们都为秦国的发展，为秦国战胜诸侯国立下巨大功劳。李斯得出结论："物不产于秦可宝者多，士不产于秦，而愿忠者众。"他说现在的逐客令，是"逐客以资敌国"，这正在使秦国走上危险的道路。

李斯的上书，为秦国的错误政策踩下了刹车。各国，不过是李斯这类人物的出生地而已，他们心目中可能根本就没有祖国这个概念。李斯的祖国是天下？还是个人的富贵？我们现在也不得而知。秦王觉醒，宣布放弃逐客，继续重用李斯，让李斯当上了廷尉。李斯的富贵之路，继续延伸。二十年后，秦国果然统一六国，而李斯则当上了丞相。一切都证明，李斯当初的判断与历史的发展完全吻合。李斯的个人发展计划拍上了历史变化的节奏，而李斯的学识则成了他实现富贵梦想的利器。

秦始皇巩固统一的许多政策都出自李斯。车同轨，书同文，推行郡县制，打击持不同政见者，还包括臭名昭著的焚书政策等。与此同时他的富贵也登上了顶峰。他的儿子女儿，都与皇室结婚。他的长子李由，在三川郡当太守。有一次李由回家探亲，李斯在家设宴，来赴宴的马车就有几千辆。在这次盛大的宴会上，李斯忽然想起了自己的老师，想起了荀子，因为荀子说过“物禁大盛”。为什么物禁大盛呢？因为物极必反。李斯意识到自己的富贵已经到达了顶点，当初上蔡的一介布衣如今取得如此的地位，不正是原来的梦寐以求吗？那次宴会，李斯对着众位客人，谈起了上蔡，谈起了上蔡布衣的梦想，甚至谈到了物极必反。但是，他能料到，自己人生的折返点到底在哪里吗？

秦始皇帝三十七年（前 210 年）七月，皇帝巡游东方，到达沙丘病逝。临终前，他让人召回在北方前线的长子扶苏，信未发出而人已经去世。丞相李斯，亲信赵高和皇帝的小儿子胡亥当时跟在皇帝身边，而知道皇帝去世的也就身边这几个人。始皇帝要立扶苏的意向很清楚，而赵高决定拥戴胡亥，但是赵高在朝廷上没有李斯更有权威，于是他要拉李斯入伙，说服李斯同意自己的想法。

赵高说服李斯的言辞，千百年后，仍然可谓经典。赵高先为李斯说明如果扶苏当皇帝，李斯现有位置必定不保。然后说几十年的政治经验已经说明，李斯这样位高权重的人，很少人能有二世之福。最后告诉李斯，一切都在胡亥的掌握中，识时务者为俊杰。李斯开始坚决反对，甚至再次谈到上蔡李斯不过平民，如今有如此富贵都是始皇帝所赐，不忠于始皇帝不祥。然后又说，历史上换太子导致乱亡之事甚多，现在换太子也不会有好结果。然而，在赵高的威逼利诱之下，李斯最后妥协了，加入了赵高的阴谋之中。

面对来之不易的富贵，布衣出身的李斯虽然口口声声标榜不在乎，但他这样的经历决定了他更难割舍。现有的富贵地位，是他一生的奋斗结果，他的辛苦，他的心血，他的每一次艰难困苦的拼杀。割舍不下自身的富贵，那么代价是什么呢？对此，李斯心知肚明。那是国家的败坏，是政治的危机，是最终的大厦将倾。所有忠诚，一切学识，以及全部关于国家的理念，在面对个人的富贵地位的时候，为什么会忽然变得轻如鸿毛呢？千百年后，对于那些有权有势的成功人士，这都是一道难解的人生基本命题。

秦二世发动的迫害运动，李斯与赵高是重要谋臣。始皇帝长子扶苏被骗自杀，名将蒙恬被杀。秦始皇帝二十多位公子，无人能阻挡秦二世的滥杀政策，一个个成为帝国的祭品。秦始皇帝当初不让所有公子掌权，为的是集权的效果和统一的目的，如今显现出严重的弊端，当执政者滥用权力的时候，大家都只能听之任之，而最终损害的当然也包括国家本身。秦二世残酷杀害诸公子，虐待百姓。李斯本来想劝谏皇帝，但是，当他得知秦二世可能怀疑自己的时候，他只能用献媚的手段，让秦二世的残暴政策变得更加疯狂。他甚至上书，支持皇帝的荒谬绝伦的统治理论。山东地方已经烽烟四起，陈胜的军队正在西向进攻。国家正面临土崩局面。然而，李斯却在助纣为虐的道路上越走越远。利用国家的疯狂来保护自己的富贵，这样的路究竟能走多远？李斯即使已经意识到这一点，也无法改弦易辙。疯狂的政府如同一只贼船，李斯这样的大人物，如今同样别无选择。

面对皇帝和政府的疯狂，大臣是无力制止的，但是人民有权反抗暴政，也只有人民有力量出面制止。在秦二世继续大玩杀人游戏的时候，陈胜在山东成功地领导了人民暴动。陈胜的军队西进，进攻了三川郡，而郡太守李由无力防守。赵高要一个人独揽朝政，不想李斯再参与，于是他巧妙地利用了这个事件，一夜之间，李由从一个防守无功的人，忽然变成了一个通敌的人。丞相李斯和他的一家人，不由分说锒铛入狱。

监狱中的李斯还是进行了若干努力，但是，他跟皇帝之间，早就被赵高设置了高山大海，最后赵高的意愿都由皇帝之口完整表达出来，李斯终于走到人生尽头。通敌大罪之下，李斯三族被灭。

上蔡的一个小吏，后来能成为大帝国的丞相，这是李斯人生奋斗的结果。一名堂堂的帝国丞相，最后刑场腰斩。这个最终的结局，难道不是李斯尽力要避免的吗？直到临死之前，李斯忽然想起上蔡，想起上蔡时期的平淡生活。然而，面对死亡，上蔡领黄犬追野兔的情景，突然变得那么幸福，那么值得留恋。这一生的奋斗，当然不是为了这最后的结局，然而，这一切不都是从上蔡小吏不甘心卑贱贫穷的处境开始的吗？

一个完整的搭错车的古代版，就如此这般地上演了。

李斯的一生到底什么地方出了差错呢？读《李斯列传》，李斯临死前的反省，让人总是难以排解。难道，上蔡的小吏不该奋力改变处境？难道，李斯不该帮助帝国成长，不该维护帝国统一？显然都不是。作为帝国的丞相，在始皇帝去世以后，李斯没有站在帝国整体和长远的利益上思维和行动，维护来之不易的富贵的想法占据了上风，一个上蔡小吏的思维完全支配了帝国丞相的头脑。面对威胁，他胆怯了，他过分担心自身的利益化为泡影，看起来是向赵高妥协，其实是丞相向上蔡小吏妥协。如果他拼死一争又会怎样呢？几十年的丞相，应该有足够支配的资源，他要维护始皇帝的遗志，总归能够找到办法，合法的立场不该没有执行的渠道。假使胡亥、赵高拼死胡来，横竖不过一死，然而堂堂帝国的丞相，还恐惧为国捐躯吗？为制止一场篡权阴谋，丞相李斯以身殉国，这将是怎样的青史风流啊。

但是，这一切都没有发生。对于李斯而言，成亦上蔡小吏，败亦上蔡小吏。一个人的早年阅历，竟然是如此难以超越。

赵高：最后的疯狂与辉煌

秦朝是被谁推翻的？答案通常会是陈胜、吴广、项羽、刘邦等，大家轻易不会想到，刘、项背后，还有一位重要的同盟军。他们虽然没有过任何直接间接的联络，但是他们确实共同参与了这个伟大的事件：推翻秦朝。

这个人是谁呢？赵高。

大才赵高

赵高早年拥有着相当悲惨的经历。身为赵国宗室远亲，他的母亲曾在秦国服刑，所以赵高地位十分卑贱，不得已成为宦官。但是，我们的主角虽然身份卑贱却并不甘于平庸。他渴望摆脱自己悲惨的境地，为此一定付出过十分艰苦的努力。后来，他在法律方面的成就连皇帝都了解到了，于是任用他来承担相关方面的工作。不仅如此，赵高还暗中跟公子胡亥来往密切，亲自对胡亥进行法律方面的教育，深得胡亥信任。可是，后来赵高惹了官司，不知道是违反法律还是干了什么坏事，依法当死。胡亥急坏了，到处说情。而一向执法严格的秦始皇最后还真的放过了赵高，因为珍惜人才。

谁要说赵高不是人才，那一定是大错特错。不过，他的才能主要表现在什么地方呢？一个急于上升的人，能够把帝国的生死存亡当作垫脚石。这可不是一般的人才。

沙丘之谋

始皇三十八年七月，这是一个令赵高终生难忘的日期。

这年七月始皇行至沙丘忽然病重！随行者除赵高外，还有丞相李斯、始皇的宠儿胡亥及随从若干，大队护卫自然不可缺少。秦始皇此前一直没有对后世做出安排，现在到了最后关头，不能不决定了。他决定把皇位传给长子扶苏，但没有明说，只说让扶苏回首都主持葬礼。然而，所有的人都明白了其中的含义。秦始皇一定认为，他发出的命令没有人可以不执行，甚至于不必把话说明白。

秦始皇的遗命现在落到赵高手里，如何执行秦始皇已经没有力量干预。赵高一直是秦始皇的传信人，然而这个唯一的传信人最后成了秦始皇的意志的控制者。他首先一定是想到了自己。如果扶苏当上了皇帝，那么自己会是什么结果。扶苏因为有自己的政见而与秦始皇发生冲突，皇帝命令他到北方前线抗击匈奴。对于皇帝身边的人，包括他赵高在内，扶苏一定也有自己的看法。扶苏会重用自己吗？肯定不会。如果是胡亥当皇帝呢？毫无疑问，赵高不仅地位能够保证，而且会进一步发展。只因为对自己有利，至于对国家是否有好处，那不在赵高的考虑之内，于是一场阴谋迅速展开。

从前的“世世卑贱”的出身，如今成了赵高奋斗的动力。从前忍隐的锻炼，如今成为赵高努力的技术保障。对于权力规则的熟悉，对于人心自私的洞察，所有这一切都成为赵高奋飞的翅膀。只有在暗地里阴谋才能够顺利施展。对于赵高而言，秦始皇驾崩需要封锁消息，因为皇帝权力的转换可能发生危险。这些可以公布于众的理由背后，还有赵高的背景，他要施展自己的计划，也需要这样的秘密作为夜色掩护。

皇帝驾崩的消息需要封锁，胡亥、赵高和丞相李斯都同意。皇帝的宽大马车，依旧每天前进，按时进食，如同皇帝活着的时候一样。皇帝的尸体开始腐烂，发出阵阵臭气。为了混淆视听，他们就把一筐筐鲍鱼搬进皇帝的马车。皇帝看来确实有许多爱好为人所不懂，为什么能够忍耐这样的臭鱼。但是，皇帝的事情谁敢打听，皇帝的爱好谁敢质疑呢?秦始皇生前制造的神秘感，于今被用来遮挡阴谋。他在天之灵有知，肯定尴尬无疑。

秦始皇一死，赵高成了暗地里真正的主人。为了达到他的目的，他展开了一系列行动。第一步，说服胡亥。赵高要说服胡亥来当皇帝，这大约不需要太费周折。凭着与胡亥长期的友好关系，胡亥当然相信赵高的计划是出于对自己的爱戴，是出于对帝国的忠诚。胡亥说不定还会认为赵高是大公无私呢。

第二步，说服李斯。赵高来见丞相李斯，如果没有丞相的参与，赵高另立胡亥的阴谋就很难实现，毕竟比起赵高来，李斯才是朝廷群臣的领袖。起初,赵高只是平静地叙述了事实，最后很还和气地跟李斯说："拟定谁为太子就在于您和赵高之口了。您看该怎么办呢?"李斯即刻反驳道："怎么说得出这种亡国之言！这不是为人臣子应当议论的！"赵高并不理会继续问李斯："君侯与蒙恬相比谁更有能力？功劳更大？谋略更高？更无怨于天下？更得长子扶苏信任?"李斯如实答道："这五点我都比不上蒙恬。"乍听起来这好像和"谋朝篡位"没什么联系，事实上这些问题的答案却是赵高劝服李斯的重要条件！

接着，赵高就是一顿威逼利诱。别看你李斯现在蒙受皇恩、权高位重。一旦你相位不保那必将祸及子孙、下场悲惨。要想保住你的荣华富贵就必须阻止扶苏即位！那么皇位应当由谁继承呢？当然是胡亥。李斯不是傻瓜，有谁不希望造福后世呢？更何况，李斯为了秦国付出了毕生心血，他不甘愿就这样被秦国抛弃。而赵高也正是充分利用了李斯的这种心理，一再提醒他进行利益对比分析。总之，本来大逆不道的“篡位”行为，被赵高轻而易举地涂抹成了正义之举！最终，堂堂一国之相的李斯还是屈服了！

这就是历史上的“沙丘之谋”。谋主赵高取得了绝对的胜利。那么，在这个阴谋成功的时候，是谁成了失败的一方呢？

扶苏、蒙恬等人是失败的一方。胡亥、赵高、李斯组成的篡权集团，先把最有威胁的人物消灭。扶苏是大孝子，听说父皇临死的命令是让自己自杀，即使蒙恬拼命劝，也阻挡不住他的必死决心。蒙恬希望看到真相，接受被捕。秦始皇的公子们以及将军蒙毅等是失败的一方。在胡亥、赵高随后的政治屠杀中，公子、公主二十余人接连被除掉，蒙毅等先帝重臣，受到株连者不计其数。他们都是失败的一方，而胜利的一方人数越来越少。

乘胜前进

权力已经巩固，赵高希望自己掌握的大权更大，而妨碍者就是李斯。只有除掉李斯，自己才能真正独揽大权！随着法律诛罚的日益深重，众臣整日惶惶不安、人人自危。秦二世又建阿房宫，修驰道。赋敛愈重，徭役无穷。帝国的统治岌岌可危！李斯终于愿意考虑帝国的安危了，他希望秦二世能够有所收敛，于是反复上书请谏。李斯是很权威的丞相，秦二世没有玩够，当然不同意李斯的谏言，但是还不能不经常接见李斯，内心十分烦闷。

赵高及时出谋划策。赵高对秦二世说：“天子之所以尊贵，就是因为群臣只能听见声音而不能见面；您现在还年轻，未必通晓诸事。朝廷之上，一旦举止言辞不当，就一定会被大臣发现缺点。”怎么办呢？深居宫内，减少与大臣的接触。这样，既可以为所欲为，又可以让大臣们无法发现。秦二世十分高兴，一定好好表扬了赵高。从此，李斯等人要见皇帝可就太难了。皇帝深居简出，他的命令都通过赵高传达出来。看起来皇帝的自尊心得到了满足，实际上赵高成功地切断了皇帝与朝臣的联系，并且不费吹灰之力垄断了对皇帝命令的解释权，这本质上就是一次成功的夺权。

当时，天下大乱，东方造反的民众此伏彼起，秦朝已经处在风雨飘摇之中。李斯担忧天下，但是又苦于跟皇帝失去了联系。赵高又及时出现，非常理解李斯的苦衷，然后对李斯说：我也一心想进谏，但是身份卑微，皇上怎么会听我的话呢？丞相大人为什么不进谏呢？李斯说：没有机会见皇帝啊。赵高一副大义凛然地说：等有机会，我通知丞相。李斯心里，应该充满感激之情。

后来，得到通知，李斯就来见皇帝。但是，每一次都是在皇帝正玩得高兴、欲罢不能的时候。李斯忽然来进谏，大讲国家面临的危机。秦二世哪里有心思听什么危机啊，他只有对李斯恨得咬牙切齿而已。机会成熟了，赵高悄悄地对秦二世说道：“‘沙丘之谋’与丞相共谋。现在您已称帝，可丞相的地位并未更加尊贵。或许他因此就图谋裂地称王！”这不过是犯罪动机猜想，接着他开始列举具体证据：“丞相长子李由任三川守卫，而楚地盗贼陈胜等都是丞相邻县的人。就是因为这个缘故，楚地盗贼日益猖獗。甚至于经过三川时，守卫都不出城迎击。臣听说他们之间有书信往来，但没有实据便一直不敢告诉您！况且丞相在宫中之外的权力的确超于陛下您啊！”

皇帝和李斯之间，终于被赵高搞得疑云重重。李斯也是官场老手，发现问题以后立刻反击，上书皇帝告发赵高。然而，皇帝是站在赵高一边的，李斯在与赵高斗争中缺乏先天优势。李斯等三位大臣上书皇帝，为了减少民众暴动，请求撤销阿房宫等工程。皇帝发怒了，上书者三人，两人自杀，丞相李斯入狱。秦二世把李斯交给赵高。

李斯不自杀而选择入狱，应该是想到还有一线希望。然而，赵高会让他有希望吗？一顿毒打之后，李斯后悔也来不及了，只好承认所有罪行，谋反等等都不在话下。最后，李斯和他的儿子同时腰斩于咸阳。赵高从内丞相晋升为丞相，内朝外朝，都在控制之中。赵高向着自己的方向又前进了一步，而秦帝国距离灭亡也更进了一步。

还有谁，如今是挡在赵高前面的绊脚石呢？秦二世。秦二世毕竟是皇帝，在收拾秦二世之前，赵高要试一试自己在朝廷大臣中的威信到底如何，是否能够超过秦二世。一次，当着满朝文武，赵高指着一匹鹿告诉秦二世，这是一匹马。秦二世自然反应，这怎么是马，分明是鹿嘛。赵高说，请大家说说，这究竟是鹿还是马？这不是看图识字，这是危险的政治游戏。有的大臣回答说是鹿，有的回答是马。而那些回答是鹿的大臣，回头都遭到赵高的清洗。当大臣中都是马派的时候，赵高感到自己的好日子到了。而这个时候，项羽已经完成了巨鹿之战，消灭秦朝的主力军队。

赵高满眼盯的就是权力，其他什么都看不见。可是，当秦二世终于了解天下大势的时候，才发现赵高一直在骗自己。赵高知道事情不妙，铤而走险，与女婿一起谋反，杀掉秦二世身边的人，迫使秦二世自杀。秦二世从一开始就被赵高玩于掌股之中，在赵高夺权的道路上，开始是利用秦二世消灭一个一个对手，当所有的对手消失之后，就只剩下了秦二世一个人。秦二世恐怕至死都没有明白，他为什么会落得一个自杀的下场。君臣之间，不是应该皇帝使用大臣吗？怎么秦二世就这样成了赵高的工具呢？利用的哲学太高深，制度规定最后跟白纸一样。

秦二世死后，一种说法是赵高要径直当皇帝，但是没有人跟随，只好放弃，改立子婴为秦王。而子婴听到的一种消息是赵高已经跟楚国约好，灭亡秦国瓜分关中。赵高当初以为子婴容易对付，没有设防，结果被子婴设计杀死。

这时，刘邦率领的军队已经逼近关中。秦的灭亡，指日可待。

悲剧是怎么发生的？

秦的灭亡，如果说是因为赵高丧心病狂的话，那么是什么因素决定了如此丧心病狂的赵高能够屡屡得手？一个庞大帝国，可以成千上万地屠杀人民，为什么阻挡不住赵高这样的一个小人呢？更可悲的是，赵高这样的人后来也没有绝迹。秦始皇们缔造了高度集权的帝国，也缔造了一种秘密的权力运行机制，看起来稳定如山的帝国制度，总是能够被赵高这样的人物利用，一而再，再而三，这难道不是在证明帝国本身有问题吗？

范增的悲剧及其背景

范增是项羽的谋臣，因为最初辅佐项梁，所以项羽尊称他为“亚父”。项梁起事反秦，虽然准备多年，最后还是选择了陈胜大泽乡起义之后的有利形势。当时的居鄛人范增已经七十岁，而他第一个重要建议就是拥立楚怀王之后作为最高领袖。但是，范增给历史留下的最深刻印象不是他的足智多谋，而是被项羽抛弃，最后孤独一人，凄惨地离开项羽队伍的背影。范增离开不久，根据《陈丞相世家》的记载，是“未至彭城而死”。显然，他死在归乡的路上。范增悲剧的一生，就这样画上句号。

范增的悲剧，到底怎样理解更符合历史的本来面目？

传世的一般解释

范增的悲剧，因为汉高祖的一段具有总结意义的发言，两千年来几乎形成盖棺定论。《史记·高祖本纪》记载楚汉之争结束之后，汉高祖君臣讨论胜败原因，汉高祖认为大臣高起、王陵的发言是只知其一不知其二，然后说道：

夫运筹策帷帐之中，决胜于千里之外，吾不如子房。镇国家，抚百姓，给馈饷，不绝粮道，吾不如萧何。连百万之军，战必胜，攻必取，吾不如韩信。此三者，皆人杰也，吾能用之，此吾所以取天下也。项羽有一范增而不能用，此其所以为我擒也。

刘邦把自己善用“三杰”与项羽不用范增对照起来，认为这是胜败关键，形象确实鲜明。从此以后，讨论楚汉战争胜败得失，刘邦善用人才是得，项羽不善用人是失，这就成了基本结论，最为关键证据便是范增的弃用。

在《史记》的记载中，我们还看到了另外一种原因，项羽弃用范增，与刘邦集团的离间计大有关系，而建议和实施这个计策的都是陈平。公元前204年，楚汉战争正酣，刘邦集团在侧翼不断取得胜利，但在主战场，始终都是项羽更占优势，尤其是刘邦在荥阳长期遭到项羽的围困，粮道被切断，“汉军乏食”，刘邦计无所出，差点听从郦食其的建议，重新分封六国之后。此计被张良否定之后，汉王再出新计，企图用缓兵之计求和。“请割荥阳以西和，项王不听。”用割地的办法换取和平，但遭到了拒绝。根据《项羽本纪》，这个计策差点成功，因为项王本人已经同意了，但是亚父范增反对，跟项王说：“汉王眼看就不行了，你今天同意，一定会后悔。”结果，项羽听从了范增的主张，刘邦的计策再次落空。《高祖本纪》于是写道：“汉王患之，乃用陈平之计，予陈平金四万斤，以闲疏楚君臣。于是项羽乃疑亚父。亚父是时劝项羽遂下荥阳，及其见疑，乃怒，辞老，愿赐骸骨归卒伍，未至彭城而死。”

对此，《史记·陈丞相世家》记载更详细，其文如下：

陈平既多以金纵反闲于楚军，宣言诸将钟离眛等为项王将，功多矣，然而终不得裂地而王，欲与汉为一，以灭项氏而分王其地。

> 项羽果意不信钟离眛等。项王既疑之，使使至汉。汉王为太牢具，举进。见楚使，即详惊曰："吾以为亚父使，乃项王使！"复持去，更以恶草具进楚使。楚使归，具以报项王。项王果大疑亚父。亚父欲急攻下荥阳城，项王不信，不肯听。亚父闻项王疑之，乃怒曰："天下事大定矣，君王自为之！愿请骸骨归！"归未至彭城，疽发背而死。

范增就这样告别了自己的人生。看来，汉王集团的离间计获得成功，如此简单的挑拨离间迅速成为项王与范增分道扬镳的关键因素，项王丧失了一个重要谋士，距离自己的最终失败自然不再遥远。这也是范增离开之前所谓"天下事大定矣"的确切含义。

比较而言，汉王集团的离间计，对于范增与项羽的关系而言，最多属于外在因素，而范增与项羽破裂，理应存在更加重要的内在原因。就战场决策而言，认识有不同、判断存差异，本来都属于正常情况。鸿门宴上，范增就主张杀刘邦而项羽不忍，这次汉王割让荥阳，项羽就被范增说服，就合作而言，两人并非到了水火不能相容的地步。项王怀疑范增，看起来是上了汉王集团的当，如果仅仅如此，范增应该有极大的解释空间，就范增的一贯表现而言，他每每对刘邦表现出极大的仇恨，总是希望用最快的办法消灭刘邦。项羽再笨，不至于连这点常识都不懂，反而去怀疑范增与刘邦集团有关系呢？

范增与项羽，此前已经积累了很多矛盾，尤其是在重大的价值观上，他们的冲突是很清楚的。未来，如果继续合作下去，即使是项羽最终胜利，他们的破裂同样不可避免。而在范增看来，项羽是不可能成功的，所以并没有努力挽救双方的关系，毅然转身离开。对于两人未来的破裂，项羽应该也有清晰的判断，也不求范增解释是否与刘邦集团有关，任其离开。楚汉战争的结局，是众多因素造成的，项羽与范增关系的破裂，在诸多原因上究竟占据多大的份额，虽然无从证明，但至少不是什么重要原因。

秦汉之际的政治与社会

秦朝的迅速崩溃，让秦汉之际的中国立刻呈现出过渡性的面貌来。秦朝带来的社会新气象还没有全面占领人们的头脑，而传统的贵族后裔又乘势而起，仿佛历史即将返回战国一样。陈胜是秦朝灭亡的第一位推动者，但即使陈胜也打着具有传统意义的旗号，“张楚”政权反映了楚地的期望。

然而，陈胜的响亮口号中，不仅有“张楚兴”，还有“陈胜王”，而“王侯将相宁有种乎”，则是新气象的标志。一个地道的农民，一个秦朝的普通臣民，是否可以称王呢？陈胜是受到拥戴的，陈胜称王不单单是陈胜的梦想。但是，当陈胜失败以后，有关陈胜称王的正当性问题就被提出来了，而很有代表性的质疑者正是范增。《史记·项羽本纪》记载：

> 居鄛人范增，年七十，素居家，好奇计，往说项梁曰：“陈胜败固当。夫秦灭六国，楚最无罪。自怀王入秦不反，楚人怜之至今，故楚南公曰‘楚虽三户，亡秦必楚’也。今陈胜首事，不立楚后而自，其势不长。今君起江东，楚蜂午之将皆争附君者，以君世世楚将，为能复立楚之后也。”于是项梁然其言，乃求楚怀王孙心民间，为人牧羊，立以为楚怀王，从民所望也。陈婴为楚上柱国，封五县，与怀王都盱（xū）台。项梁自号为武信君。

项梁如今拥有较大的势力，是借助了陈胜的势头，《史记》把陈胜写入“世家”，就是考虑到陈胜在灭秦过程中的“首事”之功，“陈胜虽已死，其所置遣侯王将相竟亡秦，由涉首事也。高祖时为陈涉置守冢三十家砀，至今血食”。后来刘邦不忘陈胜的功劳，所以特置人为守墓。但是，范增却不考虑陈胜的功劳与否，只关心陈胜的出身是否有资格称王。他认为，“陈胜首事，不立楚后而自，其势不长”。甚至决绝地说道“陈胜败固当”。看来，陈胜属于楚国国民，所以范增认为他应该立楚王之后。对于项梁，范增并不认可项梁世代为楚将的影响力，而是把影响力归因于楚王，人们蜂拥而至，就是因为项梁可以立楚怀王，而项梁也应该“从民所望也”。

范增有强烈的楚国情结，更有浓厚的楚王情结，他甚至把自己的这种情感看作是民众共同心愿。陈胜起事之后，六国之后纷起响应，一时间战国局面再现。六国之后有一定的社会影响力，在与秦朝斗争中，六国之后充当核心人物有一定的必然性。陈胜起事，自称扶苏和项燕，也需要利用大人物的名声号召天下。但是，这种情形是否是人心所向的反映呢？当然不是，否则六国也不会有前车之颠覆。范增的误判，可用陈婴事例证明。《项羽本纪》有这样的记载：

> 陈婴者，故东阳令史，居县中，素信谨，称为长者。东阳少年杀其令，相聚数千人，欲置长，无适用，乃请陈婴。婴谢不能，遂强立婴为长，县中从者得二万人。少年欲立婴便为王，异军苍头特起。陈婴母谓婴曰：“自我为汝家妇，未尝闻汝先古之有贵者。今暴得大名，不祥。不如有所属，事成犹得封侯，事败易以亡，非世所指名也。”婴乃不敢为王。谓其军吏曰：“项氏世世将家，有名于楚。今欲举大事，将非其人，不可。我倚名族，亡秦必矣。”于是众从其言，以兵属项梁。项梁渡淮，黥布、蒲将军亦以兵属焉。凡六七万人，军下邳。

陈婴可以称王，因为拥戴的人群希望他称王。但是，陈婴听从了母亲的意见，而这个意见的出发点是安全，不如去追随别人，这样胜败都能左右逢源。当然，陈婴母亲也说到陈婴家没有富贵传统，所以担当不起大名。这里，也反映了一般人心目中存在着的社会等级观念。不过，陈婴最后选择项燕，可不是像范增说的那样因为项燕可以立楚王，而是为了“倚名族”，以完成他母亲的安全部署。

比较陈婴的母亲和拥戴陈婴的少年，我们可以发现当时社会上的两种观念同时并存。东阳县几千少年杀县令拥戴陈婴，要立陈婴为王。他们根本没有顾忌陈婴是否祖上有富贵传统，他们的行为才是社会主流。这与陈胜起事之初宣布的“王侯将相宁有种乎”的观点显然是相通的，可以看作是历史新时期的新观念。

如果按照范增的观点，陈胜称王是不正确的，因为陈胜不属于王族。但是，当我们回顾陈胜称王的过程时会发现，当初陈胜称王另有理论根据，而出身问题根本就没有涉及。《陈涉世家》记载陈胜进入陈地之后：

> 数日，号令召三老、豪杰与皆来会计事。三老、豪杰皆曰：“将军身被坚执锐，伐无道，诛暴秦，复立楚国之社稷，功宜为王。”陈涉乃立为王，号为张楚。

陈地三老、豪杰，就是地方代表，认为陈胜功劳很大，一是诛暴秦，二是恢复了楚国的社稷。陈胜的政权是“大楚”，陈胜连楚国的王室都不是，但当地民众还是承认他恢复了楚国社稷。“功宜为王”的说法最具理论性，因为立有大功，就应该称王。这是当地民众的观点，一定与陈胜的想法一致，与拥戴陈婴的少年也一致，这才是当时社会的代表性观点。反观范增，他所秉持的正是传统贵族制度下的正统观点。

项羽的思想阵营

陈胜是一介农夫，奋起造反而称王，范增的反对意见如上所述。那么项羽呢？在范增说服项梁的时候，项羽还是普通的人物，可能还没有人想征求他的意见。但是，巨鹿之战后，项羽成为推翻秦朝的主力部队统帅，“项羽由是始为诸侯上将军，诸侯皆属焉”。秦朝的主力是被他消灭的，秦末反秦势力都以项羽为共主。司马迁评价说：“夫秦失其政，陈涉首难，豪杰蜂起，相与并争，不可胜数。然羽非有尺寸乘执，起陇亩之中，三年，遂将五诸侯灭秦，分裂天下，而封王侯，政由羽出，号为‘霸王’，位虽不终，近古以来未尝有也。”项羽灭秦，这个历史功绩是人所共知的。

但是，项羽的思想阵营所属，却是较少被讨论的。秦亡之后，项羽大分封，而封与不封，关键就是有功无功。《项羽本纪》记载到：

> 项王使人致命怀王。怀王曰：“如约。”乃尊怀王为义帝。项王欲自王，先王诸将相。谓曰：“天下初发难时，假立诸侯后以伐秦。然身被坚执锐首事，暴露于野三年，灭秦定天下者，皆将相诸君与籍之力也。义帝虽无功，故当分其地而王之。”诸将皆曰：“善。”乃分天下，立诸将为侯王。

追随项羽的诸将各自封王，“项王自立为西楚霸王，王九郡，都彭城”。然而，我们尤其应该注意的是项羽在这个过程中显现出来的观念。天下初发难时，曾经立六国之后为王，项羽解释说那是策略，为的是更有利于“伐秦”，但是灭秦真正有功劳的，是“诸君与籍之力也”。项羽，名籍字羽。项羽认为自己与诸位将军才是灭秦的功臣，所以“立诸将为侯王”，而项羽的这个想法与做法，自然获得了大家的支持。因为这反映了大家的心声，也代表了大家的利益。

分析项羽的说辞，跟陈地三老豪杰劝说陈胜称王时所言几乎别无二致，也是“被坚执锐，伐无道，诛暴秦”立功说这一套。在项羽的言谈中，“义帝虽无功，故当分其地而王之”，就是勉强给义帝一块封地，毕竟他这几年是名义领袖。如果认真按照功劳封王，义帝是不够资格的。此时，当项羽大封诸侯的时候，范增应该也在附近。在分封诸侯的时候，项羽与范增共同商议挤压刘邦的战略空间，不让刘邦当关中王，只封他为汉王。按照已知范增的观念，其实项羽也是没有资格称王的，真正有资格的只有楚怀王即义帝。很明显，这是范增与项羽很重大的思想冲突，虽然没有冲突的事迹。

根据《史记·高祖本纪》，我们发现刘邦和项羽这对政治上的冤家，在思想上却是同路人。楚汉战争刘邦胜利后，需要一系列政治安排，于是“诸侯及将相相与共请尊汉王为皇帝”，在当时的情况下，自然只有刘邦有资格当皇帝。然而，刘邦还是客气了一下，说我听说都是贤者为帝(“吾闻帝贤者有也”)，我不敢当。于是群臣用以下的说法来劝说他：

> “大王起微细，诛暴逆，平定四海，有功者辄裂地而封为王侯。大王不尊号，皆疑不信。臣等以死守之。”

这样的话语十分熟悉，原来项羽说过类似的话，豪杰们劝陈胜说过类似的话。连你手下有功的人都已经封为王侯了，如果大王不当皇帝，大家都无法自安，所以宁死也要大王当皇帝。最后人所共知，刘邦即位成为汉朝第一代皇帝。

王侯将相宁有种乎？这是陈胜的呼声。现在看来，秦末汉初，这是时代的最强音。这不仅仅是造反者的口号，也是所有奋斗有成者的心声。王侯将相无种，有功者为之。对比之下，坚持六国君王血统论的人，不仅是极少数，而且是失败者。我们所知，具有代表性的人物就是范增。范增孤独凄凉、渐渐淡出的背影，已经不是他与项羽的关系问题，那是历史的必然性，自然而然地在他身上显现出来。

政治论成败是不可避免的，而社会观念摒弃血统论，代之以社会功勋论，当然具有历史意义。如果从思想史考虑，这有一个漫长的过程，而秦汉之际在政治上特别鲜明地迸发出来。因为正是这个时期，中国完成了从贵族政治到平民政治的最后一跃。平民出身的刘邦登上皇帝宝座，围绕在他身边的是一群“布衣将相”，中国的历史从此进入一个崭新的时期。

如此重大的历史变迁，历史学家们当然早有注意。班固在《汉书·诸侯年表》序中写道：

> 汉亡尺土之阶，繇一剑之任，五载而成帝业。书传所记，未尝有焉。何则？古世相革，皆承圣王之烈，今汉独收孤秦之弊。镌金石者难为功，摧枯朽者易为力，其势然也。

汉朝是没有半点历史基业的，刘邦手提三尺剑而建成帝业，这是历史上前所未有的，因为此前所有的政治功业，“皆承圣王之烈”。此前的中国是贵族政治，只有贵族成员才能出现在政治舞台上，而平民百姓最多充当观众。秦朝统一六国，建立新的一统江山，但秦朝有几百年的秦国作为历史基础，同样是承圣王之烈。

秦汉之际的历史巨变，清代历史学家赵翼的论说，至今仍有价值。他在“汉初布衣将相之局”一文中说：“自古皆封建诸侯，各君其国，卿大夫亦世其官，成例相沿，视为固然……于是汉祖以匹夫起事，角群雄而定一尊。其君既起自布衣，其臣亦自多亡命无赖之徒，立功以取将相，此气运为之也。天之巨变，至是始定。”布衣即平民，平民与贵族相对。赵翼认为，从封建诸侯的贵族政治到西汉以后的平民政治，现有布衣将相之例，再有布衣将相之局。人所共知，汉初的布衣将相与布衣帝王是同时出现的，而且是相辅相成的。

秦汉之际的历史巨变，中国读书人了若指掌，且熟视无睹。看看欧洲，他们在近代资产阶级革命之前，长期保持贵族政治传统。而中国提前两千年左右告别了贵族政治，无论是对于中方还是西方，这都是不可回避的历史与文化大课题。

张良的抉择及其历史意义

张良，作为最出色的谋臣，在辅佐刘邦逐鹿中原的过程中立功甚伟，与韩信、萧何并称“三杰”。刘邦称帝之后，政治斗争进入新的阶段，张良又特具先见之明，及时功成身退，为后世留下无数赞叹。但本文要讨论的是另一问题，即张良的贵族身世何以成为平民皇帝的功臣？是张良深刻的洞察力突破了身世的迷障，还是时势变迁影响了张良的抉择？一个人的政治考量，怎样反映了历史变迁之方向？张良故事的这一侧面，至今不乏历史启迪。

张良的事迹，主要记载于《史记·留侯世家》之中。《史记》的记载是：“留侯张良者，其先韩人也。大父开地，相韩昭侯、宣惠王、襄哀王。父平，相厘王、悼惠王。”大父就是祖父，张良的祖父和父亲都是韩国的丞相，所以张良有极其深重的韩国情结。韩国被秦国灭亡的时候，张良仅有二十岁，还没来得及为韩国出力，韩国就灭亡了。于是，张良选择了一条艰险的人生路，为韩国复仇。张良家有一定经济实力，家内奴隶就三百多人。张良的弟弟去世，张良没有好好去埋葬，“悉以家财求客刺秦王，为韩报仇，以大父、父五世相韩故”。可见，张良一旦选择复仇，便是全力以赴，而家世背景成为他走上复仇道路的重要动力。

张良为何选择复仇，《史记》的解释很清楚，以“五世相韩故”。韩国国君，与周天子同为姬姓，那么张良呢?《史记索隐》提供的一种解释是，张良本来是韩国公族，即韩国王族中的公子，后来因为博浪沙刺秦之后逃亡，隐姓埋名，改为张姓，以后没有再改回，于是就成了张姓。从“五世相韩”这个背景看，《史记索隐》提供的资料是有价值的。张良为韩复仇，即是为自家复仇，作为韩国公子，韩国的最高贵族，复仇这条道路的选择大可理解。秦国灭六国，六国之后不甘失败而伺机复仇者大有人在，张良不过是这个群体中的一分子而已。

这群伺机复仇的人，后来在推翻秦朝的斗争中确实功绩不凡的，有项梁与项羽、张耳、陈余等，但最突出的要数张良。很多六国之后，都是在陈胜、吴广大泽乡起事之后才动作起来的，而张良在秦始皇的时代，就策划了振动全国的博浪沙刺秦，虽然误中副车，没有成功，但引发的后果可想而知。秦朝展开大规模搜捕行动，针对的都是张良，“良乃更名姓，亡匿下邳”。看来秦朝的侦破工作颇有成绩，一定程度上锁定了张良，否则张良也没有必要更改姓名了。

反秦运动从大泽乡开始掀起高潮。仔细分析，反秦的力量可以大体分为两派，一派是陈胜、吴广这种民众造反，他们跟秦朝没有世仇，实质是朝廷压迫导致的暴动反应而已。刘邦本质上属于这一派。项羽、张良等属于另一派，他们与秦朝从一开始就势不两立，是六国复仇派。唐人章碣《焚书坑》诗有“坑灰未烬山东乱，刘项原来不读书”的名句，其实刘项并不是一路人，真不读书的是刘邦而不是项羽。复仇派一直在等待机会，如果秦朝政策对头，复仇派可能会空等一生，但是最终他们还是盼来了山东大乱，立刻行动起来。

张良与所有复仇派一样，终于等来盼望已久的良机，他集合了一百多人的队伍，准备投奔自立为假楚王的景驹，但在留这个地方，与刘邦不期而遇。张良在十几年等待的过程中，认真研究《太公兵法》，已经很有心得，这当然都是为了反秦做准备的。但是，与他人解说兵法，常让张良有对牛弹琴之感，而与刘邦谈起，刘邦却一点即通，并每每采用他的建议。张良不是领袖，但他需要领袖，因为只有在真正的领袖这里，他的智谋才能发挥出来，于是他放弃原来投奔景驹的计划，决定追随刘邦发展，因为“沛公殆天授”，他发现刘邦本身就是上天赐予的人物。张良看重的是刘邦的个人才能，完全忽略了刘邦的平民出身问题，或者此时的张良的头脑中已经不再有出身观念了？

但是，张良与刘邦的合作并没有持续太久，恢复韩国的念头显然战胜了对刘邦的追随。张良传记载如下：

> 及沛公之薛，见项梁。项梁立楚怀王。良乃说项梁曰：“君已立楚后，而韩诸公子横阳君成贤，可立为王，益树党。”项梁使良求韩成，立以为韩王。以良为韩申徒，与韩王将千余人西略韩地，得数城，秦辄复取之，往来为游兵颍川。

项羽的叔叔项梁，在秦末战乱中，一度成为事实上的领袖，而复兴六国，一方面符合六国之后的期望，一方面有利于瓦解秦朝的力量。于是张良乘机提出恢复韩国、韩成担任韩王的建议。这个建议获得项梁的支持，而张良成为实施复韩计划的执行人。这符合张良的夙愿，他找到了韩成，自己成为韩成的司徒。此事的发生，根据《史记·秦楚之际月表》，大约是在公元前208年六月。《通鉴》记载此事，也是这个时间点。

韩国恢复了，但发展极其不顺。虽然获得韩地几城，但很快就被秦朝的军队夺回，致使张良不得不跟着韩王成一起打游击，这就是所谓的“往来为游兵颍川”。旧日韩王的传人回到了韩地，当时的人民自然还应该记得韩国，然而，张良盼望的一呼百应的局面从来没有发生。显然韩国民众对于韩王归来，并不是大旱之望云霓，他们依然扮演着真正的群众角色，看着韩王的军队与秦朝的军队往来战斗，他们无动于衷，冷漠地对待这些逐鹿的政治人物。

韩国的政治名号恢复了，但是真正地恢复对韩国故地的统治，彻底失败。张良的复韩理想和热情，与韩国普通人的冷若冰霜，对比太过鲜明。这个冰冷的现实，对于张良的内心产生怎样的影响，史书没有交代，但我们观察此后张良的复韩理想之火，确实逐渐熄灭。

张良在韩国故地遭遇的尴尬，直到一年以后刘邦到来才算获得解脱。公元前 207 年夏四月，刘邦的军队攻下颍川，张良充当向导，刘邦军队在韩国故地攻城略地。后来，刘邦让韩王留守阳翟，让张良跟自己经略南阳。从此，我们熟悉的张良回来了，奇谋屡出，刘邦的帝王事业，快速向前推进。

但是，张良与韩国的关系，始终时隐时现。在很多人的心目中，张良依然是韩国人。秦灭亡之后，项羽分封天下，刘邦被封汉中，而张良却要回归韩国。张良传有如此文字：

> 汉元年正月，沛公为汉王，王巴蜀。汉王赐良金百溢，珠二斗，良具以献项伯。汉王亦因令良厚遗项伯，使请汉中地。项王乃许之，遂得汉中地。汉王之国，良送至褒中，遣良归韩。良因说汉王曰："王何不烧绝所过栈道，示天下无还心，以固项王意。"乃使良还。行，烧绝栈道。

张良与项伯是老关系，在陈胜起事之前，两人因为都是秦朝的罪犯而结下深厚的友谊。利用跟项伯的关系，张良让刘邦在鸿门宴上逃脱，如今还是项伯的关系，刘邦获得汉中封地。但是，张良却不能继续跟随刘邦，从《史记》的这段文字看，张良跟随刘邦一直属于"借调"的临时状态。

如今天下已定，君臣各领名分，而张良是要回到韩王身边的。当然，张良还在为刘邦认真打算，“火烧栈道”的缓兵之计又出自张良，这为后来刘邦暗度陈仓，出其不意攻击项羽打下基础。

张良虽然身在韩国，但一直心系汉王。而项羽对于张良追随汉王的经历显然十分警惕，最终韩王成也受到张良的牵连，项羽不让他返回韩国故地，而是跟在自己的身边。当田荣举起反抗项羽的旗帜之后，韩王不仅不能归国，反而被降为侯，最后还是被项羽杀掉。韩王成到底是怎样的一个人，史书记载实在太少。现在看来，从始至终，他不过是张良复国梦想的一个道具而已。他的成是因为张良的推荐，他的死也是受到张良的牵连。从反方向看，张良似乎对韩王成始终都抱有责任，那也是他的故国情怀所展现的方式。

项羽杀韩王成，让张良再也不必心系故国了。他再次逃亡，当然是去找汉王刘邦。张良受到怎样的欢迎是可想而知的，从此以后他心无旁骛，一心帮助刘邦打败项羽。楚汉之争历史的展开，张良担任了最称职的谋臣。项羽怎样推动了张良回归刘邦，至死恐怕都不明白。张良最后的一丝韩国情结被项羽斩断，张良这位末代贵族，全力以赴拥抱一个新的时代。

张良这位曾经强烈坚持恢复六国的贵族公子，现在成了平民汉王的最得力谋臣。不仅如此，他在刘邦企图恢复六国的时候，果断反对，最终让这一计划化为泡影。公元前203年，楚汉荥阳对峙中，刘邦渐渐支持不住。另一谋臣郦食其提出重新分封六国之后的办法，他说：“昔汤伐桀，封其后于杞。武王伐纣，封其后于宋。今秦失德弃义，侵伐诸侯社稷，灭六国之后，使无立锥之地。陛下诚能复立六国后世，毕已受印，此其君臣百姓必皆戴陛下之德，莫不乡风慕义，愿为臣妾。德义已行，陛下南乡称霸，楚必敛衽而朝。”在郦食其的理论中，六国依然能够代表天下，六国之后拥戴汉王，天下就会拥戴汉王，因此项羽就会屈服。刘邦还真的相信了，立刻决定“刻印”，积极推进。

就在这关键时刻，张良来见刘邦。刘邦告诉他如此这般的计划，征求张良的意见。张良说：这是谁出的主意，大王的大事完了。然后，张良一条一条为刘邦分析，为什么郦食其的计划有问题。从多方面分析，刘邦目前的状况是与商汤不同的，如果分封六国之后，不仅不能获得天下，反而会瓦解现有的力量，因为现有追随汉王的人一定会有人转去追随六国之后。“且天下游士离其亲戚，弃坟墓，去故旧，从陛下游者，徒欲日夜望咫尺之地。今复六国，立韩、魏、燕、赵、齐、楚之后，天下游士各归事其主，从其亲戚，反其故旧坟墓，陛下与谁取天下乎？其不可八矣。且夫楚唯无强，六国立者复桡而从之，陛下焉得而臣之？”张良结论所以成立：“诚用客之谋，陛下事去矣。”刘邦立刻撤销了前一决定。关键时刻，张良制止了刘邦一项错误政策的出台，避免了刘邦的战略失误。

《史记·留侯世家》对此事的叙述，使用了大段文字，证明张良此事对于刘邦事业的重要性。但是，我们更应该看到的是，张良的思想在此事中显现出的巨大转变。一个曾经全力以赴要恢复六国事业的张良，情愿冒着巨大的危险去刺杀秦始皇，证明他的信念无比坚定。但是，仅仅几年的时间，张良的立场发生根本转变，从一个一心恢复六国体制的人，到坚决反对的人。他的反对意见，确实对汉王刘邦的事业有利，然而恢复六国，不是他坚决反秦的原始初衷吗？一定是谋略家的大势观察，几年的教训体会，让他懂得六国的湮灭是注定无法恢复的，社会人心对于六国并没有希望的那种盼望。

张良立场的转变，就这样代表了一个时代的转变。新时代的逐鹿战争，完全不顾及曾经的贵族，六国之后昙花一现，再也承担不了历史的要角。新的时代来临了，王侯将相无定向，英雄不必问出处。

楚汉战争胜利之后，刘邦一度安排张良辅佐韩王信，但并没有成行。

韩王信后来也成了汉朝的罪人。此事对于张良而言，连一个历史注释都是多余的。张良不期然参与了一个时代的巨变，并且成为这个巨变的推动者之一。不，更确切地说，张良经历了一个时代巨变，曾经的不期而遇，后来变得更积极主动。历史人物，常常如此这般。

中国曾经有过一个贵族时代，夏商周都可以作如是观。贵族掌控着社会，拥有经济、政治、教育和军事等特权。经过春秋战国五百五十年的历史运动，最终中国走入了一个新的时代。平民的社会，士大夫政治以及中央集权，凡此等等都明显不同于此前的贵族时代。陈胜可以称王，刘邦能够称帝，这些都属于历史新现象，在这些政治现象的背后，是更深层的历史运动与变迁。

秦朝是走出贵族时代最重要的时期，但是秦朝还披着贵族时代的最后一层薄纱，秦朝的皇帝毕竟是从秦国君主发展而来，王室还流着“高贵”血统。秦末战争，是贵族时代的最后一次回光返照，从战争烽火中走出来的刘邦，最后即位成了第一代平民皇帝。在刘邦身边，是一群布衣将相，但也有张良这样的传统贵族。与一群屠狗贩卒的将相比较，张良的历史选择及其转变是十分显著的，也更具有象征意义。一个以复兴韩国为己任的韩国公子，终于走上了辅佐平民君王的政治道路，最生动地体现了时代的巨变。

公孙弘：从猪倌到丞相

出身豪门，父祖皆是达官贵人，这样背景的人在官场春风得意、平步青云，是很容易理解的。无论怎样强调自己的努力与才干，别人内心的评价依然不服气。这样的事情，这样的心理，是中国的老情调。但是，偏偏就有没有任何门第可炫耀、父祖都是无名百姓的人，忽然在历史的地平线上崛起，给你讲述另外一种风格的中国故事。

今天要说的是公孙弘，汉武帝时代，属于第一名的平民宰相。

公孙弘年轻的时候，也曾在政府当差，虽然只是跑跑腿、传传话，可出了衙门大院，也算是个人物。咱们汉朝的高祖，当初不是也一样？可是，公孙弘在官衙没混多久，就被派遣回家了，是什么错误，是谁的错误，《汉书》一笔带过，肯定是弄不清楚了。那以后，公孙弘的人生彻底落入谷底，每天与他为伍的你知道是什么吗？是一群猪。因为公孙弘只能靠放猪养活自己。公孙弘的家乡在齐地淄川国的薛县，一个临海的地方。每天，他把一群猪赶到海边，然后一整天面朝大海，目瞪口呆。猪倌，是乡村的一种职业，虽然家家户户都需要猪倌帮忙，因为猪倌属于大家共同的雇工，所以地位、收入都低。

公孙弘每天放猪，来来回回，一抬头，自己都四十岁了。按照孔子的说法，公孙弘已经进入不惑之年，可是他忽然困惑起来了。难道，这群猪自己要放一辈子吗？不，绝不，他决心改变自己的人生。也不知道这么多年都在想什么，已是中年的他忽然要读书学习了。说干就干，不能再耽搁了。他投奔了齐地著名儒学大师胡毋生，然后就埋下头去，绝对认真地读起书来。当公孙弘从书中抬起头，眨眨眼看看周边的世界，那已经是二十年以后的事。六十岁，公孙弘研读"春秋学"，终于有眉目了。但是，即使到了今天，这也是一个该考虑退休的年龄了。

谁会想到，公孙弘这位老人，恰好赶上了国家"血气方刚"之时，于是他的命运开始发生逆转。汉武帝刘彻即皇帝位，那是公元前 140 年。汉初运行几代的功臣政治，终于难以为继了，汉武帝要建立新的人才选拔机制，面向全国，招揽人才。这年十月，汉武帝下诏要求地方诸侯国和郡县举荐"贤良方正直言极谏之士"，选拔德才兼备、品学兼优之人才输送到朝廷。菑川国的领导们，选来选去，最后公孙弘胜出。不知道是因为公孙弘的学识赢得了更多的赞扬，还是他的好学精神感动了大家，反正六十岁的公孙弘被选中，他的人生忽然大放光芒。

到了长安，公孙弘通过了一系列测试，顺利成为经学博士官。朝廷不仅需要公孙弘的学识，还盼望他能够在更广阔的行政领域发挥才干。一项特殊使命派给他，让他出使匈奴。汉武帝的对匈政策，从后来的情形看，早就成竹在胸，但什么时候开启战端，还要等待机会。不知道从匈奴归来的公孙弘是怎样汇报的，显然与武帝的想法格格不入。阅读报告之后，汉武帝龙颜大怒，甚至说出公孙弘徒有其名、难当大任的话。长安是首都，各种谣言高速流传，而公孙弘也感觉苗头不对。好在他年纪大，有很恰当的托词，立刻向朝廷报告：自己年老多病，希望告老还乡。这一主动姿态，让他没有遭受更大的难堪。满怀复杂情绪，公孙弘回到家乡。谁都看得出来，公孙弘的政治生命已经画上了句号。

六年之后是汉武帝的元光元年（前 134 年），汉武帝的朝廷正式在全国推行察举制度，要求各个郡国各举“孝廉”一人。又过了四年，公元前 130 年，察举制要求各地推举贤良文学一人。菑川国领导必须完成朝廷的任务，于是又想到了公孙弘。这一年，公孙弘恰好七十岁，家里一贫如洗，连件像样的衣服都没有。公孙弘告诉长官，上次失败而归，朝廷应该有记录，实在应该推荐别人。可是长官不许，非他不可。地方要完成任务，否则会受惩罚。一位姓邹的老乡送给公孙弘一套衣装，他这才能够踏上长安路。

这一次，公孙弘应该是不抱有太大希望的。全国一百多名贤良文学代表，公孙弘是最老的一位，而且太常寺的官员们竟然还真的认出了他。在厚厚的一叠报告中，公孙弘的被放在最下面。皇帝没耐心或许根本就看不到他，这样就不必再引皇帝烦心了。官员们这么做也是替皇帝着想。谁能想到，如今皇帝思才若渴，所有的报告都仔仔细细地看了一遍，包括最后一篇公孙弘的。令太常寺官员没有想到的是，皇帝还真的不高兴了。因为，皇帝认为公孙弘文章写得最好，可为什么排名最后？皇帝更改排名，公孙弘名次升为第一，并且立刻召见。

看着公孙弘的文章，听着公孙弘的言谈，在汉武帝眼中，这位七十岁的老先生一点都不显老，精神矍铄，满腹经纶，真是自己治国的上佳人选。公孙弘于是第二次被任命为经学博士官。公孙弘好学笃行，孝养闻名。对于汉武帝而言，他最需要的是把自己的制度改革、政策推行冠以响亮的名号，加以恰当的理论说明，既能很容易地说服大众，也不让那些识文断字的人找到缺陷。这些，用后人的概括就是内法外儒，王霸道杂之。公孙弘正是汉武帝的急需人才。十年前公孙弘的长安失败，是因为没有摸到皇帝的政治脉搏，急于发言，反而耽误了前途。这一次，公孙弘接受教训，谨言慎行，一切按照皇帝的思路，再把所学努力用上。

公孙弘大得皇帝的信用，任博士之官不久以后，又被任命为左内史，再过几年，当他七十六岁的时候（前 124 年），他被皇帝任命为丞相，并特别册封了平津侯。公孙弘是西汉开国以来第一个布衣丞相。以前的丞相，都是功臣及其子弟，在拜相之前就已经获得了侯爵。公孙弘是平民出身，即使有一定的民爵，也绝不会有侯爵这么高的爵位。拜相封侯，即先拜相再封侯，这个前所未有的特例，就这样由公孙弘开立起来，成为后来很多平民丞相的登峰之路。

众所周知，汉武帝时期正是推行“独尊儒术”的时代，这在汉代甚至中国古代历史中都具有特别重要的意义。儒家学说上升为国家的意识形态，由此开端，成为中国常态。公孙弘这为猪倌出身的丞相，正逢中国的大时代，于是奏出了一段夕阳无限好的人生乐章。司马迁说：“公孙弘行义虽修，然亦遇时。”公孙弘之后，这类故事的主人公还有卜式、倪宽、主父偃等等，人才辈出与一个大时代，就这样相互辉映，卓然生趣。

读书改变命运，公孙弘应该是这方面励志的典型。

但是，这样的说法，可能会遭遇批评。这不就是十分腐朽的“读书做官论”吗？做官，参与国家管理，在古代或者中古时期，都不是平民可以想望的事。全世界，最普遍的社会是贵族社会，在那里，贵族就是政治的垄断者，不是贵族出身而为国家官员者，无从想象。近代以前，在这个叫做地球的小行星上，每日上演的戏码是这样的：政治是贵族们的家事，与平民无关。

只有中国走上了特殊道路。春秋战国时期，中国的历史变革解除了贵族作为一个社会阶层的存在，平民出身的人可以做官，甚至可以当皇帝。于是，一部二十四史所记的历史场面，到处都在发生着公孙弘们的故事。

一个时代有一个时代的梦想，在那个时代，这就是典型的中国的故事。

第三章

大唐风采

暴动是怎样开始的？

隋炀帝大业七年（611 年），河北漳南县发生严重的自然灾害，洪水毁灭了家园，很多人死了，很多房子毁了。哀鸿遍野，遍地狼藉。农民孙安祖跟很多人一样，他家的房子被大水冲走，他的妻子也在洪水中丧命。今后的日子怎么过？老天为什么不长眼睛？他内心深处的哀苦是可想而知的。

然而，祸不单行，更倒霉的是，政府点兵又点到了孙安祖的头上。隋朝跟后来的唐朝都是实行府兵制，士兵平时可以不纳税，但是出征的时候要自备一些装备。记得《木兰辞》吗？木兰代父出征之前，就要“东市买骏马，西市买鞍鞯，南市买辔头，北市买长鞭”。而这些，显然是需要一定的钱财的。然而，孙安祖刚刚遭遇灭顶之灾，哪里有能力置办这些？而一般情况下，政府是应该照顾灾民的，即使不能给予救助，至少不要再雪上加霜。

孙祖安觉得自己太冤枉，按理自己的这次征兵也应该被免除。或许政府不了解情况？于是他到彰南县去找领导，申诉自己的困难。但是，谁也没有想到，县令没有取消他的兵额，甚至没有安慰他，反而派人赏他一顿毒打。

农民在强大的政府统治之下，即使受苦受难，又能如何？一般都是自我忍受，不怨天不怨人，就怨自己命运不好。谁让咱不是生在帝王家呢？多数人，面对政府的残暴，会绝对忍受，最多自我了断。大水冲垮了家园，家人丧命，都忍了。天灾啊，谁有办法？政府点兵呢，也算自己倒霉。也可能申诉，但如果人家不理，态度不好，也就忍了，谁让咱倒霉呢？仗理顶撞长官两句，可能挨一顿暴打。咳，还是自己倒霉。打就打了吧，继续忍耐下去吧。谁让咱是农民呢？如果农民不受冤，还让皇帝、官员受冤吗？

但是，孙安祖不是这样一味受气的农民，或许他立刻产生了拼死的念头，或许他想与其被打死，不如还击逃跑。反正，孙安祖反击了，他没有被人打死，而是打死了县令。对于倒霉的人即使不能给予一点同情，起码不要火上浇油，否则就完全可能引发所有的报应。漳南县令一定是打人习惯了，终于遭遇报应，一命呜呼。

平日里威风八面的县衙喽啰，欺负百姓最为拿手，真看到孙安祖这样敢于杀县令的人，反倒没有人上前捉拿了。说不定有人还暗地为孙安祖叫好。总之，孙安祖杀县令成功，并从容离开县衙。

今后怎么办？何去何从？孙安祖没有了主意，就来找朋友商量。他的朋友是窦建德，平时仗义乡里，肯为朋友两肋插刀。哪里还有活路可走？只有造反了。窦建德联络一些跟孙安祖情况相似的人，一下子就集合了几百人。去高鸡泊吧，那里地形复杂，政府军队很难到达。于是，孙安祖就这样上了梁山，成了隋朝末年造反队伍中的一支小分队。

至于窦建德，后来也被逼参加了造反，并领导着河北最重要的反隋力量。

孙安祖肯定不是一开始就存心造反的，他本来以为政府是能够理解他的委屈的。然而，后来发生的事情，已经超出了他能控制的范围，包括他竟然有一条拼死的心理底线。拼得一死，肯定不是多数人的选择。

然而，有一个人如此，可能就造成了突破口，千百人立刻跟进。是火山，是洪水，千万人一哄而起，足以毁灭一切，何况区区的一个朝廷？

历史，由此开始了另外一番风景。

隋朝各地的官员，如果不像彰南县县令这样，很多农民起义一定不会发生。然而，历史的事实是，很多彰南县的县令们，他们的暴力习惯共同促成了孙安祖们起兵造反。

认真培养民众造反，是所有亡国的统治集团的共同努力方向。他们就如同未来王朝派来的时空战士，特别的任务就是毁灭前一个王朝。

几年以后，唐朝在隋朝的废墟上迅速建立起来。统治集团内部，一方面使劲批判隋朝的殃民政策；另一方面肯定在暗暗感谢隋炀帝和他的各级官员们。

晋阳：梦开始的地方

唐朝的皇帝与以往任何时代的皇帝都不一样，他们有一个特殊的称号——天可汗。唐朝的皇帝有许多印玺，其中一方是“天可汗之印”，专门给外国致信的时候行用。

所有的唐朝的皇帝，却不包括唐高祖李渊。

而整个唐朝的梦，却是从李渊开始的。

在隋朝末年的反隋势力中，李渊是原来职务最高、爵位最高、跟皇帝血缘关系最亲近的人。在当时，没有人知道唐朝会成为隋朝的继任者，更没有人想到，李渊会起兵造反。

李渊的母亲和隋炀帝的母亲是亲姐妹。李渊父母去世早，李渊受到了隋炀帝母亲独孤皇后的多方照顾。李渊很早就继承了父亲的爵位唐国公，他的仕途成长，受到了隋文帝和皇后的提携。隋炀帝和李渊，可能有共同成长的经历，两人关系可以说很密切。经常谈笑，常有往来。

因此，李渊起兵造反，几乎所有的人都大感意外。

究竟是什么原因促成李渊走上造反之路？是李渊与生俱来的帝王命运，是流传甚广的李氏代杨的传说，还是身边人士的拼命鼓动？

时间，指向太原的公元617年。

隋朝，在把一个分裂了几百年的中国重新统一起来之后，在更上一层楼的时候，显然已经力不从心。强大的隋朝，如今已经变成不堪回首的残梦，一天一天地破碎。

公元617年的中国，是隋朝土崩瓦解的前夜，山河破碎，遍地烽火。

历史又来到一个路口，谁会被历史重新选中？

梦想与现实——李渊其人

公元617年，李渊被朝廷派往太原，担任太原留守一职。这是当地最高军政长官，他成为地方实力派人物。然而，让李渊暗自高兴的并不是实际权力，而是冥冥之中的一种感觉。太原，是古代传说时代唐尧的领地，据说尧就是从这里开始经营天下的。无独有偶，李渊从父亲那里继承来的爵位就是唐国公。唐国公来到唐尧的旧日领地，这不是天命的有所暗示吗？

很久以前，就有人给李渊算过命，说他骨相富贵，要好自珍重。据说，从那以后，李渊心中就自负起来，一种梦想开始生根发芽。

李渊来到太原，旧日的梦想忽然醒来，有一种冲动，像波浪一样敲击着他的心灵。

就凭着这样的梦想，李渊就会起兵造反吗？当然不是。

大业九年，就在隋炀帝御驾亲征高句丽的时候，礼部尚书杨玄感起兵造反。事发之前，李渊发觉杨玄感的亲人纷纷以种种借口从前线返回，觉得十分可疑，立刻报告给前线的皇帝。不久，杨玄感果然起兵造反。隋炀帝感谢李渊的忠诚，一方面从前线派回主力部队；另一方面命令李渊统率军队镇守弘化郡，兼知关右诸军事。这是一个重要职务，从北面保护长安。不仅如此，从此以后，李渊开始领兵。

杨玄感叛乱，是有人响应的。从李渊的表现来看，他还是忠诚可嘉的。但是，有一件后来透露出的事情，证明问题并不简单。

窦抗，是李渊夫人的堂兄，跟李渊关系密切。杨玄感造反的时候，窦抗就出来劝李渊乘机而起，夺取天下。李渊的回答是“无为祸始，何言之妄也”（不要惹祸乱说话）。从当时的法律讲，窦抗的建议是谋反的确证，李渊应该告发才对，但是，李渊虽然没有听从窦抗的建议，却也没有去告发窦抗。

李渊当时的内心，到底想的是什么？

不是没有野心，而是时机不成熟。

如今，李渊来到太原。他是朝廷势力的代表，他率领他的军队到处镇压暴动，他甚至有连射70箭连毙70人的记录，乌合之众的农民暴动队伍因此溃不成军。

那么他的理想呢？他的野心与梦想是否已经混合起来，甚至已经涌动起来了呢？他真的开始为梦想而努力了吗？

看他干劲十足的样子，没有人会怀疑他。事实上，他也没有什么雄伟计划。对于眼前的这些叛乱和入侵，他必须尽快加以解决，否则，那才是麻烦。

然而，一个偶然事件改变了一切。

历史的戏剧性由此展示出来。

原本就是一场误会，陡然之间历史路径发生改变。

北方的突厥来进犯，李渊派兵前往北部的马邑郡，跟当地的太守王恭仁配合，联合阻击突厥。李渊派出的军队由高君雅带领。但是，这次作战以隋朝失败，突厥胜利告终。

究竟有多大的伤亡，没有具体记录。究竟突厥取得了多了不起的胜利，也没有记录。历史学家们把注意力都放在了别处：隋朝对于这次战败的处理。正是这一点引发了历史的多米诺骨牌。

战役失败，要有人承担责任，这本来也是天经地义的。隋炀帝的朝廷如此处置，也没有什么不妥。为了避免更多的失败，或者为了督促将军们认真负责，给责任人一些处分当然是有必要的。不仅如此，法律上也应该有相应的规定，因为同时对于立功者的奖赏也是有规定的。

到底给了李渊什么处分呢？

当我们要认真追究这件事的时候，我们发现，历史留下的记载依然模糊不清。

《新唐书》的《高祖本纪》："炀帝遣使者执高祖诣江都，高祖大惧。"

《资治通鉴》："帝以渊与王恭仁不能御寇，遣使者执诣江都，渊大惧。"

《大唐创业起居注》：隋炀帝派使者前来，"系帝而斩恭仁"。

虽然记载不一致，但基本情况我们还是可以了解的。作为战争失败的责任人，李渊必须接受朝廷的处分。究竟最后是什么处分，还不能确定，要到江都去听从皇帝的发落。现在的情况是李渊失去了人身自由，等待皇帝的进一步处理。

这里，最关键的是对皇帝的进一步处理如何判断。然后，根据这些判断做出自己的反应。

李渊是怎么判断的？他根据什么来判断呢？

朝廷的政策取决于皇帝，对于李渊的政策取决于李渊和皇帝的关系。外界都知道，李渊跟当今皇上是表兄弟，他们的母亲是亲姐俩，他们的外公是同一个人，就是北周的独孤信。李渊的母亲是独孤信的第四女，而隋炀帝的母亲是独孤信的第七女。

根据历史记载，李渊从小就变成孤儿，母亲父亲去世都很早。七岁的时候李渊就继承父亲的爵位，说明那个时候父亲已经去世。他的母亲似乎去世更早些。李渊成为孤儿以后，他的亲姨娘独孤皇后很关照他，隋文帝杨坚也对李渊很好。皇帝皇后对李渊都很好，但是怎么个好法，我们无从得知。

隋炀帝比李渊小两岁。李渊七岁的时候，隋炀帝五岁。如果皇后姨娘经常让李渊进入皇宫的话，李渊跟隋炀帝小的时候就应该有往来。

与当今皇帝是表兄弟，在别人看来，一定是可以依靠的强硬关系，但是，很多迹象表明，李渊对于自己跟皇帝表弟的关系并不乐观。

有三件事，说明李渊很警惕皇帝表弟。

第一件事。李渊也好，隋炀帝也好，都是关陇集团的子弟，而这个集团的特长是武力打天下，所以内部十分崇尚武功。练武之人通常都喜欢宝马良驹，这是通病。李渊和隋炀帝都有这方面的爱好。有一次李渊得到一匹宝马，十分珍爱。大概这匹宝马很有名气，所以李渊的夫人窦氏就提醒李渊说：皇帝也爱宝马，你得了这匹宝马却不送给皇帝，皇帝会给你穿小鞋的。李渊太爱这匹宝马了，夫人虽然提醒了，他还是舍不得。然而，奇怪的事情确实发生了，李渊的官职长期不得迁升，他就一直想不通。那个时候，夫人已经去世，李渊有一天好像忽然开窍，不仅把宝马进献给隋炀帝，还到处为皇帝寻找宝马、鹰犬等。这些动作立刻见效，他被晋升为三品高官。隋唐时代，三品以上才是高官，号称贵，而四品、五品只能叫做通贵。李渊这时恍然大悟，自己不献马，皇帝就不给官。

第二件事。李渊这个人的形象，当然算命的人说是大富大贵了，《新唐书》还记载说李渊“体有三乳”，这肯定是当作异相来记载的，在今天看来就很奇怪。不过，据《隋唐嘉话》等记载，隋炀帝和李渊关系确实不错，隋炀帝经常开李渊的玩笑，“每朝谒退，炀帝皆有词谑”。情况看来是这样，皇帝经常拿表哥开玩笑，而表哥看来不敢还口。“后因赐宴，炀帝于众因戏神尧。神尧高颜面皱，帝目为阿婆面，神尧忿恚（huì）不乐。”两人的关系熟不熟？很熟。但是这个关系是个不平衡关系，李渊看来就是表弟开涮、解闷的对象。

第三件事。有一次朝廷开会，李渊因病未到。隋炀帝显然很关心李渊的动向，就追问。李渊的外甥在场，回答说：舅舅病了。也许他以为皇帝能够慰问舅舅的病情，却没有想到，隋炀帝的关心方式是那么奇怪：病了，会不会死啊？这种口气，让所有人大吃一惊，皇帝这分明是盼望李渊死啊。李渊听说以后更紧张，担心皇帝加害，就只好装出一副贪财好色的样子，以便让皇帝放心。

通过这些事情我们可以发现，李渊与隋炀帝，虽然是表兄弟，小的时候很可能一起玩过家家的游戏，但是李渊并不放心这种关系，他认为自己在皇帝心目中并不重要，因为自己可有可无，所以他更担心皇帝对自己大开杀戒。

那么，这次皇帝会如何处理自己呢？想到自己跟皇帝的关系，他担心皇帝会杀掉自己。而自己在太原被杀，悲剧色彩更浓厚。为什么？因为这是自己封国的原始故地。天下英雄一定会笑话自己的，“家破人亡，为英雄笑。”因为判断倾向于悲观，所以李渊决定，与其被皇帝处死，不如乘势而起，举兵造反，这样反而可能闯出一条活路，甚至可能获得更大的利益。

于是，李渊决定起兵造反。

造反是有巨大风险的。决定起兵，是李渊乾纲独断的结果吗？当然不是。李渊身边的人，也在推波助澜。

李渊身边的重要人物有三个人。

第一个人物是次子李世民。李世民是李渊造反的积极推动者。李世民当时20岁左右，除了是唐国公李渊的儿子以外，没有任何身份。父子同心，天下一理。能够替李渊设身处地考虑的人不会很多，李渊最信任的人当然要数李世民。李渊与李世民大约在几个问题上达成一致：第一，李氏当天下的传说可以利用。第二，皇帝下毒手的可能性很大，他们谈到一个人叫李金才（李浑），就是因为姓氏与流言相符就被诛杀。李渊也姓李，皇帝是否会利用这个机会杀掉李渊呢？可能性很大。第三，如果起兵，因为皇帝远在江都，关中空虚，机会难得。利害之间，显然起兵更有利。

第二个人物是裴寂。裴寂是李渊的老朋友，在太原身份也很特殊。隋炀帝在太原有一个离宫叫做晋阳宫，裴寂就是晋阳宫的负责人。裴寂年轻的时候家里比较穷，有一次经过华岳庙，曾经向神庙祈祷未来命运，结果梦见了一个白头翁告诉他：30 岁以后可以得志，位极人臣。从此以后心中就念念不忘。从他当时的官职来看，要想位极人臣，门也没有。那么，怎么才会富贵起来呢？后来李渊来到太原做留守，裴寂的野心苏醒了。李渊造反，他跟着，这不就是位极人臣的道路吗？于是，裴寂这个野心家成了积极推动李渊造反的重要人物。不知道是纪律性不强，还是处心积虑，裴寂在李渊起兵问题上确实发挥了重要作用。晋阳宫是专门为皇帝准备的，不仅物资极其丰富，而且还有很多美女。裴寂请李渊到晋阳宫饮酒作乐，竟然让宫女伺候李渊。事后，裴寂就有了劝李渊起兵的理由：唐国公啊，赶快起兵吧，否则这件事情让皇帝知道了，一定是死罪啊。

第三个人物是刘文静。刘文静是晋阳县的县令，是李渊属下。最重要的是，刘文静是造反领袖李密的亲戚，根据朝廷的指示，他被抓进监狱。刘文静跟李世民关系密切，有一次，李世民夜探刘文静，刘文静把天下大势认真地对李世民进行了分析，最后的结论是只要李渊起兵造反，三万兵马直入长安，天下必定是李氏的。刘文静要李渊造反，肯定有自己的考虑，因为他与李密的关系，决定了隋朝不能容忍他了。他也只有走上造反的道路，才能摆脱目前的困境和可怕的后果。

造反是机密大事，有了这几位谋士，还需要具体出力的人，比如领兵打仗，就需要将领。因缘际会，还真有这样的人聚集在李渊身边。史书一般称之为豪杰之士，其实站在隋朝的立场上，这些人就是一群违法乱纪的犯人。

是上天给予的安排，还是人间的风云际会？为什么在这一刻的太原，这些野心家和英雄，会阴错阳差地汇聚在一起？

在众多的偶然背后，是什么力量发挥了必然的作用？

当李渊分析完毕，当李渊布置妥当，当他的起兵已经进入倒计时的时候，忽然扬州来了使者，如鬼使神差一般，扬州的使者从天而降出现在太原。他带来了皇帝的最新命令，李渊被无罪释放，官复原职。

李渊的判断，现在证明是彻底错了。

那么，他在错误推论基础上的起兵决定呢？

接下去，应该怎么办？造反，是继续还是中止？

本来以为现有的位置不保，人也可能被皇帝杀掉。现在，一切都恢复了原状，造反的根据瞬间化为灰烬。那么，应该怎么办呢？这个问题一定让李渊坐卧不安。

已经拟订好了造反计划。按照当时的法律，有了造反计划，如同已经造反。对于李渊而言，造反，已经是射出去的箭。现在，还有办法收回吗？

核心成员反复商量，没有办法，只好将错就错，造反不得不继续下去。

历史在如此紧要关头，竟然表现得如此诡异。

为什么这么多的人，都会同时发生误判？为什么大家解决危机的办法都指向了同一个方向？对于皇帝和朝廷的不信任，为什么会导致人们想到造反？就算每个人都有自己的造反理由，那么换一种环境，大家都会如此轻易地选择造反吗？

历史的变化还是有章法的。虽然，大家对皇帝的具体命令都有误判，但是对于时局，所有的人都是正确的——那就是隋朝大势已去。只有 20 岁的李世民想到了取代隋朝；52 岁的李渊也想到了取代隋朝；刘文静希望用造反逆转自己的困境；而裴寂希望通过造反实现自己的富贵梦想。

后来的事实证明，李渊他们选择了正确的道路。而最终的正确原来根源于误判，历史的玄妙，就这样展现出来。

虽然决定将错就错，但时间不会那么紧张了。如果隋炀帝的使者晚来一些日子，或许李渊已经起兵。但是，这个使者来得非常及时，他不仅没有中止李渊的起兵计划，反而让李渊起兵变得更从容。起兵造反这样大的事情，仓皇起兵和从容起兵，一定会有不同的效果。如同担心李渊仓皇起兵会酿出危险一样，皇帝使者的及时到达，让李渊起兵的计划变得更加周密，安排得更加合理了。

后来的历史记载，都说李渊对于使者的出现十分感动。我们能够进行的事后推测，应该是使者让李渊的起兵计划押后了，但是成功的把握更大了。这是李渊晋阳起兵的第一个奇迹。奇迹如同天降，让李渊的阴谋变得更加顺利。

李渊晋阳起兵计划要顺利进行，需要多方面的条件配合。既然要从容周密，不是紧急应变，就需要详细安排，做到天衣无缝。李渊需要怎样的条件呢？第一，要有百姓的积极响应。第二，征兵要有一个合法理由。

有一天，江都忽然又来了一个使者，传达皇帝的最新命令。要求太原、西河、雁门、马邑等四郡百姓，男性 20 以上 50 以下，全数征为士兵，现在就准备好，年底的时候，到涿郡集合，攻打高句丽。

隋炀帝三征高句丽，臭名昭著，民怨沸腾。现在，隋炀帝再次下令攻打高句丽，根本不管人民死活。而且，在太原一带的征兵，竟然如此彻底，一家父子，竟然都可能被征。皇帝这不是疯了吗？于是，太原一带，人心动摇，因为与其到战场上去送死，不如自己寻找活路，人心开始思乱。

其实，隋炀帝根本没有下达过这样的征兵命令，这个命令是李渊让刘文静伪造的，为的就是为造反制造社会基础。老百姓都来反对朝廷，那么起兵的行动就会获得更多拥护。

有了社会基础，不一定有起兵的理由。按照当时的法律规定，擅自发兵是要严肃处理的。更重要的是，李渊身边，并不是所有的人都是李渊的亲信，都拥护李渊起兵造反。李渊的两个副官，王威、高君雅，就是皇帝的亲信，他们显然比李渊对朝廷更忠诚。所以，李渊必须很慎重、很小心地秘密起兵，但是造反必须征兵，而征兵这样的事情不可能秘密进行。按照法律规定，征兵必须经过朝廷批准，除非有特殊情况，比如遭到入侵或者附近发生叛乱行为，那样才可以一边立刻征兵，一边向朝廷报告。

李渊现在的问题是，没有征兵的正当理由。

正在这时，又有人前来帮忙。

马邑郡的一个军官叫刘武周，他杀了太守王仁恭，自称天子，起兵造反。他不仅占领马邑，而且跟突厥联合，南下进攻，攻占了隋炀帝的另一个离宫汾阳宫。刘武周把汾阳宫的物资运走，把宫中的美女献给突厥可汗。刘武周的南下，特别是占据了汾阳宫，为李渊征兵提供了合法的理据。于是，李渊以很着急的样子召开会议，他很沉痛地说：不能保护皇帝的离宫，我们罪过甚大，可是等报告皇帝再征兵，恐怕出现更严重的后果。你们大家看看，我们应该怎么办？王威赶紧说：当务之急，必须立刻征兵。皇帝让国公守护太原，如果出了问题，国公麻烦就大了，应该尽快征兵。

李渊一副赞同的样子：那么就开始征兵吧。

征兵的命令下达，老百姓参军十分踊跃，不到十天报名的人数就接近了一万人。知道为什么百姓踊跃吗？这跟前面提到的假传圣旨关系密切。为朝廷当兵打仗，通常情况下，参加这次，就可以避免下一次。制度规定，一个人不能连续出征，出征要轮流。现在，太原一带的成年男子，争相到李渊这里报到，为的就是避免年底的时候去高句丽作战。

看到征兵如此顺利，李渊心里十分高兴。李渊一边暗自派人到河东去通知长子李建成，让他尽快带着家人赶往太原，一边继续准备。

不过，他没有想到，一个针对他的阴谋，也在暗中进行。

晋祠阴谋

李渊征兵虽然进展顺利，但是也露出了一些马脚。军队是权力的基础，这是一个常识。王威、高君雅他们很快发现了问题。什么问题呢？他们发现，李渊招来的军队，没有交给现成的政府有关部门，因为李渊手下有兵曹等机构，就是负责管理军队的。李渊把军队交给了谁呢？交给了李世民、长孙顺德、刘弘基、窦琮这些人。这些人，除了李世民以外，都是朝廷的罪犯。他们的罪行，王威、高君雅是清楚的，只不过因为李渊的关系，他们不去追究而已。不追究也就罢了，现在这些罪犯竟然统兵在手，李渊到底要干什么呢？其实，即使李世民，他不过就是李渊的公子而已，没有任何正式的官员身份，他来领兵也是不合适的。

他们有了疑问，于是认真追查。大约在这个时候，他们发现了李渊的阴谋。于是，他们决定先发制人，首先干掉李渊。

他们计划在晋祠实施刺杀计划。按照李渊的日程安排，他例行要到晋祠主持一个祈雨仪式。王威他们的计划，就是利用这个机会，刺杀李渊。这个计划的细节，我们已经难知其详。当众刺杀？危险性太高。或许在休息室里，可以摆脱随从，从容下手。

安排刺杀当地最高军政长官，也一定很费周折。晋祠应该属于晋阳县的晋阳乡，乡长叫做刘世龙。王威等人的阴谋需要乡长配合，否则一定很难办。一个乡长，反正不会跟李渊有什么瓜葛，多给金银好处，就一定会为自己卖命。

李渊起兵的计划在顺利进行，王威等暗杀李渊的计划也在顺利进行。从所有的迹象看，对于王威他们的暗杀计划，李渊一点都没有发觉。王威等人暗自高兴，这一次，可要给皇上立一大功了。及时粉碎了一次巨大的谋反阴谋，这功劳对于任何政权都是重大的。

眼看距离李渊祈雨的日子越来越近，王威等人的胜利似乎近在咫尺。

没有几天了，王威、高君雅跟李渊关系依旧，见面打招呼，都在关心国家大事，心里面，都在打着自己的算盘。

一天早上，李渊召集例行会议。会议之前，也没有什么征兆，看李渊的表情，也没有什么异常。正在开会，刘文静领着一个人走进来，那人叫做刘会政，是一名军官。刘会政向李渊报告说，有紧急情况要向国公报告。李渊看看王威，让王威接下报告。王威刚想起身接报告，刘会政说：要告发的就是副留守王威。李渊还装作不信：到底是什么事啊？他打开报告看了几眼，然后回头对王威说，这份报告是揭发王威、高君雅暗自勾结突厥，准备攻打太原的。王威、高君雅这个时候才明白是怎么回事，高君雅高声大喊：造反的人要杀我们！李渊一副公事公办的样子，让人把王威、高君雅押入监狱，而全副武装走进来的正是刘弘基和长孙顺德。王威、高君雅被李渊先发制人了。

王威、高君雅的晋祠阴谋，是谁透露给李渊的呢？王威、高君雅大概到死都没有明白。告密的人，正是他们信任的人，就是那位谁都不太注意的乡长刘世龙。

刘世龙为什么在关键时刻站到了李渊一边呢？

有一天，裴寂领一个人来见李渊，此人就是刘世龙。一个乡长，跟李渊的关系，距离实在太远。大概因为刘世龙家是地方首富，所以跟裴寂有日常往来，但是他再有钱，跟一个地方的军政长官也是搭不上关系的。李渊面对突然来访，虽然知道了来者是个小人物，依然用待客之道认真接待，没有高高在上的官架子，也没有贵族的盛气凌人。其实，这是李渊的一贯作风，但是，在刘世龙心中，却有着不同凡响的感受。人家那么大的领导，能够如此对待一介小民，刘世龙心中顿时对李渊充满敬慕之情，他恨不得把心掏出来回报李渊。真没有想到，刘世龙竟然真有机会报答李渊。王威要刺杀李渊，不得不求助于地方乡长，于是刘世龙及时获得了晋祠阴谋的情报，并且及时向李渊作了汇报。

于是，李渊安排了上面那场戏，把王威、高君雅逮捕入狱。关键时刻，一个小人物拯救了李渊，甚至可以说拯救了尚未出生的唐朝。

李渊善待小人物的作风，获得了最高级别的回报。

仔细观察李渊的待人接物，是所有成功帝王的基本做法，一个最简单的道理，他们都特有人缘，受人爱戴。荀子当年就说过，善群者能王，应该就是这个意思。

借刀——除掉反对派

李渊逮捕了王威、高君雅，但是很多人都知道这两个人是皇帝的亲信，李渊虽然诬陷他们勾结突厥，但是那只是逮捕他们的借口，李渊无法用这个理由再去杀掉他们。按照一般的道理，他应该把这两个反对派押解回京送给皇帝，但李渊显然不能这么做。

正在李渊要杀反对派而苦于没有理由的时候，又有人出来主动帮忙。谁呢？北方的突厥人。他们的一队人马忽然杀向太原，李渊赶紧关闭太原城门，全力迎战。谁也不知道为什么这个时候突厥军队会出现。李渊一边指挥迎战，一边在内心里充满感激。感激谁呢？感激突厥军队的及时出现。

李渊不用再等待了，他召开大会，公开王威、高君雅的罪行。群情激愤，大家无不愤恨王威、高君雅竟然勾结突厥，进犯太原。王威、高君雅有口难辩，只能自认倒霉。

就这样，李渊顺理成章地杀掉了王威、高君雅。而突厥，骚扰一下，发现李渊有准备，就撤走了。身边再没有什么反对派了，李渊的起兵计划有条不紊地展开。很快，长子李建成带领全家从河东郡（蒲州）赶来，女婿柴绍从关中赶来。所有的担心都不存在了，现在应该正式起兵了吗？

不，一个新出现的问题如今成了李渊最大的困扰。

借力——联合突厥

突厥虽然来得及时，帮助李渊杀掉了王威等反对派，但是突厥本身就是另一个大问题。李渊计划是占领长安，但是如果突厥从背后包抄后路，李渊不等于腹背受敌吗？万一长安攻占不顺利，后方被突厥占据，李渊到哪里寻找安身之所呢？所以，要想保住太原这个后方大本营，李渊必须跟突厥搞好关系。

不仅如此，跟突厥搞好关系，获得突厥的支持，在军心上大有鼓舞，突厥会提供战马，这是当时最重要的战略物资。突厥的加盟，还会对敌人产生威慑作用。

与突厥的关系好坏，利害对比，简单而明确。

思考了几天，李渊给突厥始毕可汗写了一封彬彬有礼的信，希望与突厥合作，拯救天下，答应恢复隋文帝时期的政策，多给突厥以利益照顾。

送信的使者是刘文静。

很快，突厥始毕可汗就有了回信。可汗愿意合作，还主张李渊直接当天子。突厥始毕可汗说，他们很了解当朝的皇帝。

突厥支持李渊当皇帝，李渊原本的意图不也是当皇帝吗？应该说，这正中李渊下怀啊。然而，李渊忽然陷入犹豫不决之中，迟迟不能给突厥可汗明确的答复。

这是为什么呢？

经过史学家的考证，原来，突厥可汗在答应支持李渊当皇帝的同时，又提出一个重要条件，李渊必须先向突厥称臣。

李渊还未曾起兵，自己还没有当上皇帝，却要先向突厥称臣，李渊从心里就不愿意接受。

然而，如果不答应突厥的条件，等于跟突厥的联合也告破裂。李渊有破裂的本钱吗？其实没有。

李渊只能陷入严重的矛盾中，左右为难。

难题也考验着刚刚组建起来的政治团队。

用暂时的称臣，换取突厥的支持，这究竟是不是一笔合算的交易？多数人都认为合算，只有李渊沉默不语。

几乎所有的人都来劝说李渊接受这个条件。裴寂来了，刘文静来了，李世民来了，后加入的李建成也来劝父亲接受。

李渊还在犹豫。政治要算计，一定还有算不清的地方。自己未称帝前，先向别人称臣，究竟会有怎样的后果，可不可能成为将来的某种障碍呢？李渊应该想得更多，但李渊拿不出解决的办法。

时间等于机会，现在已经到了最佳的起兵时间。然而，李渊还在犹豫。

正在这时，发生了李渊预料不到的状况——兴国寺出了问题。兴国寺是新兵集合的指挥部，兴国寺代表着李渊的军事力量。忽然，李渊听到了最不愿意听到的消息，兴国寺里传出话：唐国公不听从突厥的建议，我们如何听从唐公的命令呢？

如果集合起来的军队不能够听从李渊调遣，那么李渊的所有本钱都丧失了。最后，李渊只好接受大家的意见，接受突厥的条件，首先向突厥称臣，然后谋求天下。

关键时刻，到底是谁促成此事呢？陈寅恪先生的考证，兴国寺兵马的背后，就是李世民。因为所有集合起来的兵马，都听从李世民指挥。

李渊再次向突厥派出使者，仍然是刘文静担此大任。

与此同时，总的战略也确定下来，内容大概如下：

第一，尊隋炀帝为太上皇，立隋炀帝的孙子代王为皇帝。

第二，废昏立明兴义兵之举，檄告郡县。

第三，制作红白两色旗帜，以示半隋半突厥。

方略

也许是因为从容和周密，李渊的所有战略、战术，几乎都没有出现过纰漏。一切都是天衣无缝。后来的胜利，跟李渊的基本战略也是密切相关的。

分析李渊的战略，两个方面十分重要。

第一，直取长安。

长安是隋朝的首都，是隋朝经营天下的大本营。但是，李渊起兵的时候，皇帝不在长安而是在扬州，皇帝的禁卫军也在扬州。相对而言，长安有些空虚。大业二年，封皇孙侗为越王，侑为代王。大业九年二月，炀帝命令刑部尚书卫文升等辅代王侑留守西京。一直到大业十年的十一月，炀帝才回到西京长安，但是仅仅在长安住了一个月又离开，前往东都洛阳，准备攻打高句丽。十二年七月，隋炀帝到达江都，再没有回到西京。

长安是首都，府库资源丰富，相对而言防守力量不强，有利于攻打。同时，因为是首都，对于天下人心的政治影响巨大，占领首都，有利于争取人心，夺取天下。

关中一方面是隋朝的中心所在，另一方面反隋的势力比较小。反隋的主力都集中在东方，隋朝的注意力也集中在东方。李渊悄悄取得长安，又可以从容安定后方，让东方反隋势力与隋朝相互损耗，最后李渊坐收渔人之利。

李渊的战略，让我们想到不久以前的一件往事。

大业九年，杨玄感起兵反隋，李密就建议他如果不能跟皇帝对决，就先攻取西京长安，但是杨玄感没有听从，这是杨玄感失败的重大决策失误。李渊起兵，不顾一切占领长安，应该是总结了杨玄感的失败教训，以及充分分析了天下大势后的战略。

李渊后来进兵长安的路上，收到李密来信，要跟李渊联合取天下。李渊要一心拿下长安，希望李密拖住东都洛阳的隋朝势力，于是十分谦卑和恭敬地给李密回信，愿意推李密为天下共主。李密看见李渊对自己的态度很谦恭，于是不再把李渊放在眼里，放心大胆地在洛阳一带对隋朝作战。后来事实证明，李密确实成了李渊在东方的一道防线。

第二，反皇帝不反隋朝。

李渊的第二项重大战略，是政治策略。他对隋炀帝提出批评，并且决定让皇帝退位，变成太上皇。这是符合很多人的心理的，大家认为天下如此之乱，是皇帝政策引起的。

与此同时，李渊宣布，不反对隋朝。

不反隋，可以避免隋朝的同情者的反击。反对皇上，又可以获得反隋力量的支持。在天下大乱的时刻，李渊希望在最初不要遇到太多的反对力量，更不要四面出击。他要走一条中间路线，希望获得左右逢源的效果。

他骨子里是不反隋吗？当然不是。所以，真正隋朝的拥护者还是与李渊为敌的，而造反者也会集聚在他的旗帜之下。

但是，他毕竟打着不反隋的大旗，这让骑墙派、观望者这些力量不会与他为敌。

不是一个政坛老手，谁会制订出如此老辣的策略来呢？

西河之役

李渊传檄之郡县，多来响应，只有西河郡不从命令。西河郡，在太原南方，是李渊南下的必经之路，郡治位于今天的山西汾阳。如果是其他地方，李渊还可以忍受，但是西河不得不强攻。

六月甲申，李渊派遣李建成、李世民统率军队前往进攻。这是李家军队第一次出征，象征意义十分重大。

第一次领兵的李建成和李世民表现卓越。他们与士卒同甘共苦，军纪严明，秋毫无犯。

西河郡丞高德儒，虽然是个军官，却只知道闭门拒守，结果很快被李家军攻陷。高德儒是一个很会讨好皇帝的人。两年前，大业十一年三月，高德儒还是皇帝身边的军官，叫做亲卫校尉。有一天，他跟几个人忽然看见两只孔雀落在朝堂前面，为了讨好皇帝，他们就向皇帝报告发现了鸾。鸾也是一种鸟，但不是一般的鸟，是代表吉祥的鸟，属于嘉祥。只有皇帝治理好天下，这种嘉祥的代表才会光临人间。两只孔雀很快飞走了，更多的人根本无从看到，但是既然是吉祥鸟，大家还是纷纷向皇帝报喜。隋炀帝认为高德儒诚恳忠诚，才会见到如此嘉祥。提拔了高德儒的官职，还赐给他物品，以及一大笔奖金。

高德儒很不幸，巴结皇帝，刚刚提升了官职，就被派到西河郡来当郡丞，结果遭遇了李渊起兵。他的忠诚被当作愚蠢。李建成兄弟两人很轻易地攻打下来西河郡，活捉了高德儒。李世民当面数落高德儒，说他就会用假话欺骗皇上换取高官。现在义兵发动，就是要收拾你们这样的小人。于是杀掉高德儒，凯旋而归。

西河战斗，往返只有九天，来去神速。李家军牛刀小试，马到成功。这不仅为李家军前往长安扫清了道路，更重要的是鼓舞了士气。对于两位领兵人，不管是李建成还是李世民，都获得了难得的初次经验。

誓师南下

公元617年7月，李渊在太原设坛誓师。太原起兵，经过半年的预备，终于正式宣布发动。

李渊宣布成立大将军府，自己是大将军，裴寂是长史，刘文静是司马。成立三军，中军自己统领，世子李建成为陇西公，为左领军大都督，左三统军隶属；李世民为敦煌公，为右领军大都督，右三统军隶属。晋阳起兵宣告完成，今后的岁月就是李家父子如何征服天下，建立李唐政权了。

宣布隋炀帝的多项罪状，表示自己要拯救隋朝，救民于水火。以人民的名义，李渊开始了自己当皇帝的伟大征程。

中国历史上的唐朝，正式迈开了脚步。

公元618年3月，扬州正是鲜花盛开的季节。在这个时刻，中国隋朝的皇帝隋炀帝却被自己的禁卫军谋杀了。历史上称这件事为“扬州事变”。扬州当时也称江都，所以也叫“江都事变”。

支撑隋朝破碎江山的最后一根支柱折断了。一声霹雳，来得很突然，来得也很及时。

反抗隋朝的军事势力，一夜之间变得忠诚起来。所有的阵营都在表示对于皇帝驾崩的悲哀，都在哭天抢地地发誓为皇帝报仇。

群雄割据的局面早已经形成，但是有资格问鼎皇帝宝座的力量都克制着，不去称帝，以防成为众矢之的。但是，隋炀帝的突然驾崩，成了冲击皇帝宝座的发令信号。大家争先恐后称王称帝，以期占据有利的位置，争取中原逐鹿的最后胜利。

河南的李密、洛阳的王世充、河北的窦建德、江南的萧铣、长安的李渊、山西的刘武周、兰州的薛举，还有受到隋炀帝禁卫军拥护的宇文化及……他们之中，到底谁会笑到最后？

江都事变的消息传到长安，作为隋炀帝的表哥，李渊十分悲伤。在长安，李渊为隋炀帝举办了隆重的葬礼。李渊还发表谈话，声称自己很难过。自己作为隋朝的臣子，不能及时拯救皇帝的性命，是有罪过的。说到伤心处，李渊涕泪涟涟。

但是，葬礼过后没有几天，李渊又举办了同样隆重的典礼：李渊登基典礼。他从此成为唐朝的第一任皇帝，他就是唐高祖。

李渊的富贵梦，带着更多人的盛唐之梦，一同走向前方。

唐朝的子孙，都要把自己享受的盛世，归功于唐高祖李渊。很多年以后，诗人张说写下这样的诗句：

> 赤精乱德，四海困穷。黄旗举义，三灵会同。
> 旱望春雨，云披大风。溥天来祭，高祖之功。

隋朝末年，起兵反隋的势力接踵而至，此起彼伏。然而，只有李渊的晋阳起兵酝酿时间最长，行动最谨慎。

晋阳，那是盛唐之梦开始的地方。盛唐，就在前方。

这一点，我们比当时的李渊更清楚。

文质彬彬说唐代

《论语·雍也篇》中子曰："质胜文则野，文胜质则史。文质彬彬，然后君子。"孔子论述君子的理想人格，表现在精神气质上就是文质彬彬。在孔子看来，一个人的精神气质，由"质"和"文"两个基本要素构成，质相当于质朴，文相当于文雅。质文双方，任何一方所占比重过高或过低，都会导致平衡丧失，出现"野"和"史"的两种极端。只有搭配得当，才是理想的文质彬彬。

这是观察个人精神气质的标准，可不可以用来衡量一个时代呢？

还是孔子，在《礼记·表记篇》中留下一段语录："虞夏之文，不胜其质。殷周之质，不胜其文。"显然，孔子也是在用文质概念观察一个时代。在孔子看来，夏朝是质胜文的时代，而殷周是文胜质的时代。清代刘逢禄在《论语述何》中，把夏商周三代用文质互代过程来描述，他说："殷革夏，救文以质，其敝也野。周革殷，救野以文，其敝也史。殷周之始，皆文质彬彬者也。"关于夏商周，究竟是史是野，不是这里要讨论的话题，我们关心的问题是可以用文质这一对概念概括一个时代。

唐朝是一个怎样的时代呢？在接触了许多唐代的具体故事之后，我以为唐朝的精神气质，正是不野不史的文质彬彬。有人归纳唐朝，认为是青春气象，但无法体现唐人的智慧和理性。比较起来，秦汉时期的中国，更像是青春勃发期，昂扬向上，但粗枝大叶，敢想敢干，不失野蛮。民间百姓，皆以复仇为秉性，一言不顺，拔刀相向；豪杰勇士，动辄发动群众围攻政府；酷吏执政，成百上千地滥杀无辜……一方面拓土开疆，一方面虐待百姓。秦汉政府也是青春期型的，勇往直前，蛮横无理，都可以看作是青春期的冲动、盲目和蛮干。

经过魏晋南北朝的政治分裂、社会动荡和民族融合，中国如同经过了初婚期的迷惘一样，对于幸福开始有了相对稳定的看法。在风格上有意识地远离野蛮，与此同时努力修习，滋润自己的精神。身体上在青壮年之间，不会争强好胜，但是绝不畏惧挑战。习惯用智慧解决问题，理性地看待社会、国家和一切重大课题。向历史汲取智慧，理智地对待一切，不急不躁，气质优雅，风度翩翩。既有将军三箭定天山的传奇，又有红叶传书的浪漫故事。智勇双全，侠骨柔情——这正是文质彬彬的唐朝。

唐朝过后，中国的体质似乎严重下降。聪明的人越来越多，朝廷上下充满美文式的算计。宋朝的殿堂，几乎是文学家的聚会，文章风流潇洒，可是政治总是阳刚不振。每到关键时刻，总会有很多大臣主张妥协，算来算去，最后放弃的总是一个国家应有的精神。拼死一搏的念头在宋朝永远居于下风，以至于“死亦为鬼雄”的豪言壮语只能出自女子之口。“恐辽症”比辽朝存在的时间还长。也曾出现岳飞、李纲这类昙花一现的英雄，但是当时的环境注定英雄的传奇要以悲剧结束。这也恐惧，那也恐惧，说到底就是怕死。这不就是垂垂老矣的症状吗？对内以文抑武，对外幻想以夏化夷。文胜质则史，最终只能如此。

孔子说：郁郁乎文哉吾从周。我说呢，文质彬彬我爱唐。

唐的文质彬彬，起源于唐太宗时代。高祖时一方面是武装斗争扫平天下，一方面是欣赏隋文帝，亦步亦趋。而从北周到隋朝，不仅统治者的最高层原本属于一个集团，武力应对天下的主流思维也从来没有放弃。隋朝的短命与秦朝的短命有异曲同工之处，都是过分迷信武力。这种习惯是唐太宗时代放弃的。唐太宗听从了魏征的建议，以德化民，行王道路线。贞观四年，唐朝灭亡东突厥，各项政策也开始见效，贞观之治的良好局面开始呈现。然而，贞观遗产，不仅仅是优异的治理天下的政绩，还有文质彬彬的时代精神。

唐太宗是一位武力打天下的皇帝，他一直很自豪，在创业帝王中，真正亲临战场的只有他自己和汉光武帝，而光武帝开始创业的时候，年龄整整比唐太宗大了十岁。年轻时的尚武习惯有利于唐太宗的军事活动，而当上皇帝以后，唐太宗成为最热衷读书的人，手不释卷，孜孜以求。他的家教有利于他的艺术追求，他对音乐很精通，于书法，他更有自己独特的心得。唐太宗清醒地认识到阅读对于治理天下的重要性，强调读书润身，他甚至时常后悔年轻时没有早点开始读书。《全唐诗》留下了一些唐太宗的诗歌，由此我们得知他的一些文学观察。“晚烟含树色，栖鸟杂流声”，在落日入西山的时候，他写下这样的诗句，可见他的观察细致入微。他也跟许多诗人一样，珍惜生命，悲悼秋天。根据历史的记载，唐太宗还写过宫体诗，可惜没有留下来，否则也会给我们提供认识唐太宗的又一个角度。然而，就是同一个人，在战场上率队冲锋，出生入死，身手矫健，反应敏捷。唐太宗是文武兼备的皇帝，他就是文质彬彬的代表。

唐太宗以纳谏闻名后世，理性行政在他的执政时期表现卓越。他减少死刑，取消肉刑，生命受到尊重。代州都督刘兰谋反被杀，将军丘行恭取死者的心肝来吃。唐太宗听说后，对丘行恭说：如果这样可以表达忠孝，那也应该让太子和诸王来吃，怎么会轮到你呢？法律有明确规定，你何至于如此呢？丘行恭的行为属于野蛮，太宗的指责针对的也是野蛮。即使是忠诚，也要有一个优雅的表达方式，这就是唐太宗的要求。县尉几乎是最小的官员，可是刘仁轨这个县尉竟然把当地的最高军事长官折冲都尉给杖杀了。虽然都尉在当地横行霸道，确实罪无可恕，但是县尉是没有权力杀人的。怒不可遏的唐太宗要亲眼看看这个敢于打死大官的县尉，但当他听到刘仁轨说，因为自己当众被辱所以才动用杖刑的时候，竟然宽恕了刘仁轨。士可杀不可辱，这是一种高贵的生命状态，唐太宗赞同并理解，所以宽恕了刘仁轨。受辱于上级，几乎是后代官场的家常便饭。后代难见刘仁轨，也难见唐太宗，因为后世信奉的是好死不如赖活。

唐代崇尚优雅，任何报告都需要文学式的书写，即使是军队的胜利捷报，也一定很文学。那是一个唯美主义的时代。当官要通过身、言、书、判的考试，四个项目一个共同的指标就是美。那些被记入国史的人们，如果相貌堂堂，声音优美，史官通常不会忘记写上一笔。官员们的业余生活多是诗词唱和，曲水流觞。成功的诗作，被谱曲传唱。唐代的天空，流动着唯美主义的风。看看敦煌莫高窟的壁画，就知道唐代的艺术成就，一些普通的边地画师，也能让后世叹为观止。更不要说唐代的书法了，其高度一直让后人仰视。

也许你会说唐太宗不世出，太特殊。但是，看看同时代的人物群像，你也得相信，文质彬彬是普遍的。李靖，是唐代唯一可以称得上军事家的人，就是他出征可以领兵打仗，入朝可以佐君治国。出将入相，几乎就是唐朝的特产。就是少数民族将领，同样温文尔雅。契苾何力来自北方的铁勒，是位忠诚与勇气俱佳的将军。梁仁孝负责蓬莱宫的建设，绿化树选择了白杨，一次他对契苾何力介绍，充满自豪，说这些树长得快，三五年之内就可以让蓬莱宫树荫凉爽。契苾何力没有正面回答，他只是吟诵了两句古诗："白杨多悲风，萧萧愁杀人。"这是《古诗十九首》里的诗句，契苾何力的意思是说白杨树属于古墓，不属于宫廷。梁仁孝立刻下令拔掉所有白杨，改栽梧桐。能够如此优雅地表达自己的意见，对于一个文官不是件困难的事，但契苾何力是位战场冲杀的猛将啊。这就是唐。

隋朝只有30多年，唐朝面对的历史遗产主要来自南朝和北朝。魏征在《隋书》的文学类传序中，专门总结了南朝与北朝文学的异同优劣：

> 江左宫商发越，贵于清绮，河朔词义贞刚，重乎气质。气质则理胜其词，清绮则文过其意。理深者便于时用，文华者宜于咏歌。此其南北词人得失之大较也。若能掇彼清音，简兹累句，各去所短，合其两长，则文质斌斌，尽善尽美矣。

魏征总结的南朝北朝文学，何尝不是南朝北朝的文化呢？相对而言，南朝的文化，正是文胜质而史，北朝文化正是质胜文而野。后来的唐诗，其实就是走上了魏征希望的路，而唐代的精神气质正是合长避短，文质彬彬。既洗净此前的粗犷野蛮，也没有生成后来的柔弱哀婉。

唐朝在中国的历史上，乃至东亚的历史上，都是经典时代。

玄武门之变惊心动魄的一幕

武德九年六月四日，清晨，一切看起来都跟平常一样。李建成和李元吉汇合之后，从东边走近玄武门。让李建成比较放心的是，玄武门这个最重要的地点，守卫的将军是自己的人。但是，他做梦也没有想到，玄武门屯守的将军，对于发生在眼前的战斗，要么抱着观望态度，要么跟随了李世民，唯独没有人肯为太子拼命。其中，当天在玄武门当值的常何，正是李世民从太子阵营争取过来的军官，而在这一天，起到了关键作用。

史书记载，李建成到达临湖殿的时候，发现情况异样，立刻拨马回撤，但是已经来不及了。李世民出现了，高声叫住李建成。我们不知道李世民说了什么话，在大战来临之际，显然李世民要从容得多。而李建成和李元吉此时发现情况不妙，李世民的伏兵出现了，他们全副武装，杀气腾腾。李元吉首先摘下弓箭，但是他太紧张了，虽然兄弟不容，势同水火，但是他们看来从没有预计过会有这样的场面。所以，李元吉的弓箭竟然再三不彀，就是拉不开弓，搭不上箭。还是李世民沉着，一箭射出，箭头穿过李建成的喉咙，李建成当场毙命。这一箭，李建成猝不及防，他愣在那里，只听得一声弦响，接着箭头穿透空气，带着风声，直奔自己而来。就在一瞬间，李建成听到自己喉骨的破裂之声。他的眼睛，应该一直盯着二弟李世民，这个自己的亲兄弟，这个自己的政治对手。在这一刻，他拉弓射箭，动作娴熟，潇洒而轻松。李建成到死都不明白，二弟的箭法，为什么这么高明。这是玄武门事变的第一箭，是由李世民亲自发出的，这第一箭就定了乾坤，解决了最主要的对头。

随着李世民的第一箭划破玄武门清晨浓重的空气，李世民的伏兵众箭齐发，李元吉中箭落马。李建成和李元吉虽然随从不多，但毕竟也有一小队，他们应该有所还击。双方的混战开始，于是出现以下的镜头。李世民的马受了惊，跑到丛林里，被挂到树上，一时间人马受困，不能起身。这不是李世民应有的动作。当他发出第一箭以后，自己也被这一箭吓呆了。大哥的眼睛，好像就没有眨过，一直圆睁睁地看着自己。他眼看着大哥喉咙上插着自己射出的那一箭，一声不响地从马上翻落，再就没有动弹过。

他知道，他的亲兄弟，让自己这一箭彻底送走了。他的内心一定不是滋味，心中方寸已乱，竟然忘记了控制坐骑。当他终于醒过来的时候，马已经被树枝绊住，自己也被困住不能动弹。更没有想到的是，他受困的地点，正好距离李元吉很近。李元吉看到这个情况，立刻奔来，他取了李世民的弓箭，准备用弓弦勒死李世民。双方展开搏斗，千钧一发之际，尉迟敬德一边大喊，一边飞马赶到。李元吉一看敌我悬殊，转身逃跑，他想跑回武德殿。尉迟敬德当然不会放过他，立即从他的背后开弓射箭。

这是玄武门事变的第二箭，也是非常重要的一箭。这一箭解决了李建成阵营的第二号人物。尉迟敬德和李元吉，是天下最擅长使用长矛的两个人，但是在最后决战时刻，竟然没有长矛，只有弓箭。当初，李元吉发誓要亲手杀掉尉迟敬德，他可能从来没有想到过会有今天这样的场面，这是李元吉人生的最后一个镜头。长箭带着风声，深深地穿进李元吉的身体，李元吉一头跌倒在地。

尉迟敬德是战场上的老手，他在一箭杀了李元吉之后，竟然知道从容取下李元吉的人头。当然，李建成的人头也被取下。李世民和他的伏兵一起，迅速进入玄武门。不久，东宫和齐王府的卫兵也赶到玄武门，开始攻打玄武门。这时，李世民的秦王府是没有设防的，所以当东宫的薛万彻高喊要去攻打秦王府的时候，守卫在玄武门上的将士非常紧张，因为那里太容易受到攻击了。这时，又是尉迟敬德，及时地把李建成和李元吉的人头高高举起，让他们手下的士兵知道首领已死，继续作战没有意义。于是攻打玄武门的军队开始溃散。

这就是玄武门之变的惊心动魄的场景。但是，至今为止，我们实际上没有交代玄武门之变的一个重要信息：以上这些活动都是在什么地方发生的？当然在玄武门附近。但是，是玄武门的外面还是里面呢？很多影视作品，都认为战斗发生在玄武门之内，李世民是在玄武门之内设伏的。

我认为，战斗是在玄武门之外发生的。首先，李建成他们并没有到达李世民理想的伏击地点，就觉察出了问题，于是拨马回头。李世民于是现身，高声叫住李建成。如果是在玄武门内，李建成就是发觉也没有回头的可能了，因为大门已经在他们的身后关闭了。其次，李元吉曾经想跑回武德殿，结合刚才的拨马动作，这也应该是玄武门外的事情。再次，一定有东宫和齐王府的人跑回去了，所以东宫和齐王府增援的人马很快到达。这也可以看作是事变发生在玄武门外的旁证。因为玄武门的守军在这个时候没有人站在李建成的一边，如果发生在玄武门之内，他们当然不会允许有人再从大门逃出。

玄武门之变与贞观之治

统治阶层内部的权力斗争与生俱来，历朝历代，史不绝书。因为李世民领导了一个贞观之治，所以他上台的背景尤其受到关注。在传统的史学家眼中，这是一个不幸事件，是贞观之治的一个阴影。

今天，我们不仅可以看到玄武门之变与贞观之治的不和谐，也要看到它们之间的密切联系。因为，不论是玄武门之变，还是贞观之治，主人公都是李世民。所谓密切相关就是考察玄武门之变对贞观之治是否存在正面影响。

首先，李世民很关心历史会如何记录自己。这可以看作是政治家常有的心态，当生前赢得巨大成功之后，就更为关注对自己的身后评价。历朝君主，都会成为后世评价、批评的对象，唐太宗读书勤奋，更喜欢谈古论今，他很清楚糟糕的君主在后世的心目中会变成什么形象，他当然更希望身后能获得高度评价而不是留下骂名。但是，即使他的现实统治确实很有成绩，他也改变不了玄武门之变对自己整体评价的影响。回头看，玄武门之变也成为历史，也成为他李世民历史的一部分，所以对他的评价很大程度上取决于人们如何看待玄武门之变，如何看待玄武门之变在他一生行事中的地位。

历史记录下李世民对于国史的关心。《贞观政要》卷七如此记录：

> 贞观十三年，褚遂良为谏议大夫，兼知起居注。太宗问曰："卿比知起居，书何等事？大抵于人君得观见否？朕欲见此注记者，将却观所为得失以自警戒耳！"遂良曰："今之起居，古之左右史，以记人君言行，善恶必书，庶几人主不为非法，不闻帝王躬自观史。"太宗曰："朕有不善，卿必记耶？"遂良曰："臣闻守道不如守官，臣职当载笔，何不书之。"黄门侍郎刘洎进曰："人君有过失，如日月之蚀，人皆见之。设令遂良不记，天下之人皆记之矣。"

唐太宗关心自己的未来形象，其心思跃然纸上。他其实是想看看这些史官是如何记载自己的，又不好直接破坏君王不观起居注的传统，他在拐弯抹角地试探褚遂良，看看褚遂良是否同意他观看起居注，而褚遂良显然谨守规矩，并直言唐太宗的不善也要记录。刘洎于是在一边替褚遂良打圆场，说君主的行为如同日月，所有人都能看到，即使史官不记录，天下人也是知道的。李世民虽然说看起居注是为了更好地汲取教训，但是史官就是不上当，不给看，就是不给看。

可是，这毕竟是君主制度的时代，皇帝要坚持，大臣真的可以阻拦到底吗？后来的事实证明，李世民还是看到了他想看到的。同一部书说，转年，到了贞观十四年的时候，李世民观看当代史书的愿望终于达成。其文记载如下：

> 贞观十四年，太宗谓房玄龄曰："朕每观前代史书，彰善瘅恶，足为将来规诫。不知自古当代国史，何因不令帝王亲见之？"对曰："国史既善恶必书，庶几人主不为非法。止应畏有忤旨，故不得见也。"太宗曰："朕意殊不同古人。今欲自看国史者，盖有善事，固

不须论；若有不善，亦欲以为鉴诫，使得自修改耳。卿可撰录进来。”玄龄等遂删略国史为编年体，撰高祖、太宗实录各二十卷，表上之。太宗见六月四日事，语多微文，乃谓玄龄曰：“昔周公诛管、蔡而周室安，季友鸩叔牙而鲁国宁，朕之所为，义同此类，盖所以安社稷，利万人耳。史官执笔，何烦有隐？宜即改削浮词，直书其事。”侍中魏征奏曰：“臣闻人主位居尊极，无所忌惮，唯有国史，用为惩恶劝善，书不以实，后嗣何观？陛下今遣史官正其辞，雅合至公之道。”

唐太宗要看当代史，理由跟头一年的一样。但是，他这次直接找宰相房玄龄，而不是脾气比较倔强的褚遂良。房玄龄解释了为什么不让君主观看国史，是因为担心君主看后会生气，一旦龙颜不悦，史官就不敢实事求是地记录了。唐太宗强调，自己要观国史，仅仅是为了汲取教训，而且不容房玄龄再解释就发了命令“卿可撰录进来”，你立刻抄写一份给我。于是房玄龄不得不照办，把国史改为编年体，看来如同大事年纪，分别叫做《高祖实录》和《太宗实录》各二十卷。顺便说明，《太宗实录》一定是后来的名称，因为太宗健在的时候不可能叫做太宗的，而当时的名称或许是《今上实录》。

唐太宗终于看到了实录，而且看到了关于玄武门之变的记录，其文字是“语多微文”。太宗一副大义凛然的样子，告诉臣下应该秉笔直书，不要这么隐晦。唐太宗为什么这么说？因为在实录的记录中，不敢光明正大地记录玄武门之变，说明记录者的观点是李世民这事做得不对，所以才遮遮掩掩，闪烁其词。李世民给臣下指出一条解释的根本路径，那就是玄武门之变相当于西周的时候周公诛杀管叔、蔡叔，是安定社稷、造福百姓的好事。记录这样的好事，就应该直书其事，不该躲躲闪闪。

唐太宗虽然下了这样的判语，对玄武门之变的性质做了规定，但是这个规定能让天下人心佩服吗，能让后世的人们认同吗？周公当年平定管叔、蔡叔，那是因为管叔、蔡叔勾结敌对势力谋反在先，周公东征，武力平定在后。玄武门之变呢？是李世民领兵埋伏，出其不意杀掉兄弟，这跟周公东征可是有着天大的距离的。所以，连《资治通鉴》这样基本上维护唐太宗的历史书，在这个问题上也不得不说：如果李世民不主动出击，而是后发制人的话，评价就会好多了。

所以，李世民正面评价玄武门事变的说法，虽然当时没有人能做出反驳，但是要说服天下也是难乎其难的。后来的人，多从一般心理去考虑李世民的心态，《朝野佥载》的一个记载很有代表性：

> 太宗极康豫，太史令李淳风见上，流泪无言。上问之，对曰："陛下夕当晏驾。"太宗曰："人生有命，亦何忧也。"留淳风宿。太宗至夜半，奄然入定，见一人曰："陛下暂合来，还即去也。"帝问："君是何人？"对曰："臣是生人判冥事。"太宗入见，冥官问六月四日事，即令还。向见者又迎送引导出。淳风即观玄象，不许哭泣，须臾乃寤。至曙，求昨日所见者，令所司与一官，遂注蜀道一丞。上怪问之，选司奏，奉进止与此官。上亦不记，旁人悉闻，方知官皆由天也。

此段文字所记，应该有三件事，一是太史令李淳风可通阴阳两界；二是玄武门事件（因为发生于武德九年六月四日，故当代文字多言六月四日事以指代）在冥世并没有结束；三是得官天定说。其中，关于玄武门事变以后，冥世为什么要向李世民调查，李世民到了冥世表现如何并没有给予交代。但是，1900 年敦煌藏经洞里发现了一本古代小说，王国维先生命名为《唐太宗入冥记》，正是《朝野佥载》这个记载的继续（原件收藏在英国，编号 S2630）。

小说记道：李世民虽然贵为皇帝，到了冥世也想发发威风，比如坚决不行跪拜礼等，但是毕竟不是自己的领地，担心“说朕恶事”，心中“未免忧惶”。也该唐太宗遇难呈祥，在冥世里一个协助办案的判官名叫崔子玉，他是一个生人判冥世的，在人间是辅阳县尉。李世民见了崔子玉，把李淳风的一封信交给崔子玉，信中内容无非是要崔子玉高抬贵手放过李世民之类。这崔子玉做梦也没有想到能够见到皇帝，而皇帝也不知道为什么要自己的灵魂来到冥世。崔子玉当然就告诉李世民，因为李建成和李元吉两人在冥世拼命告发，所以传来李世民要当面对质。崔子玉交给李世民一个问题，说如果回答得好，可以返回人间；如若回答不好，恐怕就回不去了。李世民一看，原来的问题是：“武德七年，为甚杀兄弟于殿前，囚慈父于后宫？”李世民一看，“闷闷不已，如杵中心”，回答说：“此问头交朕，争答不得。”还要天子脾气，把问题纸扔到地上。崔子玉抓住了皇帝的痛处，于是大做文章，要皇帝答应给自己高官，李世民最后授他“蒲州刺史兼河北廿四州采访使，官至御史大夫，赐紫金鱼袋，仍赐辅阳县正库钱二万贯”。他呢，则为皇帝准备好了答案，叫做“大圣灭族□□”。可惜，最后两字看不到了，但是大意还是可以体会，无非是“大义灭亲”之类。

这篇小说没有留下作者姓名，根据内容看作品也是经过了相当长的创作过程，有可能经过多人之手。小说的前后都残缺，中间也有文字难以释读。但是，小说与《朝野佥载》所记，应该有承续关系，唐太宗和李淳风之外，那位“生人判冥世”的人进一步变成了崔子玉。小说反映的是唐人的观念，在这篇小说中，李世民面对玄武门之变的提问，干脆表示“争答不得”，其实就是承认有罪。是崔子玉帮他进行解释，才让他度过冥世审判这一关。

不管李世民后来的事情做得如何，在玄武门之变这件事情上，他确实难以辩白。联想到唐太宗晚年太子之争，他明明不喜欢李治而又立李治为太子，就是因为他确信李治的性格可以保证他们兄弟之间的相安无事，特别是能够保证失势皇子们的安全。这种情况，可以用来反观他对早年玄武门之变的看法，到了晚年，在李世民心目中，玄武门事变绝对是一场悲剧。

贞观二十年（646 年），根据李世民的指示，房玄龄等开始编修《晋书》。贞观二十二年书成，再过一年，李世民就离开了人世。李世民对《晋书》的编修投入很高热情，他还亲自为司马懿（宣帝）、司马炎（武帝），还有陆机、王羲之写了四篇史论，所以历史上《晋书》又称“御撰”。在《宣帝纪·史论》中他感慨道：“古人有云：积善三年，知之者少；为恶一日，闻于天下。可不谓然乎！”他对于人们的这种习惯十分有意见，为什么大家耿耿于怀于他人的恶，对于同一人的更多的善反而常常视而不见呢？一日之恶与三年之善，相去天壤，可是人们为什么总是更重视记住恶的事情呢？他认为这不公平。那么，李世民是在为谁鸣不平呢？是为他自己。那么他的一日之恶是什么，三年之善又是什么呢？对应起来，前者只能是玄武门之变，后者当然是贞观之治。

在《晋书》的《武帝纪·史论》中，李世民写道：“夫全一人者德之轻，拯天下者功之重，弃一子者忍之小，安社稷者孝之大。”他在这里是推销一种评价人的方法，要人们重视一个人的公德，不要过分看重一个人的私德。在一个人和天下、国家之间，哪一方面更重要呢？当然是后者。是救一个人或一个孩子重要，还是拯救天下、国家重要呢？谁都明白李世民所讲的道理，可是，一个堂堂的皇帝，为什么要来苦口婆心地讲这些常识性的道理呢？毫无疑问，还是耿耿于怀他的心结，那就是玄武门之变。20 多年的皇帝生涯之后，李世民已经知道自己的贡献，他知道在历代帝王中自己的位置已然不低。《贞观政要》卷十记载，早在贞观九年的时候，唐太宗就对公卿们说过这样的话：“朕端拱无为，四夷咸服，岂朕一人之所致，实赖诸公之力耳！当思善始令终，永固鸿业，子子孙孙，递相辅翼。使丰功厚利施于来叶，令数百年后读我国史，鸿勋茂业灿然可观，岂惟称隆周、盛汉及建武、永平故事而已哉？”从唐太宗的语气中，不难感到他强烈的历史意识，那种与历代圣君试比高的劲头明显在跳跃。这也就是为什么，他那么在乎人们对自己的评价，那么在乎人们对玄武门之变的评价，因为那事关他的历史评价。

如果唐太宗没有什么历史意识，不在乎后世给自己的评价，那么他根本不用在乎这些评价角度，不用在乎什么善恶区分和德之大小。正是因为他还在乎这些，甚至于他一直在乎这些，所以玄武门之变这个悲剧才有发挥积极作用的可能。坏事变好事是需要条件的，如果掌握了天下最高权力的人并不考虑人间评价，是没有人可以左右他的。隋炀帝的前车不远，辙痕清晰。李世民虽然杀兄弟，夺父位，道德受到严重质疑，但是他确实立功于天下，造福于当代。路不拾遗、夜不闭户的和谐社会景象，虽然不免有夸大，但毕竟也有一定根据。贞观之治成为后代楷模，尤其能说明问题。夸耀于一时荣誉容易，荣誉一生太难。骗得当时容易，骗得后世太难。这是历史无情而又多情的一面，人人平等。

玄武门之变被掩盖的最重要的情节

也许有人会问，玄武门之变的许多细节都被后来掩盖了，为什么尉迟敬德囚禁皇帝的这段文字保留下来？开始我也觉得奇怪，后来发现，这些文字都是记载在尉迟敬德传中，于是恍然大悟。玄武门事变的许多细节需要掩盖，但对于立功的尉迟敬德，他的功劳也需要表白，如果一字不记，等于抹杀了尉迟敬德的功劳。为了一种平衡，只好模糊记录，结果给我们今天留下了探究真相的线索。

这可是天大的秘密，谁都未曾说过的。今天我在这里这么讲出来，难道没有受到什么启发，都是如此推测出来的？不是，我还是受到了别人的启发，只是作者已经不可考了。

这是一篇唐代的小说，是它给了我们重要的提示。

1900 年，敦煌莫高窟的一个洞窟被打开，里面珍藏了九百多年前的文献被发现。这就是敦煌藏经洞。这些中国的国宝后来流落到世界各地，其中英国、法国、俄国都是重要的收藏地。英国的敦煌文书是斯坦因带去的，所以他们的编号都用 S。而 S2630 号文书，是一篇唐代人写的小说。小说没头没尾，但是内容很重要。在中国，学者王国维是第一个研究这篇小说的人，他将它命名为《唐太宗入冥记》。这个古代小说故事虽然不完整，大概的意思还是清楚的。玄武门事变以后，李建成和李元吉的鬼魂不散，到冥世阎王殿告状，最后阎王决定抓李世民的灵魂来冥世与李建成等对质。其中，有一个冥世的判官叫做崔子玉，他是辅阳县县尉，一个往来于人间与冥世的人。他看到自己的皇帝来到冥世，知道升官的机会到了。他开始跟唐太宗讨价还价，唐太宗不得已只好跟他搞交易。崔子玉说可以替唐太宗回答问题，但需要唐太宗给他报酬。回答什么问题呢？即“武德七年（玄武门事变发生在武德九年，小说作七年），为什么杀兄弟于殿前，囚慈父于后宫”。唐太宗一看这个问题，立刻傻了，“闷闷不已，如杵中心”，心中像长了块木头。他说回答不了。最后，崔子玉替唐太宗回答了这个问题，大约是大义灭亲之类。于是李世民给了他一个蒲州刺史兼任河北二十四州采访使的大官。小说中，唐太宗的灵魂战战兢兢，因为心中有鬼，最后不得不接受崔子玉的敲诈，顺利通过冥世的拷问。

这个小说的创作年代不清楚，但肯定属于唐代，小说应该是经过了多人不同时期的修改，大概在武则天时期已经成形。其中，小说认为李世民有罪，特别清楚地说到他“囚慈父于后宫”。因为杀兄弟的事情记载比较多，软禁父亲的记载一个字都没有。这里的提示告诉我们，唐朝就有这种李世民囚禁父皇的说法。

如果用这种观点来看玄武门之变后尉迟敬德出现在高祖李渊面前的一幕，很多不明白的地方就豁然明朗。尉迟敬德全副武装地来到李渊的所在地，应该不是一个人，而是带着一支军队前来。李渊连同他的一班大臣，立刻丧失了人身自由。因为人身自由已经丧失，当然也丧失了控制局面的可能。他们只能按照李世民的要求办事，否则肯定有生命危险。

李渊显得很乖，要什么就给什么。不是他喜欢这样，是因为他不得不这样。已经成了李世民的阶下囚，哪里还有讨价还价的本钱呢？这样看来，李渊退位是形势所逼。高祖确有识时务的一面，但不是我们通常说的主动让权。

高祖被囚禁一个小时与一年，在本质上是一样的。李世民的皇帝位置是从父亲手里强取的，对此，他和父亲都心知肚明。虽然父子二人暂时和平共处，李渊也不愿意挣扎出更大的悲剧，但是，两人的心里是打上结的。李渊还活在人世，他一直默默地在旁边看着李世民治理天下。这对于李世民来讲，其实是另外一种压力。他应时刻提醒自己，父亲在看着。压力即为动力，这是他取得贞观之治的另外一种动力。

政变后的父子相见

玄武门政变的当天晚上，李世民一切都办理妥当以后，与父亲李渊见过一面。《资治通鉴》记载：上乃召世民，抚之曰："近日以来，几有投杼之惑。"世民跪而吮上乳，号恸久之。

这是一个典故。古代鲁国有一个大孝子叫曾参。有一天，一个跟他同名的人杀了人，于是有人来告诉他母亲，说曾参杀了人。当时曾母正在织布。第一个人来报告的时候，曾母照常织布不为所动，到了第三人来报告的时候，曾母扔下纺织用的杼（梭子）就逃跑了。这个故事是说自己的亲生母亲竟然不了解自己儿子，也听信谣言，投杼显示出对自己子女的不信任，表示对子女的放弃。李渊用这个典故表达了他差一点放弃自己儿子，承认自己有错。

但是，在当时，李渊认错并不是因为他真的认为自己错了，而是因为他已经没有资格跟自己的儿子平等对话了。这是李渊识时务的一面，另外，也说明李渊确实曾经要放弃李世民，这就是他原来的计划。现在，李世民肯定知道了一切，而李渊也只好承认，并明说是自己错了。

李世民跪而吮上乳，据说是来自北方民族的一个习俗，叫做"乳翁"。把父亲当做母亲一样的尊重，其实只是仪式性质的动作，表示确认自己的生命之源。这是李世民对父亲的承认和歉意表达，哭声也在表达同样的含义。

注意《资治通鉴》记录此事的先后次序，是李渊先说话，李世民后动作。

史书的这段记载，意在表示父子和解。其实，这个和解是表面的，真正的结局是李世民全面胜利。当然，即使表面的和解也是可贵的，这避免了惨剧的进一步发生。

玄武门之变 1383 年纪念

武德九年农历六月初四，秦王李世民发动政变，杀掉太子建成和齐王元吉，囚禁父皇，夺得大位。这就是玄武门之变，他成了著名的唐太宗。然而，唐太宗李世民的一生，都因为玄武门之变而内心焦虑，不得自由。玄武门的那一天，是李世民一生的痛苦病灶。有小说家撰写《李世民入冥记》，确实看透了李世民的内心痛苦。帝王，从来以道德为治理天下的法宝，然而，李世民以孝治天下，怎么看都滑稽。他自己呢，同样没法自信。

李世民太挂念玄武门之变的历史记录了，他担心身后的说法对自己不利，于是打破皇帝不许看本朝实录的传统，强迫大臣给自己看实录。褚遂良虽然拒绝了，但是房玄龄终于无法拒绝。打开实录，这个未来历史的写本基础，李世民大为震怒。为什么事变写得遮遮掩掩？为什么不可以写得光明正大？这样的遮掩，不是暴露了更严重的问题吗？李世民毕竟是雄主，他要史臣改写，用一种理直气壮的口气，正面书写这次政变。为了拯救国家，为了人民的幸福，杀人夺权有何不可，血流成河也值得。

历史被改写，其实就是被篡改。但是一个基本事实终究无法改变，李世民就是政变上台的。历史的记录可以修改，历史是无法篡改的。即使用一万本教科书来颂扬政变的伟大，也无法抹去人们心中的历史。

今年距玄武门之变已经过了1383年，我们已经无法了解政变的很多细节，很多重要的细节被李世民删去。但是，政变的基本事实依然存在，虽然一千多年，人们依然记得。

与其篡改历史记录，不如创造历史。李世民总体上还是不错的，贞观之治还是留下了正面的名声。李世民，值得后世学习的地方太多，值得借鉴的地方太多。

本文作于2009年

大唐贞观时代小人物的幸运

在贞观时代，皇帝重视司法制度，是因为在日常的生活中，与生命关系最密切的就是司法。李世民以人为本，不仅表现在他对司法制度的改革上，也表现在亲临司法实践的过程中。在贞观时代，皇帝亲临司法实践，主要有两种情况：一是每月听刑部的汇报，主要是了解监狱犯人的情况；二是每年的皇帝录囚。皇帝要亲自过问犯人的情况，有的时候，他要到监狱去视察，而视察的重点是死刑犯。这种视察可不是走过场，他要了解司法的情况，还有听犯人申诉。对于罪犯而言，他就有机会遇到皇帝，可以最后一次喊冤。如果以前被冤判，这时可以喊冤，而且有规定，只要向皇帝喊冤，这个案子就立刻可以重审。

贞观六年，唐太宗到监狱里视察，那年全国有近四百名死刑犯，都集中到大理寺的监狱。唐太宗一个一个地询问，大家都说犯了死罪，死有余辜，不冤枉。认罪态度良好，法官的审判也很公平。所以唐太宗就有点受感动，就跟这些死囚说，我跟你们立一个君子之约，现在是冬天，放你们回去，来年秋收之后，咱们再在这里集合。四百死囚就离开了监狱，都回家过了一年。第二年的秋后，一个不少全都回来了。这是太宗时期有名的“四百死囚来归狱”的故事。我们现在经常会问这样的问题，假如生命剩了最后几天，你应该怎么过？大家说一定好好过，一天当一年过。其实唐太宗那时候就做了这么一件事，给了死囚们最后一年的机会，这一年他们过得一定很好，而且也可能认识到了生命的价值和尊严。所以第二年一个不少全部回来。这事儿当时也感动了唐太宗，把所有的人都赦免了。

这不仅是珍惜生命的故事，也是顺应人性的故事，还得了人心，典型的"双赢"。不是所有的皇帝都会如此重视死囚犯的生命，也不是所有的皇帝都有唐太宗这般的自信，所以，只有唐太宗才能精彩地导演这出人性悲喜剧。"怨女三千出后宫，四百死囚来归狱"，这是贞观时期创造的一个奇迹。

再讲一个唐太宗自信的故事：

贞观三年三月，皇帝录囚。有一个人叫刘恭，脖子上有纹路，是胜利的"胜"字，看上去怪怪的。他自己就用这个来吹牛，说"当胜天下"，我这个天命不得了。民间到处有这样的人夸夸其谈，自命不凡，结果引起了官方的注意。这家伙被认为有谋反的嫌疑，于是被逮捕入狱。唐太宗在录囚的时候，问罢这个案件，就把这人给放了。他说，如果他真有天命，我杀他不得；如果他没有天命，那我杀他干什么？天命大家都知道，古代是讲究迷信的。虽然天命难测，但是有的时候确实会产生心理暗示作用。唐太宗释放了一个吹牛大王，彰显他的高度自信，而且还挽救了一条生命。

贞观时期的刑法制度，体现了皇帝的最高司法决定权，其实也是死刑慎重的表现，是重视生命的体现。这样的好处，是所有死刑都要经过皇帝的批准。这样，皇帝重视生命的观念就可以发挥作用。

有一年，河北卫州发生一起杀人案，案情上报皇帝，结果发生了乾坤大逆转。一个叫杨贞的卫士要经过卫州，到长安来值班。他就在卫州的一个叫板桥店的小旅馆里过夜，第二天再出发。就在这天晚上，这个小旅馆发生了案件。旅馆的老板被人杀了，一检查，发现杨贞身上的佩刀有血迹。于是，大家就怀疑是他杀了老板。地方官府一顿严刑拷打，打得杨贞只好承认老板是他杀的。卫州当然要判他死刑，但是没有处死权，只能把这个案件上报中央。唐太宗看了这个案宗，觉得非常奇怪。杨贞这个卫士路过卫州，他跟这个老板素不相识，他没有杀人动机啊。所以这个案件很不合理，派人重新调查。一调查便查出来，跟杨贞没有关系，他是被人嫁祸了。是老板娘有问题，老板娘跟她的情夫一起杀掉了老板，然后嫁祸给杨贞。于是案件大白于天下。如果皇帝不重视人的生命，此事的结局就是杨贞白白做了替死鬼。恰是碰到唐太宗这样的皇帝，冤案便没有继续下去。

生在贞观时代，即使是一个普通卫士，似乎也很幸运。因为有一整套制度在发挥着保障作用，这些关于生命的故事出现在贞观就有了必然性。那么贞观时期的制度是不是就很完美了呢？当然也不是。比如，对于重大的犯罪行为“十恶”，处决就不论任何时间。还有什么“官当”等条规，证明法律面前不是人人平等的。但与同时代的世界其他国家相比，我们仍对贞观时期重视生命的司法制度满怀敬意。

唐太宗的“别宅妇”

贞观之初的某一天，唐太宗与王珪闲谈。王珪是前太子李建成手下的大臣，玄武门事变后，他也跟魏征一样，接受了唐太宗李世民的招安，成为贞观时代著名的大臣。

君臣闲谈的地点记载不清。应该是皇宫内部的一个院落。有美人在侧，帮助皇帝里外张罗。王珪等人看见美人，但是谁也不认识她，虽然一看就能明白，这是皇帝的女人。可是，皇帝的女人，从皇后到嫔妃，大家怎么就不认识眼前这一位啊。

看着大家疑惑的眼神，唐太宗就主动给大家介绍。

你们知道她是谁吗？

大家当然不知道。

李世民给大家介绍。她啊，是庐江王李瑗的夫人。

庐江王李瑗，大家当然知道。在唐高祖的时候，太子李建成与秦王李世民争夺未来皇权，拉帮结伙，不遗余力。庐江王是李建成的人，李建成安排他当了幽州（今北京）都督，做当地最高的军政长官。玄武门事变后，李建成被杀，他这一派算是失败了。掌权的李世民，派人通知幽州都督李瑗到长安报到。李瑗没了主意，找自己的手下王君廓商量。

王君廓说：你去长安凶多吉少。再说，哪有手中拥有三万兵马而任人宰割的道理呢？在王君廓的忽悠下，李瑗决定起兵反抗李世民。他还没准备好，王君廓就领人把他干掉了。于是王君廓立功，成了幽州都督。李瑗成了王君廓升官的一个台阶。而李瑗的夫人，根据法令规定，只好到长安，作为罪犯家属，没入掖庭。掖庭是专门给宫廷服务的一个部门，宫廷的粗活或者缝纫什么的，都由她们完成。

李世民接着给大家介绍庐江王的夫人的来历。原来，这位美人，在嫁给庐江王之前已经嫁过人。庐江王到幽州任都督后，发现了这个美人，于是杀夫夺妻。李世民很有感触地跟大家说："庐江不道，贼杀其夫而纳其室。暴虐之甚，何有不亡者乎！"庐江王后来的失败，是因为暴虐过分，不亡是不正常的。

美人的来历清楚了，但是皇帝陛下跟这位美人，是一种什么关系呢？很显然，是一种不正当的男女关系。这位美人，用唐代的概念描述，她就是唐太宗的"别宅妇"。所谓别宅妇，就是男人婚外的同居情人，现在的通俗说法就是"二奶"。唐朝至少玄宗的时候，专门发过文件，大官养别宅妇，是要受到贬官处分的。

看见皇帝美滋滋的样子，在座大臣有点发晕。

可是，面对皇帝的不道德，大臣怎么办？说，还是不说？

王珪决定发表意见。他正襟危坐地问唐太宗："陛下以为庐江王做的是对呢，还是不对呢？"

太宗曰："杀其人而取其妻，卿乃问朕是非，什么意思？"

王珪于是引证古代齐桓公的例证，说明有一种情况是"善善而不能用，恶恶而不能去"。就是说，知道什么是对的，但是不采用；知道什么是错的，但是不能改正。王珪说："今此妇人尚在左右，臣窃以为圣心是之，陛下若以为非，所谓知恶而不去也。"王珪的意思是说：如果皇上知道庐江王做得不对，就应该改正，可是现在美人在侧，说明皇上心里是肯定庐江王的做法的。

王珪把唐太宗的这个行为与庐江王杀人夺妻相提并论，认为唐太宗是在继续庐江王的行为。王珪这样认识有道理吗？当然有。因为唐太宗的这个行为，同样也是不合法的。虽然没有杀人夺妻那么严重，但是在不合法这一点上是一致的，最多是五十步笑百步的关系。

如果唐太宗辩护，不是没有可能。因为毕竟唐太宗没有杀人夺妻。按照法律规定，罪人的家属没入掖庭，庐江王的夫人也成为罪人，丧失了平民资格。李世民把她安排在自己身边，从美人个人角度来讲，还是一种解放。在皇帝身边伺候皇上，当然比在掖庭劳动好多了。她个人一定更愿意选择伺候皇上。

可是，听了王珪的话，李世民怎么表示？他没有自我辩护，而是“称为至善，遽令以美人还其亲族”(《贞观政要》)。唐太宗称赞了王珪，立刻把美人归还给了她的家族。

这件事情，涉及皇帝的隐私。王珪作为一个臣下，去干涉皇帝的私生活，是不是有一点过分？但是，奇怪的是王珪就是敢于谏议，而皇帝呢，没有勃然大怒，而是立刻就改正。

为什么会是这样呢？

因为皇帝的形象就是国家的形象，皇帝的作用就是榜样的作用。王珪明白这个道理，皇帝也明白这个道理。君臣之间有这个共识，所以才会有这样的事情发生。唐人是质朴的，他们不是用“捂盖子”的办法掩盖皇帝的过错，而是上书皇帝建议知错就改。唐太宗为什么不跟王珪要求不要让百姓知道，天知地知你知我知呢？或者他相信“要想人不知，除非己莫为”这个最简单的道理；或许他知道，用谎言掩盖错误，是一种更严重的错误。而国家要取信于民，首先要直面自己的错误。

不论是皇帝还是国家，犯错都不要紧，关键是能够知错就改。

太宗托孤的真相

唐太宗给李治留下的班底，以舅舅长孙无忌为首。贞观二十三年五月二十六日，临终前，唐太宗把长孙无忌和褚遂良召到卧榻前，当然太子李治也在场。

唐太宗说："朕今悉以后事付公辈。太子仁孝，公辈所知，善辅导之！"谓太子曰："无忌、遂良在，汝勿忧天下！"又谓遂良曰："无忌尽忠于我，我有天下，多其力也。我死，勿令谗人间之。"仍令遂良草遗诏。有顷，上崩。(《资治通鉴》)

唐太宗这段临终的话，是遗嘱的主要内容。这个遗嘱有三层含义，实际上是三句话，而三句话的表达确实面对不同的人。第一，先说给长孙无忌和褚遂良，让长孙无忌、褚遂良好好辅佐李治。这是所有托孤的必有内容。正是因为新皇帝还年轻，缺乏经验，所以才会嘱托有经验、可信任的大臣辅佐新皇帝。所以，这句话没有什么特殊之处，是托孤的老生常谈。第二，说给太子，让李治好好倚重长孙无忌和褚遂良。对于新皇帝而言，是否信任托孤大臣，会成为后来政局的关键所在。唐太宗在这里是鼓励李治，只要依靠两位大臣，就不会有什么问题发生。前两句话，其实要未来的君臣相互信任，相互支持。都是可以理解的通常道理。第三，面对褚遂良说长孙无忌，这是这个托孤言辞中最难理解的一句话。让褚遂良保护长孙无忌，不要让人离间了长孙无忌和李治的关系。这是一句很奇怪的话，为什么唐太宗会担心有人离间长孙无忌呢？为什么唐太宗把这件事情看得如此重要呢？

这个遗嘱大有深意，证明对未来唐太宗有一些担心，表达了唐太宗一些不太明显的想法。比如，唐太宗为什么不防止褚遂良被人离间呢？一定是褚遂良没有这个可能。为什么呢？有一次唐太宗评论褚遂良，说："褚遂良学问稍长，性亦坚正，既写忠诚，甚亲附于朕，譬如飞鸟依人，自加怜爱。"（《旧唐书·长孙无忌传》）褚遂良虽然在立太子这个问题上表现出色，但是他是一个南方士族，在北方没有什么根基，所以这就决定了他在根本上是不能独立的，唐太宗在的时候依附唐太宗，后来依附长孙无忌，因为长孙无忌是关陇贵族的代表，是唐太宗最信任的人。所以，唐太宗不担心褚遂良被人离间。这层意思还可以有另外的表达，即褚遂良被离间并不是严重问题，长孙无忌被离间才是严重问题。为什么？在当时，态势很清楚，在长孙无忌和褚遂良之间，长孙无忌才是领袖。如果褚遂良出问题，只要长孙无忌在，他自然会保护褚遂良。但是，如果长孙无忌被离间，褚遂良能够承担起保护的责任吗？显然不能。这个判断我们还真的遇到了实例。永徽初，褚遂良因为强买下属的房产，被御史告发，结果案件还没有审查清楚，褚遂良就被调到同州当刺史。有研究者认为，这是长孙无忌在保护褚遂良。那么后来长孙无忌出问题的时候，褚遂良在哪里？早就先行一步被处置了。

唐太宗说不要让人离间长孙无忌，这话实在太费解，也大有深意。被人离间，就要有被离间的前提，那么这个前提是什么？前提是长孙无忌和李治之间存在被离间的可能性。但是，李治当皇帝，长孙无忌出力最多，功劳最大，从李治方面说，应该满怀感激之情，怎么会怀疑长孙无忌呢？那么唐太宗这话的含义到底是什么呢？

唐太宗的这个遗嘱，让我忽然想到了另外一个遗嘱。那是贞观十年长孙皇后去世前的遗嘱。那个遗嘱的核心内容之一也是关于长孙无忌的，皇后的意思是不要重用长孙无忌，不要出现外戚专权的现象，否则可能会出现灾祸。联系到长孙皇后的遗嘱，对于唐太宗的遗嘱就豁然开朗。现在看来，唐太宗跟长孙皇后真正是心心相印，他当然理解皇后的良苦用心。

原来，这句话有两层意思。

一层含义，是说给长孙无忌听的。“太子仁孝，公辈所知”，这句话一定要注意，这暗示着一个重要问题，那就是太子与无忌之间如果出现矛盾，不应该是太子的责任。被离间，一定有被离间的理由。太宗的话，核心含义是让长孙无忌注意，不要给别人留下离间的可能，更清楚一点地说，全力辅佐太子，但是要注意分寸，千万不能过分，否则就可能被离间。这里的所谓离间，就是长孙无忌与李治发生矛盾冲突。想想古往今来的被离间事件，不都是发生在君臣之间吗？对于长孙无忌这样的大人物，皇帝以外的人士，离间不离间当然没有意义。那么，唐太宗担心长孙无忌什么呢？还记得贞观二年，长孙无忌从右仆射位置上下来的往事吗？开始，皇后不希望长孙无忌担任这个职位，皇帝不听，还是任命了长孙无忌。后来，有人告发长孙无忌揽权。皇后乘机劝无忌主动请辞。皇帝李世民虽然在朝堂之上为长孙无忌辩护，但是辩护的是长孙无忌的忠诚，并没有辩护他揽权，而且最后还是批准了长孙无忌的辞职。对于长孙无忌，贞观年间，唐太宗还表扬过他，说他善避嫌疑。是什么事情呢？还是辞职那件事。说明那件事不论是唐太宗还是长孙无忌，大家都没有忘记。现在，唐太宗临终前再次提醒，意义重大。因为未来的世界，显然长孙无忌和李治的关系是最核心的关系，政治舞台是否和谐，这两个人的关系决定着一切。长孙无忌要想不被离间，就不要犯过去曾经犯过的错误，即不揽权，就应该会安然无恙。这话应该说得很明确，长孙无忌应该听得清楚。

注意唐太宗提醒长孙无忌的方式，不是直言不讳，而是暗示。为什么不直接说呢？这跟长孙皇后提醒唐太宗的方式是一样的。暗示最能表达事情的复杂性。如果直接说出来，可能给长孙无忌和李治的冲突埋下直接的隐患。

另一层含义是说给褚遂良听的。表面上看，要褚遂良保护长孙无忌，角度是不要让人离间了长孙无忌和皇帝的关系。但是，我们已经说过，其实长孙无忌是不需要褚遂良保护的。那么皇帝为什么这么说呢？所以这里有深层的含义。唐太宗希望在长孙无忌和李治之间，褚遂良要保持独立的立场。很明显，如果不是独立的立场，他如何能完成这个任务呢？他属于任何一方，都不能从中调解、斡旋。皇帝没有明说，但意思清楚，褚遂良你不能跟长孙无忌完全一致。设想一下，如果长孙无忌和皇帝真的发生冲突，按照唐太宗的这句话，他是希望褚遂良站在谁的立场上？他难道会希望褚遂良帮助长孙无忌一起与皇帝对抗吗？显然不是。所以，对于褚遂良而言，唐太宗这句遗嘱最核心的含义是注意保持与长孙无忌的距离。

然而，虽然褚遂良性格很勇猛，但是他在北方没有根基，他缺乏的是社会性格。唐太宗这些很隐晦的说法，褚遂良和长孙无忌如果都没有听进去，那该怎么办呢？既然唐太宗认定长孙无忌跟李治的冲突存在可能性，既然认为褚遂良小鸟依人难以独立，那么，万一长孙无忌不按照太宗的安排去做，万一长孙无忌揽权的老毛病再次发作，那又该怎么办呢？唐太宗是否想到这种情况下应该怎么办呢？

经过研究发现，唐太宗其实还留下了另外一条暗线，为应对李治难以应付政局的情况，唐太宗为李治留下了另外一条道路。那是什么？不是什么，是一个重要人物，他就是李世勣。

唐太宗并没有把一切都交给长孙无忌。唐太宗毕竟是英明的，他其实有多种准备，多个预案。为什么这么说呢？因为唐太宗有两次托孤行动。另外一次的托孤对象是将军李世勣。

唐太宗通过托孤的方式，给未来的皇帝李治安排大臣，有正副两个班底。一个是长孙无忌，另外一个是李世勣。

仔细分析，其中也是充满玄机。

首先，唐太宗曾经表示，把李治交给李世勣。有一次，李世勣有了病，唐太宗表现得十分亲切周到。

> 李勣尝得暴疾，方云“须灰可疗”；上自剪须，为之和药。勣顿首出血泣谢。上曰：“为社稷，非为卿也，何谢之有！”勣尝侍宴，上从容谓曰：“朕求群臣可托幼孤者，无以逾公，公往不负李密，岂负朕哉！”勣流涕辞谢，啮指出血，因饮沉醉；上解御服以覆之。（《资治通鉴》）

李世勣忽然得了重病，药方中有一味药是胡须。唐太宗于是剪下自己的胡须，为李世勣配药。李世勣感动啊，磕头都磕出了血。唐太宗安慰他说，这是为了国家，不是为你，不用谢。后来一次宴会，唐太宗很从容地对李世勣说：我在群臣中寻找可以托孤的人，发现没有人比你更出色。你从前对得起李密，以后也不会对不住我的。李世勣拼命表示客气，竟然把手指都咬出了血。他后来喝了太多的酒，沉沉睡去，唐太宗竟然脱下自己的衣服给他盖上。多亏在唐朝，要是宋朝这不是又一个黄袍加身？在唐太宗的话语中，李世勣的位置是最高的，因为可以托孤者，“无以逾公”，显然是说李世勣独一无二，最堪此任。既然是“无以逾公”，肯定包括了长孙无忌等人。看李世勣的反应呢，先是“流泪辞谢”，表示客气表示感谢，然后“啮指出血”，这个动作的含义不清楚，可能是表示责任重大，也可能表示决不辜负。最后是“因饮沉醉”，干脆喝醉了。心理压力太大还是有意糊涂，都不能确定，但是皇帝的话语是清晰的，李世勣当然也听得清晰。但是，他没有用信誓旦旦的方式表示接受，仅仅是表示受宠若惊。

有长孙无忌在，唐太宗为什么要对李世勣表示“可托幼孤者，无以逾公”呢？既然是在宴会上，一定还有其他人在场。李世勣的回答含混不清，你无法弄清楚他的那些动作到底是什么意思。他反正没有大义凛然地应承下来。这是李世勣向来的低调，还是担心别人嫉恨？那么别人会如何反应呢？这确实是一个谜。

但是，在唐太宗去世的十天前，唐太宗忽然做出一个特殊动作。贞观二十三年五月十五日，唐太宗忽然专门安排了李世勣，史书如下记录：

> 上谓太子曰：“李勣才智有余，然汝与之无恩，恐不能怀服。我今黜之，若其即行，俟我死，汝于后用为仆射，亲任之；若徘徊顾望，当杀之耳。”

唐太宗对太子李治说，李世勣这个人聪明智慧，是个人才。但是，你对他没有什么恩情，所以可能用起来不方便。我现在把他贬官外放，如果他立刻上路，等我死后，你可以让他当仆射，亲自任命他。这样你对他就有恩德了。如果他徘徊不走，应该杀了他。结果呢？当宣布以同中书门下三品李世勣为叠州都督的时候，李世勣受诏，连家都不回，直接上路。通常，大家都认为唐太宗这是在临死前对李世勣做的最后一次考验，既然是考验，那么前提就是不信任。如果李世勣通过了考验，就让李治亲自任命他担任仆射；如果没有通过考验，那么就立刻杀了他。

唐太宗对李世勣的这个考验，是通过中书门下省下发的命令，所以这个考验是一个公开的考验。这就意味着，长孙无忌等人是知道的。更奇怪的是，李世勣如同知道答案一样，反应十分迅速。唐太宗的答案是看李世勣听到命令后的反应，是立刻动身还是徘徊观望。叠州，在陇右道，现在属于甘肃甘南藏族自治州。从长安出发到叠州，还是属于出远门的，但是李世勣如同了解答案一样，根本不做准备，连家都没有回，立刻上路赴任。

李世勣的反应，可以推测出两个原因。一是李世勣聪明绝顶，知道皇帝快不行了，朝廷不希望他这个时候留在京城。他没有犯任何错误，一个宰相忽然被贬官为边州都督，背后一定有问题，所以也不犹豫，立刻动身赴任。另外一种可能：李世勣了解了这个游戏本身，知道谜底，所以反应迅速。

联系唐太宗曾经对李世勣托孤的事实，我以为对于李世勣的所谓考验，是唐太宗给长孙无忌看的。唐太宗对于李世勣也是信任的，但是担心长孙无忌不容李世勣，担心未来长孙无忌不让李世勣当宰相，所以搞了一次考验游戏。一方面告诉长孙无忌，唐太宗对李世勣也不太信任；另一方面告诉长孙无忌，李世勣当仆射，是唐太宗生前任命的。名义上是新皇帝李治的任命，实际上是老皇帝任命的。这样，即使长孙无忌讨厌李世勣，也要考虑李世民的生前安排。

唐太宗很不容易，对于未来的江山社稷，真是煞费苦心。那么，唐太宗提醒长孙无忌不要过分，长孙无忌后来是怎么做的呢？唐太宗另一方面安排了李世勣这个力量，后来到底发挥作用没有呢？

永徽政治，权力二元对立，皇帝有名，而长孙无忌据实。皇帝开始是忍耐的，但是皇帝很早就开始有所准备。就在房遗爱案件执行不久，李治突然有一个人事任命：晋升李勣为司空。按照唐朝的制度，司空虽然没有具体职权，但是品阶很高，与太尉、司徒一样，都是正一品。长孙无忌是太尉，刚刚赐死的李元景是司徒，吴王李恪是司空。李勣显然取代了李恪的司空位置。李勣，原名李世勣，唐太宗李世民驾崩以后，高宗为了表示孝道，父名忌讳，李世勣就去掉了名字中的“世”字，成为李勣。

在长孙无忌的核心阵营中，李勣是圈子外面的冷眼旁观者。李勣虽然没有文化，但是绝顶聪明。一方面，他也受到过唐太宗的托孤；另一方面他又受到长孙无忌的排挤。他采取小心谨慎的政策，采取一切不问的态度，这样就不像薛万彻那样容易被人抓住把柄。所以，长孙无忌虽然很讨厌他，但是没有把柄，也无可奈何。他既然如此小心，很低调，很谦让，完全一副对别人没有威胁的姿态。这个策略，应该也让长孙无忌阵营比较满意，可能认为他已经屈服。

但是，皇帝李治却把吴王恪刚刚取消的司空头衔封给李勣。这件事情确实耐人寻味，皇帝到底要干什么呢？

司空仅仅是个名誉头衔，没有实际权力。这样的头衔，虽然也不是没有意义，但是毕竟跟实际的权力没有直接联系，长孙无忌也不好阻拦，因为没有适当的理据。皇帝也可以比较坚持。如果是有实际权力的职务，皇帝就必须征求长孙无忌的意见，长孙无忌也可以提出各种理由，比如人际关系啊，比如机构合作啊等等。既然如此，皇帝为什么要拜李勣为司空呢？我们看看具体情形，或许就比较清楚了。

根据《李勣墓志》，当时高宗为李勣晋升司空，请人专门给李勣画像，皇帝亲自动手为画像题词，其中有："朕以绮纨之岁，先朝特以委公，故知则哲之明，所寄斯重……茂德旧臣，唯公而已。"丹青画像，第一次在贞观十七年的时候，所谓"凌烟阁二十四功臣图"。现在，功臣之中，除了李勣之外，还有尉迟敬德、唐俭、程知节（咬金）和长孙无忌。为什么唐高宗给李勣的赞词中，竟然不顾他人的存在，说什么"茂德旧臣，唯公而已"呢？其实，必须联系上下文一起考虑。这里，首先说先帝的托孤，然后说"唯公而已"。其中的含义是，当今旧臣之中，受到先帝托孤重托，受到我倚重的人"唯公而已"。在李勣没有实权的时候，唐高宗再次提到唐太宗托孤的话题，一方面这是唐高宗明确无误的交心，另一方面是在提醒李勣应有的责任。而更重要的是，唐太宗向李勣托孤，高宗李治是清清楚楚的，“先朝特以委公”饱含信息量。关于这些，除了表面文章以外，那些深层次的问题，相信唐太宗跟高宗一定会有很详细的交代。对于这些大臣以及大臣之间的问题，唐太宗也不可能不跟李治仔细交底。

唐高宗李治对于李勣说的这些话，不过是在继承李世民安排好的计划而已。很明显的是在向李勣求援，高宗希望李勣支持自己，不仅是因为现在皇帝对他特别需要，也是因为先帝有重托在先。在唐高宗的这盘棋中，李勣显然是最重要的棋子，是皇帝必须倚重的力量。李勣当时的反应我们不得而知，但是后来的事情证明，李勣在关键时刻还是帮助了唐高宗。所以，唐太宗设置的李勣这颗重要棋子，在后来的历史进程中确实发挥了关键作用。

废王立武事件，以高宗的胜利而告结束。研究这个事件，从来有一个很重要的观点，就是李勣关键时刻的关键性表态。李勣有两个身份特征最重要，第一，他也是托孤大臣之一，同样具有资深的背景，代表着一定的合法性。第二，他是现存最有权威的将军，某种程度上代表着军队。而军队，当然是政治实力的一部分。

唐高宗与长孙无忌的冲突，是唐太宗当年最不愿意看到的，所以有种种安排。那么到底是谁背离了唐太宗的遗嘱呢？这么复杂的政治斗争，不能如此简单地进行判断。但是，正如我们前面已经涉及的问题，永徽时期，权力二元结构是出问题的关键。辅佐皇帝不是代替皇帝，长孙无忌忘记了回避嫌疑的问题。皇帝唐高宗要自己掌权是合理合法的，但是长孙无忌不知道及时避让。另外，褚遂良也忘记了唐太宗的交代，让他不要让人离间了长孙无忌和皇帝，意思是说要他站在皇帝和长孙无忌中间，起到一种平衡作用，而后来的褚遂良完全站在长孙无忌一边。

在皇帝与长孙无忌冲突的最后时刻，李勣表态支持皇帝。现在我们看到，李勣的这种表态是有根源的，一开始就是唐太宗布置好的，而唐高宗也明白李勣的作用。所以，某种意义上说，后来的局面唐太宗都有考虑，最终皇帝与李勣联合收拾长孙无忌，也是唐太宗安排的结局之一。然而，历史上，关于李勣的认识却有很大问题，甚至主流的观点都是认为李勣帮助了武则天，是他背叛了唐太宗。其实，在废王立武的时刻，没有人会神仙般地知道以后武则天会当皇帝，而李勣首先帮助的是皇帝李治，武则天最多是因此受益而已。

秀外慧中的长孙皇后

长孙皇后给人突出的印象是理性，理性地分析时局，理性地对待他人，包括理性地对待生命。在她生命的最后时段，太子承乾希望通过一些举动来影响她的病情，而在当时，那是通行的办法。一是请佛教人士来讲经做法事，二是大赦犯人。皇后说，大赦是国家大事，不能让我这样的妇人去影响国家大事。至于法事，如果无效为什么要做呢？如果有效，我一生不为恶，理应得到善报啊。这些举动，她都反对。

其实，唐太宗也以理性著称，在面对秦始皇、汉武帝谋取长生的做法时，唐太宗竭力嘲笑。但是，晚年的唐太宗却又走上了这些前辈的老路。学界都认为，唐太宗的死亡，跟他的服丹是有关的。也许每个人在面对自己的生命尽头时，恐惧会自然生成。前面不远处，就是你生命的终点，从此是无尽的黑暗和孤独。恐惧于是从天而降，从乱投医到不顾一切信一次巫术，很多人都可能会选择这条最后的迷幻之路。

然而，长孙皇后没有，她的理性涤荡了所有的侥幸。她的生命即使到了最后一刻，仍然光芒四射，那是美丽，是庄严，是高贵。

长孙皇后的理性精神哪里得来？早期的家庭教育，士族家庭里重视子女教育毫无问题。经过许多世事磨难，从而养成了可贵的理性，也没有问题。应该还有一个渊源，读书。关于长孙皇后读书，史书有清楚的记载，她手不释卷，寒暑不改。每个人，都不能经历所有的事情，我们的经验主要来自间接获得而不是直接获得，读书就是获得间接经验的最重要途径。据《贞观政要》的记载，有一次唐太宗要杀宫廷里的养马人，因为一匹皇上喜欢的马无疾而终。皇后知道了，马上出面提意见，最后唐太宗火气消解了，还对房玄龄说，“皇后庶事相启沃，极有利益尔”。而皇后所说的话，几乎就是《晏子春秋》的翻译。唐太宗说过，读书以润身，不论是太宗还是皇后，他们在这一点上做得都很出色。

长孙皇后的理性实在是太突出了，跟今天的审美似乎有些距离，感性甚至性感才是今日女性追求的审美理想。千山灵动，风情万种，不管明天死活，当万人迷，尽管只有一天也愿意。感性当然需要心地坦白，豪爽清凉，自由自在，在群起而效的今天，要想出色也十分难得。但是，跟长孙皇后做到秀外慧中相比，这类感性的美只属于特定时期。要做到长孙皇后那样，虽千年以后，仍然光芒四射，那距离就不可以道里计了。

长孙皇后留下的文字很少，诗作只有一首，那就是编入《全唐诗》的《春游曲》：

上苑桃花朝日明，兰闺艳妾动春情。
井上新桃偷面色，檐边嫩柳学身轻。
花中来去看舞蝶，树上长短听啼莺。
林下何须远借问，出众风流旧有名。

上苑桃花，有作杏花。因为下一句有桃色，恐怕还是桃花好些。兰闺应该就是深宫。在春天桃花盛开的日子，人随景动，心中不免春情荡漾。春情，我理解就是春天常有的心情，阳光、温暖、舒畅，而不是现在所说的色情。因为形象美好，新桃也来偷面色，嫩柳也来学腰身。桃花的面色，嫩柳的身姿，在花丛中往来，说是追看舞蝶，结果呢，自己已经成为翩翩起舞的飞蝶。树上春莺长一声短一声地鸣叫，那不就是她自己的声息吗。不用询问谁都知道，因为她风流出众早就美名远扬。

所有的人都说，这诗是长孙皇后的自我写照。其中，自然不乏长孙皇后自己的审美趣味。在所有的外在美好描写过后，最后还是要升华。桃面是外在的，身轻是外在的，翩翩舞姿是外在的，如莺的声音也是外在的。这些，只有在健康精神的凝聚之下，才可以概括为风流。出众的风流，任何时代都不会只言美色不顾精神的。而整首诗，如果没有最后一句稳健压台，那会是一首什么诗呢？仅有外在美人描写的诗句，差不多是最不济的宫体诗。

秀外慧中的美是需要长久修炼的。长孙皇后的诗和她的人，都是如此。

长孙皇后的不幸童年

长孙皇后（600—636年），小名观音婢。生于开皇二十年，卒于贞观十年，只有36岁。13岁嫁给李世民，是大业九年（613年），当时李世民16岁。一生为唐太宗生了三个儿子，长子承乾，次子李泰，三子李治。

长孙皇后的家族是北魏的皇室拓跋氏，后来因为当了宗室长，所以号长孙，最后成为姓氏。皇后的曾祖父长孙裕，曾经封爵平原公。父亲长孙晟，史书没有记载长孙晟袭封，可能长孙晟不是爵位继承人。长孙晟有一位哥哥叫长孙炽，文武全才，隋朝官户部尚书。长孙晟是隋朝右骁卫将军，在隋朝离间突厥战略中扮演重要角色。母亲是扬州刺史高敬德之女，她的舅舅在贞观时代也很有名，叫高士廉。

长孙晟官右骁卫将军，李世民父亲李渊在大业九年的时候，官职是卫尉少卿，到十二年的时候也是右骁卫将军。看来，长孙晟的官职应该高于李渊。不过，李渊另有爵位，七岁的时候已经袭爵唐国公。总之，两家应该是门当户对的。

两家的婚姻是长孙家看中了李家。故事还是要从李世民的母亲窦氏说起。窦氏父亲窦毅，官定州总管，封爵神武公，娶的是周武帝姐姐襄阳长公主。窦氏出生以后，因为周武帝很喜欢，就养在宫中。周武帝时的北周，已经有了统一北齐的实力，但是对突厥却十分谨慎。周武帝就迎娶突厥公主为皇后。这种政治婚姻当然没有感情基础，所以周武帝并不喜欢这个突厥皇后，日常生活中的关系大约也很冷淡。这一点被小小年纪的窦氏看在眼里，她可是童言无忌，直接批评了舅舅周武帝，为了国家大计，应该对皇后好才对，显示出超常的政治智慧。这件事过去许多年了，但是长孙皇后的伯父长孙炽久久不能忘记。他对弟弟长孙晟说：窦氏这样睿智的人，培养出来的儿子一定神奇，应该想办法结为婚姻。看来长孙晟很赞同哥哥的话，就托人说亲，定下了这门婚姻。当时李世民和长孙氏的具体年龄一定不大。

请注意长孙炽的观点，他不是看重李渊的门第，不是看重李渊的前途，而是看重窦氏的政治智慧，睿智，因此认定这样的母亲培养出来的孩子一定神奇、有前途。后来的事实证明这个判断很有见地。其实，这个母亲不仅培养了神奇的孩子，还培养了神奇的丈夫。在李渊最初还懵懵懂懂的时候，他的夫人窦氏更早一步看到了隋朝的问题，并且给丈夫提出了应付隋炀帝的基本战略。后来李渊慢慢觉悟并最终走到这条路上的时候，他的这位夫人已经去世，李渊想到自己觉悟之慢，想到夫人先见之明，不禁潸然泪下，他对自己的儿子说：早该听你母亲的话啊。说到窦氏，就干脆把故事说完。杨坚是篡夺北周而建立隋朝的，窦氏听说杨坚称帝的消息，眼泪喷涌而出，发狠地说：只恨不是男儿，不能拯救舅家。37 年以后，她的这个一时愤恨的想法真的得到实现，而且是由她丈夫和儿子们完成的。这不是平常百姓之间的事情，政治核心家族之间的种种关系，显然是看重政治的。

长孙皇后早年的事迹不多，最多说她命中富贵而已。因为这是后话，不说也没有关系。她与唐太宗定亲，应该是在几岁的时候，至少是 9 岁以前。大业五年长孙晟卒，年 58 岁。当时长孙氏只有九岁。父亲去世，这是她幼小年龄遭遇的重大变故。根据《隋书·长孙晟传》他的长子名长孙行布，次子长孙恒安。没有提到长孙无忌。长孙皇后还有一个哥哥叫长孙安业。长孙行布死在隋朝，而长孙恒安没有留下记载。长孙恒安与长孙安业不知道是什么关系，或许是兄弟，或许就是同一个人。长孙晟去世以后，长孙皇后和哥哥长孙无忌被自己的异母哥哥长孙安业赶出家门，两个小孩子不得已回到舅舅家去度日。从这个情况看，长孙皇后的母亲是长孙晟的继室，而前室所生的孩子以长孙安业为代表，对于长孙皇后兄妹两人及其母亲一定很不好，他们到舅舅家一定是跟随母亲一起的。这种前室孩子不能善待继母和异母子女的情况在唐代似乎很普遍，一个著名的例子就是武则天，她也是在武士彟去世后受到异母哥哥们的不良待遇，双方因而结下深仇大恨。长孙皇后与武则天处理同一个问题的原则和方法都不同。在唐代的女性世界中，这两位对当时政治都产生很大影响的女性，有许多方面是可以对照观察的。

对于长孙氏与唐太宗的婚事，《旧唐书·高士廉传》另有说法。这种说法一方面能证明皇后母亲是长孙晟继室，另外对于这场婚事则记录不同。高士廉传说，长孙晟死了以后，高士廉"迎妹及甥于家，恩情甚重。见太宗潜龙时非常人，因以晟女妻焉，即文德皇后也"。这样说来，主导这个婚姻的不是长孙晟、长孙炽，而是高士廉。如何理解这个差异呢？我的看法是长孙晟生前订立了这个婚约，而在他去世以后，高士廉主导促成了这个婚姻。

这样，我们对于长孙氏婚前的早年经历就有了基本的了解。她的母亲作为继室嫁给长孙晟，在她和她哥哥长孙无忌出生的时候，家中就有了异母哥哥的存在。她的年长的父亲虽然可能对她很好，但是这样的家庭从一开始就埋下了诸多问题。最基本的问题就是年老的父亲一定先于母亲去世，而先房的异母哥哥从一开始就具有优势，他可以继承父亲的爵位，继承家业，而继母及其子女虽然不是一定没有地位，但在相当大的程度上要看与异母哥哥的关系。从长孙安业的地位来看，在长孙晟去世以后，长孙安业就会成为户主。只要不分家，长孙皇后和哥哥以及母亲，都要看长孙安业的脸色。后来的事实证明，长孙皇后与母亲、哥哥一起回到舅舅家，两《唐书》也不回避地说长孙安业对皇后和长孙无忌不好。

长孙晟去世的时候，皇后只有九岁，不知道受长孙安业多久的气才离开的。在高士廉家，虽然史书记载高士廉对妹妹和外甥很好，甚至专门卖了大房子买成小房子，让妹妹一家独处，但是从无忌兄妹的角度说，无论如何这也是寄住在别人家，多多少少总会有寄人篱下的感受。

史书记载早年的长孙皇后，特点是爱读书，对古代图传兴趣很大，过目不忘，并且自觉遵守礼法，能够以古代圣贤为榜样。很守规矩，这一点是一定的，并且应该是训练有素。长孙氏很小就很懂事，知道守规矩。这是早年的家庭结构与经历决定的。或许母亲很早就对她有训练，因为不守规矩可能就意味着得罪长孙安业等，而那就意味着倒霉或者被驱逐。到了舅舅家，她也一定只能更守规矩。（继母与先房子女的关系，向来受到重视。《旧唐书》就有孝友类传，如《裴子余传》、《崔衍传》等，都涉及事奉继母的问题。）长孙皇后从小知道守规矩，这最初大概有自我保护的动机。后来嫁给李世民，命运发生转机。后来李渊得天下，她竟然成了王妃，后来进一步升为皇后。但是，不论地位发生多大改变，从小形成的性格是不会改变的。很多年以后，我们仍然能从皇后的行事风格中看到她早年的生活影子。概括起来，大约有如下两点：第一，识大局知大体，凡事从大局出发；第二，对人性的善恶有充分的认识，识见深刻。

长孙皇后：唐太宗的政治顾问

长孙皇后如果仅仅是把自己管理的事情做好，那么她的地位是有限的，至少没有我们今天评价得那么高，不论是历史事实还是唐太宗的认识：长孙氏绝不仅仅是一个优秀的后宫管理者。实际上，长孙皇后一直是李世民的高参，特别是在重大问题上，她是李世民的高级政治顾问。

长孙皇后去世，李世民称："顾内失吾良佐，哀不可已矣。"他说皇后"每能规谏，补朕之阙"。以后入宫"不复闻善言"。李世民承认自己有过失，承认皇后能够弥补自己的过失。这很重要，如果不是皇后刚刚去世，李世民是不会轻易说出这些真心话的。皇后的很多话，在李世民听来都是"善言"。善言，好话也。什么是善言：对你好的话，对天下好的话等等。同样的话，不同的人说出来，效果不一样。长孙皇后是李世民最信任的人，他们从小同甘苦共患难，信任经过考验。

李世民究竟在什么事情上听从皇后的话，历史记载有限。我们从皇后的角度看看，她是如何充当皇帝顾问的。

首先，顾问以不问为前提。长孙皇后这个皇帝的顾问，经常是皇帝问而不答，这给人以强烈印象。皇帝有所问，她就是不回答。皇帝一再问，她就说这是皇帝的事情，我可不能妇人干政。李世民然后就百般解释，没有这个问题以后，皇后才说出自己的看法。这是为什么？是皇后真的没有意见吗？是在扭捏作态吗？都不是。经过这么一个过程，是让李世民确定自己的问题，确定是否真的需要皇后的意见。这是一个意见再筛选的过程。皇后只回答李世民确实需要的问题，换句话说：皇后只回答重要的、李世民也拿不定主意的问题。什么小事都问你，你就是秘书，只有大事才问你，你才是顾问。

其次，长孙家的事情，皇后很坚持。在这个问题上，皇后一改以往的习惯，不是回避而是坚持。这当然是因为她是长孙家族最有权势的人，她也自认为对长孙家族有一份责任。两件事最突出。一是保住长孙安业的性命。长孙安业终于还是出了问题，贞观元年，他参与了李孝常等人的谋逆阴谋，要杀皇帝搞政变。这当然是重大的政治案件，按照律法，这是十恶不赦之条，一定要杀头。但是，皇后出面了。

她对着皇帝不禁哭泣起来：我们长孙家真是很不幸，怎么会出现这样的事啊。陛下对安业多好啊，他没有立什么功劳，却当上了监门将军。他不图报答，反而谋逆，真是万死有余啊。

皇帝心头立刻乱了。你是什么意思啊？李世民问。

皇后说：什么意思，我家哥哥干出了这样的勾当，死不足惜，可是天下人会怎么理解啊？人们一定会以为是我们兄妹迫害哥哥，因为哥哥当年对我们不好，谁都知道啊。如果这样，不是很拖累朝廷吗？

李世民说：我当然不会让他拖累朝廷，也不能让他拖累皇后。

长孙安业最后没有被杀，而是长流南方（岭嶲）。

我们看长孙皇后的这次努力，确实在保护安业性命，虽然从朝廷名声出发进行论证，毕竟最后是保证安业不死。这样做的结果，皇后赢得了广泛的支持。因为她没有公报私仇，也没有继续发展家庭内部的斗争。这是让人同情的，也是让人赞许的。窝里斗，毕竟是一种丑恶的行径。同样的家庭关系，武则天是怎样做的？她杀掉了她所有的哥哥，都是以冠冕堂皇的理由。武则天成了皇后以后，对于她的哥哥们已经取得了优势，他们也再不能影响她了。但是，她就是咽不下早年的那口气，非置他们于死地不可。权力是那种即使你远离它，也知道它的强力存在的东西。如果你拥有它，你就会如吸食毒品一样上瘾，而越是过度地运用它，它越会给你快感。使用权力会产生快感，最后杀人也会产生快感，杀亲人也会。比较起来，长孙皇后拥有一种坚毅的理性，对权力也有这样的理性。在保护安业问题上如此，在阻拦长孙无忌掌权问题上也是如此。

长孙无忌是李世民布衣之交，早年的朋友，在唐朝统一国家的过程中，在唐太宗夺取最高权力的过程中，功劳甚大。李世民当然最信任他。李世民掌权开始，长孙无忌就担任吏部尚书，后来李世民想让长孙无忌担任尚书仆射，贞观时期的宰相。但是，皇后就是不同意。她的理由很简单，就是预防外戚干政。这一点，李世民很不理解。于是，还是让长孙无忌当了右仆射。之后，有一次，朝廷中有人议论，说长孙无忌有揽权的倾向，唐太宗当众说：我信任无忌，如同信任儿子。朝廷没有声音了。但是，皇后还是很坚持，她让无忌自觉退出。无忌当然想掌权，但是拗不过皇后，只好申请退出，皇上也就同意了。皇后听后很满意。对于外戚干政的防范，有这种必要吗？何况唐太宗是一个很强势的皇帝，怎么可能放任长孙无忌呢？我们谁都不能理解，但是，我们谁都不如长孙皇后，她比任何人都了解长孙无忌，比任何人都了解李世民。

长孙皇后的远见卓识，要到很多年以后才被证实。

第三，推荐魏征和房玄龄。

长孙皇后对长孙无忌的防范如此认真，而对于另外两个人却是认真推荐。第一就是魏征。魏征本来不属于秦王阵营，李世民宽容大度，接纳了魏征，但是在李世民原来的阵营中，魏征却很难被接纳。

李世民对魏征的纳谏不是没有障碍的。著名的故事是来自皇后的表扬。

有一天，李世民下朝回来怒气冲冲。

皇后问怎么了？

李世民说：还是那个乡巴佬，又在朝堂上跟我过不去。不杀了这个乡巴佬，难解我心头之恨。

皇后立刻换上朝服，向李世民祝贺。李世民问为什么？

皇后说：史书上都说君圣臣忠。现在正因为陛下圣明，所以魏征才如此敢于直言。天下得一明君，作为陛下的亲人，我怎能不祝贺呢？

史书上没有记录李世民的反应，想来一定是喜上眉梢。注意皇后说服皇上的角度，她是从表扬皇上的立场来维护魏征的直言。试想，她如果从批评皇上度量狭小入手，那么问题一定会更复杂，甚至完全弄糟。这种方式的成功，是建立在对人性弱点认识的基础上的。让皇上接受意见，还不能让皇上威风扫地，否则就南辕北辙了。

皇后不仅能提意见，而且善于提意见，这解决问题的方式绝不是可有可无的。对于后宫的事情，皇后也向来如此。在李世民大怒的时候，她一定表示严肃处理。当皇帝态度缓和下来，皇后再把事情原委讲出来。既防止皇帝一怒办错了事，也防止冤枉了好人。

长乐公主要出嫁了，因为是皇后亲生女儿出嫁，皇帝特别嘱咐要多准备嫁妆。结果朝廷准备的嫁妆十分丰盛，甚至超过了长公主。魏征出来发言了，说这样于礼不合，于情未安。李世民把魏征的意见转述给皇后，皇后深有感慨：对于陛下，作为妻子的我尚且察言观色，魏征真是难得。过去只听说陛下重用魏征，不知道理由，现在终于知道了，魏征是能够以义制情的人。忠言逆耳利于行，真是社稷之臣啊。

史书记载皇后称赞的人只有两个人，魏征和房玄龄。相信，唐太宗对魏征的信任重用，背后其实是有皇后的因素存在。而魏征为贞观之治做出的贡献，实在太大。这从多个方面也成就了唐太宗和唐太宗的时代。

长孙皇后：唐太宗的亲密战友

唐太宗是秦王的时候，经常领兵外出作战。长孙王妃虽然不能亲自参战，但是在另外的战场，她可是主力。那个战场，就是后宫。

唐朝统一天下的战争，基本模式是高祖全线指挥，太子建成从旁协助，亲王统兵作战。高祖三子，建成之外，秦王李世民、齐王李元吉，两名亲王经常在外统兵作战。这个模式相当合理，太子是皇帝的接班人，当然要从开始就习惯掌控全局，而领兵打仗也是大事，亲王统兵自然比较放心。不过，齐王元吉不是一个帅才，虽然个人很能单打独斗，但是不善于统兵，所以总是吃败仗，于是长此以往，所有的战斗功劳都为秦王所得。从薛仁杲到刘武周，最后一举拿下窦建德和王世充，李世民所向披靡，战无不胜。

李世民与哥哥太子建成的冲突，现有的主流说法是建成嫉妒李世民的战功，所以排挤李世民、陷害李世民。但这应该只是一个方面。而李世民秦王方面，也不是没有问题。秦王常年在外作战，对于胜利的得来确实功劳很大，于是在瓜分胜利果实的时候就有内心不公的感觉，因为看来他拼死拼活打下来的天下，最后并不由他亲自掌控。很明显，那都是为了太子。有了这样的念头，朝廷如何赏赐也不足够。太子方面有担心是一个方面，秦王方面有野心也是一个方面。

于是，两个阵营的各种方式的冲突渐渐展开。因为双方争夺的是皇位的继承权，所以争取高祖的支持是最重要的。而这种争取，其实要在许多方面展开工作。其中重要一环是争取皇帝身边人的同情与支持，包括朝廷大臣，包括皇帝的嫔妃。在这个斗争中，李世民有天然的缺陷，李建成是法定继承人，李建成经常在宫中，而李世民是亲王根本不是法定继承人，经常在外活动，不可能做一些细致的工作，特别是感情方面的工作。

因为这种斗争是不合法斗争，细致的感情关系十分重要。李世民以上诸多特点，决定了他在这场斗争中实际上难免处于下风。这个时候，长孙王妃的工作就突显出来。史书载长孙王妃“内尽孝事高祖，谨承诸妃，消释嫌猜”。高祖及其身边的嫔妃，因为喜欢长孙氏，所以在对待李世民的时候，就会更多一项考虑。比如说，如果要对李世民不利，考虑到长孙氏，就会犹豫不决，甚至会改变。特别是高祖，在儿子之间的平衡问题上，考虑到长孙氏的孝敬，内心就会发生软化。因为李世民与李建成的力量对比，整体上一直属于弱势，激化矛盾只能对李世民不利。

这样的工作，知易行难。后宫的嫔妃们，整天无所事事，养尊处优。她们看人的眼光，比上帝还挑剔。在她们面前，犯错太容易，得到欣赏则不易。她们不缺钱，不缺尊崇，几乎要什么有什么，要讨好她们绝对不是容易的事。但是，长孙氏很好地做到了。细节资料我们没有掌握，历史记载只告诉我们这么多。但是，联想到长孙氏早年的生活经历，我们就不必惊奇了。第一，识大局知大体，这决定了长孙氏在高祖和嫔妃面前一定是低调的、温顺的、恭敬的。因为她知道，无论如何不能触怒他们，秦王这面是弱小的一方，而弱小一方的生存之道只能是这样的，低调、温顺、恭敬有礼。长孙氏从小不就是处在这样的生存环境中吗？对此，可以说她是训练有素的。第二，对人有充分的认识，善于观察每个人的性情与内心。所以，长孙氏还是可以看到高祖的需要是子孙的孝敬，看到嫔妃们的需要是恭敬有礼。比如说，她们大概不会缺少金银，但是她们需要尊重。因为这些人成为嫔妃不是因为可以凭据的家世和才学，她们多半是因为皇帝的喜爱，而这样的东西是靠不住的。比如张婕妤和尹妃，她们的家世都是没有记载的，就是说根本无法跟长孙氏这样的家族对比，越是这样，她们就越是需要长孙氏这样的人的尊敬。而长孙氏一定很好地满足了她们的这个需要。

唐高祖最后对李世民集团的政策是逐渐削弱。按照现在一般的说法，这是听从了李建成的建议，没有采取更坚决迅速的办法消除李世民阵营的力量，而是采取这样釜底抽薪的办法，是担心李世民受不了。可能也是担心长孙王妃。某种意义上说，这样的和风细雨方式，正是长孙氏的方式。是不是高祖无形中接受了长孙氏的影响呢？这是很内心的东西，我们不敢断言。但是，这个方式却给了李世民阵营一个很好的机会，让他们有时间反应，包括最后做出鱼死网破的决定。

李世民终于决定发动玄武门军事政变，用军事手段解决长期的政治斗争。这个时候，长孙氏应该怎么办呢？依照一般的想法，长孙氏一定不能适应这种战争场面。虽然早年生活并不幸福，但是毕竟生长在都市中的官宦人家，如何能适应这种刀光剑影呢？但是，这个一般的推断是错误的，对于长孙氏尤其是错误的。要知道，长孙氏的生活理念，不仅来自现实生活，也来自她的阅读。阅读历史获得间接经验，而对于政治斗争来说，这种经验的获得方式几乎是唯一的，阅读是唯一的相关知识的获得渠道。所以，长孙氏的生活理念是十分理性的，即使她在日常生活中经常是感性地行事。现在，长孙氏和她的哥哥一样，都是李世民坚决决战的有力支持者。长孙氏对政治的敏感，如同她的婆婆窦氏一样，而政治斗争的果敢，则胜过婆婆。她知道，如果不决战，等待他们的是无尽的黑暗，而到李建成当了皇帝，她和孩子们的日子一定是重回寄人篱下的状态。她早年的经历，一定在这个时候再次发酵。不，她太懂得那是怎样的一种生活了，所以宁愿一拼。

很多大片，为了突出男主人公，往往把女主人公写成负担和包袱。在男主人公需要全力投入战斗的时候，女主人公那里一定出现问题，于是男主人公不得不分精力照顾，因此增加了胜利的难度。这是一种男性主义的写法，但有现实生活依据。如果李世民是男主人公的话，那么长孙氏这位女主人公则完全不同。她的态度让李世民变得更坚决，让李世民变得更勇敢。不仅如此，在玄武门政变的当天，长孙氏没有躲起来，她还间接地参加了战斗。“及帝授甲宫中，后亲慰勉，士皆感奋。”王妃，即使是秦王府的卫士，也不是经常可以见到的。她是秦王府的女主人，出身高贵，举止典雅。她是很多勇士内心的偶像。当长孙妃出人意料地出现在全副武装的战士面前的时候，这些战士终于可以近距离地看到高贵的王妃了。当王妃手捧酒碗，用坚毅和平静的声音慰劳他们，并祝愿胜利的时候，这些战士会多么激动！他们一饮而尽，根本不知道酒是什么滋味，只是愣愣地看着王妃，只有热血沸腾。当战斗打响以后，王妃奉酒的形象也会历历在目，不打胜，哪有颜面再见王妃？战斗力就这样被激发出来。长孙王妃在玄武门政变中的功劳是独特的，是不可替代的。

贞观时期，唐太宗治理天下，长孙皇后掌管内廷，那也是一条看不见的战线，长孙皇后依然是唐太宗的一个重要方面军。

高高的宫墙挡住了人们的视线，在深宫之内，究竟是怎样的一番景象？平常，人们会把深宫看作是危险的场所，只有武则天这样的人才会把深宫看作是人生转折点。其实，那个不缺吃、不少穿的领域，从来都是万分险恶的。看上去风平浪静，其实内部波涛汹涌、阴晴不定、瞬息万变。凡是资源集中的地方，永远是争斗激烈的场所，这是历史给出的铁律。

但是，在贞观时期的后宫，特别是在长孙皇后掌控的后宫，一直是风和日丽。不是这里改变了性质，不是这里缺少了资源，只是因为长孙皇后掌控有力。那是一种柔性的力量，看不见摸不着，但无处不在。这是长孙氏的力量，也是长孙氏的风格。

当了皇后的长孙氏，看起来没有什么变化。

一是更勤奋地读书，一年四季保持不变。她是从读书中获得教益的人，所以知道读书的用处。增强智慧，积累知识，意义无限。

二是简朴，需求不多。无欲则刚，这是人所共知的。

三是大度。宫人生女而死，皇后视若己出。后宫有疾，皇后停自己的御饮药给病者。凡此之类，史书称之为“下怀其仁”。下面的人都感怀她的仁德。这就如同将军仁爱，战士乐死一样。

同样的后宫，你们看高宗时期，混乱不堪。高宗的王皇后，与萧淑妃战斗不息，为了胜利专门请武则天入宫帮忙，结果被武则天通吃。武则天呢，为了保证自己在后宫的唯一性，对所有竞争者或者潜在的竞争者都采取绝杀策略，即使是自己的亲戚也不留活口。

同样是早年生活在他人的阴影之下，为什么长孙皇后选择了宽容，而武则天选择了变本加厉呢？这是人心最隐蔽的部分，我们无从得知。就如同多年的媳妇熬成婆，有的人因为知道媳妇生活的不易，所以更多同情，而有的人比自己的婆婆更凶猛地对待自己的儿媳。就对后宫的掌控而言，武则天是法家路线，始终保持高压；而长孙氏则采取道家的无为和儒家的攻心为上。采取法家路线需要心狠手辣，采取儒道结合则需要更高的智慧。两人选择不同的路线，与自己的目标不同也有关系。武则天始终有危机感，也有更高追求；长孙氏很自信，自认为也达到了人生的顶点。

还有一点很重要，长孙氏的自我定位，一直以唐太宗为准绳，以皇帝的大业为思考的目标。她自己和她自己管理的后宫，都是皇帝大业的一部分。这就是我们所说的，长孙氏始终是唐太宗的亲密战友。

这是什么？这就是很标准的母仪天下。

长孙皇后：一个让唐太宗痛哭的人

贞观十年（636年）六月二十一日，皇后崩于立政殿。宫中女官把皇后编撰的《女则》一书呈给唐太宗。说：皇后生前把历代妇人参政得失的历史编成此书，自觉文字尚不精练，不敢呈献。不想皇后还没有来得及修完就……太宗打开书卷，不禁失声痛哭。史书记载说“上览之悲恸”，准确的理解应该是内心悲伤，失声痛哭。

想一想，整日高深莫测的皇帝；想一想唐太宗是一位冲锋陷阵、杀敌无数的马上英雄；想一想玄武门下，唐太宗一箭封喉，让他哥哥眨眼间死于马下……总之，如今唐太宗失声痛哭的样子，这让人感到落差实在太大。不过，这正应了那句老话：男儿有泪不轻弹，只是未到伤心处。皇后的去世，让唐太宗确实感到了悲伤，忽然之间丧失了依靠，心中空空如也。史书上记载，唐太宗说：以后入后宫，再也听不到她的规谏了。

皇后六月去世，十一月埋葬于昭陵。太宗经常想念皇后，不能自已，于是在宫苑之内修建一个多层塔，为的是便于自己经常登临，瞭望昭陵。有一次，太宗引领魏征同登，让魏征看昭陵。魏征说：在哪里啊，我眼睛不好，看不到啊。太宗就用手指示，那不就是昭陵吗？啊！魏征故意打马虎眼说：啊，是昭陵啊，我还以为要看献陵呢，要看昭陵，我早就看到了。魏征这话，含义很隐晦。昭陵是唐太宗的陵墓，皇后先死，所以先葬，后来太宗死与皇后合葬于昭陵。献陵是唐高祖李渊的陵墓，他在贞观九年去世，埋葬于献陵。魏征的意思是：作为儿子，你不想念父亲，单单想念妻子，这让天下人知道了，可不是一个好榜样啊。毕竟，我们是以孝治天下啊。魏征的意思，唐太宗何尝不懂？但是他太想念皇后了。在魏征面前，太宗大概也用不着掩饰，他再一次哭了起来。这次长哭之后，太宗下令拆毁这座塔。

那座思念之塔虽然拆了，但在太宗的心中，思念始终未断。长孙皇后生前对唐太宗有影响，死后依然有影响。皇后生前对太宗的事业有帮助，死后依然有帮助。

一年前的五月，李渊去世。十月，唐太宗安葬了父亲。唐太宗认真地履行了作为儿子的一切手续，恭恭敬敬地把父亲埋葬。他哭过，因为他会觉得自己很多地方对不起父亲。为此痛哭的时候，他是真心的。有的时候，父亲的去世让他感到有些轻松。这个时候，他的哭完全是履行仪式，并不是真的伤心。如今，皇后紧跟着去世了。比起父亲的去世，皇后的去世才是对唐太宗真正的打击，对于皇后的离去，唐太宗的痛哭是发自内心的。

李世民身边女人众多，但是真正获得李世民真心的只有一个，就是长孙皇后。

长孙皇后的心病

长孙皇后病逝的时候，只有 36 岁。即使千年以后，我们仍然为她短暂的生命扼腕叹息。有人说，若是皇后在，唐太宗后来不会那样频频出错；若是皇后在，唐太宗也许还能多活一些年岁。有人甚至说，唐太宗早年的那些从容淡定，或许都是受了皇后的影响。后来，皇后不在了，英名一世的唐太宗忽然变得无依无靠，忽然变得举棋不定。

这些，都代表着人们对长孙皇后的极大敬重。然而，皇后的心思，却全然不在这里，她有她的心病。

究竟有谁懂得皇后那无言诉说的心病呢。

历史总是这样捉弄人。很多年以后，直到该发生的都发生过后，我们才事后诸葛亮一样地豁然开朗了。原来如此！

高宗显庆四年（659 年）七月，流放黔州的长孙无忌被迫自杀，一家多人被杀，财产一概没官，近亲流放岭南为奴婢。用家破人亡来形容，并不过分。

直到这个时候，我们才想起长孙皇后。

长孙皇后的心病，原来正在长孙无忌。

长孙皇后生前总是强调外戚不能干政，三番五次地这样对唐太宗讲。

当时，包括唐太宗在内，大概所有的人都会感到奇怪，在唐太宗的时代，怎么会有外戚干政的可能性呢？

贞观之初，当太宗要重用长孙无忌的时候，我们看到，长孙皇后全力以赴进行阻拦。这个动作，让太宗不能接受，而一贯反对外戚干政的长孙皇后忽然如此积极地表态，不是与自己作风相违背吗？

长孙皇后临终前，她念念不忘的还是外戚干政问题。她其实一直担心的就是皇帝重用长孙无忌，一直担心长孙无忌权力过大导致严重后果。在中国，我们知道外戚干政的后果都不好，朝廷政治秩序造成混乱，而外戚的结局往往更糟，要么被就地正法，要么被秋后算账。长孙皇后的心病就在这里，她不希望自己的家族因为外戚干政而破败。

那么，长孙皇后为什么担心长孙无忌呢？历史没有交代。运用一般的经验推导，这个世界上，没有谁比长孙皇后更了解长孙无忌。早年的破落和不幸，大概让长孙无忌燃起权力的欲火，发誓要掌控权力，享受权力。他的这些念头，别人不知道，但是妹妹最了解。所以，作为妹妹必须阻拦哥哥，尤其在贞观时期，在皇上十分信任皇后、信任长孙无忌的背景下，皇后必须千方百计进行阻拦。

但是，皇后的阻拦总是用暗示的方式来进行，这导致唐太宗的理解出现困难，于是皇帝和皇后在长孙无忌的任用问题上经常陷于冲突。皇后为什么不明白无误地说出真相呢？皇后不能。为什么？在权力的顶峰，长孙皇后当然知道，如果说出真相，后果也不堪设想。如果皇后说长孙无忌权力欲望太强，一旦被皇帝重视，就会酿成严重后果。想一想，唐太宗会怎么反应，很可能唐太宗就会对长孙无忌加强防范。而一旦皇帝拥有了这样的念头，悲剧就可能随时发生。在中国历史上，因为皇帝防范之心过强，导致大臣无端被杀的例证太多。皇后读书勤奋，当然很明了这一点。所以，她想做到两全其美，既不要让长孙无忌掌握大权，又不让皇帝对长孙无忌产生猜忌。

皇后的想法很好，但是唐太宗完全理解吗？贞观之初，唐太宗与皇后关于长孙无忌重用问题的冲突，虽然太宗违背了皇后的意志，重用了长孙无忌，让他担任尚书右仆射，但是结果呢？不出皇后所料，长孙无忌果然出现揽权的问题。皇后乘机让他辞职，他也只好辞职。唐太宗公开替长孙无忌辩护，但是毕竟同意他辞职，说明太宗对长孙无忌的认识回归于长孙皇后。

到了贞观后期，唐太宗对于长孙无忌的倚重十分明显，特别是在太子之争的过程中，长孙无忌发挥了那么大的作用，是与唐太宗对他的高度信任分不开的。不仅如此，李治的太子地位确立以后，围绕新太子，唐太宗建立的基本班底是以长孙无忌为重心的，贞观末期和永徽初期，长孙无忌担任三省领袖，其实就是唐太宗安排的。

恶果终于还是发生了。永徽时期，渐渐成长的唐高宗终于不干了。哪有皇帝愿意大权旁落的？但是，长孙无忌似乎到最后都没能觉悟。贪权的人什么时候会认为自己贪权呢？他当时想得更多的应该是小子无礼、小子忘恩之类。利用废王立武的事件，唐高宗终于击败长孙无忌，全面掌权，而担心长孙无忌出问题，最终以谋反罪名继续打击长孙无忌，直到显庆四年长孙无忌家毁人亡。

长孙皇后最担心的问题，还是以最悲惨的方式发生了。对于帝国体制下的权力运作本质，皇后一定再熟悉不过。对于哥哥的热爱权力，皇后也一定最熟知。她早早地洞悉了其中的悲剧因素，有生之年，她在竭尽全力，全力避免悲剧的最后发生。

想一想，皇后的心病，那是多么沉重啊。

苍天无眼，让皇后过早离开人世，悲剧如期而至。但是，这悲剧不属于长孙皇后。

贞观之治的历史启示

引言：贞观之治的历史成就

人类，古往今来，无不重视政治问题，因为政治是社会和谐、民众幸福的重要因素。但是，东西方讨论政治，往往各有侧重。柏拉图《理想国》、亚里士多德《政治学》都把政体当作核心的政治问题来讨论，到16世纪的意大利马基雅弗利《君主论》，还在呼唤强有力的君主诞生。君主制与共和制，在西方古代一直是一个纠缠不清的选择，所以思想家才会有条件各抒己见。

中国很早的时候就形成了政体上的共识，君主制在古代中国的各家各派中，众口一词，除了君主制几乎就没有其他选项。虽然有学者认为中国古代也有过城邦制的时代，但是即使所谓的“城邦制”，依然是君主体制。所以，古代中国，讨论政治问题，都是在君主制的前提下进行的，都是如何利用君主制度，把国家治理得更好。

我这么一说，你千万不要误解，以为古代西方毕竟比古代中国多一条选项，因此更有利。实际的情况是，古代西方严重不稳定，包括政治体制，所以造成太多的纷扰。共和制度比君主制度优越，这是近代之后的观念。古代中国与西方比较，很明显是中国的体制更优越。

正因为如此，古代中国渐渐形成了独具特色的政治理论，如王道、霸道，就是中国语境中特有的政治思想。一般而言，王道的论述者以儒家为主，霸道政治的主张者以法家为主，到秦汉之后，二者合流，所以汉家法度，是王霸道杂之。通常情况下，乱世霸道为主，和平时期王道为主。

今天的主题是《贞观政要》，通过《贞观政要》这部书了解中国传统的王道政治。我们相信，即使到了二十一世纪，历史的价值依然如故。作为中国人，接触、理解中国文化，还是中国人需要具备的文化素质。贞观之治是中国的一个老故事，能够体现中国文化在当时发挥的作用。我们今天，还是有必要用一点心思，思考古人所作所为，为我们的努力奋斗获得一些历史依据。

了解《贞观政要》当然要知道一个人，因为这个人就是这部书的主人公，这个人就是唐太宗。唐太宗的故事，许多书都有记载，如两《唐书》、《资治通鉴》这些史书，但记载唐太宗故事最多、影响最大的就是《贞观政要》。

一部书，一个人和一个时代的故事，我们要从中领略中国古人的政治智慧，这种政治智慧，集中代表的就是王道政治。王道政治，主要是儒家的政治理论，从前，有人认为，儒家的理论太过理想，很难实践。可以认为，唐太宗取得的成绩即贞观之治，就是儒家王道政治的一次成功实践。

贞观，是唐太宗的年号，只有23年的时间，公元627—649年。唐太宗到底取得哪些成就呢？为什么贞观之治至今为人称道呢？说到底，还是唐太宗的政治成就大，影响深远。具体而言，唐太宗的贞观之治，取得了如下几个方面成就：

其一，贞观时代创造了君主制度背景下的高度政治文明。我们现在讲社会主义文明，过去不讲社会主义文明，但是哪一个时代都有自己的文明，即使在皇帝制度的时代，也有他的政治文明。可是以往在我们的印象中，在小说、电视剧中，往往是朝堂之上、君臣之间，到处都是钩心斗角、尔虞我诈，以至于一部《二十四史》，大家都说那几乎就是残酷斗争的历史。以前我们就是这样看待历史的，历史也给了我们这样的印象。事实上这个问题是存在的，就是在权力越集中的地方、资源越集中的地方，斗争往往就会越激烈，古往今来莫不如此。所以《二十四史》记载君臣斗争，这是难免的。可是我今天要告诉大家的是，在贞观时代，我们看到的是另外一种景象，就是君臣关系十分和谐。君臣之间如同亲人，大家真的能够做到同心同德建设自己的国家。很多事情今天想来，以至于难以理解。因为君臣关系如何，不仅影响他们之间的问题，其实影响整个国家。在中央层面，最重要的决定国家命运的那些人，他们之间的关系是好是坏，不仅涉及他们本人，也涉及这个国家，涉及全体的人民。因为所有的政策、所有的制度就是他们制定的，如果他们钩心斗角，他们利欲熏心，不替人民着想，那么可想而知，他们能制定有利于国家社会发展的政策和制度吗？不可能。但是贞观君臣确实做到了，唐太宗一班君臣确实做到了同心同德建设国家。

其二，贞观的贡献就是创造了君主时代的社会和谐的典范。社会和谐这几年我们讲得比较多，这也意味着我们对和谐是渴望的，我们现在的和谐问题可能跟古代不一样，但是古代的和谐、社会的和谐，值不值得我们认真思索呢？当然值得。

在唐朝以前，中国人一提到中国历史上最光辉的时期，就是上古三代尧舜禹的时期，那个时候社会如何先进、如何进步之类的。比如说路不拾遗、夜不闭户，社会的治安普遍好，社会的道德水准普遍高。但是从贞观时候开始这个情况变了，大家说有一个时代很好，叫做路不拾遗、夜不闭户，首先想到的不是尧舜禹，而是贞观。所以贞观时代，创造了社会和谐的典范，它真的成了后来的榜样。社会和谐的关键，本质上其实就是国家和老百姓的关系的问题。两个方面，国家和社会，谁是主要的矛盾方面，当时政府是矛盾的主要方面。所以唐朝唐太宗时代，在制定政策、制定制度，调整社会关系的时候，他们注意到百姓的存在。唐太宗说，为君之道必先存百姓。魏征告诉唐太宗，唐太宗也念念不忘的是治理天下要“以百姓之心为心”。如此的政权，如此的中央政府，如果天天这么考虑问题，社会当然是可以建设得很和谐。

其三，唐太宗君臣领导中国赢得了十分崇高的国际地位。在一个国家里，我们很关心自己国家的国际地位，每每中国地位有所提高，作为它的人民当然也是欢欣鼓舞的。但是近代以后，中国的国际地位真的就是每况愈下，直到改革开放以来，中国的地位真的是在节节攀升，越来越高。有多高？反正还可以再高，提升的空间很大。

唐朝从贞观开始，唐朝的每一届皇帝，除了他是中国的皇帝以外，另有一个称号叫“天可汗”。“可汗”是北方少数民族政权政治首脑的称号，突厥人就称可汗，柔然人也称可汗。唐太宗为什么也叫天可汗呢？叫天可汗，划了一个范围，他就是天下的可汗。这个称号不是自封的，贞观四年，西北各国的国君联合起来共同上尊号给唐太宗，就叫“天可汗”。从此以后，唐太宗不仅是中国的皇帝，也是一定国际范围内的天下共主。从此以后唐太宗刻了一方印，就叫“天可汗之印”，向国外派使者，发国书的时候就盖上这方印，各国的国君拿到盖有这个印玺的信件，那就要像对待上方的指示一样认真照办执行。唐朝有很多战争，开始跟中国都是没有关系的，就是天可汗要维系国际的秩序，两个国家战争，天可汗要管，要去拉架，跟现在一模一样的，先派使者，说停战，然后谈判。开始管，不听天可汗的，天可汗有的时候就会派兵，唐朝的时候有一些战争开始跟中国是没有关系的，因为天可汗这个国际职务所在，后来就不得不派兵处理。

我们以上讲的三个方面，中央内部的团结、国内的团结、然后是国际地位。这里有一个因果递进的关系。首先统治集团内部，它的观念、人事关系，这是最重要的，然后它能够正确理解国家之间的问题，建设好这个社会。只有强大的、和谐的国家，才会赢得国际地位。

儒家讲究的政治原则就是由内及外，由此及彼的。儒家不讲究对国际的影响吗？讲。它追求的是自然而然的影响，反对力不能及的争取。在中国，特别强调文化的逐渐影响。不知道大家对此是否有同感。一个国家的国际地位当然很重要，但是它应该怎么样去取得呢？应该实至名归，当实力到达那里以后，自然就有了那样的影响、拥有了相应的名誉。这种名誉不可以过分追求，尤其是费了很多的劲，为了追求这样的一个国际评价，那是得不偿失的。有时候，我们太渴望一个国际地位的提高，为了追求提高又不得其法，结果呢？还是难以获得。不是你的，抢也没有用。

贞观之治的这些成就，应该如何总结呢？我的结论这是王道政治的一次历史证明。那么，到底什么是王道政治呢？

以人为本，以德治国

王道政治的核心观念，就是以人为本，以德治国。

什么叫以人为本呢？其实它是一个政治学的概念。以民为本最初的说法就是儒家的那本叫做《尚书》的经典之书，里面就讲到了“民为邦本”，老百姓是这个国家的根本。后来孔子、孟子都发展了这个学说，讲了更具体的内容。比如说孔子特别强调民信的重要性，“民不信，则国不立”。这个国家的合法性基础是什么？是人民对你的信任，这很重要。到孟子的时候，孟子说得更清楚了，叫做“得人心者得天下”。人心是什么心？人心就是民心。孟子继续说，国家政治生活的三要素，即人民、国家和君主，这三者应该是一种怎样的排列呢？他说“民为贵，社稷次之，君为轻”，后来这被人概括成“民贵君轻”思想。其实就是儒家的理论，在国家的三个基本要素中，老百姓、政府、国家的统治者，这三者之间，孰重孰轻这不是一个小问题，所以孟子的主张，人民最重要，所以民为贵。统治者、统治集团是最次要的，所以叫君为轻。以民为本，或者以人为本这不是一个罕见的概念，应该是中国人最熟悉的一个概念，就是因为李世民的关系，唐朝以后为了尊敬李世民，凡是碰到“民”的多数都改成“人”了，所以“以民为本”就改成“以人为本”。我们今天也这么叫。

那么，以人为本首先是一个政治的概念，在早期儒家的含义中，就是一个政治的概念，说国家应该重视根本，什么是根本呢？人民。所以我说的以人为本，就是要围绕原始的意义，民为邦本。有人说，儒家是一个伦理道德讲得太多，但并不实用的思想派别，这是不对的。贞观之治从这个意义上说就可以作为佐证，贞观之治正好是儒家人本主义政治的一次成功实践。

唐太宗是怎么做的呢？先看唐太宗是怎么说的。唐太宗说的一句话我们耳熟能详，说“君者，舟也，民者，水也，水则载舟，水则覆舟”。皇帝和老百姓的关系是一种相互支持的关系，否则水就可以打翻你这条船。他这么说的时候，总感觉有利用，有妥协的意思，为了利用老百姓，不得不对老百姓好。贞观六年，唐太宗对魏征说：“天子者，有道则人推而为主，无道则人弃而不用，诚可畏也。”（《政体篇》第七）对于严重后果的恐惧，确实是统治者注意民众，约束自己行为的一个重要原因。但是，这仅仅是消极的表现。唐太宗还说一句话，这句话就在《贞观政要》开篇第一句话，唐太宗说，“为君之道，必先安百姓”。没有百姓的平安，怎么会有统治者的平安？这其实也是常识。接着，唐太宗说：如果过分盘剥百姓，犹如割股自食。一个人太饿了，挥刀把自己腿上的肉割下来吃，这会怎么样？就算把自己吃饱了，也把自己杀掉了。这句话可以理解成过分盘剥百姓，形同自杀。这没有问题吧？所以唐太宗在认识上是非常明确的，他知道这个政权、这个国家，包括他这个皇帝，它的基础、它的根本在什么地方，就在老百姓那里。老百姓的问题解决不了，或者解决得不好，那就是皇帝的失职，他不仅这么说，而且也是这么做的。

有一次朝廷讨论如何去贼，就是解决刑事犯罪的问题，有的人就说解决刑事犯罪就要严刑峻法，加大打击力度，打得老百姓不敢动手了，一想到犯法就害怕，那就没人犯法，去贼问题就解决了。唐太宗不同意，他讲了一番话，说“人皆有廉耻之心”。这是人性的问题，人在群体中生活，人都有廉耻之心，一旦犯罪，这廉耻就没有了，做人就不成功了。可是我的百姓为什么还有人宁可不要廉耻也要去犯罪呢？唐太宗非常能够理解，唐太宗说一定是他的生活出了问题，有了衣食之忧、有了切肤之痛。他为什么生活出现这样的窘况呢？唐太宗继续分析，一个成年男子凭正当劳动养活他自己，养活一家老小应该不会成问题。为什么有人还是有问题？一定是国家盘剥过多。所以唐太宗说如何去贼，如何解决刑事犯罪问题，答案是“从朕始”，从皇帝这儿开始解决问题，接下来他有了一整套的配套措施。

《通鉴》武德九年十一月：

丙午，上与群臣论止盗。或请重法以禁之，上哂之曰：“民之所以为盗者，由赋繁役重，官吏贪求，饥寒切身，故不暇顾廉耻耳。朕当去奢省费，轻徭薄赋，选用廉吏，使民主食有余，则自不为盗，安用重法邪！”自是数年之后，海内升平，路不拾遗，外户不闭，商旅野宿焉。上又尝谓侍臣曰：“君依于国，国依于民。刻民以奉君，犹割肉以充腹，腹饱而身毙，君富而国亡。故人君之患，不自外来，常由身出。夫欲盛则费广，费广则赋重，赋重则民愁，民愁则国危，国危则君丧矣。朕常以此思之，故不敢纵欲也。”

首先，唐太宗自己就说，要减少自己的用度，就是说节约一点，能不用的就不用，能少用的不多用。唐太宗是很节约的皇帝，长孙皇后也是很有名的节约型皇后。然后把李家皇族的爵位进行重新审定，确实有功劳的人保持爵位，功劳小的降低爵位，没有功劳的取消爵位。人们常说：一人得道，鸡犬升天，一个人当皇帝，全家跟着沾光这很正常，过去也是这么做的。但是唐太宗为了减轻百姓的经济负担，从他们家族开始，重新检讨他们是否合格，因为所有的爵位背后都是很高的待遇。这些皇族取消这些待遇也没有生活问题，但是百姓的负担就不同了。他建议重新排定爵位，减轻百姓的负担。

第二，精简国家机构。贞观元年，房玄龄、杜如晦两个人亲自主持这事，唐朝的国家机构进行了人员缩编，最后中央的官员剩下多少人？两种记载，一种记载是 640 人，一种记载是 700 人。就算 700 人吧，整个中央政府的官员 700 人，太多了吧？太少了，少得我们无法理解。其实看看唐朝留下来的相关史书，比如说《唐六典》，这本开元年间修的书，开元二十五年的时候，唐朝中央官员 800 多人，比贞观的时候已经增加了，但是按我们今天的理解，仍然不多。精简机构为了什么？减轻百姓负担。合并州县，把地方政府进行合并，为的是减少地方官员的人数，减少俸禄的提供。合并州县，唐朝一个县里面的官员有多少人？正式官员不超过 20 人。很少的，很多在县里面忙来忙去的，都是帮忙干活的老百姓。政府人员少了，减轻财政压力了，百姓负担也就减轻了。唐太宗的目标是轻徭薄赋，藏富于民，只要做到藏富于民，不信天下治理不好。贞观四年，唐太宗这个目标达成了，连续几年农业大丰收，一个农业社会立刻就站立起来了。然后发动了一次战争，把北方对中国影响最大的东突厥给灭掉了，东突厥的颉利可汗投降了。唐朝的情况一下子翻身了。

唐太宗的这种治理办法在当时是有争议的。贞观之初有一场大争论，究竟能不能治理好天下，到底怎样才能治理好天下，两种观点冲突激烈。一派观点就认为，现在天下治理不好，为什么治理不好？是人心不好，“人心不古”。尧舜禹的时候，老百姓人心朴实，现在人心坏了。谁说的呢？中书省的长官封德彝，是一个老臣，他就坚持这种观点，他说能维持就不错了，因为人心不古，没办法。魏征就反对这种观点，魏征代表另外一种思想路线。魏征认为，古往今来，老百姓始终就是老百姓，今天的老百姓和尧舜禹时候的老百姓是一样的。如果说尧舜禹的时候老百姓是老百姓，后来越来越坏，那今天还有老百姓吗？我们所见之人都应该是妖魔鬼怪才对，哪有人呢？事实上，老百姓始终都是一样的。为什么历朝有治理得好，有治理得不好呢？责任就在统治者，政策好了，老百姓支持；政策不好，老百姓不支持。这很正常。所以关键是统治者要负起责任来，魏征的这种主张叫以德治国。以德治国就是儒家的一个基本治国路线，它要求统治者自己要率先垂范，自己要成为榜样。孔子说政治是什么？政治就是正确：“政者，正也，其身正，不令自行；其身不正，虽令不行。”统治者自己做得好，不用命令，老百姓都会跟着你走的，要是自己做得不像样，就是发出命令，也没有人理你。这就是孔子的主张。

《贞观政要》政体篇第九章：

> 贞观七年，太宗与秘书监魏征从容论自古理政得失，因曰：“当今大乱之后，造次不可致理。”征曰：“不然，凡人在危困，则忧死亡；忧死亡，则思理；思理，则易教，然则乱后易教，犹饥人易食也。”太宗曰：“善人为邦百年，然后胜残去杀。大乱之后，将求致理，宁可造次而望乎？”征曰：“此据常人，不在圣哲。若圣哲施化，

上下同心，人应如响，不疾而速，期月而可，信不为难，三年成功，犹谓其晚。”太宗以为然。封德彝对曰：“三代以后，人渐浇讹，故秦任法律。汉杂霸道，皆欲理而不能，岂能理而不欲？若信魏征所说，恐败乱国家。”征曰：“五帝、三王，不易人而理。行帝道则帝，行王道则王，在于当时所理，化之而已。考之载籍，可得而知。昔黄帝与蚩尤七十余战，其乱甚矣，既胜之后，便致太平。九黎乱德，颛顼征之，既克之后，不失其理。桀为乱虐，而汤放之，在汤之代，即致太平。纣为无道，武王伐之，成王之代，亦致太平。若言人渐浇讹，不及纯朴，至今应悉为鬼魅，宁可复得而教化耶？”德彝等无以难之，然咸以为不可。太宗每力行不倦，数年间，海内康宁，突厥破灭，因谓群臣曰：“贞观初，人皆异论，云当今必不可行帝道、王道，惟魏征劝我。既从其言，不过数载，遂得华夏安宁，远戎宾服。突厥自古以来常为中国勍敌，今酋长并带刀宿卫，部落皆袭衣冠。使我遂至于此，皆魏征之力也。”顾谓征曰：“玉虽有美质，在于石间，不值良工琢磨，与瓦砾不别。若遇良工，即为万代之宝。朕虽无美质，为公所切磋，劳公约朕以仁义，弘朕以道德，使朕功业至此，公亦足为良工尔。”

古往今来都有这样的问题，这叫两条路线的斗争。在唐初这叫什么呢？这叫王道政治和霸道政治的争论。霸道讲究什么呢？以力服人。王道怎么样呢？王道要以德服人，以理服人，这就不一样了。古代没有我们今天这种治国理念，在中国的范围内，那就是霸道政治还是王道政治的问题。唐太宗支持了魏征，采取王道政治，所以贞观之治可以看作是王道政治的一次胜利。

以人为本，不仅是一个理念，不仅是一个口号，它要跟一系列的制度和政策相配合，它才能落到实处，否则它就是一个美丽的、虚幻的口号。唐太宗是这么说的，他也是这么做的。比如唐朝实行的是均田制，实际上就是唐朝的政府管理国家的土地非常严格，有一套相关的法律规定，就是土地管理法令。所有的人，即使土地是你自己私人所有，在唐朝法令都规定，不能私自买卖，买卖土地必须经过国家允许，必须通过政府手续，否则的话就是非法买卖。

唐朝的土地管理非常严格。比如有人不经过政府，私下订立契约，非法进行了土地买卖。被政府发现了，政府会怎么处置他们两个人呢？地归原主，钱没收充公。这么处理公平吗？两个人私下里买卖土地，卖的人，地又给他了，那个出钱的人地没捞着，钱被国家没收了。这合理吗？这就是很不合理的处置。这叫什么法律？这简直就是封建主义的法律，太不公平了。但是为什么要制定这样的法律呢？再继续研究下去，就知道为什么要这么处置。

其实这是一个很简单的道理，在私有土地制度的时代，绝大多数的人都是农民，土地对所有的人都重要，任何一个人不到万不得已，他是不会出卖自己的土地的。对于穷人来说，有的时候宁可卖儿卖女也不能卖地。为什么？地是生产资料，是生存的一切基础，没了地就没有了一切。所以卖地的人都是迫不得已的，但是买地的人不一样，有钱人想办法多买地，有势力的人巧取豪夺，扩大土地。所有的土地买卖双方，一定是有一个人家里面遇到的灾难严重得不得了，他才会把自己的地卖掉。这需要同情地理解。唐朝的法律很明白这个道理，所以知道这个土地买卖发生的前提，一定是有一个人家里面已经到了破产的边缘才会卖地，这是第一。

第二，西汉以后，中国的古代王朝几乎无一例外，最初因为土地发生了问题，逐步发展下去，直到最后倒台。西汉如此，东汉如此，其实唐朝后来也是如此，明朝都是如此，都是因为土地问题。土地最容易出现的问题就是两极分化，土地兼并，失去土地的农民日益增多，农民变成佃农，再变成流民，流民生活无着，变成了起义军，最后由他们来推翻了这个政权。所以不要以为刚才说的那条法令，是站在穷人的立场上，他是站在自己的立场上，因为这个世界上只要有人开始失去土地，就意味着政治开始出了问题。失去土地的人越来越多，到无法控制的时候，这个国家的政治危机开始爆发。所以唐朝的法令是希望在最初的时候控制住源头，不要让土地兼并问题成为严重祸根，其实它是保护自己的根本利益和朝廷的长远利益。

以人为本在多个层面上都存在意义，不仅保证国家的根本利益和长远利益，其实也要保证人的个性的、个别的生存问题。在唐朝的时候，依律杀人是十分谨慎的，所有的地方可以查明杀人案件，但是地方政府没有判人死刑的权力。在唐朝那么广袤的地盘上，只有一个人是有权宣布他人死刑的，这个人就是皇帝，唐朝所有的死刑犯，最后都是由皇帝宣布的。我们经常说人命关天，人命是重要的。但是这个人命关天的“人命”到底怎么样体现在制度上？这是标志。每年冬天的时候，唐太宗和唐朝的皇帝都有一个例行的工作，就是到大理寺的监狱里面去审判犯人。大理寺相当于最高法院，它有附属监狱，皇帝去审问犯人，太荒唐了吧。其实他也就像走过场一样，皇帝只审问死刑犯，其他罪行他不管。审问其实也是走过场，有关法官都已经审问完毕了，皇帝到那儿就是走走手续而已。其实就问一句话，“冤不冤”，犯人若回答了“不冤”，完了，审判结束。犯人说冤，向皇帝喊冤，这有法律规定，那就要换一个法官重新审判这个案子。如果犯人怕死，他永远喊冤，你怎么办呢？连续换三个法官，他再喊冤也无法管了。

请注意，有的人在唐太宗时代，当了一辈子的官都没机会面见圣上，但是死刑犯在唐朝是可以见着皇上的，而且能说上一句话，“不冤”。这个事有多重要呢？就是在制度的设计上要保证对人命这件事用最高级别的待遇，启动最高级别的待遇，就是皇帝要亲自过问。这个过程叫什么呢？叫录囚，这是皇帝必须做的一件工作。什么叫人命关天，这叫人命关天，由最高的人来过问你生死之事。所以在唐朝地方发生了死刑案件，人也抓住了，只能进行初步审理，不能最后定罪，定罪要上报中央。

唐朝的法律还有规定，地方一旦发现了死刑案件除了极特殊的，比如说谋反案等政治案件以外，一般的刑事案件，死人的案件，不能随时随地向中央报告。地方发生了这个案件，它只能报上去，人在押，报上去由中央皇帝决定。唐朝同时又有规定，地方发生了这种案件不能随时随地上报中央，它有很多日子是忌讳的，不准许上报的。有一些日子是很喜庆的日子，那就不能上报死刑案件，这太煞风景了。比如说皇帝过生日、皇太后过生日不能上报，如果有太上皇的时候也是一样。国家法定假日，地方不得上报死刑案件。春天的时候通常是不允许的，因为春天万物萌生。夏天也不许报，万物生长。秋后可以报，但是以下的日子也不能报：每个月的第一天（朔日）不能报，中间那天（望日）不能报，二十四节气的那天不能报，黑天不能报，下雨天不能报，下雪天也不能报……总之是这样，如果地方政府发生了一个死刑案件，那案子就像烂到自己手里一样，得天天看着日历，数着时间，看到什么时候才能把这个案子报到中央去，报到中央，这个案子才能结。为什么要这样呢？唐朝太不追求效率了，一个死刑案件要处理这么久？是这样吗？不是。原因是什么呢？就是因为人命关天。在他等待的时候，等待上报的日子里，如果发生了以下若干情形之一，这个人的生命就可能有了转机。比如说在他等待的日子里，皇帝忽然生了一个孙子，一高兴，天下大赦，这个人是在赦免的范围内，就不用杀了。在等待的日子里，他的父亲或者爷爷从 79 岁变成了 80 岁，变成了很老的老人，那么这个时候皇帝基本上就会曲赦他，不能伤了老人的心。在等待的日子里，他本来还有一个弟弟，忽然被马车给撞死了，本来是哥俩，现在他成了哥儿一个人了，像这种情况，朝廷一般也不会杀他，不能让他们家没有了后代。总之，为什么要限制这种死刑的上报的时间呢？其实就是给生命留下机会，万一发生这样的事情，生命就又有了机会，否则肯定就是杀人偿命的事。什么叫人命关天？这就叫人命关天，它有一系列的相关制度配套执行，而背后是一种人性的考量。

唐朝以及古代中国都是讲究以孝治天下，古人以孝治天下，不是白说的口号，是有相关的制度规定的。如果是老年人，70 岁、80 岁、90 岁，他有几个档次，皇帝会定期、不定期地发布特殊命令，就是优待老人诏，比如说会赐衣服，60 岁以上给什么样的衣服，70 岁以上给什么样的衣服，80 岁、90 岁给什么样的衣服。有时候是赐杖，手杖，杖也有一个等级，年纪越大，级别越高。还有赐米，定期、不定期地给，这是一种制度。更重要的优待是什么呢？在唐朝成年的男丁，20 岁以后的男子都要为国家服役，有一条规定，如果家有高龄老人，比如说父亲或者爷爷 80 岁，你们家就可以有一个男丁不用给国家干活了，就是留在家里面伺候老人，那个叫侍丁。比如说有一个父亲 80 岁，那就可以留下一个男劳力不用给国家干活，就是在家养活老人。其实老人也不用天天时时刻刻在身边照顾，就是在家里干活，给自己干活。如果家有两个老人，就可以有两个侍丁，所以这是很优惠的。在唐朝所有的农民应该都是敬老的，老年人活得年纪越大越幸福，活得年纪越大，家里面受的优待越多。

我们说以人为本很好，在今天也有意义。但是，关键是我们怎么样把这个美好的口号落实在我们的法律、我们的制度上，否则怎么建设好和谐社会？和谐社会关键就是政府，政府要懂得让利，让利于民，让百姓确实感到政府的仁德。

那么，唐太宗的政权、唐太宗的朝廷为什么能够做到这一点？很简单，非常简单。至少有一个非常明确的原因，那就是唐太宗这些人都参与了隋朝的灭亡，而隋朝是怎么灭亡的呢？也再简单不过了，我们有一个词叫“土崩瓦解”，正好可以描述中国古代政权崩溃的两种方式。

一个是“土崩”的方式，一个是“瓦解”的方式。这个政权越来越不行了，慢慢就死掉了，这叫“瓦解”。还有一个是看着好好的，一下子就灭亡了，这叫土崩。唐朝300年，最后也死掉了，那是瓦解的过程。隋朝呢？只经过两代皇帝，38年就灭亡了，那就是“土崩”。隋朝是怎么崩溃的？隋朝的政权是既富且强，我们说近代以来人民的心愿是建一个富强的国家，隋朝就是一个富强的国家，真的很富，真的很强。魏晋南北朝，分裂这么多年，好几百年，好多人都想着统一，谁都完成不了。隋朝完成了，重新统一了中国，证明隋朝之强。多富裕呢？就说一个事，到贞观的时候，唐太宗跟他的大臣在讨论一个问题，隋文帝留在关中的粮食还能吃多少年？有人说40年，有人说60年，总之在贞观的时候还在吃隋朝的粮食。够富吧。隋朝这么富、这么强的一个政权怎么会灭亡呢？因为它两极分化，国富民穷，富的、强的是国家，政府所有的仓库都是满满的，而老百姓穷得一塌糊涂，一有风吹草动，民间普遍破产。民间没有储蓄，老百姓很容易破产，一破产就希望国家能够开仓放粮，但是政府死活就不想开仓放粮，于是老百姓就离开家，都拥挤在政府的粮仓周围，你一开仓，我就就近可以拿到粮食，这条命就可能救下来。人越聚越多，都在粮仓周围，成千上万黑压压全是饥民。而政府呢？就是不开仓，果然一片一片饿死。剩下的人怎么办？为了不饿死，英雄就会出现，领着大家登高一呼就把粮仓打下来，救了命。或者一支农民军奇袭了粮仓，迅速壮大起来。为什么？抢了政府的粮仓后果可想而知，所以就用粮食把自己武装起来，跟政府继续战斗，直到推翻政府。

所有的隋末农民起义，各种各样的奇奇怪怪的故事都有，但是综合到一起就是两个字，粮食。隋朝政府攒了那么多的粮食，它所实行的政策看起来好像就是为了饿死百姓，就是为了让自己灭亡。过去我们总是说不要用自己的资源去资助敌人，隋朝恰恰是这么干的，所以隋朝的粮食还没有吃完，仓库还没有用完，就灭亡好多年了。这就是为什么唐太宗一班君臣很明白社会和谐的重要性，为什么他们要轻徭薄赋、藏富于民。因为隋朝的教训太深刻了，太惊心动魄了。于是，以民为本的理念很容易就培养起来了。

克己纳谏，理性行政

贞观之治的经验，另外一个就是克己纳谏。

如果说以民为本体现了唐太宗这个统治集团，对自己的统治，对国情的基本认识是非常清晰、非常健全、非常理性的话，实际上唐太宗在执政过程中，能够克己纳谏也是作为一个政治家理性的体现。人再聪明，也不能万事皆通，因为世界万物的复杂性是无限的。所以设置皇帝一个人是不够的，要设立三公九卿来帮助皇帝，设立各级政府来扶助皇帝。政府的官员帮助皇帝出主意、想办法治理天下本来很正常，皇帝听从大臣的建议也很正常。在理论上这没有障碍。可是在实际的政治实践中，纳谏反而成为一个很严重的问题，很麻烦的问题。唐太宗成功的一个重要原因就是他能够做到克己纳谏，这已经被古往今来的历代政治家所肯定。纳谏为什么说起来容易，做起来难呢？因为涉及两个根本性的问题。

第一，纳谏涉及人性问题。在群体中大家都渴望成功，讨厌失败，希望被表扬，不喜欢被批评，人皆如此，不分种族，男女老幼，都一样，这是人的社会属性问题。皇帝也是人，他在这个群体中也希望被表扬。所以大臣批评皇上就涉及皇帝的荣誉感，涉及他的自我认识，涉及种种方面的问题，不愿意接受，人性有弱点。

第二，权力的弱点。权力是一个系统，它总是从上而下地运行，上级批评下级，批评错了没有关系，但是下级批评上级，进谏就有点难。因为这跟权力平时运作的方向相反，是由下往上的，所以领导很难接受来自下级的批评。你要给领导提意见，他先跟你比谁的级别高，谁是真正的领导，你说了算还是我说了算，这样很麻烦。

那唐太宗为什么就能做得好呢？大概有几方面的原因。第一，唐太宗求治心切。他知道这是好办法，多听大家的意见把国家治理好。为什么他求治心切呢？因为玄武门事件是唐太宗的心理阴影，是他犯过的最严重的错误，无论是法律上还是道德上，那都是无法站得住脚的。唐太宗很希望后人对他的评价能够更倾向于好一点。怎么好呢？只好把国家治理得更好，所以唐太宗比别人都勤奋。第二，唐太宗在玄武门政变之前已经是一个成功的领袖，秦王府多厉害，征服天下，所向披靡，所以他不会因为别人对他提意见，他就觉得自己被干掉了，他有充分的自信，因为他已经是一个成功的领袖了。提意见就怕给那些没有自信心的领导提，他本来就没有自信心，你又给他提了一个意见，他怕你的意见把他给毁了。正是因为这样，唐太宗在接受批评的时候，有的时候做得特别好，特别到位。比如说“闻谏则喜”，特别高兴，打心眼里高兴。好几天没有人提意见了，很奇怪，他要动员人家提意见。他甚至这么说，什么是人才？人才就是能提意见的，能够言人所未言、见人所未见的，那才叫人才。

在唐太宗的大臣中提意见最多、最猛、最狠的就是魏征，魏征简直就像跟唐太宗对着干一样。魏征这个人确实有水平，能够见人所未见，言人所未言。别人看不明白的事，他看得清楚，别人说不明白的话，他能说得很清楚，这是水平。另外也很忠心耿耿，其实我想讲的第三点最重要。

魏征他之所以提意见是跟他的岗位有关系，他那个工作岗位就是一个提意见的岗位。他好多意见实际上是职务行为，涉及唐朝的制度安排，制度在设计的时候就有这种专门的岗位，专门提意见。魏征最初做的官叫谏官，谏官，顾名思义，朝廷有一批这样的人，级别不是最高，就是五品左右，权力不大。但就是提意见，专门提意见，什么具体的事都不负责，但什么事都有权过问。魏征一开始就是谏议大夫，就是提意见的谏官，后来魏征被提拔了，到门下省当长官。门下省是一个什么机构？唐朝施行三省制度，中书省、尚书省、门下省。尚书省相当于我们的国务院，是一个行政主管部门，尚书省负责管吏、户、礼、兵、刑、工六个部，那就是一个政府的行政中枢。但是决策听谁的？决策是由中书省来做的，中书省跟皇帝商量以后，皇帝有最新的指示，都由中书省来讨论，负责形成文件，这叫草拟诏敕。因为唐朝是皇帝制度，所有重要的国家决定都以皇帝的名义发布，那么，起草诏书的这个地方就是中书省。中书省是最大的、最机密的一个机构。因为还没有决定，还没有颁发，他们已经在讨论了，中书省很重要。中书省形成的文件就是诏敕，它不能直接发放给尚书省去执行，它必须经由门下省的批准。门下省厉害了，它不参加最初的起草，但是它要审核通过，魏征所在的门下省就是这么一个机构，那等于就是皇帝新做的决定，到魏征这儿来审批，魏征批了，签字发到尚书省去执行，如果魏征他们门下省不同意，就写出反对意见，驳回中书省，中书省要重新讨论，重新考虑。你看，魏征的单位不就是一个专门提意见的吗。

贞观元年就发生了一件事。封德彝，中书省的中书令，他发现了一个问题，就是全国当兵的人太少，这就是所谓的兵源不足。站岗放哨的人不够，那怎么办呢？该当兵的都当了，所以封德彝跟唐太宗商量，唐太宗说你有什么办法？说只有扩大兵源一条路可走了。那就做计划了，封德彝有了皇帝的指示就开始做了。20 岁在唐朝才开始成丁，20 岁以上就成年了，还有 16 岁到 20 岁这中间叫中丁，就是半拉子劳动力。中书省于是做了一个新的规定，说中男也可以入伍当兵。中书省发文件到门下省，魏征他们一看，这岂有此理，法律规定明明是 20 岁才能当兵，现在一下子就缩小到 16 岁就可以当兵，这不是违法吗？这不对，写反对意见，驳回。中书省重新讨论，说魏征他们反对，门下省不通过，那就缩小点范围，18 岁以上中男可以当兵，缩小了范围应该通过了吧？到门下省魏征又不同意，再驳回。封德彝没有办法，向皇帝汇报，说门下省总是不通过，这个事儿做不成了。到这个时候，反复了几次的文件旅行，没完没了，这怎么行呢。于是唐太宗决定召开会议。唐朝的中央会议是个多层次的会议组织，可以说是一种分层决策体制。一个由六部部长和尚书省长官共同参加的会议，这个叫“八座议事”，就是尚书省的两个长官左右仆射加上吏、户、礼、兵、刑、工的六个部长。这是部长级会议，这是一个会议。他们解决不了的问题，要上报宰相，宰相会议。唐朝的宰相不是一个人，是一大群人，好多人都有宰相的头衔，都可以参加宰相的会议。宰相的会议在政事堂开，叫“政事堂会议”，这是更重要的决策层。宰相会议也解决不了的问题，再上报给皇帝，要皇帝亲自跟这些人一起开个会，那叫“御前会议”。“御前会议”一般是在两仪殿召开。那么，现在分层决策，魏征他们反对扩大兵源，唐太宗主持会议，这个会议就是一场辩论会，中书省代表一方，门下省是一方，皇帝主持人来仲裁。中书省他们申述理由，然后魏征他们一条一条反驳，到最后皇帝做仲裁。

魏征所代表的一方，最后赢得了皇帝的支持，取得了辩论的胜利。其实，魏征就讲了两条意见。

第一，军队的事情，兵在精不在多。最重要的是精，要好好练兵，把这个兵练得精精壮壮的，关键时候才能发挥作用，而且魏征还很会说话，他说陛下当年经常以少胜多，军队不在于人数多，关键在于精炼。一下子就争取了皇帝的好感，因为这正好就是皇帝的个人经验。第二，魏征说得更关键，说“竭泽而渔，非不得鱼，而明年无鱼”。作为一个国家要考虑的长远，不能眼前有事，就把所有的力量都用上，如果明年又发生了问题，所有的劳力都用在这个上面，怎么应付那个紧急的情况呢？要居安思危，考虑长远，不能竭泽而渔。唐太宗问中书省还有什么意见。大概已经感觉到了皇帝立场的变化，中书省立刻表示没有意见，魏征说的有道理。唐太宗立刻拍板，这事不做了。这给大家什么启示呢？唐朝门下省这个制度的设置，是很有道理的，总是要保证一批人处于旁观者的位置上，让他们保持清醒，虽然不参加这个制度的制定，但是可以审查，审查的时候，根据原则可以提供不同的意见，这就是制度的理性。皇帝、中书省、门下省、尚书省构成了一个很有机的、合理的配置，在决策的过程中，这种充分的讨论看起来耽误了一点时间，但是决策过程中通过讨论、辩论的方式，把许多隐藏的问题发掘出来，于是有些问题在决策过程中就解决了。就此而言，对于国家、对于社会当然好处太多了。所以说这是理性决策和理性行政的重要一环。(《贞观政要》)

克己纳谏，核心问题是最高权力的运用问题。能够听从部下的正确建议，虽然有难度，但对国家有利，对于提高决策的正确率有利。权力是一种超社会的力量，如同能量，使用好就是社会的建设力量，使用不好就是破坏力量。如何理性地运用权力，是政治学最重视的问题。皇帝制度下，能否纳谏，是最高权力是否处于理性状态的衡量标志。通过纳谏，皇帝与大臣获得了共治天下的平台，同心同德不再停滞于说辞的层面，而是进入了制度层面。决策是国家最高权力的主要表现，群策群力就是利用更多人的智慧为国家的正确决策服务。在贞观时期，皇帝纳谏没有停留在君臣之间的态度诚恳之上，而是进入制度层面，变成了一项行之有效的制度。这是我们今天也应该重视的地方。

皇帝的觉悟当然是重要一环。皇帝对于感情用事有清醒的认识，知道自己的感情不可靠，必须依靠制度加以约束。一般情况下，皇帝的错误是无法追究的，全世界的君主制度都是假设君主不犯错误。但是，唐太宗却要求设置制度，防范自己犯错。著名的案例就是张蕴古之死。唐太宗错杀张蕴古，没有停止在下不为例、今后注意这个层次，坚决要求设置制度，防止皇帝再犯杀人之错。于是，后悔药没处买，但设置了可以让皇帝有机会后悔的制度。

张蕴古之死：

> 贞观五年，张蕴古为大理丞。相州人李好德素有风疾，言涉妖妄，诏令鞫其狱。蕴古言，“好德癫病有征，法不当坐”。太宗许将宽宥。蕴古密报其旨，仍引与博戏。持书侍御史权万纪劾奏之。太宗大怒，令斩于东市。既而悔之，谓房玄龄曰：“公等食人之禄，须忧人之忧，事无巨细，咸当留意。今不问则不言，见事都不谏诤，何所辅弼？加蕴古身为法官，与囚博戏，漏泄朕言，此亦罪状甚重。若据常律，未至极刑。朕当时盛怒，即令处置。公等竟无一言，所司又不复奏，遂即决之，岂是道理。”因诏曰：“凡有死刑，虽令即决，皆须五复奏。”五复奏，自蕴古始也。(《贞观政要》)

那么，复奏制度让皇帝的权威受损了吗？没有。让皇帝的权力削弱了吗？没有。皇帝的权威加强了，皇权体现出更高的理性。这是时代之幸。

贞观之治一般讲是从贞观四年开始的。朝廷、大臣、皇帝都有这样的理性，都想把国家治理得很好，他们在政策制定、法律调整、制度设计的时候都能处处体现这种理性，才会取得那么好的成绩，以至于在1000多年以后，我们今天想起来在某些地方也有点自叹不如的意思。尤其在近代这个倒霉的时代，中国人可能经常会想起天可汗，试问天可汗在，我们何苦受这种气？但是没有天可汗，所以事业还得靠自己去努力，中国总会越来越好。但至少可以这么认识，唐朝的中国人能够做到如此，能够做得让我们感觉到钦佩，充分体现这种理性的精神。我们也是中国人，我们是他们的子孙后代，本来应该比他们更有优势才对，信息更多了，技术更发达了，我们有理由相信以后可以做得更好，这就是历史给我们最重要的启发：我们曾经有过光荣历史，对未来就会更有信心。

魏征进谏的制度性缘由

帝王图（摹本）

敦煌220窟壁画，贞观十六年前后绘制，令人很容易联想起当时皇帝李世民和他的一班名臣。

魏征敢于进谏，历史上已经留下定论。魏征为什么能够进谏，在《旧唐书》或者其他史籍中都有记载，大概有三方面的因素。第一说魏征这个人有治国之才；第二是魏征性格刚直，有性格方面的因素。还有第三条，就是唐太宗对魏征的知遇之恩。玄武门政变之后，作为东宫的一个重要官员，李世民非但没有杀魏征，反而还重用他，这就是知遇之恩。士为知己者死就是这个意思。所以他把自己豁出去了，不管皇帝高兴不高兴，只要对国家好、人民好，这意见我非提不可。

上面只讲了三个理由，其实还有第四个理由，今天我在这里强调的，就是制度性的理由，魏征是在尽职尽责。李世民一开始任命魏征在东宫做一个小官，后来很快让他做了谏议大夫，正五品。我们前面已经说过，唐朝的谏官包括谏议大夫，还有左右拾遗、补阙等。谏议大夫平时在门下省办公，也参与门下省的工作。魏征是谏官中最重要的谏议大夫，谏议大夫的任务就是负责给皇帝进谏，担任这样的职务，他不进谏谁进谏啊？这是他的职务要求的。

后来，魏征又很快成了秘书监，是从三品，负责管理图书、资料的文职。唐朝的宫廷藏书最早是在魏征的手中丰富起来的。他做秘书监的时候，还参与朝政。这是唐朝官制的一个特点，就是你本来有具体职务，然后给你加一个衔，叫参与朝政。

唐朝的重要会议大约有几种，一个是行政办公会议，就是部长级会议，叫“八座议事”，就是六个部的长官尚书加上左、右仆射一起开会。比它再高的就是“政事堂会议”，政事堂在门下省，这是一个宰相会议。宰相有很多人，凡是有“参与朝政”这种职衔的人都可以参加宰相会议。第三个更高级的就是皇帝的“御前会议”。有了参与朝政这个头衔，既可以参加宰相的这个“政事堂会议”，也可以参加皇帝的“御前会议”。所以魏征一直未曾离开提意见的职位。贞观七年，他当了门下省的长官，叫侍中。门下省的工作就是审核皇帝的命令，看它对不对，对了就发给尚书省执行，不对就反驳回起草诏令的中书省。为什么魏征的意见总是那么多呢？因为一直到死，他都是门下省的长官或负责人。

贞观元年，右仆射封德彝为检点使，检点府兵。当时兵力不足，封德彝提了个建议，要把18岁以上的中男，也检点入军。在唐朝，不同年龄的人有不同的叫法，为国家承担的责任也不一样。始生为黄，即刚一出生的孩子叫黄，黄口小儿就指这个年龄。4岁为小，4岁了，就是小孩了，在户籍册上都要注明。到了16岁，就是中男，是半大小伙子了。20岁为丁，就是成年人了。20岁了就要承担国家的兵役。现在既然形势所需，皇帝就同意了封德彝的建议。敕书发出三四次，魏征坚持不签署。不但不签署，还要上奏，提出自己的反对理由，大概就是中男身体还没有长成之类。封德彝也不示弱，说中男也有长得很强壮的。

太宗于是大怒，继续出敕，魏征还是不签署。唐太宗没有办法，只好把魏征和门下省负责人王珪都召来开会。太宗声色俱厉地说："中男要是身形矮小，自然不会点入军中；若体貌魁伟，当然可以征发。你这么固执，简直不可理喻！"魏征正色说道："竭泽取鱼，非不得鱼，明年无鱼。"魏征从国家更长远的利益来看待这个征兵问题，你不能把年轻人都点了兵，都点了兵，赋税怎么办？以后再需要征兵怎么办？你不能把人力一下子用完啊。国家治理要有长远规划，不能只看眼前啊。道理很简单，一讨论就明白了。皇帝就立刻下令，禁止下发这个文件。最终，皇帝被魏征说服，并奖赏魏征和王珪。

魏征敢于如此坚持，因为他站得高、看得远，所以他的话才有说服力。

有人也许会说，魏征担任门下省的官员，是太宗任命的，主要还是太宗用人得当。这么说虽然也不错，但是门下省这个机构，可不是唐太宗发明的，那是历史长期发展的产物。门下省审核诏书，也不是始于唐太宗。唐朝，特别是太宗时期的理性行政十分突出，除了太宗本人的开明以外，在制度的设置上最能体现理性精神的就是门下省这个机构。

在决策阶段努力减少错误，对于国家健康发展的意义是不言而喻的。错误的决策不算错误，错误的决策实施了才是真正的错误。凡是大面积的国家错误，一定是在决策阶段就出了问题，并得以贯彻执行，最后造成重大后果。加强决策阶段的讨论，就可以从源头上尽量避免错误。

唐太宗平定高昌之战

高昌是一个古地名，具体的位置就是今天新疆的吐鲁番。这是一个地处西域的汉族地方政权。为什么高昌最后会和唐朝兵戎相见？为什么一个只有三万人口的高昌小国，唐朝会如此重视，竟然发兵 20 万去攻打？而这场远征，最后的结果让人倍感意外，但为唐朝西向的发展奠定了基础。

唐太宗时期的高昌国，国王叫麴文泰。麴氏的老家是金城（今甘肃兰州）。麴文泰开始跟中原的唐朝中央政府保持了一段良好的关系。贞观四年，麴文泰还偕同夫人一起去了长安。唐太宗高规格地接待了麴文泰，册封了他的夫人为公主。从那以后，双方的关系迅速进入蜜月期，西域所有的动静，麴文泰都及时地向唐朝汇报。

但是，一个巨大的阴影在西域的上空扩散，谁也想不到，这会影响到高昌与唐朝的关系。那是什么呢？问题出在西突厥身上。

西突厥首领统叶护病逝后，他的继承人彼此不服气，终于分成两派展开战争。这战争一打就是经年累岁，从贞观二年打到贞观六年。所有的西域各国都不能幸免，他们必须面对西突厥内部的两派做出选择，当然更多的是无法选择，哪一派控制了自己就只能跟着哪一派走。

西突厥的两派，同时都在争取唐朝的支持。到了贞观十二年，唐朝最不愿意看到的情形发生了。唐太宗支持的那一派西突厥，势力越来越小，唐太宗不支持的那一派，反倒越来越强大，其领袖欲谷设不仅击败了对手，而且大有统一整个西域之势。欲谷设一派在势力大增的同时，逐渐与唐朝发生严重摩擦，毕竟此前唐朝支持的是自己的对手。欲谷设控制了高昌，并联合高昌一起攻打焉耆。焉耆位于天山南部，跟高昌只隔了一道天山。与此同时，欲谷设阻断了西域与唐朝的往来，这就是所谓的阻断贡道。一些中原人过去逃亡西域，现在他们想返回都不允许。

攻打焉耆这件事，对唐朝震动很大，因为焉耆和高昌都是唐朝的附属国，唐太宗派使者前往调节，要求高昌把焉耆的人放回去。但是高昌不同意，因为高昌受控于西突厥欲谷设。欲谷设派了一个手下在高昌就近监督，叫阿史那矩。他名义上是高昌的一位将军，实际就是代表欲谷设监控高昌。唐朝看来也了解情况，唐太宗就点名要阿史那矩到长安来。高昌当然无能为力，只好派个其他使者到长安来解释。

双方使者的往来，其实就是沟通双方的立场，了解彼此的底细。唐朝的使者到达高昌，麹文泰的立场很强硬。使者问他为什么攻打焉耆，麹文泰的回答是："鹰飞于天，雉窜于嵩，猫游于堂，鼠安于穴，各得其所，岂不活耶!"这个回答的意思是谁也管不着谁。这显然是没有把唐太宗的中央政权放在眼里。

高昌王麹文泰为什么有这么大的胆量，敢于对抗天可汗唐太宗呢?

麹文泰曾经对他的亲信说，他经历过隋朝，也经历过唐朝，他一直认为隋朝比唐朝强大，而强大的隋朝也没有力量出兵西域；唐朝即使出兵，也不会太多，因为发兵多则军需供应会很困难；如果发兵三万人以下，力量不足以打败高昌；想攻打高昌，唐兵要过莫贺延碛（著名的戈壁滩），这会让唐军疲惫不堪，高昌则以逸待劳。当然，对于麹文泰而言，他还有一个重要的靠山，西突厥的欲谷设驻扎在可汗浮图城（唐朝的北庭，今新疆吉木萨尔），与高昌互为犄角。西突厥才是高昌最重要的砝码，是高昌抵抗唐朝中央的决定性力量。

与此同时，唐太宗的朝廷呢，唐朝应该怎么办？

一切和平的努力都失败了，唐太宗面临是否进行战争的考虑。

唐朝内部有两种完全不同的观点。主战派认为，唐朝的忍耐已经到了极限，西域的问题不能再任其发展下去，从长远的战略考虑，出兵是迫在眉睫的事情。另一派反对用兵西域，他们的观点是长途出兵，负担太重，为西域付出这么沉重的代价不值得。后一种观点的主张者没有留下清楚的记录，但是从观点上看，符合魏征的一贯思想。

那么远征军队，是出还是不出？不出，这些问题解决不了，后果严重。出，麹文泰所说的问题确实存在，劳师远征，困难重重。自然环境恶劣，军队供给艰难。出兵少了，可能解决不了问题；出兵多了，国家财政负担更重。

是继续忍让，还是迎接挑战？唐太宗决定坚决迎战。

这场战争的关键，不是唐朝讨伐不臣，如果仅仅是高昌，那就太简单了。关键是高昌后面的西突厥，唐朝必须认真考虑的是能否坚决与西突厥开战。如果开战，就必须做好西突厥参战的准备。西突厥的欲谷设刚刚取得连续胜利，西域的多数国家都被他征服。唐朝平定高昌，要做的最大准备就是全面与西突厥开战。不论是从总体战略，还是从国际政治出发，都要考虑这一点。不战则已，战则必须保证完胜。对于高昌背后的西突厥，尤其不能心存侥幸。

唐朝出兵了。唐太宗发布的《讨麹文泰诏》，全篇都是历数麹文泰的罪行，提到西突厥也仅仅是说，麹文泰挑拨了西突厥的内战，结论还是要惩罚麹文泰。这表明，讨伐麹文泰是皇帝对丧失臣节者的讨伐，是不希望西突厥插手。

但是，如果西突厥插手，唐朝害怕吗？当然不怕。唐太宗做了打大仗的准备。

吏部尚书侯君集为行军大总管，牛进达、薛万均等为副大总管，还有总管多名。参战的军队除了府兵外，还有多民族的兵种参战，有打先锋的薛延陀军队，还有阿史那社尔率领的突厥兵以及契苾何力统率的铁勒兵。不一而足。唐朝到底出兵多少人？根据《旧唐书·高昌传》的记载，总数大约有二十万。

高昌有多少人口呢？三万七千七百三十八人。这显然不是唐军的主攻目标，唐军的庞大军队是给西突厥欲谷设准备的。结果呢？欲谷设侦察到了唐军的力量，也知道了唐太宗的决心。最后在唐军到达之前，欲谷设提前跑了，一口气向西跑了一千里。西突厥驻扎在可汗浮图城的将军投降。麹文泰听说唐朝大军已经越过大戈壁出现在伊吾，紧张万分，一口气没上来，死了。

老国王去世了，新国王麹智盛给侯君集送来信件，说得罪上国的是先王，现在已经遭受惩罚去世了，我是新国王，什么事情都不知道，请可怜可怜我。侯君集回信：只要投降，一切好说。但是，麹智盛不想就这么投降，于是侯君集展开进攻。在侯君集的大军中，专门有一批能工巧匠，他们先到达哈密，用天山上的树木作材料，制作了很多攻城器械，现在终于用上了。麹智盛没有还手之力，只好投降。

历史有时就是这么意味深长，表面看起来十分荒诞，唐王朝不远万里浩浩荡荡出兵，竟然这样轻轻松松地取得胜利，这不是有一点令人啼笑皆非吗？实际上，这正是不战而屈人之兵的古老原理在发挥作用。这几乎是用最小的代价取得的最大胜利。西突厥欲谷设从此一蹶不振。之后，唐朝在西域拥有了决定性的地位，为国际之间展开文化交流提供了最基本的保障。

玄奘和他的恩人麴文泰

高昌城毁于元代的一场战争。如今，金戈铁马和战地狼烟早被时间的沙漠吞噬，关于高昌的历史也如同戈壁的海市蜃楼一样漂浮在若有若无之间了。现在的高昌故城，徒然只剩下了残垣断壁。丝绸之路的许多故事都和这个城市有关，千年历史就像破碎的陶片凌乱地躲藏在这个故城的某些角落。每次来到高昌故城，我都会到东城墙和西城墙去，不仅是因为这两面城墙保存完整，而且还因为唐玄奘和麴文泰的故事，总是萦绕在我的心中，排遣不散。

一千三百多年以前的一个夜晚唐玄奘来到高昌城，我认为他是从东门进入的。与东门相连接的应该是条大道，直通田地城（相当于现在的鄯善）。那天，高昌王麴文泰听说玄奘已经到了田地城，便急于见面，令陪同的大臣和玄奘一起连夜赶回高昌，他自己也深夜不眠，秉烛相待。深夜，高昌城门为玄奘隆隆打开……麴文泰和他的高昌国为玄奘的到来激动不已。而玄奘的取经生涯从此也告别了曲折与黑暗，一条平坦大道铺向辉煌。

玄奘似乎是天生的佛教学者，在隋末唐初那个战乱纷起的岁月，他一直都没有停止过对佛学的探讨追寻，到处游历，随时请教。结果，在中国这方天地里，他终于发现再没有可以请教的对象了，而他心中的疑问还有很多没有得到解决。他别无选择，只有西向求法一条路可走。在他做出这个决定的时候，中国的统治者正是著名的唐太宗。唐太宗此时刚刚用军事政变的方法登上皇帝的宝座，对他而言，更多的急务等待他去处理，所以他下令封锁边境，不许百姓“出蕃”（出国之意）。玄奘的西域求法申请朝廷没有批准，这对他应该是个重大打击。但是，心中的疑难问题每时每刻都在折磨着他，他无法得到安宁。不得已，他决定独自违令西行，因为原来约好的同伴都无一例外地放弃了。

玄奘是僧人，但也必须遵守朝廷的命令。在当时，不仅出国是不自由的，各个地区之间的旅行也是受限制的，只有持有政府发放的通行证（称作“过所”）的人才可以通行。而通行证的申请是极其繁杂的，至少目的地和目的是必须要交代的。刚刚申请出国求法的玄奘，要申请通行证一定是很难的。恰好，当时关中发生了灾荒，政府允许灾民到别处求生。于是玄奘就随着灾民向西进发。此时的玄奘已经具有了极高的佛学修为，一路上他讲经颂法，不仅解决了盘缠问题，而且名声日著。唐朝高效的行政效率，使得朝廷很快发现了玄奘的行踪，并对他的动机产生怀疑，这位高僧可能要违令西行，因为他正在接近边境。一纸拦住玄奘的命令从上级政府急递而来，玄奘也如同逃亡一样迅速西进。在安西，那纸命令终于赶上了玄奘。玄奘注定要完成取经大业，一位小吏被他的精神所感动，不但没有执行命令，反而给玄奘介绍了关系。曾经有人想跟随玄奘西行，但戈壁瀚海的艰难和可怕传说最终还是使他们半途而退。最后，一位粟特男子把一匹有经验的老马交给玄奘，玄奘独自前行。

玄奘取经生涯的最艰难时刻是在西出玉门关以后。西行之路，最大的敌人不是人类，而是恶劣的自然环境，所以很少有人孤身穿越从敦煌到伊吾（今哈密）的大戈壁莫贺延碛。在莫贺延碛玄奘果然迷路了，更糟的是他失手打翻了赖以生存的水袋。好在玄奘很聪明，不知道路就信马由缰。玄奘意志坚强，经过四夜五天，在无水的状态下，他竟然挺了过来。实际上他已经接近了死亡幽谷。后来英国人斯坦因写文章考证玄奘的行进路线，证明玄奘并没错。玄奘的危险来自缺少旅伴和缺乏旅行经验。若不是胡人的那匹识途老马带着玄奘找到了泉水，玄奘可能与许多人一样会成为路鬼而不为后世所知。玄奘九死一生，两天之后到达伊吾，如此奇迹，轰动了伊吾城。

高昌王麹文泰得知玄奘到达伊吾的消息后，立即派出一个使团去迎接玄奘。麹文泰的故乡是金城（今兰州），他的家族统治吐鲁番盆地是从公元502年开始的。玄奘本来没有路经高昌的计划，但实在盛情难却，只好改变路线随高昌使团去见麹文泰。这一改变，不仅从根本上改变了此后玄奘的命运，也使我们今天对当时西域各国的了解发生了改变。因为以玄奘个人经历为核心的《大唐西域记》由此而改变。

玄奘在高昌受到了前所未有的盛情款待，设坛讲经自然是不可缺少的节目。麹文泰即使不是佛教信徒，也是热情的信仰者。他在中国内地曾有过四年的经历，到过许多地方。他十分推崇玄奘的佛学，说他从没有见过比玄奘学问更高的僧人。这个判断是不错的，说明麹文泰对佛学有相当的修养。可能是他对玄奘太崇拜了，他终于提出了一个让玄奘实在无法接受的要求：请大师留在高昌做我们的国师吧。这是一个令人感动的要求，并不是什么人都有机会获此殊荣的。麹文泰诚恳地说，高昌虽是小国，但僧侣总有几千人，这些人和高昌国都需要大师的指导啊。玄奘是为信仰冒死西行的，他不想接受这个诱惑，世间的荣华富贵对于一位信仰者而言是飘若浮云的。面对拒绝，麹文泰也不后退。大师，如果高昌国不让大师西行，大师能成行吗？这是威胁。玄奘更不示弱，以绝食抗争。

这种形式的抗争，从来不会发生在你死我活的敌我之间。三天之后，麹文泰妥协了。双方达成了一个妥协方案：麹文泰和玄奘结为兄弟，麹文泰支持玄奘西行，玄奘学成归来要在高昌停留三年。在此后的一个月时间里，玄奘讲经不止，麹文泰则为他做各种准备。

玄奘在到达高昌之前，是靠施舍维持生存的，但从高昌出发时，他简直成了富翁。麹文泰为玄奘准备的是如下内容“四沙弥以充给侍。制法服30具。以西土多寒，又造面衣、手衣、靴、幭等各数事。黄金一百两，银钱三万，绫及绢等五百匹，充法师往返20年所用之资。给马30匹，手力25人”。这些人力、物力对于玄奘而言意味着什么呢？首先，让我们了解一下这些财物的较具体的含义。吐鲁番出土了麹氏高昌时代的文书，使我们对那个年代的经济情况有了一些概念。《高昌内藏奏得称价钱账》是一件出自阿斯塔那514号墓的文书，内容是关于某年贸易税的报告书，其中详列每件贸易的商品、数量及从中所得税钱数量。玄奘得金百两，合银钱约625文，数量虽不多，但作为贵金属，从这件文书所举高昌交易税的全年统计来看，玄奘所得黄金大大超过高昌一年的黄金总交易量。三万银钱是个庞大数字。假设高昌每年的黄金交易量为50两，高昌从中收税三万银钱须240年。仍以上文为例，高昌国全年交易税（称价钱）总数不会超过600文。即以600文计算，玄奘所得三万银钱须高昌50年所得称价钱。500匹的绢和绫，若以高昌曾存在的评估价格推算，以每匹40文计，又是二万文。此外，为了玄奘能顺利西行，麹文泰给沿途24国国王都写了国书，每书附大绫一匹为信。大绫比绫贵重，24匹至少得有几千银钱。为了寻求西突厥统叶护可汗的帮助，又献“绫绡五百匹、果味两车”。果味不知如何计算，加在一起，总不会低于二万。总计银钱近八万。阿斯塔那48号墓出土一组延昌二十七年（587年）的高昌兵部买马奏行文书，一匹马最贵的是45文，最少32文。即以一匹40文来计算，玄奘的八万银钱可买马2000匹。

“给马30匹”，这可能是专门为了运输的。四位小沙弥应该是专用来侍奉玄奘生活起居的，而25人既名为手力，应该是专门负责马匹管理及其他体力活动的。高昌的劳动力因为雇佣劳动的存在，其价格也是可以计算出来的。据研究，麴文泰给唐玄奘派用的 25 人，20 年的雇佣价格相当于高昌银钱五万多。

由于受到麴文泰的强力资助，从高昌出发以后玄奘一路顺风。沙弥四人，一人曾在遇贼时救过玄奘，并因而拯救了全体。玄奘不仅不用为经费问题劳神，而且可以从容回绝施舍，有时竟可以施舍他人。“自高昌王所施金、银、绫、绢、衣服等，所至大塔、大伽蓝处，皆分留供养，申诚而去。”可见，玄奘在印度从容专研佛学，不但不为经费问题所困，而且有经济实力保持与佛学界的礼尚往来，这对他日后的成功不无裨益。

麴文泰对玄奘的帮助显然不限于物资和人力，国际关系方面的援助也是很重要的。玄奘西行，所经之国众多，个人身份因而不是无关紧要的问题。此前，玄奘不过是个普通僧人，现在又有了高昌王弟的名义。玄奘西行的一帆风顺是从高昌开始的。因为从高昌开始，玄奘拥有了一个政权靠山。麴文泰“遣殿中侍御史欢信送至叶护可汗衙。又作二十四封书，通屈支等二十四国，每一封书附大绫一匹为信。又以绫绡五百匹、果味两车献叶护可汗，并书称：法师者是奴弟，欲求法于婆罗门国，愿可汗怜师如怜奴，仍请敕以西诸国给邬落马递送出境”。玄奘不是高昌使者，但是有高昌专使的护送，玄奘受到高昌保护是再明显不过的了。

高昌虽然是个小国，但由于地处丝绸之路的要冲，与西域诸国往来频繁，递送玄奘一行之请求诸国不难办到。由于高昌在西域诸国中享有特殊地位，诸国与中原贸易往来所需高昌的地方很多。现在，高昌王麴文泰派出特使，发出国书，请沿途各国照顾玄奘一行。这对于各国而言实在是太简单了。于是我们看到，除了焉耆（因与高昌有过战争）以外，诸国对玄奘一行的照顾都很周到。此时的玄奘还只是个普通僧人，还没有名扬天下，他在西域诸国心目中的重要性无论如何不可能比高昌国王的国书更高。

到印度之前，玄奘一直享受特使护送的待遇，除了麴文泰的特使以外，西突厥统叶护可汗也派了特使。从麹文泰给统叶护可汗的信就可以了解到，高昌的影响无法与西突厥相比。《旧唐书·突厥传下》称在统叶护可汗时期，“西戎之盛，未之有也”。玄奘从碎叶顺利到达北印度，一路都在统叶护可汗特使的护送之下。以西突厥的强盛，西域各国不可能不礼遇统叶护可汗的贵宾。看起来各国是对玄奘法师的尊敬，实际上是尊敬玄奘背后所代表的势力。而玄奘之所以拥有了这样一种十分有利的身份，无论如何不能不归功于麹文泰。以统叶护可汗而言，由于西突厥不信佛教，他个人对玄奘以及玄奘所追求的事业既无了解也无兴趣。他劝玄奘不要去印度，理由是：“彼地多暑，十月当此五月，观师容貌，至彼恐销融也。其人露黑，类无威仪，不足观也。”他把玄奘当作观光客了。但他还是把玄奘安全送到了目的地，对他而言，这不过是举手之劳。更重要的是麹文泰，两国本来就有姻亲关系，何况此次又是重金卑辞的请求，这么一点小事如何能够回绝？

玄奘来自高昌，这一点是很重要的。在龟兹，玄奘一行受到包括国王在内的热烈欢迎，而玄奘住宿的第一家就是高昌人的寺院，因为“法师从家乡来，先请过宿，因就之，王共诸德各还”。高昌人的优先权很充分地表现了出来。第二天，接受国王的招待，又赴最有名的阿奢理儿寺。在阿奢理儿寺发生的事，也可证明玄奘的身份。阿奢理儿寺的住持曾游学印度20多年，在当地最受国王和国人的尊重，号称独步。其实，他的佛学修养比玄奘尚不如，但他开始时的态度很能证明玄奘的角色：“见法师至，徒以客礼待之，未以知法为许。”玄奘在他的心目中主要不是求学的僧人，而是国王的客人。寺院所做的，不过是作为有名的文化单位接受参观访问而已。在玄奘还没有名震印度之前，主要是国王或国家客人的这一角色在研究中是常常被忽略的。

谈到麹文泰对玄奘的帮助，玄奘的感受应该是最重要的。玄奘原计划本来不到高昌，所以麹文泰对他的热情和帮助也是玄奘未曾想到的。

当麹文泰为玄奘准备完行资之后，“法师见王送沙弥及国书绫绢等至，惭其优饯之厚”，于是上启以谢。启文先讲西行的动机，再言麹文泰的大力支持，“伏对惊惭，不知启处，决交河之水比泽非多，举葱岭之山方恩岂重。悬度凌溪之险不复为忧，天梯道树之乡瞻礼非晚。倘蒙允遂，则谁之力焉，王之恩也”。麹文泰对玄奘的支持已转变成巨大的精神动力，玄奘表示从此再不怕任何艰难险阻了。玄奘一人西行，伊吾之前险些丧命，麹文泰与他一见如故，立刻就给予如此大的支持，抚今追昔，玄奘被麹文泰的真情所感动，他的感谢当然也是出自真诚。

那么，他们的三年之约是否能够兑现呢？

玄奘对麹文泰的恩情是一直记在心中的，他更念念不忘与麹文泰的三年之约。十几年以后，戒日王问玄奘归国是走海路，还是走陆路的时候，玄奘的回答是：“玄奘从支那来，至国西界，有国名高昌，其王明睿乐法，见玄奘来此访道，深生随喜，资给丰厚，愿法师还日相过，情不能违。今者还须北路而去。”当时中印之间海路更发达，玄奘却坚持从陆路回归。这个决定，再次影响了《大唐西域记》的内容，否则，他回来的路线也不会记录在该书之中。这个回答，也是对麹文泰的高度评价，对麹文泰的感激之情依然浓烈。

17年以后，玄奘声振印度。当他风尘仆仆来赴麹文泰三年之约的时候，此时的西域形势已经发生很大变化：突厥的强盛已是昨日星辰，当年阻止玄奘西行的唐太宗和他的朝廷才是这里的真正主人。至于麹文泰，已在几年前亡故，他的高昌国已成了唐朝的一个州。玄奘没有再到高昌故地，他决定直接回中原。在他的请求报告被批准以后，玄奘经长安赴洛阳与唐太宗会面。从此，玄奘在唐太宗的支持下开始了巨大的翻译工程。在与唐太宗见面时，在《大唐西域记》的进表中，以及其他场合玄奘都尽可能表示，自己的西行皆赖皇朝，从来没有一句谈到麹文泰。玄奘把麹文泰忘记了吗？没有。

《大慈恩寺三藏法师传》并不是玄奘的自传，而是玄奘弟子慧立所撰，后又为另一弟子彦悰增修五卷，共十卷。前五卷的内容是西域取经的历程，后五卷是归来后译经的事迹。慧立从玄奘译经 20 余年，彦悰的序言把慧立的情况也进行了交代，慧立崇尚玄奘的学行，“因循撰其事，以贻终古。及削稿云毕，虑遗诸美，遂藏之于地府，代莫得闻”，直到临死才令门徒取出。玄奘一人到达高昌，慧立并未随行，但我们看到《慈恩传》记录高昌事甚详，尤其是玄奘给麹文泰所上谢启竟是全文照录。全传虽以第三人称写成，但有的地方明明表达的是玄奘的情感。慧立所记玄奘事迹，其资料应来自玄奘，或录自玄奘所述，或来自师门命令，但无论如何，都一定反映了玄奘的意图。对于唐太宗而言，麹文泰是罪人；对于玄奘而言，麹文泰是恩人。在唐太宗面前，玄奘不能谈到麹文泰，但在自己心中他不能忘记麹文泰。每与弟子谈及西域之行，玄奘对麹文泰的感激就不免溢于言表，终于有了《大慈恩寺三藏法师传》的诞生。

玄奘的成就是伟大的，而他一切成就的基础就是西域问学求法，而这离不开麹文泰的帮助。后来由玄奘取经故事演化出来的《西游记》，都是妖魔鬼怪一心要吃唐僧、害唐僧，而实际上，唐玄奘一路都受到帮助，对他帮助最大的就是麹文泰。当然，归来以后的译经也是很重要的，这也不能没有唐太宗等皇帝的支持。不过比较而言，麹文泰是雪中送炭，唐太宗是锦上添花。

高昌城西墙上的两个门洞依然分明。这是玄奘离开高昌城的地方。大师要离开高昌继续西行，麹文泰率领王妃和文武百官出城相送，高昌城更是万人空巷。出了城门，麹文泰还是恋恋不舍，于是命王妃和百官先回城，自己要骑马再送一程。一路风尘，千难万险，大师一定要保重啊。送君千里，终有一别。在距高昌城几十里的地方，玄奘回头望去，远处的麹文泰依旧伫立不动，他隐约还能听到麹文泰的声音：大师，别忘了三年之约啊。玄奘潸然泪下。终其一生，他没有忘记。

李治到底是一个什么样的人？

李治，从亲王到太子，几乎可以用“完人”两个字来概括。要说孝，有证据。要说友，也有证据。好多孝敬故事，感人至深。那么，太子殿下真的是一切正大光明吗？真的一点错误都没有犯过吗？

其实，太子殿下犯过一个十分重大的错误，这一点证据确凿。在唐太宗病重期间，太子殿下一方面亲自照顾父皇，问疾尝药，继续表达孝心；另一方面却悄悄爱上了父皇的才人武则天。这个爱，不是藏在心里的暗恋，如果仅仅是暗恋，那也就罢了。事实上，他们两人跨越了法律和道德的底线。

关于李治与武则天的关系问题，这里引证两种记录。

《唐会要》卷三记载说：“天后武氏。贞观十年，文德皇后崩。太宗闻武士彟女有才貌，召入宫，以为才人。时，上在东宫，因入侍，悦之。”这是站在高宗时代的一种上溯式的记载。当时，皇上还是太子。因为入宫侍候父皇遇到了武则天，“悦之”，喜欢上了她。悦是动词，是谓语，之是代词，是宾语。高宗喜欢上了武才人，于是才有了后来的故事。这是一种说法，是高宗主动地爱上武则天。另外一种说法，是骆宾王《代李敬业传檄天下文》(著名的《讨武曌檄文》)，有“陷吾君于聚麀”，

（麀，音 yōu，牝鹿）导致我们的皇帝像野兽一样乱伦。这个说法，是把责任归罪于武则天的。但是，没有确切地指出到底是武则天，还是唐高宗更主动。其实，这样的事情肯定是一个巴掌拍不响的。但根据前一个记载，主动的一方还是太子。

有一点是很清楚的，太子殿下与武才人之间的恋情是很保密的，在太宗的时代，始终没有被发现。这说明他们的保密工作很出色。设想一下，如果这个事情被唐太宗发现，后果会怎么样。

根据《唐律》的规定，太子殿下与武才人的这种不正当关系属于“内乱”。这是十恶不赦的一个条款。《唐律》有明文规定，强奸父亲、祖父的妾或者与之合奸属于内乱。(《唐律疏议》) 合奸就是通奸。李治与武才人，应该不是强奸而是合奸。总之，这是一个违背人伦道德，违背当时法律的严重问题。

唐高宗的这个行为，打破了他以往建立起来的所有形象。至少，我们看到了完全不同的李治、完全不同的太子形象。如果我们要进行性格统一论证的话，哪个行为更能代表李治呢？李治的真面目到底是怎样的呢？

有谁真的了解太子李治？没有人。

常言说，知子莫若父，唐太宗真的很了解太子殿下吗？答案是：不。

贞观十七年十一月，确立李治为太子已经半年多。有一次，唐太宗秘密找到长孙无忌，表示对太子不满，希望另立吴王李恪为太子。当时，他对李治的一个性格评价是李治懦弱。长孙无忌不说李治懦弱，说李治这是“仁厚”，并说这才是“真守文良主”。两个人对李治的性格判断其实是一致的，不过唐太宗从负面说，长孙无忌从正面说而已。

不论唐太宗还是长孙无忌，他们认为李治性格软弱，准确吗？当然不准确。欧阳修就认为唐太宗不了解自己的儿子。欧阳修在《新唐书·高宗本纪》的赞词中说道：“以太宗之明，昧于知子，废立之际，不能自决，卒用昏童。”他说唐太宗“昧于知子”，这是对的。

唐太宗不了解李治，长孙无忌了解吗？当然也不了解。

那么，欧阳修说李治是“昏童”，昏童，就是傻小子。说唐太宗不了解李治，没有问题。说长孙无忌不了解李治，也不错。但是，欧阳修说李治是昏童，其实也是不了解。李治要是傻小子，为什么一件错事都没有办过？李治要是性格懦弱，他敢跟庶母私通？这些看起来很矛盾的现象，集中在一个人身上，现在让我们对此做统一的分析，真是有些为难我们了。

那么，李治究竟是一个怎样的人呢？综合我们现在所知的情况，高宗李治是一个性格复杂的人，但是还构不成双重人格。在父皇的权威面前，在传统的道德和政治要求方面，他低调做人，认真做事，小心谨慎。所有公认的好品质他都具备，所有正面的评价他都拥有，然而他想做的与社会不合拍的事情，他也照做不误。我们可以用八个字来评价他：“外圆内方，胆大心细。”北京话叫做“蔫坏”，现在流行的说法是“闷骚”。你们希望我做的，我都做得天衣无缝；我自己想做的，要你们毫无觉察。太子不是需要孝道吗，那我的孝道就要做到不仅让你们都挑不出毛病，还要你们特受感动。你们看到太子殿下亲自为父皇吮脓包，不肯坐车，扶着父亲的御辇步行几天感动不感动？感动。但是，私下，竟然敢动父亲的女人，法律立场的庶母。你说这个胆子有多大？

李治这个大胆行为，跟隋炀帝都有得一拼。据说，隋文帝临死的时候发现隋炀帝在后宫非礼嫔妃，决定废了隋炀帝。隋炀帝抢先动作，杀了父皇，顺利即位。这就是说，太子殿下与武才人之间的恋情如果被唐太宗发现，唐朝的历史一定大大改写，但是因为他们保密工作做得好，神不知鬼不觉，所以历史依旧按照既定的轨道前进。等到高宗即位以后，不再担心这个秘密暴露了，这个事情才大白于天下。

更绝的是，宫里那么多双眼睛啊，他们是怎么蒙混过去的呢？我们到现在也很难理解。不得不承认，他们做事周密。做事周密的人，心思一定缜密。内心里把很多原则都不当原则，外表却温良恭俭，想让你们知道的事情，感天动地；不想让你们知道的事情，如同没有发生。

现在，我们还能说太子殿下是孝子吗？当然不能。天下孝子要都这样，那还不天下大乱吗？但是，为什么太宗以下都认为太子是孝子呢？很简单，大家都看走了眼，大家都被李治的表演所蒙蔽。这不正是优秀的政治家吗？可是千百年来，大家都把高宗当作傻孩子。这有多么奇怪啊。

那么，当我们知道李治与武媚娘的私下关系，知道他们犯了“乱伦”罪，我们是否就可以认为，李治不会成为好皇帝呢？当然不能。想一想，当初唐太宗发动玄武门之变，公然杀害自己的兄弟，迫使父皇交出权力，那罪行有多大？李治这点行径，真与乃父比起来，只能望洋兴叹了。但是，我们依然认为唐太宗是一个好皇帝，因为他带来了后世的楷模：贞观之治。所以，还不能就太子殿下如今的这个表现来否认他的皇帝前途。

但是，这里我们还是要表示否定，否定什么呢？否认此前的一种错误认识，即唐高宗性格懦弱。唐高宗敢于在唐太宗的时代，就与庶母私通，这是一个懦弱者的行为吗？

性格是一种对行为的倾向性归纳，所有的性格归纳，准确性都是相对的。但是，性格归纳也不能太离谱，如唐高宗，明明是胆大心细的人，生生给说成是懦弱，这就是典型的归纳错误。因为，他在父亲健在的时候就敢于跟庶母私通，这个行为与懦弱无论如何不能建立联系。那么，如此众多的人坚持认为高宗性格懦弱，他们能够解释他与庶母私通这件事吗？显然不能。面对危险，不管对还是错，只要有危险，就不敢行动，这就是懦弱。高宗是这样的人吗？显然不是。任何人都能够明白，太子时期的李治跟武则天私通，其危险性之高，几乎可以跟谋反相提并论。但是，皇太子还是做了。

唐高宗早年，究竟做了什么事情让人对他的性格有了懦弱的印象呢？我们现在不得而知。我们只是知道，唐太宗有一次这么说过，而长孙无忌并没有反对。或者，正如唐太宗自己所说的，“生子如狼，犹恐如羊”，这是他对李治的希望，希望李治不要过于软弱。或者，李治有意在长者面前表现得很谦逊，让长者们对他产生了仁弱的印象。现在看来，李治的所谓软弱，是一种战略战术，他不过是在“用弱”而已。有意识地显示自己的仁弱，让人相信自己仁弱，最终获得更大的利益。这就如同当初的隋炀帝（可巧，当时也是晋王），一切表现都是既节俭又不花心，特别获得父母的赏识。最后呢，当他成为皇帝的时候，有谁会认为隋炀帝是一个节俭而不好色的人呢？

高宗李治的性格懦弱，恐怕不是来自早年的证明，因为即使坚持认为高宗懦弱的人也不能举证李治的早年行为来证明。当皇帝以后，毕竟会有一些妥协。那么，那究竟是性格的证明，还是策略的证明呢？即使是隋炀帝这样的皇帝，他也有妥协的时候。当他在雁门关被突厥包围的时候，下令不再征伐高句丽，其实就是一个不得不妥协的办法，因为全国上下都在反对征高句丽。妥协是政治的常态，要考虑方方面面的利益关系，跟皇上的性格没有必然联系。

总之，说高宗的性格懦弱，是缺乏事实根据的。因为如果追究性格，必须到早年生活中去寻找例证，而唐高宗李治的早年，缺乏这样的证明。反而是与庶母私通一事，只能让人感到，他的性格正好与懦弱相反，那是什么呢？胆大心细、外圆内方。

殿下的早年生活

唐高宗李治，贞观二年（628 年）六月十三日出生，贞观五年（4 岁），册封为晋王。贞观十七年四月七日册封为太子（16 岁）。贞观二十三年六月一日即位，年龄 22 岁。公元 683 年，唐高宗去世，享年五十六岁。

唐高宗是唐太宗的第九个儿子，字为善，小名稚奴。他是长孙皇后生的第三个儿子。他有两个亲哥哥，大哥太子李承乾比他大九岁，二哥李泰比他大七岁。

李治的一生，可以分为两个时期。从人们对他的称呼看，第一个阶段是殿下时期，第二个阶段是陛下时期。唐太宗在世的时候，李治是殿下；唐太宗去世，李治即位，开始了陛下时代。

李治在贞观五年的时候被册封为晋王，当时 4 岁。从此以后，他开府设官，大家要尊称他为殿下。贞观十七年，他在 16 岁的时候被册封为太子，从此他居住在东宫，地位有了提高，但是称呼还是殿下。

殿下时期，李治的生活可以分为三个阶段。贞观十七年以前的殿下生活，是风平浪静的。贞观十七年，是惊涛骇浪的。确立了太子地位以后，暗流涌动。

早在李治出生之前，他的大哥李承乾就已经被确立为皇位的继承人。

所以，李治从小开始，就是一个无忧无虑的小皇子，虽然皇帝多了一个儿子很高兴，但是谁也没有对他报以太多的希望。

关于李治，历史的记载很少，大约有如下几件事情。这几件事，都发生在李治的早期，从出生到当太子之前。

出生

李治出生那天，皇帝很高兴，宴请五品以上的官员，还对大家进行了赏赐。天下同日出生的孩子，也就借了李治的光，皇帝有命令，同日出生的孩子，都由国家发放补贴，不是铜钱而是粮食。（“六月庚寅，皇子治生，宴五品以上，赐帛有差，仍赐天下是日生者粟。”《旧唐书》卷二《太宗本纪》）数量多少没有记录，但是不管多少大家也是高兴的。这有一点普天同庆的味道。

这是历史关于李治的第一笔记载。李治出生了。

李治抓周

李治出生一年过周岁生日，搞了一个“抓周”活动。唐朝的时候，也有抓周的风俗，通过小孩子的动作，观察他的喜好，从而预测他的未来。很多有象征性的小东西被放在李治面前。只见李治抓起一支笔，有人又在他前面放上纸张，李治抓笔乱画。虽然只是乱画，但是奇迹出现了，在纸角的地方，竟然出现一个草书“敕”字。

唐朝的制度规定，上报皇帝请示工作的报告要经过皇帝审批，或者皇帝要发布什么命令让有关部门（中书省）起草，皇帝在审阅之后要签发，不要写很多字，只写一个字，那个字就是“敕”字。这就叫“署敕”。需要知道写“敕”字，是皇帝特有的行为，才能理解这个故事的意义。

唐太宗看见李治竟然画出一个敕字，立刻严肃起来。这不正好预示着他未来将继承皇位吗？这难道是天命的预兆？这可是个麻烦事，因为当时太子已经确定。唐太宗随即发出两个命令。第一，这张纸立刻烧掉。第二，此事所有在场的人都不许再说起，否则重处。唐太宗为什么当场命令封杀这件事呢？就是怕传出去，猜疑、议论等等，都会造成政治上的不稳定。（《酉阳杂俎》）

今天，对我们信奉科学的人来说，人的一生有因果问题，但是没有命运问题。现代人也有抓周的习惯，但早已成为游戏性质。

唐朝的时候，人们对于天命这样的东西，还是倾向于肯定的。当时人相信，天人感应，人间的重大机密是可以通过天象观察到的，天机总是要泄漏的。所以朝廷颁发的法律中，有许多这方面的限制，比如天象的知识是封锁的。除了有关部门，其他人擅自观察天象就是严重的违法行为。

既然唐太宗已经命令封杀这件事，为什么还是留下这个记载呢？很有可能，这是后人牵强附会的文字，所以对于这个记载，我们应该抱着存疑的态度，不能完全相信。对于所有的文字记载，我们都应该经过思考和对比研究，孟子说：尽信书不如无书。坚持实事求是原则，我们就得有这种不能尽信的基本态度。

李治学《孝经》

关于李治的早年记载，第三件事是学习《孝经》。

《孝经》是儒家经典，一种说法是孔子所叙述，一种说法是孔子弟子曾子所叙述。秦汉以前，儒家经典有“六经”之说（《诗》、《书》、《礼》、《乐》、《易》、《春秋》），到西汉的时候，因为《乐经》遗失，只剩下“五经”。东汉时，增加《论语》和《孝经》，是为七经。到唐朝开元时期，在五经基础上，礼变为三家（《周礼》、《仪礼》、《礼记》），春秋变为三家，加上《易》《书》《诗》，于是成为九经。唐后期，增加《孝经》、《论语》、《尔雅》，为十二经。南宋时增加《孟子》，成为儒家十三经。《孝经》虽然篇幅最短，但是因为历代皇帝都重视“以孝治天下”，所以《孝经》很早就成为当时的必读书。

李治学习《孝经》是几岁开始的，没有记载。教他的老师叫萧德言，是一位饱学之士，《唐书》有传。李治既然学习《孝经》，学的怎么样呢？有一次唐太宗问李治，这本书中什么话是最重要的？李治回答说：“夫孝，始于事亲，中于事君，终于立身。君子之事上，进思尽忠，退思补过，将顺其美，匡救其恶。”李世民“大悦”，说道：“行此，足以事父兄，为臣子矣。”

李治的回答，正是以孝治天下的本意。李治的回答，最要害的是能够区别，区别什么呢？区别出自己与他人的关系。孝道，是可以成长为忠孝的，从事奉双亲转变为事奉君主。为什么最终的意义是立身呢？这就跟李治的具体身份相关。只要心中有孝有忠，那就是一个孝子忠臣，而立身也就完成了。唐太宗为什么会对李治的回答感到满意？因为当时的形势下，唐太宗对李治没有其他要求，他给李治的定位和李治的实际位置，就是“臣子”。“为臣子”，具体来说就是“事父兄”。现在事奉父亲，将来事奉哥哥，而自己的角色就是臣子。看到李治对自己的定位认识得很清晰，没有非分之想，也没有糊涂观念，所以唐太宗很满意。

《旧唐书·高宗本纪》说李治“幼而岐嶷（qí nǐ）端审，宽仁孝友”。这是说他从小就聪慧宽厚，简单地说就是聪明善良。你看他对《孝经》的理解，就是本分地要当好臣子：学得好，这是聪明；没有野心，这是善良。

丧母之痛

贞观十年，长孙皇后去世。李治“哀慕感动左右，太宗屡加慰抚，由是特深宠异”。对于母亲的去世，九岁的李治十分哀痛，这么小的孩子就这样懂事、有孝心，让左右的人都很感动。看到李治如此的伤心，李世民多次慰抚，“由是特深宠异”。（史书中这样记载，我觉得是一种暗示写法，是为李治后来当太子做铺垫的。）李世民做了一个重要决定，亲自抚养长孙皇后留下来的最小的两个孩子：晋王李治和晋阳公主。“帝诸子，唯晋王及主最少，故亲畜之。”

是因为李治在母亲去世的时候表现良好，所以皇帝才决定亲自抚养他吗？应该不是。李治年幼才应该是皇帝决定亲自抚养他的原因。谁也不会想到，皇帝的这个决定，在大家看来合情合理的决定，最后的影响所及是多么深远。

性格养成

唐太宗确实说过，这个孩子的性格不像自己。有人认为，李治的性格更像他的母亲。长孙皇后宽以待人，是大家公认的。李治也为人宽厚。所以认为李治的性格像母亲，大概是不错的。在长孙皇后去世以后，唐太宗亲自抚养两个孩子，这个过程对李治的性格也有相当的影响。

长孙皇后跟李世民生了三个儿子，两个公主。第一个公主是长乐公主，下嫁长孙冲。第二个公主是晋阳公主，字明达，小名兕（sì）子。晋阳公主是一个多愁善感的小女孩。长孙皇后去世的时候，她只有两三岁的样子，“时，主始孩，不之识”，还不能了解母亲去世的含义。到五岁的时候，懂点事了，凡是能够感受到母亲的时候，就会哀痛起来。晋阳也是聪明伶俐的。公主有一个特长，擅长书法，“主临帝飞白书，下不能

辨”，临写唐太宗的字，别人都辨认不出来。晋阳体弱多病，12 岁左右就去世了。(《新唐书》)

多愁善感、聪明伶俐和体弱多病，这样的一个小公主，最是招人怜爱了。李治虽然也是个孩子，只有九岁，但是毕竟比公主大六七岁，在这个只能让人爱怜的小公主身边，他必须要当好大哥哥，义不容辞照顾好小妹妹。

兄妹两人朝夕相处、形影不离。他们有同一个爱好，就是书法。李治的书法，后来有人评价是“兼绝二王”，说他的书法不是单独继承了王献之或者王羲之，而是得到了两位书法大家的真传（许圉师语《唐朝叙书录》)。唐太宗上朝，小兄妹两人在宫殿中有什么事情好做呢？应该也不多。所以他们就在一起研习书法，以至于晋阳公主小小的年龄就可以很好地模仿父亲的笔迹了。

兄妹两人相处，整整七年。公主对晋王哥哥十分依赖，而晋王对晋阳公主呢，也是加倍地怜爱。兄妹两人感情特好，每次李治有事要离开的时候，公主都要亲自送到大门口，流泪分别。后来，晋王长大，叫做“王胜衣，班于朝”。晋王开始到朝廷上去，跟大臣们一样排队拜舞进行礼仪活动，公主就会哭着跟晋王说：“哥哥今天跟群臣同列，不能在内宫里了。”晋王要公干，只好把妹妹一个人留在宫里，怪可怜的，兄妹二人不免洒泪相别。举行完仪式，晋王就会回来，就是分别这么短的时间，两人也不高兴。

这段时期对于李治一些兄长式性格的养成，很是关键。所谓兄长式的性格，大约有这么一些特征：宽厚容忍，考虑全面，有责任、有担当。当然，这只是性格问题，不是价值观的问题。比如，一件事情，该不该做，由价值观决定。至于怎样做，由性格决定。在我们研究历史人物的时候，应该注意性格因素，但是也不能过分强调性格作用。一方面性格在为人处世的时候，自然会发挥作用，我们应该给予注意；另一方面，性格有多重性，更有变异性，所以不能唯性格论。历史不是文学，多重因素同时作用，某人的性格在重大历史变故面前，其影响是有限的。所以，我们不能唯性格论。

你也许会说，李治是弟弟，他的亲哥哥就有两个，他怎么会养成兄长式性格呢？这就需要了解皇宫里皇子们的基本生活方式。小王子封王开府，日常生活是由奶娘照料的，其他兄弟也一样。因为并不跟兄弟们住在一起，没有平常人家的那种同一屋檐下的生活，所以很难养成手足之情。王子的培养方式，淡化了彼此的感情纽带，缺乏基本的生活基础，观念上的手足当然敌不过现实利益的计较，这也是帝王之家常有的问题。王子之间，虽是同胞手足，实际上却并不在一起生活，根本无从养成心气相通、彼此关照的关系。一旦发生政治上的利益冲突，杀伤起来，毫不手软。德国的心理学家阿德勒认为，生活风格即性格类型取决于家族情境和家庭气氛，如出生顺序、有无父母及家庭成员之间的感情关系和性质等。很明显，这种理论产生于核心家庭占据社会主流的时代，也适合典型的核心家庭的性格分析，但是并不适合帝王之家。

李治四岁时被册封为晋王。从此以后，开设王府，拥有了自己的属官和衙门。至少从当上晋王开始，李治单独居住直到九岁。九岁开始是跟父皇、妹妹住在一起，这对李治的性格有什么影响呢？跟晋阳公主的关系如上文所述，那么跟唐太宗的关系呢？跟唐太宗在一起生活的这段岁月，对于李治有什么影响呢？对此，历史文献没有留下什么记载，但是凭经验我们还是可以有所推测的。在一个权威的父皇身边，李治生活上一方面一定很小心谨慎，这对他养成缜密思维大有帮助；另一方面，他有机会近距离观察父皇，对于父皇的喜怒哀乐有了具体了解，有了解才会有把握。这对于李治按照父皇的需要和要求去行动大有益处。后来的事实证明，李治对父亲的了解，远远超过父亲对他的了解。

李治的早年生活中，还有一位女性，她就是薛婕妤。婕妤是皇帝众多夫人之一。这位薛婕妤属于唐高祖，她是隋朝名臣薛道衡的女儿。根据《大慈恩寺三藏法师传》卷八的记载，她“父既学业见称，女亦不亏家训。妙通经史，兼善文才。大帝幼时，从其受学，嗣位之后，以师傅旧恩，封河东郡夫人，礼敬甚重”。显庆元年二月，这位薛夫人出家为尼，法号宝乘。著名的高僧玄奘法师亲自为她剃度，高宗专门在大内为她修建一座寺院名叫鹤林寺。关于唐高宗的性格，有一种观点是他有恋母情结，薛婕妤也被拉来作证。从以上的文字看，是在表彰高宗尊师重道，看不出来是依恋母亲。也许有人会说，为什么专门在宫中为薛师傅建立寺院啊，那不是皇帝离不开她的证明吗？如果继续看这段文字，还有下面的情节，玄奘法师为薛师傅剃度完毕，立刻到德业寺，而“鹤林寺侧先有德业寺”，说明德业寺早就存在。那里有上百名的女尼，其中有佛学修为已经很高的人，玄奘法师去给她们授菩萨戒，相当于授予博士文凭。可见皇帝的女人们出家，多在宫中修建尼寺，大约是当时的惯例。

总之，这就是早年的李治的基本状况。每天的工作是读书、写字、照顾妹妹。照顾妹妹的时候是一个好哥哥，跟别人学习的时候是位好学生。而照顾妹妹的生活，对于李治的性格影响应该更大。总体上的生活是风平浪静，太平无事。只是每到母亲忌辰的时候，不免哀痛。这是李治早期的生活状态。没有想到，贞观十七年，在李治 16 岁的时候，唐朝的政治忽然风起云涌，李治也被深深卷入。于是，李治告别了风平浪静的生活，转入人生的第二阶段：大唐的储君。

李治的太子之位是天上掉下来的吗？

贞观十七年，是大唐皇朝的多事之秋。正月，著名大臣魏征病逝，对于当时的皇帝李世民来说，这意味着缺少了一个主心骨。与此同时，皇子们争夺权力的斗争白热化。三月，发生齐王李佑叛乱，接着一个更重大的案件被发现，太子承乾有一个谋反计划。多年的太子承乾只能被废黜。

接下来，谁会成为太子的人选呢？这是个人大事，也是国家的大事。

本来，魏王李泰一直觊觎太子之位，李泰有什么资格觊觎太子之位呢？最大的资格就是唐太宗的喜欢。唐太宗是一个性情中人，他的喜怒总是不难发现。在两个儿子之间，人们发现，唐太宗似乎更喜欢李泰，而不是承乾。

李承乾和李泰个性迥异，李承乾喜欢舞枪弄棒，训练武功；李泰则是另外一种倾向，读书写作，文采飞扬。所以，每次皇帝外出，总是让李承乾监国守长安，而把李泰带在身边。唐太宗喜欢跟李泰讨论问题，喜欢李泰才华出众。这种情况，大约跟国家形势安定，武功已经没有了用武之地的背景有关。

于是，太子与魏王之争，暗地里波涛汹涌，一副不共戴天的样子。

终于，太子承乾出了败招，竟然准备了一套谋反计划。而这个计划又提前暴露，本来是为了保住太子之位，反而提前葬送了这个位置。

这种兄弟相残的局面，李治完全置身事外。这个状态，或许是他没有这个心思，或许是没有这个条件。在贞观十七年的时候，李治只有16岁，李承乾比李治大9岁是25岁，李泰比李治大7岁，是23岁。从自然年龄上看，李治跟哥哥比，如同小孩子一样。这个自然差距，对于经营政治而言，利弊关系很清楚。李治没有自然上的优势。

然而从另一方面来看，这个年龄上的劣势，在惊涛骇浪的政治斗争中反而成了优势。什么优势呢？安全地置身事外。谁也注意不到你，尤其注意不到你的威胁，所以就会放过你。至于你自己是否真的置身事外，那就看你的内心世界是否涌动起权力的波澜了。在这个深宫的什么角落，谁也不会确切地知道，此时此刻，会有什么阴谋潜伏不动；谁也不会确切地知道，黑暗中有一双谁的眼睛正瞄向自己。你以为安全，那就是真的安全吗？谁也不知道。

贞观十七年四月一日，太子谋反计划被告发。在接下去的日子里，唐朝的政治立刻风云突变。随着太子谋反计划被证实，太子会被废黜已经是路人皆知的事情。那么，谁来接替太子呢？这理所当然地成为朝廷的头等大事。有多少人因此而失眠，有多少人日夜心跳不止。谁当太子，就意味着谁是未来的皇上，那可不是仅仅涉及他本人的事。千万颗心，都在随着事态的发展而跳动，千万颗心，都在感受新升起的太阳的各种热度。

魏王泰当然是热门人选。魏王泰有条件，有别人无法比拟的条件。承乾之后，他是年长者。按照古老的习惯，立嫡立长，那就非他莫属。当然，还有更重要的，那就是皇帝的期许。事情发展到今天，魏王泰应该是第一功劳者，而背后那只巨手，不就是当今皇上唐太宗吗！有谁会为了反对魏王泰而与皇上作对呢。魏王泰，应该是长长吁出了一口气。老天不负有心人啊，魏王泰终于熬到今天了。不知道在很多人睡不着的时候，魏王李泰的春秋大梦是不是已经做到了多年以后。

但是，在这个关键时刻，有一个坚定的身影站了起来，他就是长孙无忌。这位嫡系皇子们的亲舅舅，多少年来，他都很少说话。有一次，唐太宗还夸他，说他善于回避嫌疑。那意思就是表扬他不揽权。如今，他这样明晃晃地站起来说话了，应该说明什么呢？说明他不是出于私心。他一定是更关心国家的未来，更希望未来光明而安定。

拔河比赛现在开始，关于接班人，关于最高权力，关于国家未来……比赛人是唐太宗和长孙无忌。李泰和李治站在旁边，默默地为他们鼓劲，他们都希望支持自己的人胜利。原本是众声嘈杂的场面，忽然安静下来。多年以后，历史的研究者们还要不断地回到这个现场，分析理解，当时的比赛结果为什么那么令人意外。

唐太宗应该没有想到，很多人都没有想到，长孙无忌忽然之间变得如此坚定。而面对长孙无忌的坚定，很多人胆怯了。原本为魏王欢呼的人，忽然之间收回了自己的声音。唐太宗回头看看，竟然只有很少的人支持李泰，这让唐太宗也心头不安。

为什么会是这样？

长孙无忌的声音不高，但是有力无比。晋王仁厚，可以保证兄弟们平安。打天下的日子已经过去了，他是最佳的守成之主。他不说李泰不行，但是字字都击中李泰的要害。李泰逼得哥哥承乾走投无路，甚至甘愿冒死谋反。李泰对于兄弟们的态度，让人无法承认他们是兄弟。如果他当未来的皇帝，那么你的其他儿子，就难保平安了。如果说他有什么胆识的话，那也没有用武之地，因为皇帝陛下已经把天下治理得安安稳稳了。

长孙无忌的理由，何止击中了魏王泰的要害，更重要的是击中了太宗的要害。这么多年来，李世民想到玄武门之变就不免悲从中来。那场兄弟相残的毒水，有迹象表明，正在向下一代自己的儿子中间蔓延。权力是一支恶之花，它能泯灭一切良知，能让一切道德伴随着自己的节奏起舞。他现在必须奋起抗争，希望把这股洪水猛兽挡在家门之外。

是的，唐太宗就是喜欢李泰，李泰的头脑，李泰的文采，没有一样是他不喜欢的。但是，现在他注意到，长孙无忌提醒他注意到，李泰的心似乎是很危险的。他与哥哥的斗争，竟然如此天衣无缝，这应该不仅仅是头脑问题，还应该有良心问题。如果以后让他主政，那么自己最担心的问题会不会噩梦一样地发生呢？“如何对待自己的兄弟，在你掌权的情况下。”李世民一定是这样询问了，他不能因为长孙无忌等人的猜测就放弃李泰。李泰的回答让唐太宗大感满意。李泰说，未来如果真的当了皇帝，就会杀死自己的儿子，让晋王李治继承自己的皇位。唐太宗心里忽然鲜花盛开。多好啊，为了兄弟的情谊，宁可杀掉儿子。太可贵了，太可贵了。

于是，唐太宗理直气壮地叫来长孙无忌和褚遂良等人。他把跟青雀（李泰的小名）的对话，原原本本地讲了出来，心中的喜悦溢于言表。

然而，让唐太宗没有想到，这句气泡一样的谎言，根本就不用长孙无忌亲自出面来挑破，褚遂良站了出来，他轻而易举地让这句谎言现出原形。褚遂良的态度极度严肃，一副为真理不怕献身的样子。他说，这件事情从一开始就是皇帝错了。连前太子承乾的谋反，错也在皇帝身上。为什么？因为太轻信李泰了。请问陛下，这个世间，究竟是兄弟亲还是父子亲？当然是父子亲。那么，历史上，有谁掌管大权时会杀儿子而让位给兄弟？没有。所以，李泰的谎言实在太简单了，这根本不用证明。

中国是一个讲究经验的国度，史载昭昭，为的都是给后人提供经验。褚遂良这一问，唐太宗立刻泄了气。是啊，这是人性最简单的问题，自己怎么就这样轻易地相信了呢？或许，李泰的表态没有这么清晰，是李世民的转述让他的谎言变得清晰了。总之，李泰的表态过度，超出了人性能够接受的底线。这立刻被褚遂良紧紧抓住不放。“陛下，”他说，“要立李泰，现在就应该安置晋王了。”真不知道他说的安置是什么意思，是保护起来，还是提前杀掉？反正现在已经危险了。

李泰平时跟皇帝关系太好，没有什么死心塌地的大臣。在这个关键时刻，没有好军师。他只知道讨好皇帝，忘了把握分寸。如果有足智多谋的军师，事态会向另外的方向发展。

最后，拔河比赛是长孙无忌胜利了。

促使李世民妥协的还有原太子李承乾。他跟皇帝解释说，自己身为太子，还有什么更高的要求，为什么还要图谋不轨，不就是被李泰逼的吗？李泰步步进逼，自己不防范，担心会落得惨败。现在，如果陛下立李泰为太子，那么所有的一切都正好落入李泰的计划之中了。这话当然有道理，李世民不免心中震撼。最后唐太宗决定，一切谋划者都要出局，要让后人记得，太子之位非经营所得。他想让子子孙孙都如此坚持下去，最高地位的承担者，只能备选，不能积极争取。这是很美好、很天真的想法，他的子孙们没有谁记得这一点。

李泰失败，自然李治胜出。现在的文献记录，没有发现李治亲自努力过什么，一切看起来都是水到渠成的。太子之位如同天上掉下来的一样。在李治当太子的过程中，长孙无忌、褚遂良都是大功臣。

那么李治真的一点努力都没有吗？不，李治与李泰有过一次短兵相接。

《资治通鉴》有过这样的记载：

> 魏王泰恐上立晋王治，谓之曰：“汝与元昌善，元昌今败，得无忧乎？”治由是忧形于色，上怪，屡问其故，治乃以状告；上怃然，始悔立泰之言矣。

元昌，是他们的叔叔汉王李元昌，参与了李承乾的谋反计划被赐死，李泰通过李元昌给李治施压，是希望李治主动撤退。最近通过一个偶然的机会看到了李元昌的墓志，贞观十七年他不过才 25 岁，所以他能够跟太子、跟晋王都能玩到一起。这个时候，李泰考虑过他是哥哥吗？当然没有。他只是把李治当作竞争对手而已，不会考虑手足之情的。李治的反应呢？紧张，不知如何处理。后来被唐太宗发现神色不对，反复询问，才了解真相。唐太宗认为李治表现更好，有保护哥哥不告发的意图。这事，对于李泰而言，增加了一个失败的因素。

那么，李治的表现，究竟是自然表现还是成功表演呢？

李泰的用意，是在迫使李治低头让位。你跟谋反的汉王元昌关系密切，他已经暴露，你也不能没事。你自己有这样的问题，还要来跟我争太子之位吗？李泰的用意，李治应该很清楚。李治可以有几种反应。第一，与李泰针锋相对，恶语相向。但是，这样不会为自己争得分数，因为两个吵架的人，任何一方的形象都会受损。第二，他可以立刻向唐太宗汇报，说明实情，李泰如何如何说。但是，那样会留下打小报告的印象，有背后整治哥哥的嫌疑。第三，干脆把事情彻底隐藏起来，不让人发现。但是，那样太便宜了李泰。最后，李治采取的是最有利的一种，既没有让自己处于被怀疑的位置，又巧妙地暴露了李泰的活动。甚至让太宗觉得，李治用心良苦，是在保护哥哥。

在多种可能并存的情况下，李治选择了最有利的一种方案。说明他的这个表现，不是自然反应，而是深思熟虑。李治以退为进，巧妙地暴露了哥哥，并取得父亲的好感。于是，这成了李泰失败而李治成功的一个因素。太宗后悔答应李泰，决定改弦更张，放弃李泰。可见，在李治当太子的这件事情上，李治看起来是无所作为，其实是有所为有所不为，最终以他的胜利而告结束。

贞观十七年四月乙酉（六日），废黜太子承乾。第二天，宣布李治为新的太子。唐太宗决定，今后谁也不许经营太子之位，凡是经营者一概抛弃。

上谓侍臣曰："我若立泰，则是太子之位可经营而得。自今太子失道，藩王窥伺者，皆两弃之，传诸子孙，永为后法。且泰立，则承乾与治皆不全；治立，则承乾与泰皆无恙矣。"（《资治通鉴》）

李治不主动告发李泰，在唐太宗看来是在保护李泰，十分符合唐太宗这个时候的心思。不仅如此，李治确实没有留下任何经营的痕迹，连他告发李泰私下的言论，都显得是被迫的。这个时候的李治，虽然只有16岁，可是他的行为已经很成熟。通常说，年龄大一定经验丰富，但在这件事上可见例外时常有。在政治上，李承乾不成熟，李泰显然也不成熟，而年龄小的李治最成熟。这个结论如果成立，那么李治当太子应该说也不是天上掉馅饼，是有必然性的。

李治成为争夺太子之位的黑马，一点都不奇怪。所有的人都没有看到李治在经营，所有的人都在为李治而努力。连意志力超人的唐太宗，也为李治改变了主意，放弃了李泰而支持李治；连历史的记录都认为，李治什么也没有干；连后来的历史学家也认为，李治当时还是一个小孩子。他们认为，长孙无忌要拥立李治，就是看中了李治的年幼无知。

事实上呢，李治完全达到了无为无不为的境界。从高祖李渊的时候起，唐朝就开始推崇道教，推崇《老子》，但是从唐高祖到唐太宗，看来对老子的理论都没有什么透彻的理解。无为而无不为，只有李治把握得切实。

太子殿下真的很孝吗？

公元 643 年（贞观十七年）4 月 6 日，唐太宗宣布废黜太子承乾。第二天，宣布李治为新的太子。从此，唐朝有了新皇位继承人，李治从此成为太子殿下。从这一时刻起，到唐太宗去世，李治即位（贞观二十三年六月一日），总共有六年两个月的时间。六年的时间，李治从 16 岁长到了 22 岁。应该说，这六年，李治顺利成长。他最主要的任务就是全面而全力学习，准备做好社稷的接班人。

那么，李治到底表现得怎么样呢？我们可以概括为十分突出的孝友。

孝，是对父亲而言。友，是对兄弟而言。在中国，这是一种最基本的人伦道德。在儒家的思考中，一个人对身边亲人的好坏是他的道德基础，所以对于任何人都会有这些基本的观察点。

《旧唐书·高宗本纪》记载，贞观十八年，太宗将伐辽东，御驾亲征，让皇太子李治留镇定州（河北定州）。太子知道皇帝过几天就要出发上前线了，因为担心父皇安危，所以每天悲伤哭啼。如此替父皇担心，当然是孝心的体现了。

后来，皇帝从前线返回，太子亲自到幽州迎接。当时，唐太宗身上长了脓包，皇太子竟然用嘴吸脓，感动得大家真的没话说。

当太宗从幽州出发前往太原，太子因为担心父亲的身体，不肯自己坐车，也不骑马，不管谁劝也没有用，太子坚持跟在皇帝的轿子旁，用手扶着辇步行，一走就是好几天。太子的孝心，没的说，天日可表。

太宗晚年病重期间，太子伺候在身边，日夜不离左右，尝药喂汤，十分细心。不仅如此，因为过度为父亲的病情担心，年轻的李治，竟然头发都变白了。

贞观二十三年五月太宗去世，李治悲伤得更不用说了。在李治的即位诏书上，文辞表达了李治的哀痛。文中说，皇帝弃天而去，我啊"痛贯心灵，若置汤火。思遵大孝，不敢灭身"。我的哀痛，贯穿心灵，如同置身开水和热火之上。如果不是因为大孝需要遵循，不敢灭身，要不然我非跟着去了不可。

可见，李治的孝道确实是充分体现了，史书昭昭，尽人皆知。

与此同时，太子殿下还表现出对兄弟的亲情与关怀。《资治通鉴》记载道:（贞观十七年五月），癸酉，太子上表，以"承乾、泰衣服不过随身，饮食不能适口，幽忧可愍，乞敕有司，优加供给"。上从之。

当时，李承乾和李泰，都发往外地居住。李承乾被废去所有待遇，成为庶人，居住黔州。李泰改为顺阳王，居住在均州之郧乡（今属湖北十堰）。李治给皇帝打报告，说李承乾和李泰衣食都有问题，很可怜，应该让有关部门增加供给。这可是太子殿下对兄弟们的一番情谊，皇帝立刻批准了。李承乾为庶人，可能吃不饱穿不暖，可是李泰是顺阳王，那也是亲王啊，怎么也供应这么差呢？应该是政治失败以后，官府奴才狗眼看人低，立刻刻薄起来，所以他们二人才有衣食之忧。而太子的这番表态，不仅证明自己的手足之情深厚，也证明太宗选择自己做接班人没有错。太宗应该也很庆幸，自己的儿子之间，不该再有血腥冲突了。这个道理很清楚，要知道，李治当上太子，一个重要原因，就是大家都认为，他当了皇帝会善待这些兄弟们的。李治的这个报告，确实符合人们的认知。李泰后来在贞观二十一年地位有提高，进位濮王。高宗即位以后，诏泰开府置僚属，车服羞膳异等。可见，李治对待兄弟们确实不错。

以上这些事实，都能证明李治的一个重要品行：孝友。

为什么史书如此仔细地记录下这些内容呢？因为在古人看来，孝友之道，是一个人的重要品行。古人看人，不重言论看行动，这从孔子时代就打下了基础，所谓“听其言，观其行”就是这个意思。另外，古人习惯从小事看大处，习惯观察你的日常起居和习惯，看看你平时怎么待人，就知道你是一个怎么样的人。如果你连身边的人都不好好对待，能指望你同情天下人吗？如果你对亲人都不关心，能指望你关心老百姓吗？

为什么特别强调孝友呢？这一方面有报恩的意思。每个人都是父母辛苦养大，如果你不孝，那就是不懂得报恩。一个连父母恩情都不懂得报答的人，怎样会善待其他人呢？还有就是兄弟的友爱。同一屋檐下长大，同甘苦共患难，那是手足之情。一个手足之情都不顾及的人，能友善地对待其他人吗？

这是古人的人生经验，但是，对于帝王之家是否有效呢？这起码要大打问号。帝王之家，兄弟们很少同甘苦共患难，他们的手足之情其实只是观念形态上的，并不是苦难岁月练就的。对于父母的孝行，也存在同样的问题。他们的父母，往往是帝王之身，不仅能够决定任何人的生死存亡，甚至可以决定天下何去何从。因为他们权力太大，所以所有的人都要仰其鼻息，察其颜色，根据帝王好恶决定自己的言行。那么，身为太子和皇子的人，他们能够避免如此吗？显然也不能。隋炀帝杨广，在身为晋王的时候，不就是因为努力讨父母的欢心而压抑自己的欲望吗？最后终于替代兄长成为太子，如愿以偿。

政治舞台以权力为核心，牵涉太多利益，皇帝就如同自己的上帝一样，决定着自己的一切。所以对于政治家们来说，表演能力在相当大的程度上决定着他们的成功。何况，毕竟上级比较少，表演不用天天做，稍微克服一点、忍耐一点就足以演出成功。太子也需要在皇帝面前表现吗？不言而喻。这种有目的、有取向的表现，毫无疑问就是表演。

太子李治的这些行为，究竟是因为天性还是因为表演呢？今天我们已经无法把这一切都弄清楚，但是如果我们认为其中不乏表演的成分，至少不算我们胆大妄为，也不能证明我们心理阴暗吧。

武则天的危险时刻：皇后武则天与外甥女争风吃醋

公元 664 年（麟德元年）年底，唐高宗的朝廷忽然发生了严重事件。唐高宗和武则天的关系出现问题，废后风波骤然而起——唐高宗要废去武则天的皇后地位。

这到底是怎么回事呢？

先说原因。根据《资治通鉴》的说法，情况是这样的：首先，深远的背景是皇后参与朝政以后，专作威福，皇帝也受制于皇后，不胜其愤。其次，导火索是道士郭行真出入禁中与皇后为厌胜之术被宦官王伏胜告发。皇上于是大怒，招来宰相上官仪。上官仪说皇后专横，人民很愤怒，废了她算了。皇帝说正合朕意。立刻命令上官仪起草诏书。可是，皇帝没有想到，自己身边的人都是皇后的密探，密探们一看，这还得了，于是大家拼命往后宫奔跑告诉了皇后。皇后立刻到皇帝身边亲自辩护。皇上一看皇后来了，起草的诏书就在当场，被皇后抓了一个现行，立刻吓破了胆，缩了回去，不敢宣布废黜皇后。可是，皇帝怕皇后怨恨自己啊，只好把责任推给上官仪，说是上官仪教自己的，自己开始可是没有这个心思的。结果呢？大家可想而知。上官仪成了替罪羊。不仅如此，他们发现上官仪跟王伏胜有过一样的经历，就是都伺候过废太子李忠，于是他们的政治动机就昭然若揭。最后，他们及其曾经伺候过的主子，一起被打成谋反集团，李忠被赐死，上官仪等被杀掉。

这件事情来得很突然，几乎没有任何先兆。所以，我们要找出背后的真相，还是要费一番周折的。

我们能够看到几个问题。首先，唐高宗要废皇后，不是深思熟虑的结果，是临时决定。其次，唐高宗不敢面对皇后武则天，而武则天能够从容自我申辩，说明两人之间还是唐高宗方面心虚。如果是因为武则天专横，高宗要废也算是理由充足。如果确实因为长期以来武则天专横跋扈，那么高宗也可以仔细安排，从容废黜她，为什么会如此仓促呢？按理说，唐高宗经历过废王立武事件，应该懂得废去皇后不是一件小事，而这么多年辛苦抬举武则天，如果这么一废，不是自己打了自己耳光吗？另外，到底为什么唐高宗会如此心虚呢？

这让人不得不产生很多怀疑，而《资治通鉴》对这段记载竟然没有认真交代。《资治通鉴》这样的记载不是独自发明的，它是来自《新唐书》。但是，即使《新唐书》也没有给出合理的解释。它们使用的统一口径是唐高宗性格问题，性格使得他面对真理不敢坚持。但实际上究竟是唐高宗的性格问题，还是另有隐情呢？

显庆元年（656 年）十一月初五，武后生第三子李显于长安，龙朔二年（662 年）六月一日武则天为唐高宗生了第四个儿子李旦。皇帝与皇后之间，到底发生了什么事情呢？如果说是皇后专横，那么为什么史书上一件具体的事情都没有记载呢？皇帝和皇后的冲突到底是什么原因呢？这么重要的事情，不可能一点线索都没有留下吧。

原来，皇帝大人另有新欢，而牵线人就是武则天。

对于很多女人而言，皇帝这个人就是一块大肥肉，能够跟皇帝有所亲近，大约就是女人最成功的人生境界。武则天当了皇后以后，后宫的事情可以自己说了算，所以就把自己的姐姐引入宫中。高宗很高兴，封了她的姐姐为韩国夫人。韩国夫人生有一男一女，正在家里守寡，得到高宗的欣赏，一定心里高兴。请注意，这个欣赏不是一般意义上的，这里说的可是发生了床笫关系的那种。这是不是武则天原来的心愿呢？我们也没有办法证明。也许，肥水不流外人田，唐高宗喜欢的都是武则天的亲戚，唐高宗说不定还可以解释说这是给武则天的面子啊。这个韩国夫人呢，运气也是有限，享福没有几年就去世了。但是，应该令韩国夫人感到欣慰的是，她的位置有了可靠的接班人，那就是自己的亲生女儿。武家的女人就这样把皇帝承包了。看起来，唐高宗更喜欢这位年轻人，给她一个封号叫做魏国夫人，武则天似乎也没有什么反对的动作。说不定，武则天也暗自高兴，看看你这个皇帝还是跳不出我的手心。

不过，事情渐渐发生了变化，而且正在向武则天无法控制的方向发展。什么动向呢？唐高宗很想给魏国夫人一个正式的内命妇名号。这有区别吗？当然有。所谓的魏国夫人是外命妇，在制度上并非属于皇帝的女人，从这个意义上说，唐高宗跟魏国夫人的关系是非法的，某种意义上是武则天恩赏的，因为武则天不反对，别人似乎也无法反对。而所谓的正式名号，就是嫔妃一类的内命妇，内命妇的一个简称就是“内职”，那就是皇帝的合法女人。如果真的给魏国夫人一个正式的内职，那么这个小外甥女跟皇帝的关系就成了合法的。不仅如此，她跟自己的姨娘武则天就成了名正言顺的二女共一夫了。这样一来，对于武则天而言，心里的别扭是可想而知的。甚至于，武则天还意识到了某种危险性。也许她的外甥女跟武则天有天生的同质性，拥有非凡的诱惑能力，反正这让武则天出现了当年王皇后式的恐惧。所以，她坚决反对高宗给魏国夫人正式身份。

《资治通鉴》在废后风波几年以后才提到这件事情，但是并不提与废后风波的关系，看起来很不想让人了解这件事情的真相似的。它记载说：“上欲以魏国为内职，心难后，未决，后恶之。”看来，皇帝跟自己的外甥女两人发生肉体关系武则天并不反对，但是要给一个正式的名号，武则天是不同意的。唐高宗呢，假戏真做，希望向这个方向发展，但是遭遇到了武则天的强力反对。没有记载说魏国夫人是什么态度，猜测起来应该是站在背后支持皇帝。这是武则天的外甥女，武则天又是皇后，无法绕过去啊。

这成了唐高宗最大的心病。武则天呢，应该有一点后悔。自己忙着给皇帝生儿子，怕皇上寂寞无聊，招惹是非，所以引入姐姐和外甥女。肥水倒是没有外流，但是引狼入室，导致自身出现危机。实在没有想到皇帝太投入，竟然假戏真做，要给外甥女一个正式的名号，这不就成了内部的竞争吗？皇帝也冤啊。魏国夫人不是你介绍的吗，我给她一个封号你应该高兴啊。是啊，武则天为什么不高兴呢？当然是怕引起竞争啊。平起平坐展开竞争，武则天是不是小外甥女的对手呢？害怕的应该是武则天。

皇帝与皇后在这件事上发生了争执，可能有一段时间沟通困难。皇帝心想，我给你的够多了，干吗还这么管我啊。皇后心想，我们今天的幸福来之不易，你应该居安思危啊。那么，所谓皇帝受到皇后的限制，到底是些什么事情呢？现在能找到的就是此事。

再看告密者王伏胜的情况。宦官王伏胜，一定是发现了皇帝和皇后之间发生了问题，所以才敢于在郭行真道士入宫以后去告发。内宫有和尚、道士往来，那是常事。如果皇帝和皇后之间没有出现问题，王伏胜打死也不敢告发。皇帝正在郁闷，心旌动摇，为什么不乘机废了皇后呢。说不定这个时候皇帝还想到，干脆让魏国夫人当皇后也不错啊。于是找来上官仪商量。

上官仪是一个风流才子，在长安是著名的帅哥明星。夕阳里，上官仪穿长衫，戴方巾，一会低头沉思，一会仰天长啸，让崇拜者远远地看见，惊叹不已，都说是仙人下凡。上官仪是个才子，写诗作文比较拿手，政治谋划还是一个新手。

这位时尚才子，贞观时期的进士，他的诗歌被称作上官体。但是，文学水平跟政治素养是两码事。善于作诗，并不等于善于谋事。见皇帝要废皇后，赶紧表态支持，也没有考虑一下，皇帝此时的想法究竟是深思熟虑呢，还是一时的冲动？也不想想，如果废皇后，要不要废太子？当时的太子李弘已经两次监国了。当初废皇后，搞得天翻地覆，现在废皇后，会有哪些问题，会产生哪些后果，严重的后果应该怎样预防等等。反正，这些他都没有考虑，当场表态支持，也一定把理由使劲夸大一番，如同又作一首新诗。

于是，一时冲动的皇帝，遇到了诗兴大发的诗人，两人兴冲冲地过家家，连身边的人都觉得太儿戏。结果，当皇后急匆匆赶来问个究竟的时候，连皇帝本人都傻了眼。没有办法解释啊。其实，换另外一个人，也会劝劝皇上，废皇后不是小事，皇上应该仔细想想清楚。那样，皇上也许不会如此。但是，偏偏是上官仪。皇上冲动，他比皇上还冲动。于是，一切后果只好由他来承担。

“武则天杀死自己的亲生女儿”有无其事？

武则天在中国历史上横空出世，是一个历史奇迹。在一个男权社会里，怎么会出现一个女皇帝呢？皇帝制度的弹性，因此可以确定。但是，成功地获得皇位的武则天，身后却付出了很大的代价。围绕武则天的评价，妖魔化一直占据着传统史学的主流地位。在一系列妖魔化武则天的历史记述中，“武则天杀死了自己的亲生女儿”就是典型的事件之一。

从简至繁的记录变迁

大约在永徽四年，武则天为高宗生下一个公主，但是这个公主不幸夭折。公主之死，到底是什么原因呢？最开始的记载是很简单的，《唐会要》卷三“天后武氏”条下是如此记载的：“昭仪所生女暴卒，又奏王皇后杀之，上遂有废后之意。”当时的武则天是昭仪，属于皇帝九嫔之首，正二品。这是武则天跟唐高宗所生的第二个孩子，第一个是长子李弘。

根据《唐会要》的这个记载，武则天和高宗所生的公主确实夭折，因为不知道死亡原因而且死得突然，所以称作“暴卒”。武则天充分利用了公主之死，采用悲情主义的诉求方法，把公主之死的责任推给自己的情敌王皇后。高宗看来是受到了武则天的影响，开始萌生废黜王皇后的念头。

《唐会要》一书，虽然是北宋王溥编辑的，但是吸纳了唐德宗时期苏冕四十卷的《唐会要》和唐宣宗时期崔铉的《续会要》，所以保存唐代国史资料比较多，向来为学者所重。这里的记录，也相对稳重。当时，王皇后联合萧淑妃与武则天斗法，武则天悲情主义的战斗技巧适合当时的情况，因为毕竟是母亲丧女，说一些丧失理智的话是可能的，而高宗看见受伤的母亲，也很可能同情心上涌。

但是，高宗新生公主夭折一事，《旧唐书》却没有正面提及，而是在则天皇后本纪的"史臣曰"中，写下了这样的文字："武后夺嫡之谋也，振喉绝襁褓之儿，菹醢碎椒涂之骨，其不道也甚矣，亦奸人妒妇之恒态也。"其中，后一件事是指武则天残酷对待失败了的王皇后和萧淑妃，而前一件事"振喉绝襁褓之儿"，可能就是指扼杀亲生公主的事。《旧唐书》成书于后晋出帝开运二年（945 年），先后编写用了四年时间。为什么这件事没有写入《旧唐书》的正文，而是用"史臣曰"的方式表达出来，没有确凿证据，推测起来大概这个时候已经有了武后杀亲生公主的说法，但是不能坐实，只好用这种更具有个人意见的方式表达出来。

《旧唐书》这种比较概括的说法，到了《新唐书》中凌空一跃，变成了非常具体生动的描写。《新唐书·后妃列传》的文字是这样记载的："昭仪生女，后就顾弄，去，昭仪潜毙儿衾下，伺帝至，阳为欢言，发衾视儿，死矣。又惊问左右，皆曰：'后适来。'昭仪即悲涕，帝不能察，怒曰：'后杀吾女，往与妃相谗媢，今又尔邪！'由是昭仪得入其訾，后无以自解，而帝愈信爱，始有废后意。"在这里，公主之死的过程详细而生动。

《资治通鉴》的记载，直接继承了《新唐书》，文字如下：后宠虽衰，然上未有意废也。会昭仪生女，后怜而弄之，后出，昭仪潜扼杀之，覆之以被。上至，昭仪阳欢笑，发被观之，女已死矣，即惊啼。问左右，左右皆曰："皇后适来此。"上大怒曰："后杀吾女！"昭仪因泣诉其罪。后无以自明，上由是有废立之志。

仔细比较，《资治通鉴》这段文字基本采自《新唐书》。皇后看望新生公主，离开以后，武则天偷偷杀掉公主，然后伪装现场。唐高宗到场，武则天假装欢笑，掀开被子，发现公主已经死亡。询问左右，大家都说刚才皇后来过。于是皇帝大怒，认为是王皇后"杀吾女"。王皇后自然无法解释，于是皇帝开始产生废立皇后的念头。以上基本情节，两书都是相同的，而且细节越发生动详细。

但是，细节越生动越详细，越引人怀疑。且不说《资治通鉴》对《新唐书》这种细节修改，已经使得过程发生变化。我们要问的是，倾向合理化的修改，意图是什么呢？可是，细节如此考究的《资治通鉴》，在描写这件事的时候，却没有比较清楚的时间定位，因为《资治通鉴》把此事放在永徽五年的年底来叙述，按照《资治通鉴》的体例，说明此事具体日月不清楚。作为编年体史书，《资治通鉴》是这类史书的典范，对于历史事件时间定位的重视，《资治通鉴》也是典范。可是，在公主之死的问题上，《资治通鉴》可以花笔墨修改《新唐书》看上去不够合理的文字，为什么在更重要的时间定位问题上没有给出更具体的坐标呢？看来《资治通鉴》对此事信息的掌握是有限的，以至于重要的时间定位都不能给出，只能在《新唐书》的基础上对细节进行"合理化"的修改。

从以上的这些记载，我们可以发现，公主之死的文字记录，有一个由简至繁的变迁过程，在该过程中，重要的信息，如事件发生的时间，没有进一步的信息，但是细节反而越来越清晰。在中国古史研究中，曾经有过一个"层累地构造学说"，意思是古代的历史随着时间而越来越清晰，恰好证明是后人缔造的结果。文学史上也有类似的问题，作品在流传的过程中被不断地加工和创造，最后的模样与初始状况相去甚远。那么宫廷秘史，是否也有这种规律呢？所有的当事人都没有留下记录，那么后人是通过什么途径反而获得了更多的细节呢？所以，在今天，当我们面对的历史事实，有着一个由简至繁的描述过程的时候，我们至少可以提出疑问。

王皇后在武则天入宫前已失宠

现在的史籍记录，不论是《唐会要》还是《新唐书》，对于王皇后地位的危机，多强调小公主之死带来的后果。具体而言，就是唐高宗从此开始有了废后的念头。其实，王皇后的危机不是从小公主之死开始的，而后来王皇后的被废，也没有证据显示公主之死发挥了作用。

王皇后的危机，在武则天入宫之前已经显现。王皇后出身太原王氏，在当时是天下一等士族。王皇后虽然出身名门，名正言顺，但是她跟高宗的关系似乎从很早开始就存在问题。高宗与萧淑妃连续生育一儿两女，证以《唐会要》的说法"时萧良娣有宠，王皇后恶之"的记录是有根据的。武则天二进宫，是王皇后引进的，而王皇后的动机很难说是光明正大的，因为她召武则天入宫，依然是与萧淑妃争宠的继续，"欲以间良娣之宠"。只不过事与愿违，武则天"既入宫，宠待逾于良娣，立为昭仪"。王皇后引狼入室，萧淑妃的恩宠虽然解除，但是武则天后来居上，王皇后依然不得宠爱。

唐高宗不喜欢王皇后，才是王皇后的真正危机所在。也正是因为皇后有如此危机，她的舅舅柳奭才在永徽三年七月，酝酿确立太子之事。《新唐书》李忠本传记录到："王皇后无子，后舅柳奭说后，以忠母微，立之必亲己，后然之，请于帝。又奭与褚遂良、韩瑗、长孙无忌、于志宁等继请，遂立为皇太子。"显然，皇帝开始并没有同意皇后的请求，但是长孙无忌等朝中重臣纷纷出动，皇帝只好妥协同意。而立李忠为太子，文字记载很清楚，就是为了稳定王皇后的地位。而这个时候，武则天与唐高宗的第一个儿子尚未出生，更不要说公主之死了。

确立李忠为太子，并没有挽回王皇后的地位危机。就在太子确立以后不久，唐高宗与武则天的第一个儿子出生。这个儿子被命名为李弘，而李弘这个名字本身就意味深长。南北朝以来，道教为主的社会传播渠道，一直盛传“老君当治”、“李弘当出”的谶语，宣传李弘为真命天子。根据唐长孺先生的研究，唐高宗和武则天给自己的儿子命名为李弘，就有应谶而为的意思。而当时李忠已经确立，这不正暗示着对李忠的不认可，也就是对王皇后的某种不承认吗？如果说王皇后的地位危机来自武则天的攻击，不如说来自唐高宗很久以来对她的冷淡，而唐高宗命名儿子为李弘，其实已经预示着皇后更大的危机。明确地说，这个时候，唐高宗如果还没有换皇后的念头，这些问题都无从解释。

在李弘出生的这个时期，武则天与王皇后、萧淑妃的联盟，斗争已经有一段时间，而胜利的一方属于武则天。上文引证《唐会要》武后传、《旧唐书》武则天本纪和《新唐书》王皇后传说明，各书在描述双方斗争的时候，立场有所不同，但是武则天的胜利却是公认的。所以，武则天作为当事人，唐高宗对待王皇后的看法以及皇帝与皇后关系的幕后因缘，都是应该一清二楚的。王皇后从来没有得过高宗的恩宠，对于高宗而言，王皇后早就是明日黄花。所以，废黜王皇后在唐高宗这里根本没有感情障碍，障碍只在朝中大臣而已。对于唐高宗感情脉搏了如指掌的武则天，对于已经失败的王皇后的继续打击，有必要付出亲生女儿生命这样沉重的代价吗？

公主之死在废后过程中没有发挥作用

唐高宗采取确实步骤推动皇后废立的时候，在申诉理由的时候，从来没有一句谈及皇后杀死公主的事情。

唐高宗推动废立皇后，是从说服太尉长孙无忌开始的，姿态低就，首先造访长孙无忌家。《资治通鉴》的记载是高宗“与昭仪幸太尉长孙无忌第，酣饮极欢，席上拜无忌宠姬子三人皆为朝散大夫，仍载金宝缯锦十车以赐无忌。上因从容言皇后无子以讽无忌，无忌对以他语，竟不顺旨，上及昭仪皆不悦而罢”。高宗给长孙无忌的好处是为了换取长孙无忌的同意，而具体申诉的理由是“皇后无子”。《资治通鉴》置此段文字于永徽五年（654 年）年底，说明具体月份并不清晰。

随后，到了永徽六年的六月，唐高宗继续推动废后，连续两天召开最高级会议，大臣中只有长孙无忌、褚遂良和于志宁参加。李勣也被通知与会，但是他借口身体欠安并没有参加会议。根据《资治通鉴》的记录，唐高宗开宗明义，对长孙无忌等人说：“皇后无子，武昭仪有子，今欲立昭仪为后，何如?”《旧唐书·褚遂良传》的记录略有增加，高宗说：“莫大之罪，绝嗣为甚。皇后无胤息，昭仪有子，今欲立为皇后，公等以为何如?”唐高宗申诉的基点依旧是皇后无子，即使强调这是“莫大之罪”，也没有改变申诉基本点。

以褚遂良为代表的大臣反对废王立武，首先是王皇后无过错，其次是太宗皇帝的生前意志。看来，他们并不同意皇后无子是莫大之罪的说法。第二天再讨论，褚遂良强调的重点是武则天不合适。褚遂良一派大臣，认为王皇后无过错，当然没有提及皇后杀小公主的问题，而高宗也没有利用小公主之死来要求废皇后。雷家骥先生比较仔细地讨论过这个问题，认为所谓皇后杀公主之事，虽然一方面皇后“无以自解”，但另一方面，别人也应无确证证明她是否谋杀。“今上为何不以皇后杀死小公主或厌胜为由？遂良为何径谓‘皇后未有衍过’？可见这两件事仅是宫廷中的风波，王皇后起码尚未被坐实此二罪。”

所谓厌胜之事，我们下文讨论。这里继续讨论小公主之死。如果说，小公主之死确实让唐高宗开始动了废后的念头，那么他应该确实认定小公主是死于皇后之手。如果他不能确定小公主之死是否与皇后有关，那么他废后的想法就丧失了依据。同理，他如果认定是皇后杀了公主，那么他就应该理直气壮地用这个理由要求废皇后。反之，他在废后的申诉中没有提及这个理由，那么就说明他并不认定皇后是杀害小公主的凶手。总之，按照现在的文献记录，皇后被嫁祸杀公主，与皇帝产生废后想法是紧密连接的，但是在真正废后的时候，皇帝却不提这个事由，所以可以反过来证明，小公主之死，并不是皇帝废后想法发生的动因。

厌胜事件才是引发废后的导火索

关于王皇后厌胜之事，各家史书的记载比较多，性质或有争议，但是不能认为是子虚乌有的。《唐会要》只说到武则天“俄诬王皇后与母柳氏求厌胜之术”一句，没有更多陈述。《新唐书》的武则天传观点与此相近，所谓皇后厌胜之事也是武则天诬陷的结果。《旧唐书》王皇后传记载为“后惧不自安，密与母柳氏求巫祝厌胜。事发，帝大怒，断柳氏不许入宫中，后舅中书令柳奭罢知政事，并将废后，长孙无忌、褚遂良等固谏，乃止”。皇后是否与母亲柳氏厌胜，明显存在两种根本对立的观点，但是，不管厌胜真假如何，唐高宗利用这件事收拾皇后一家则是真实的。大约永徽六年六月发生此事，高宗立刻下令柳氏不得入宫，七月，把皇后的舅舅吏部尚书柳奭贬为遂州刺史，途经岐州的时候，长史于承素告发柳奭泄漏禁中语，于是再贬柳奭为荣州刺史。

从《旧唐书》的这个记载来看，厌胜事件才是唐高宗废后的导火索。《旧唐书》上段引文之后记述到：“俄又纳李义府之策，永徽六年十月，废后及萧良娣皆为庶人，囚之别院。”依照这个记载，高宗废后经过了两个阶段的努力。厌胜事件之后，不仅断后母柳氏不许入宫，罢去皇后舅舅中书令柳奭的中央官职，同时决定废后。因为长孙无忌、褚遂良等人的坚决反对才作罢。后来，又出现李义府的支持，于是唐高宗才掀起再次冲击，最后在永徽六年十月完成了废后。

再看《资治通鉴》的相关记载，确实也有呼应之处。《资治通鉴》罢皇后厌胜的事件记录在永徽六年六月，断后母柳氏不得入宫也是六月。七月是吏部尚书柳奭被贬官。然后记载的是李义府推动废王立武的经过和长安令裴行俭因为议论废王立武事遭到贬官事。观察《资治通鉴》的这一系列叙事安排，除了没有提到厌胜事件之后皇帝曾经有过废后的举动没有成功以外，增加了裴行俭贬官一事，其他过程都是基本一致。而从皇帝怒不可遏，不仅断了皇后母亲入宫，而且连续对皇后的舅舅柳奭进行贬谪，一气之下提出废后是完全可能的。

比较而言，究竟是小公主之死引发废后举动，还是皇后厌胜事件引发废后动作呢？小公主之死，当在永徽四年，最晚是永徽五年初，因为三年七月李弘出生，五年十二月李贤出生，公主只能生于期间。厌胜事件在永徽六年六月，距离废王皇后的九月只有三个月的时间，而废后宣布之时距离小公主的死亡已经一年有余。《新唐书》等坚持小公主之死，导致皇帝有废后之念，然而只有皇帝的心理活动，未见任何举动。而厌胜事件则不然，皇帝先断柳氏不得入宫，然后连续贬官柳奭。所以，真正引发废后举动的是厌胜事件而不是公主之死。

把公主之死与王皇后的废黜联系起来，用意其实不在皇后废黜史的研究，真正的目的在于揭露武则天丧尽天良。如本文所论，其实公主之死与废后事件距离遥远，没有必然联系。公主之死，更不是武则天亲手所害。所谓武则天杀害亲生女儿的说法，不过是众多妖魔化武则天的事件之一而已。

《讨武曌檄》为什么没有提及公主之死

中国古代的传统政治，在人物评价体系上，从来就有人性指标这个向度。即使在政治活动中，也要时刻遵守人性的基本原则。“杀妻求将”就被看作是违背人性的可怕做法。一个人的善恶品评，根本之处在于人性的底线是否能够坚持。而传统政治，要求的贤人其实就是好人，好人就必须经得住人性这条品评标准的考验。

在这个文化背景下，攻击与表扬，都会采取同样的策略。公元684年二月，武则天大赦天下，改元文明，中宗虽然在位，皇太后临朝称制。同年九月，李勣之孙李敬业在扬州起兵，以讨伐武则天匡复唐朝为号召。在行为上，李敬业“求得人貌类故太子贤者”，谎称太子李贤尚在，所有旗号都打着李贤的名义。这是政治斗争中的策略，有利是原则。

与此同时，文学家骆宾王亲自为李敬业书写了著名的《讨武曌檄》。因为双方是你死我活的关系，檄文也有政治动员的功效，所以攻击武则天可以说无所不用其极。可以说，檄文也是政治策略之一。但是，在这篇著名的檄文中，攻击武则天的时候，甚至攻击武则天“弑君鸩母”，说武则天杀害了唐高宗和自己的母亲。这当然是没有的事情。同时也攻击武则天“君之爱子，幽之于别宫”。这句话讲的是武则天临朝称制，唐睿宗虽然名为皇帝，其实是被囚禁在别宫之中。但是，通篇檄文没有提及武则天杀害小公主的事情。如果确有其事，哪怕仅有一点点传言，骆宾王能不加以利用吗？想一想，如果武则天又杀母亲，又杀女儿，这种形象多有利于造反者啊。但是，这篇著名的檄文并没有提到这件事。这说明什么呢？说明在那个时候，在李敬业起兵讨伐武则天的时候还没有这种传言。

赵文润先生著《武则天》一书，在第四章专门列“关于小公主之死”一节，援引赵翼等学者观点，认为《旧唐书》比《新唐书》更可信。而对于骆宾王檄文不提及杀小公主之事，赵先生也认为太奇怪，如果确有此事，骆宾王会笔下留情吗？当然不会。雷家骥先生认为，武则天杀公主，“大概仅有她自己知道而已，史官不知何据而书？既然史官如此记载，则或许果真有据，后人若无确证则不宜轻易予以推翻”。其实，总体上雷先生还是倾向肯定确有其事的。

武则天杀死亲生公主这种说法，在唐宪宗时期成书的《大唐新语》中也没有出现。最早提及这种说法的应该是《旧唐书》之《武则天本纪》之后的“史臣曰”，而到《新唐书》的时候才大张旗鼓地传播开来。我们从现在的《新唐书》和《资治通鉴》记录文字可以看到，武则天杀人的过程是被全程记录的。一方面说武则天杀人只有武则天一个人知道，而且她不可能对别人再提起；另一方面却有一个现场全记录。这个矛盾的现象，其实是五代和北宋以后才出现的。

公主之死可能的原因

我们还是回到小公主之死这件事上来。公主确实死了，这是真实的。到底什么原因呢？雷家骥先生就怀疑过婴儿猝死症。婴儿猝死症是新生婴儿头一年内最常见的死亡原因，其发生率在每千名活产婴儿中约有2—3名的死亡率，典型的婴儿猝死症好发于一向看似十分健康的2—3个月大的婴儿，小于2个月或大于6个月的婴儿较为少见。婴儿猝死症多事发突然，常在婴儿平静地安睡后，父母并未感觉有何异样，然而一段时间后却发现婴儿心跳呼吸全无，突然毫无缘由地死亡，即使病理解剖也很难发现有什么异常，这是一种至今找不出确切原因的突发死亡现象。

武则天新生女儿忽然死去，伤心是难免的，把责任推给皇后也是可能的。女儿虽然也是高宗的，但是这个事件对武则天的打击更大，高宗能做的就是体贴安慰，用更温柔的爱心减轻武则天的丧女之痛。小公主事件之后，高宗与武则天的关系更密切了。新生公主之死，是一个意外。至于后来史书夸大其词的说法，都不可信。

小公主这样的突然死亡，在唐代的记录中也不是绝无仅有。唐玄宗的武惠妃，与武则天还有亲戚关系，受到唐玄宗的宠爱，曾经动议立为皇后。就是因为来自武氏，所以大臣反对没能实现。死后，追赠为“贞顺皇后”。武惠妃的再从叔是武三思，从叔是武延秀。武惠妃也有孩子夭折的经历，两个儿子，一个女儿。“妃生子必秀嶷，凡二王一主，皆不育。及生寿王，帝命宁王养外邸。”大概不能归因于武氏的遗传，只能说当时这种情况比较多。母亲有丧女之痛是很可怜的，没有想到，后世更以非人性的说法对此加以攻击。

关于武则天的文字记载，随着时间的推移越发妖魔化，追究起来，也不是没有背景。陈寅恪先生研究李武韦杨婚姻集团，认为“李武为其核心，韦、杨助之黏合，宰制百年之世局”。所以，武则天虽然最后失败，但是因为与李唐千丝万缕的联系，百足之虫，死而不僵，武氏家族的政治影响依然存在。然而，从历史的立场上看，唐朝前期两大失败，一是武氏代唐，二是安史之乱，历史的追究不可避免。为了避免武氏之祸重演，借鉴史学很容易走上妖魔化武则天的道路上去。于是，一些原本荒诞不经的传闻也被历史学家采纳，武则天杀害亲生女儿的故事因此得到正规史学著作的传扬。

李义府真的是武则天的人吗?

龙朔三年（663年）正月，李义府再次出任中书令，当时称作右相，主持选官事务。选官，就是任命官员，是一种很大的权力，很多人希望通过贿赂李义府升官，这也是可以想象的。于是李义府充分利用现有的权力和机会，卖官鬻爵，大捞特捞。《资治通鉴》对此有如下记录：

> 右相河间郡公李义府典选，恃中宫之势，专以卖官为事，铨综无次，怨讟盈路，上颇闻之，从容谓义府曰："卿子及婿颇不谨，多为非法。我尚为卿掩覆，卿宜戒之！"义府勃然变色，颈、颊俱张，曰："谁告陛下？"上曰："但我言如是，何必就我索其所从得邪！"义府殊不引咎，缓步而去。上由是不悦。

这个记载说，李义府凭恃着"中宫"（指武则天），卖官鬻爵，选举不公。唐高宗对李义府的事情很清楚，于是态度和缓地劝告李义府，说：你的儿子和女婿行为不谨慎，干了许多违法的事情。我还在为你掩盖，你应该劝诫他们。我们要注意，皇帝的说法是和风细雨的，动机也是为李义府好。可是，李义府的反应呢？勃然变色，脖子变粗了，脸也涨红了，十分不客气地说：是谁告诉陛下的？唐高宗说：如果我说得没错，何必追问我的消息来源呢？李义府也不道歉，缓步离开。从此以后，皇帝开始对李义府不高兴了。

这段文字，非常文学化，描写也十分生动。在对比皇帝的宽容和李义府的勃然作色以后，给人以鲜明的印象。大家自然而然就会加以分析，一个大臣，凭什么敢跟皇帝这样耍态度呢？因为前文有一句“恃中宫之势”，让人很自然地联想到，李义府背后一定有武则天的支持。

其实，这都是文学暗示，让你有意无意地向武则天方向思考。李义府卖官，是因为武则天支持吗？那么武则天为什么会支持？难道武则天要跟李义府分钱？武则天支持贪官，对于武则天有什么好处？有利于良好名声的传扬？有利于自己控制朝纲？显然都不是。事实上，李义府卖官是因为他掌握了选官这个权力，而这个权力是皇帝给予的。皇帝对李义府的追问表明，皇帝也不喜欢他成为贪官。

那么，李义府为什么会对皇帝耍态度呢？只有一个可能，那是性格和认识问题。所有的贪官都认为，贪污本身不是问题，别人告发才是问题，所以都会跟李义府一样，事情有所暴露时，他不从自身寻找原因，而是追究消息是从哪里泄漏的。同时，他也知道皇帝了解此事的严重性，他其实想申诉的是有人要整治自己，而不是自己有问题。他是不能承认有问题的，所以态度比较强硬。

至于皇帝表示的为自己好，他是不是真的相信呢？恐怕是半信半疑的。因为后来，李义府一方面变本加厉，另一方面也预感不妙。

于是，事情持续向前发展。

在李义府对皇帝也摸不清头绪的时候，有个叫杜元纪的算命者及时、准确地出现了。他告诉李义府，不祥之兆啊！你家的居所有问题，有征候显示，你家将有牢狱之灾。李义府一想，对啊，皇帝那么问我，下我入狱还不容易。那怎么办呢？李义府可能很慌张，就这样问算命者。算命者通常都是这样，你的回答一旦证实了他的猜测，那么他对付你的办法就源源不断了。算命者煞有介事地说，要压住这个牢狱之灾，需要 20 万缗钱。20 万缗，一千文是一缗，20 万缗就是两亿文钱。一匹马是两万文左右，两亿文钱，可以买一万匹马。李义府家看来也没有这么多钱，只好继续聚敛，拼命捞钱。长孙无忌的孙子长孙延，给了李义府七百缗钱，李义府给他一个司津监（龙朔二年，改都水监曰司津监，使者曰监——《新唐书》）这个官职，正五品上。李义府的母亲大约也在这个时候去世，朝廷给李义府放了孝假，李义府就利用这个假期，与杜元纪一起出城东，登上乱坟堆，观察天象。于是，有人告发李义府，说他窥视天象，怀有异图。与此同时，卖官给长孙延的事情也被揭发出来，两项罪名同时出现。

唐高宗命令刑部刘祥道主审此案，命令司空李勣监督。调查属实，于是龙朔三年（663 年）四月，皇帝发布命令，将李义府除名流放到巂州（今四川西昌市），他的儿子和女婿，也被除名流放到庭州（今新疆吉木萨尔）。前一年，庭州刺史来济战死沙场，转年李义府的儿子、女婿就流放此地。这个地点的巧合，不知道是否考虑了来济的因素。

我们看到，李义府遇到危险，不是寻找武则天的帮助，而是与算命先生共同奋斗。唐高宗对于李义府的处理，这次很坚决果断。李义府被流放，长安城举城庆祝，大家认为刘祥道消灭了一个大贼，有人还专门撰写了“露布”，露布这种文体常用于战争取得胜利的时候，相当于报捷文告，招摇“河间道行军元帅刘祥道破铜山大贼李义府”，一时间大快人心。三年以后的乾封元年（666 年）正月，皇帝到泰山举行封禅大典，大赦天下。但是，大赦文中规定，李义府这样长流的罪犯，不在赦免范围之内。李义府也许一直抱着希望，所以这次大赦之后，李义府绝望之极，一命呜呼，年龄不过 50 多岁。其实，很多人确实担心李义府东山再起，这次李义府病死他乡，大家才一块石头落了地。

李义府是废王立武的大功臣，唐高宗开始对他也是很照顾、很关照，但是李义府自以为功劳大，所以忘乎所以，加上贪婪之心太重，无所顾忌，终于成为皇帝的麻烦制造者而遭到抛弃。一切都是他咎由自取，罪有应得。李义府在朝执政，大约七年左右的时间。贬官一年，流放三年，最后病发而死。李义府死得不冤，冤的是武则天。非要说李义府是武则天的人，不是冤枉武则天吗？在李义府危难的时候，武则天根本没有出手营救，李义府宁可求助于算命先生，也没有去找武则天。李义府帮过武则天的忙，但主要是帮唐高宗的忙。李义府在唐高宗还是晋王的时候，就是晋王府的官员，唐高宗即位，李义府又成为中书省的官员。李义府跟唐高宗的渊源深厚，跟武则天没有单独的关系。所以，说李义府是武则天的人，是为了减少唐高宗的罪过，增加武则天的罪过。

把李义府这样的奸臣说成是武则天的人，实际上也是妖魔化武则天的手法之一。因为人们普遍相信，物以类聚，人以群分，坏人肯定跟坏人在一起，坏君主肯定重用奸臣。李义府这样的奸臣，是人所共知的，把他说成是武则天的人，有利于妖魔化理解武则天。

第四章

鲜活敦煌

与敦煌命运相关的人物们

王道士

1900 年 6 月 21 日，以慈禧为代表的清政府向世界多个强国发布战争宣言：“与其苟且图存，贻羞万古，孰若大张挞伐，一决雌雄。”但中国广袤的土地上，对于北京地区的战争反应不一，有的地方甚至一无所知。

1900 年 6 月 22 日，王道士在莫高窟打开了一扇古老之门。纸写经卷堆积如山，而且排列整齐。王道士惊呆了。

王道士面对的就是震惊世界的敦煌藏经洞。

20 世纪的世界文化史，许多文字都要有这样的记载：王道士发现了敦煌藏经洞。一门叫做敦煌学的学问，就是从这里，通向世界，通向未来。

王道士，名圆录，出生于湖北麻城。在甘肃当兵，然后入道。谁也不知道是什么力量决定的由王道士打开藏经洞之门，世界上许多学者倾其聪明才智的敦煌学，总是不得不从受教育有限的王道士讲起。就像通往王宫的大门是用朽木建成的一样，让人觉得不和谐、不舒服。但历史就是这样，无法改变。

王道士与藏经洞不期而遇，从此与敦煌学结下了不清不楚的缘分。

1931年的佛诞日以后的第10天，农历四月十八日（6月3日），王道士结束他辛苦的一生，终年八十有余。他的徒子徒孙为他在莫高窟前、党河对岸修建了一座道士塔。在这个拥有千年荣光的佛教圣地莫高窟，最后由一位道士完成了他古典时代的终结。他在这里接待了许多后来敦煌学的重要人物，他从他们身上得到过快乐，也收获了痛苦。在美国人华尔纳走后（1925年），他人生最后的岁月一直处于难堪状态，有时他不得不装疯卖傻，以躲避人们的质问。但敦煌学，确实打上了他的印记，深刻而忧伤。直到很久以后，莫高窟重新受到重视，重新展现她的古典之美的时候，为了艺术巡礼和旅游，敦煌游人如织的时候，很少有人再提起王道士。道士塔在不远处观望着今日繁荣的莫高窟，在岁月的风沙中斑驳，无声无息。

叶昌炽们

藏经洞发现之后，王道士专程找过肃州兵备使廷栋。精于书法的廷栋，看了一眼王道士带来的经卷，摇了摇头，他觉得经卷的书法水准不高。也许廷栋看出了王道士立功请赏的意思，所以对王道士表现得十分冷淡，几句话就把王道士打发了。

王道士发现藏经洞的那年，敦煌县令是严泽。一年后即由湖南沅江人氏邬绪棣接任。1902年3月，汪宗瀚出任敦煌县县令。虽然这位谙熟历史文化的县令以及同年任甘肃学政的叶昌炽，对藏经洞里的经卷很有兴趣，特别是叶昌炽对于这些经卷的意义看得很清楚，但他们都没有亲身到过藏经洞，所以关于藏经洞的消息，完全都在王道士的掌握之中。

在藏经洞的藏品纷纷被运往国外，中国学者在得知实情以后，没有一个人不是痛心疾首的。埋怨当地政府不负责任的有之，指责外国人的有之。在所有言辞激愤的人当中，没有人比叶昌炽更悔恨交加，因为连他自己也承认，他本来是最有机会的。如果说，王道士的文化教育程度不足以了解敦煌藏品的真正价值，那么像叶昌炽这样的一流学者总应该具有相应的意识吧，但令人遗憾的是依然于事无补。在叶昌炽的学者生涯中，有足以骄人的成绩，他勤奋用力，孜孜以求；他擅长金石学，也肯用几百两银子购买一张碑拓；他是中国乃至世界最早认识到敦煌藏品学术价值，并进行了最初研究的学者。但是他的脚步在敦煌几百里之外停了下来，成为中国人在敦煌伤心史上最遗憾的一个镜头。

在外国人到达敦煌之前，中国有七年的时间可以妥善保护藏经洞中的珍品，但是中国与自己的国宝就这样轻而易举地失之交臂了。

斯坦因

在中国昏睡不醒的时节，西方学者们却睁大眼睛在中国各地搜寻文化财宝。藏经洞首先成全了斯坦因。

1907 年 5 月 21 日，斯坦因怀着一颗渴望已久的心来到了莫高窟。“对我而言，最有吸引力的还是那个出土大量古代写卷的密室。”实际上，斯坦因不过是从一个乌鲁木齐商人札依贝格那里听说有一个写本密室而已，但他决不放过可能的机会。斯坦因对王道士的性格进行了观察，得出结论“仅仅用金钱的诱惑来消除他的顾虑，显然无济于事”。最后他决定从王道士的信仰和事业上打开突破口。斯坦因在蒋孝琬的陪同下，“郑重地登门拜访王道士，请求他让我们参观一下他所修复的庙宇。自从他八年前来到敦煌，这便成了他的主要任务和精神支柱”。王道士喜出望外。斯坦因对王道士的修复工作，表现出了异乎寻常的兴趣。斯坦因用预先想好的各种词语进行恭维，有的时候，他还真的受到感动。然后，斯坦因利用玄奘与王道士进行沟通。果然，当斯坦因说到了玄奘，王道士显出浓厚的兴趣。玄奘是中国家喻户晓的圣人，王道士对他更是无比崇拜！

境外知音的感觉，一下子拉近了王道士与斯坦因的心理距离。

天知道是为了什么，王道士交给斯坦因的第一卷佛经，竟然就是玄奘翻译的。当蒋师爷拿着卷佛经和斯坦因来到王道士面前时，这位虔诚的道士除了“天意”这个概念以外，再没有别的可以解释了。而蒋师爷更声称这是唐僧的在天之灵在催促王道士向他们展示密室里的藏经。密室入口的砖墙终于撤除了。“借着道士摇曳不定的灯光，我睁大了眼睛向阴暗的密室中看去，只见一束束经卷一层一层地堆在那里，密密麻麻，散乱无章。经卷堆积的高度约有 10 英尺，后来测算的结果，总计约近 500 立方英尺。藏经洞的面积大约有 9 平方英尺。”

最后的结果是，斯坦因将 4 锭马蹄银布施给王道士，王道士则把斯坦因挑选出来的经卷赠送给斯坦因，以支持斯坦因对唐玄奘的崇拜和研究。事后，斯坦因万分得意，“当我今天回过头来检视我用 4 锭马蹄银换来的无价之宝时，这笔交易简直有点不可思议”。但是，从王道士的立场看，王道士与斯坦因之间并不是简单的交易关系，虽然斯坦因可以认为是交易。在王道士那里，他们是信仰者的相互支持，他们是同道朋友。王道士可能幻想着自己成为玄奘那样的信仰者，但他根本不了解世界已经发生了怎样的变化。后来斯坦因又来到敦煌，当时藏经洞的藏品已经运走。王道士拿出自己详细的账本给斯坦因看，告诉斯坦因，他的捐赠都派了什么用场。在王道士的心目中，斯坦因一直是施主，而斯坦因从一开始则只有获得藏经洞藏品这一个目标。斯坦因不仅顺利加入了英国国籍，而且被英国女王封为爵士。至于可怜的王道士，正和可怜的中国一样，还在埋头大睡呢。

伯希和

在斯坦因和王道士对于他们之间发生的事都感到满意的时候，一个更清楚的人正从不远处走来。那就是法国著名的汉学家伯希和。

1908 年 2 月 26 日，伯希和与王道士首次见面。王道士对自己带湖北腔的普通话感到有些自卑，而对这位精通汉语的外国人很有好感，这就为伯希和实现自己的目标架起了方便的桥梁。在与伯希和的交谈中，王道士一直放心不下的事终于烟消云散：斯坦因并未将他们之间的交易外传，于是他得出一个很重要的结论：洋鬼子是信守诺言的。也许王道士的心中升腾起新的希望，斯坦因的银两已经用于对洞窟的修复，而眼前这个洋人的到来，可能又代表着新的化缘机会。

与王道士讨价还价的小技巧相比，伯希和的决心显然注定要取得最后的胜利。藏经洞门打开了，黑幽幽的空间散发出悠久的气息。当伯希和的眼睛暗适应以后，堆积整齐、一人多高的写本文书让伯希和大吃一惊。他的吃惊与王道士当年的吃惊应该是相去万里，他的经验毕竟是王道士不能比拟的。在以后的三个星期中，伯希和凭借着昏暗的烛光，以每天一千卷的速度，翻检着每一件写本。不仅将所有写本过了一遍，甚至连难以计数的写本残片也未曾放过。随着他的具体调查的深入，他越来越明白了眼前的事情：他已经成了阿里巴巴。不，应该说，他已经有资格傲视阿里巴巴。珍视人类的历史，是人类成熟以后的特征。而保持人类文明的完整记忆，是人类正确理解自己的重要途径。这些文明的记录，将怎样改写以往的历史记录，将对未来的人类产生怎样的影响啊！

奇迹！伯希和一定千百次这样在心中呼唤。上帝啊！声音中透着感激。

按一般正常的速度翻检，至少得六个月的时间，而他只用了三周时间。毫无疑问，他始终处于极度兴奋中。伯希和在翻检的过程中，顺手将它们分成两堆，一堆是最有价值、必须想方设法据为己有的，标准是：有年代的文书，佛教大藏经未收的佛教文献，汉文之外的各种民族文字材料。另一堆是需要，但不是最重要的。伯希和的学力现在得到了充分施展。即使是一万年以后，人们也得承认，在当时那样兴奋的情况下，伯希和没有一点丧失理智的倾向，他的挑选准则，实在是精明透顶的。随行的摄影师努埃特为伯希和翻检写本时拍了照，记下了伯希和在藏经洞里的情景。在我们看到了伯希和专心致志用功的同时，全世界的人们也得到了第一现场的证据。

伯希和也像斯坦因一样想“买”走全部藏品，然而政府指令在先，且香客不断，王道士拒绝，因为他不敢。最后，伯希和送五百两银子给王道士作功德，而他从藏经洞挑选的写本的精华和斯坦因所遗绢纸绘画及丝织品全部带走。王道士的一个必要条件是严守秘密，伯希和表示同意。

1908 年 5 月 30 日，伯希和离开敦煌时春风得意。满载着中国的珍贵文物，伯希和的车队在中国的大地上浩荡行进，偌大的中国，如同无人之境。

端方和罗振玉们

1909 年 5 月，伯希和由河内再度来华为巴黎国家图书馆购买汉籍。在南京，他再次拜见了端方。是端方，第一个见到了伯希和所劫遗书的一部分；是端方，使得伯希和所获敦煌遗书的真相及早地呈现在了世人的面前。

端方，字午桥，号匋斋。在其生命的最后十年，曾相继担任过陕西按察使、湖北巡抚、湖广总督、江苏巡抚、两江总督、湖南巡抚和直隶总督等地方要职。与此同时，他喜好金石书画，是当时数一数二的古董收藏家。

现在，在他富丽的豪门深院之中，端方不得不在伯希和这位外国人面前和颜悦色，一再退让。这位平时说惯了“不”的封疆大吏，在伯希和说“不”的时候没有丝毫的抵抗能力。这与“官怕洋人”的说法没有一点关系，是伯希和手中的中国文物，让他敬畏异常、战战兢兢。后来，伯希和在回到巴黎后的演说中提到："端制军（端方）闻之扼腕，拟购回一部分，不允。则谆嘱他日以精印本寄予，且曰：'此中国考据学上一生死问题也。'制军人颇殷勤，屡次接见余，礼有加焉。"考据学，在当时就是中国学问的另一个名字。端方深深懂得，多少代学人的辛勤工作，关于中国历史的很多证明，现在由于藏经洞的发现，有可能完全丧失意义。中国人的历史记忆，正面临着严重的考验，也许会被彻底推翻，也许会被冲击得凌乱不堪。而这样的证据，如今就握在眼前这个洋人手中。事关中国学问的生死，端方的官僚身份烟消云散，学者的性质显露无遗。他对伯希和十分礼貌，不断地招待这个法国人，动机也许是极其简单的，无非是想从伯希和那里多得到一些关于中国文物的消息。但是，除了拍摄了《沙州志》残卷以外，端方从伯希和那里并没有得到更多的资料。

1909 年 8 月，伯希和在南京停留的日子里，端方内心的折磨是可以想象的。两年以后，四川爆发保路运动，端方统兵前往镇压，死在战场。

同年 8 月，伯希和住进了北京的八宝胡同，一时间那里成了北京的一道学术风景线。中国敦煌学的第一批代表性人物几乎每天穿梭往来于八宝胡同。董康、罗振玉、王国维、王仁俊、蒋黼、叶恭绰等，或抄录或观看，忙个不停。

中国敦煌学的起步，实际上就是从这几天开始的。

从八宝胡同伯希和住处抄录敦煌文献的第二天，罗振玉就写出了《敦煌石室书目及发见之原始》一文，首次公开向国人介绍了敦煌石室宝藏及其发现的情况。之后又接连写出增补改定本《莫高窟石室秘录》、《鸣沙山石室秘录》。短短数月内，罗氏三易其稿，在收集敦煌文献和引起国人注意上可谓不遗余力、用心良苦。此外，王仁俊辑印的《敦煌石室真迹录》、罗振玉和蒋黼辑印的《敦煌石室遗书》和《沙州文录》，以及曹元忠的《沙州石室文字记》等，都是中国敦煌学的初期篇章。

面对中国宝物的流失，中国学者百感交集。而志得意满的伯希和，也是感慨良多。伯希和说“诸君有端制军（端方）之风，以德报怨”。伯希和的内心深处，对中国是有愧疚感的，他当然知道这些文物是属于中国的，但是当中国学者了解了事实的真相以后，没有人对伯希和加以指责，甚至没人对他提出质疑，即使背后有许多怨言，也都是针对中国当地官员的。他们努力地对发现的文物进行抄写和研究。当时的中国学者实际上还没有文物所属概念，不懂得保护文物所有权的意义。但是，这在伯希和的眼里，成了中国学者的良好教养的表现，伯希和称赞这是以德抱怨，他确实是被感动了。应该承认，这事实上成了以后伯希和与中国学界保持几十年友谊的一个重要基础。

当罗振玉又痛又恨地在伯希和寓所抄着敦煌写经时，伯希和告诉罗氏，敦煌石室尚留存有以佛经为主的八千轴写卷，如不早日购运北京，将会被人攫取散尽无疑。罗振玉听后又惊又喜，立即报告学部左丞乔茂楠，请火速发电给陕甘总督毛庆蕃，让他购买回学部。并拟好电文，先购买再说。要多少钱，请先垫付，学部随后汇款偿还。

当乔茂楠带着罗振玉拟写的电文到学部开会时，商量的结果是电文照发，将还款等语删去。罗振玉感觉到甘肃经济贫困，又急忙与京师大学堂总监督刘廷琛商量，由大学堂出钱购买。没想到刘廷深也说“大学无此款”。这会儿，罗振玉是真急了，说：“若大学无此款，由农科（时罗振玉为学部奏补参事官兼大学堂农科监督）节省充之，即予俸亦可捐充。”这位北京大学堂的总监督（相当于校长）终于答应了。

发出电文一个月后，京师大学堂和学部同时收到了同样内容的回电，说已经购得八千卷，总价三千元。开始时，学部以为必定花费昂贵，没想到竟只要三千元。于是留在学部的京师图书馆（现国家图书馆前身），京师大学堂也就不再惊动了。事情由国家出面，罗振玉应该是长出了一口气。

何震彝们

藏经洞在它被发现以后的第九年，终于由中国完全接管了。这些藏品虽然是斯坦因、伯希和剩下的，但毕竟还有八千多件，数量还是可观的。把这些珍贵文物运到北京也是合适的，不但有利于保管，也有利于研究。这些文书若有情，也应该是满意的。但是，谁也不会想到，从敦煌到北京，竟是怎样的一个苦难旅程。

当时学部的调令是由刚刚调任的甘肃藩司、代理巡抚的何彦申负责的。他命令敦煌知县陈泽藩点查剩余经卷，送达兰州。在王道士管理藏经洞的时候，藏品的流出都是在秘密的状态下发生的，只有极少数人了解一些情况。现在，北京的命令和兰州的执行，使得藏经洞有宝藏成了公众新闻，无人不知敦煌卷子价值连城。于是，一场以获得藏经洞藏品为目标的游击战广泛展开。从敦煌到北京，变成了一条掠夺敦煌藏经的战场。

从敦煌，经过酒泉、高台、张掖、永登，到兰州，兰州以后到定西，一路都有经卷丢失，盗窃的人多采用相似的手法。根据后来的调查，先后有 696 件敦煌藏品被这些地方的名士、官宦、乡绅获得，这当然不包括已经到手，但没有透露风声的部分。

文物的命运即国家的命运。

到达北京的敦煌经卷实际上又开始了新一轮劫难。

当甘肃解送入京的敦煌残卷抵达北京后，载经大车不是押进学部大院，而是进了何彦升之子何震彝的宅第。何震彝叫来其岳父藏书大家李盛铎，以及李的亲家刘廷琛、方尔谦等，进行了一次认真的挑选，选出的精品收入自家书房。当初陕甘总督在接到北京的指示以后，曾经把一箱藏经送往北京，作为样品，同时附上了一个大致的清单，这个清单中没有详细的目录，只有一个大概的总数。北京学部只掌握经卷的总数量，而没有经卷的具体名称及行款字数，因而这些人在取走一些精品后，将一卷撕成两份、三份，以符合上报清册的数量。

敦煌国宝流失，我们有充分的理由指责外国的所谓探险家，他们实际上使用了各种办法获取中国的这笔精神财富，不合法的手段显然是存在的。但是，我们在中国内部的严重盗窃行径中，看到了中国之所以饱受欺凌的原因。

俄国人奥登堡

最感谢中国晚清政府腐败无能的应该就是俄罗斯。在它竭尽全力扩张的时候，正遇上晚清政府肆无忌惮的腐败。利用与中国接壤的地缘优势，俄罗斯给近代中国带来的耻辱是无以复加的。但是，在中国文物的掠夺方面，俄罗斯的情况却一直扑朔迷离，甚至就连奥登堡在敦煌的活动，也长期无人了解。事实上他是最后一个从敦煌藏经洞劫走大宗宝藏的外国人。

1914 年 5 月 20 日，奥登堡开始了规模浩大的远征，这次的目标正是敦煌莫高窟。他在向委员会做的为期一年的考察莫高窟方案里说：考察队的主要任务是对敦煌莫高窟的历史文物进行综合描述和研究。他批评英国的斯坦因、德国的勒柯克的考古工作，认为他们只是盗宝而不是科学考古。后来的结果证明，奥登堡的确比较彻底，就藏经洞而言，他将藏经洞彻底挖了一遍，真的做到了掘地三尺。第一次世界大战爆发后，奥登堡听到中国参战的消息，结束考察，于 1915 年 1 月 26 日启程，赶着满载文物的驼队回返。

奥登堡此次考察所得劫掠品，回到彼得堡之后被分放多处。今天，我们知道文献部分有：写卷 18000 余号，其中包括完整的经卷 365 件以及一些尺寸不大的写卷残片；文物部分总数约 300 件。

奥登堡本人则因“出色的成绩”而在第二年兼任俄国科学院亚洲博物馆馆长职务。第一次世界大战爆发之后，俄罗斯被连绵不断的革命和战争所困扰。但奥登堡并没有闲置，他在俄罗斯政权更迭的浪潮中，成了一个大红人。1934 年 2 月 28 日，奥登堡逝世，他当时的职务是东方学院院长。

姗姗来迟的美国人

在中国西北文物争夺战中，当丝绸之路上形形色色的“探险队”、“考察队”你来我往的时候，美国人似乎还没有反应过来。不过，美国人终于还是来了。1923 年初冬，以华尔纳为首的美国福格考察队出现在河西走廊上。

华尔纳到达敦煌时，王道士还是外出了。华尔纳直接就进入了石窟，精美绝伦的壁画，立刻使他呆若木鸡。一连十天，他沉醉在这些艺术极品之中。现在华尔纳最关心的是如何把壁画剥离并带回美国。他有备而来，带着分离壁画的化学溶液，作好了进行实验性剥离壁画的准备。最后，华尔纳剥下了 12 幅壁画。不过幸运的是，带到美国的 12 幅壁画，挽救出了 11 幅。直到这时，华尔纳才喜形如色地说道：“（这些壁画）是极为宝贵的珍品。在美国我们还从未见过能与之相比的东西。同时它们与德国人从新疆的墙壁上锯下来的成了方形的壁画相比，也可能会引起他们的忌妒。”

1925 年的春天，真正使华尔纳感到了春天的美妙。

春天到来的时候，华尔纳带着剥落下来的壁画和塑像经北京返回美国。到达美国后，立即引起了极大的轰动。第二次福格中国考察队随即迅速组成。这次的主要任务是将敦煌莫高窟第 285 窟西魏时期的壁画全部剥离运到美国。华尔纳组建的中国考察队很早就抵达北京，华尔纳雄心勃勃，准备大干一场。

但此时的中国已经有所不同。考察队进入甘肃境内，再一次来到了甘肃泾川县西的“象洞”，村民赶到了现场进行制止。这场冲突最后以美国人赔偿而结束，但对美国考察队而言，这是一个不祥之兆。激怒中国群众是很危险的。接下来的问题是难以拒绝的“保护”。中国官府对外国客人表现出了百分之百的照顾，每到一处，都有官署出面热情招待，一路上都有警员和马警进行保护。最后由于当地政府的反对，原本准备在千佛洞停留半年的考察队，仅在千佛洞游览摄影三天而已。

华尔纳到死都没有明白到底发生了什么事，他只是猜测同行的中国人背后有动作。实际上，早在他从北京出发的时候，以燕京大学教务长洪业先生为代表的中国学者就已经通知了教育部，教育部下发文件给沿路各地政府，客客气气接待，但决不许带走任何文物。

已经发生变化，但美国人似乎没有理解。他们把华尔纳的失败归结为他经验的缺乏。这个结论导致美国人继续努力，他们聘请了经验老到的斯坦因。斯坦因似乎对自己的经验也是很自得的，一番讨价还价之后，斯坦因再次出场，于是有了斯坦因的第四次中国西北行。斯坦因到达了中国，也发掘了不少文物，但最后他只带走了一些照片。这是他一直到死都不愿意说起的失败往事。

1925 年，上海发生了五卅运动。中国人已经从沉睡中睁开了眼睛。中国学者没有沉浸在国宝的流失中不能自拔，而是奋起研究，在更高的层次上为中国争得荣誉。

教授刘半农

情动国人的《教我如何不想她》，几乎家喻户晓，而作者刘半农与敦煌学的关系则鲜为人知。

1920年年初，刘半农在上海登上了赴欧留学的远洋海轮。第一年在伦敦，1921年夏，刘半农转赴法国，入巴黎大学语音学院，兼在法兰西学院听课。苦读数年，终于撰成《汉语字声实验录》。然而，即使再忙，刘半农也没有忘记敦煌宝藏。抄录敦煌文献是刘半农的主要副业，多少个日夜就是在埋头抄写中度过的。

1925年夏，刘半农返北京大学任国文系教授，兼研究所国学门导师。同年，他将所抄文献辑印为《敦煌掇琐》三册，作为中央研究院语言历史所专刊之二，北京大学研究所国学门丛书之一刊行。北大校长蔡元培特为之作序。三册分别是民间文学、社会资料和语言文字，共有104种。此书，开辟了敦煌研究的新领域，社会世俗文书的研究从此受到重视。

胡适

紧随在刘半农之后来到伦敦和巴黎，不远万里前去查阅敦煌经卷的，是北京大学国文系教授胡适。

1926年，中英庚款委员会会议在英国召开。为了参加这次会议，胡适来到了欧洲。同时为了调查敦煌经卷，他准备好专门资料，前去查阅敦煌经卷。比起刘半农来，胡适的调查更具有专门性，因为当时他正在研究中国禅学史。而关于神会，他不能相信传世资料，因为宋以后人改造的痕迹太明显，所以必须到唐朝的原始资料中去寻找，敦煌文书成了唯一的希望。

在伦敦，胡适两度在大英博物馆看阅了近100卷敦煌写本，收获很大，确确实实的证据被他找到了。根据从伦敦和巴黎藏敦煌写卷中找到的数种神会著作及其他禅宗典籍，胡适于1930年在上海出版了《神会和尚遗集》中的两万六千字长文《荷泽大师神会传》，这是中国禅宗史研究划时代的著作，影响很大。

从 1926 年深秋第一次从敦煌遗书中发现神会的著作，到 1962 年早春去世，胡适与禅宗史交往了几十年，因而也与敦煌遗书交往了几十年。

陈垣与陈寅恪

在学者前往西方寻找敦煌文献的同时，对于保存在国内的敦煌文献的整理研究也积极开展起来。1922 年，北京大学研究所国学门导师兼京师图书馆馆长陈垣，以《敦煌石室经卷总目》为基础，将馆藏敦煌遗书进行了一次全面的检阅考订。在中央研究院历史语言研究所所长傅斯年的推动下，陈垣又将以前的初稿加以修订，删其复出，补其漏载，正其误考，于 1931 年由中央研究院历史语言研究所刊行，命名为《敦煌劫余录》，列为史语所的专刊第四种。

在《敦煌劫余录》一书前，有陈垣和陈寅恪的序各一篇。“劫余”二字，取其历劫仅存之意。陈垣在序中直陈：“匈人斯坦因、法人伯希和相继至敦煌，载遗书、遗器而西。”有人劝他不要直接提名，陈垣答道：“用劫余二字，尚未足说明我们愤慨之思，怎能更改！”

与陈垣序言的激情相比，陈寅恪的序言则更多理性。“一时代之学术，必有其新材料与新问题。取用此材料，以研求问题，则为此时代学术之新潮流。治学之士，得预于此潮流者，谓之预流……敦煌学者，今日世界学术之新潮流也。”陈寅恪强调的重点是国人应该在研究上预流，“庶几内可以不负此历劫仅存之国宝，外有以襄进世界之学术于将来”。相对于激情呐喊式的爱国主义，学术研究毕竟更艰苦，但也更具永久的影响力。而陈寅恪的序言实际上是指明了中国敦煌学发展的方向。

陈垣的敦煌学研究以目录学和宗教史最具代表性。新中国成立后他长期担任北师大校长。陈寅恪的研究领域涉及太广，不能一言概括。新中国成立后他一直在中山大学工作，长期接受统战待遇，1969 年死于“文革”迫害狂潮。

王重民

1934 年 9 月 27 日，王重民到达巴黎。壮丽的凯旋门、雄伟的埃菲尔铁塔，还有塞纳河的柔美，都丧失了吸引力，他的心中只有敦煌遗书和其他流失的古籍。此后，王重民在巴黎工作了整整五年。他偶尔也曾暂时离开巴黎，前往伦敦、柏林和罗马，但都是为了查阅敦煌文献。敦煌遗书之外，他还察访并抄摄了明清之际天主教士的汉文著作、太平天国史料和古刻旧抄罕见的中国传世书籍。

王重民在巴黎，主要是编写伯希和目录，其他时间是抄录、著录敦煌卷子。五年中他拍摄了三万多张敦煌遗书和其他古籍的微缩照片，而经他所拍之书，都是先行翻阅，摘录题跋，叙其梗概以为叙录。他的代表作《敦煌古籍叙录》，就是这样产生的。对于中国人而言，别说这些经卷不能收为国有，就是连看的机会也并不多，看时一次只能看几卷，拍照要交钱等等。王重民知道机会难得，使命重大。一边抄录，一边把有关敦煌遗书的新材料和自己的研究心得寄回国内，迅速地在《大公报》、《北平图书馆馆刊》、《图书季刊》、《东方杂志》等报刊上发表，以推动国内的敦煌学研究。作为一名学者，王重民知道整个中国文化的压力正集中在他一人的肩上，他知道他此行巴黎的意义。中国已经错过太多的机会，他不愿意因为自己的不努力导致中国文化再蒙损害。

王重民回国的时候，没有受到英雄凯旋般的欢迎，但他确实是凯旋的。新中国成立以后，与所有的中国人一样，王重民兴高采烈。但在 1975 年 4 月 16 日，这位中国敦煌学的代表人物、北大图书馆系主任，在开他批判会的第二天夜里，来到颐和园，在王国维投水的地方自缢而死。

姜亮夫

1934年夏，刚过33岁生日不久的姜亮夫，辞去中山大学教授职务，卖掉三四部文稿，登上海轮，从上海出发自费去法国学习考古学。姜亮夫，名寅清，1902年出生于云南昭通。师从章太炎、王国维等大家，在楚辞学、敦煌学和古文献学等领域均有建树。他与王重民分工合作，专门收集和摄制韵书、字书、儒家经典、老子卷子，以及有关文学、史地卷子。当时每照一张片子要付14个法郎，姜亮夫能够做到的就是节衣缩食。他一早一晚吃的都是包心菜煮大米稀饭（在巴黎，大米最便宜），中午就在图书馆内啃干面包。

“七七事变”的前两天，姜亮夫经莫斯科，穿越西伯利亚，经过东北到北京。在东北，所有的东西都被日本人拿走了。幸而敦煌学资料和许多考古学的材料是由一个公司寄回的，还没有丢失。在上海，他取出三百来张敦煌卷子，把余下的东西放在上海闸北的朋友家里。万万没有料到，这一箱资料不久便全部毁于日本鬼子的轰炸中。不幸中之大幸，敦煌卷子幸亏带在身边，完好无损。从此，这些卷子就成了他生命的一部分。带着这些在国内唯一的文献资料，随着东北大学一路逃难。到达四川，空袭依旧频繁。于是他开始了抢救性整理研究，因为他对日本人的炸弹太不放心。三年之后，24卷的《瀛涯敦煌韵辑》完成。此后，他继续躲藏空袭，抱着的是书稿而不是卷子了。1955年，《瀛涯敦煌韵辑》由在上海出版公司的郑振铎正式出版，为祖国保留了珍贵的文化遗产。1956年出版的《敦煌——伟大的文化宝库》，也是由他在抗战时期撰就的一部分底稿而改成。新中国成立后，姜亮夫一直在浙江大学任教，引导浙江大学成为敦煌学研究的一个重镇。

幸运的王庆菽

1948 年 8 月，王庆菽因爱人在英国留校任教而前往。对于王庆菽而言，除了与爱人团聚以外，能够查阅敦煌经卷也是值得兴奋的事。此前，王庆菽开始做唐代小说的总目提要。但由于伦敦所藏的敦煌文献一直没有公开，她的编目也无法真正完成，对于唐代小说而言，敦煌遗书是个宝库。1949 年初，王庆菽独自来到伦敦，通过王重民的介绍信，她开始每天到大英博物馆阅读敦煌卷子。

开始，她每次只被准许借阅卷子 5 卷，在没有目录可参考的情况下，七千多卷卷子，要想找到自己需要的资料谈何容易！后来她终于获得了“一个偶然的幸运而又难得的机会”。经过室长福尔敦同意，王庆菽获准可以自己从头阅读，一番苦尽甘来之后，终于将该室所藏七千汉文卷子大致翻阅一过。除了将俗讲、变文和通俗文学资料抄录了一些外，还影印了一些诗词、医药方和一部分古籍及其他资料，共计 262 卷，1182 张显微照片。

1950 年，她又前往巴黎查阅法国国家图书馆所藏的敦煌经卷。王庆菽得以随杜女士进入书库，阅读了所能看到的经卷。同样，除了将俗讲、变文和通俗文学资料抄录了一些外，影印了 45 卷，553 张显微照片。1951 年，王庆菽夫妇回到国内。又用了一年时间，将有关资料全部加以整理，得有关俗讲、变文资料 196 篇。王庆菽 1954 年从沈阳借调来北京，与王重民、向达、周一良、启功、周绍良、曾毅公等名家一道，编辑出版了敦煌学的名著——《敦煌变文集》，为使中国的敦煌学达到与世界同步的水平作出了自己的贡献。

我们无法全部记录下所有到过欧洲抄写敦煌卷子的中国学者，但是早期的出版家张元济、董康、研究汉晋木简的张凤、藏学家的于道泉、历史学家傅斯年等，在敦煌学的历史上，确实有他们不可磨灭的一页。

张大千在敦煌

1941年春天，敦煌莫高窟迎来了一位尊贵的客人，著名画家张大千。张大千携带家眷、学生和助手，浩荡来到敦煌，甘肃和敦煌都显出受宠若惊的样子。华尔纳走了之后，敦煌已经十几年没有这样热闹了。张大千一行到达莫高窟时，已经近半夜12点钟。稍事休息后，张大千即带着手电筒、蜡烛首先来到了“藏经洞”。张大千的手电筒照射处，只见菩提树下一位侍女，亭亭玉立，眉目清秀，线条柔和而有力。张大千不由得一声惊叹。原订计划三个月的敦煌之行，马上改为半年，又改为一年，最后竟变成了三年。

张大千先是为莫高窟编号，接着进行临摹。不仅临摹莫高窟，还临摹西千佛洞和榆林窟等处的北朝、隋、唐、五代等历代壁画精品，将近三百幅，大者达40米之巨。三年激情临摹，张大千的“乌发丝丝，黑髯飘飘”换来了“华发如许，鬓须霜染”（徐悲鸿语）。但他连续在兰州、成都、重庆等地举办的《张大千临抚敦煌壁画展览》，无处不轰动。中国竟然有这样一个去处！敦煌在一般中国人心目中有了印记，与这一系列展出是有关系的，有的艺术家从此决心献身敦煌。张大千也同时迎来了自己的一个艺术高峰。

向达在敦煌

王重民在巴黎抄写敦煌卷子的时候，北平图书馆的向达也在伦敦从事着同样的工作。1938年，向达带着手抄、拍照和晒图所得的几百万字资料和照片从英伦回到了烽火连天的祖国。应北京大学之邀，担任北大文科研究所专任导师，同时兼任西南联大历史系教授。

1942年春，由中央研究院历史语言研究所、中央博物院筹备处和中国地理研究所，合作组建了西北史地考察团。向达为历史组负责人。向达到达敦煌的时候，正是张大千干劲正足的时候。但是，向达看到了最不希望看到的一幕，为了看到下边一层壁画，张大千毫不犹豫地把上层壁画剥落，里层的壁画露出来了，但表层的壁画却永久地失去了。

向达用了三天时间写出了《论敦煌千佛洞的管理研究以及其他连带的几个问题》一文，寄到重庆，由傅斯年在文前编加按语，自 12 月 27 日开始，在重庆《大公报》连载三天。呼吁敦煌千佛洞亟应收归国有，并交由纯粹学术机关管理，对张大千的行为直接进行了批评。一个星期之后的《大公报》上发表了贺昌群的《敦煌千佛洞应归国有赞议》，作为响应。当时正逢第三届全国美展的前夕，向达的文章立刻引起美术界人士的关注，一场轩然大波轰然而起。张大千 1943 年春离开敦煌，实际上他是被甘肃方面赶走的。他对向达的憎恨是可想而知的，有一段时间，向达甚至担心张大千人多势众自己会吃皮肉之苦。

向达在敦煌坚持了九个月。没有经费、没有物资，在零下 20 多度的房间里写报告、写论文，甚至生不起火。但他依然乐观，向达“午夜风来，铃铎交响；朝阳始上，万窟争辉”。他甚至认为这是对自己的一种锻炼，“如经济充裕，则养尊处优，何从有机会受室内摄氏零下 22 度之训练，自亦无从有今日这副顽躯。来日大难，此刻能有机会，锻炼身体，即他日可多受一份艰苦”。

然而，向达一语成谶。20 世纪 50 年代，他因为替陈寅恪抱不平，被打成“右派”。但他没有绝望，他仍有一系列研究计划，他甚至住进寺院，准备大干一场。可红卫兵再次拦住了他的去路。他被剃光了头，在 6 月的中午当众暴晒。1966 年 11 月，向达在“文革”的第一个冲击波中就倒下了，时年仅仅 66 岁。

常书鸿：敦煌的艺术囚徒

由于向达等学者的呼吁，再加上1941年冬天访问过敦煌的监察院长于右任的积极推动，“寓保管于研究之中”的国立敦煌艺术研究所终于在1943年正式在敦煌运作，首任所长即艺术家常书鸿先生。自1935年在塞纳河边一个书摊上看到伯希和的《敦煌石窟图录》以后，常书鸿的敦煌艺术情结终于有了抒发的方向。

常书鸿在敦煌的岁月是一言难尽的。莫高窟终于开始新的历程。修筑了围墙，清理了流沙，测绘地形，临摹壁画，摄影、调查和题记抄录等等，都开始上路了。虽然简单，但筚路蓝缕之功是后人永难忘怀的。1944年8月底，为了建立职工宿舍而发现的60多卷的土地庙文书，无疑是给他们的最好的报酬。原来经卷所出的残塑像系王道士所造，这就意味着土地庙藏经就是藏经洞旧物。但艰苦的环境也给常书鸿带来重大创伤。1945年春天，他的妻子终于留下孩子离他而去。祸不单行，夏天教育部又有了撤销研究所的命令。经常书鸿、傅斯年、向达、夏鼐等学者的奔走呼吁，敦煌艺术研究所得以恢复，改隶中央研究院。1946年5月，新器材、新的资料和新招收的美术人员同乘一辆十轮美制军用大卡车驶向敦煌。常书鸿重返敦煌。第二年又招收了一批美术人员。千佛洞内外又充满了生机。权威的编号给出了，大规模的壁画临摹出来了。

1948年8月22日，常书鸿携带600多幅壁画临本在南京国立中央研究院举行“敦煌艺术展览”。一个星期后，蒋介石率领一批国民党高级官员冒雨前往参观。随后在上海展出一周，更是轰动了整个社会。同年，常书鸿与痴心于敦煌艺术的李承仙共结良缘，这为苦难深重的莫高窟增添了一道美丽的风景。

1951年元旦，“敦煌艺术研究所”改名为“敦煌文物研究所”。一个新的时代到来了。4月13日，由敦煌文物研究所、中央历史博物馆主办的“敦煌文物展览”在午门城楼上的历史博物馆内开展。这次新中国成立以来规模最大的展览会，周恩来总理亲临展厅的情景成了常书鸿永难忘记的幸福镜头。

1994 年，常书鸿逝世，根据他的遗愿，他的骨灰埋放在他的莫高窟。

敦煌，是中国近代文化苦闷的象征，也是一代又一代学人奋起努力的象征。1983 年，经过了多年的内部政治运动之后，在百废待兴的中国，学者们联名上书国家，希望建立中国敦煌学会。这个要求被批准，从此中国有了推动敦煌研究的学会。季羡林先生担任会长，著名的人文学科教授们欢欣鼓舞地走到了一起。今天，敦煌需要研究的还有很多，在许多方面中国依然不如国外。但是，中国研究敦煌学，已经是泱泱大国，国际敦煌学会议，如果再没有中国学者参加，那不是中国的遗憾，只能是会议的缺憾。

但是，在一个不重视文化传统的国度，这样的研究，依然前景暗淡。文化如果不能与大众结合，那就不是真正意义上的文化。

费心费力的罗振玉

伯希和在北京的驻地成了北京学术界的一个临时中心。在当时的北京学者群体中，罗振玉成为敦煌资料的公布与研究的核心人物，这除了因为他的学术修养与观念敏锐以外，他与伯希和关系的建立是最重要的一个环节。中国敦煌学的正式起步，罗振玉成为发动与引导者。追踪这个历史，我们的目光只有回到伯希和 1909 年再次到达北京的那些日子。

罗振玉是怎样与伯希和相识的，这并非一个无关紧要的问题。

罗振玉自撰平生回忆的《集蓼编》对此的记述文字向来备受重视，他写道："光绪季年，欧人访古于我国西陲者，为英、德、法三国。宣统纪元，法国大学教授伯希和博士，赁宅于京师苏州胡同。将启行返国，所得敦煌鸣沙石室古卷轴已先运归，尚有在行箧者。博士托其友为介，欲见予，乃以中秋晨驱车往。博士出示所得唐人写本及石刻，诧为奇宝，乃与商影照十余种，约同志数人觞之。"罗振玉写《集蓼编》已是晚年，辛未年（1931 年）的秋天，当时他已经 66 岁，他自己在序言中说写作目的是为了给自己的儿孙们看，"且自叙语皆质实，较异日求他人作表状，以虚辞谀我，不差胜乎？"

根据罗振玉的回忆，是伯希和主动邀请约见罗振玉的。这个说法被广泛引用。董作宾的《罗振玉先生传略》对于这个问题，基本上是照录《集蓼编》:“宣统初伯希和赁宅于京师苏州胡同，将启行返国，所得敦煌鸣沙石室古卷轴已先运归，而以尚存于行箧者求教于先生。伯氏出示唐人写本及石刻，先生诧为奇宝。”有所不同的是，董作宾认为伯希和正是为了求教罗振玉关于敦煌古卷的问题才主动与罗振玉结识的，这比罗振玉自己的说法更进了一步。

罗继祖的记忆是伯希和携带一部分敦煌卷子到北京，“事颇传于士大夫间。伯氏也愿与祖父订缟纻之交。祖父乃于己酉（宣统元年，1909年）中秋晨往会晤，见其所携带写本及石刻，惊为瑰宝，与商影照十余种，约同志数人，共宴伯氏。这是祖父得见敦煌卷轴之始”。伯希和主动约见罗振玉，许多著述都采用这个观点。如杨升南《罗振玉传略》等。

罗振玉见到敦煌文书是与伯希和见面的那一天，即八月十五日早晨。随后，抄写和拍照工作随即展开。根据罗振玉《敦煌石室书目及发见之原始》一文，罗振玉很快将在伯希和处看到的敦煌文献和目录公布于众。这篇最早的书目报告发表在《东方杂志》宣统元年九月的第六卷第十期上。《东方杂志》是月刊，每月的二十五日发行。在这篇报告的序言中，罗振玉称伯希和为“伯希利”（或许是手民误植），最重要的一句是“昨往观，将所见及已寄回之书目，略记于左”。这个“昨”字透露出的信息是，这篇文章的写作时间是八月十六日。也就是说，从八月十五日到十六日两天，罗振玉已经抄写了所有的目录，并把看到的也记录了下来。因为这篇文章用两段记述所见的敦煌文书，先是伯希和提供的已经送回法国的目录，后是罗振玉亲见的文书。

在罗振玉后来的《鸣沙石室佚书序》中，他写道：“宣统改元，伯希和博士始为予言之。既就观目录，复示以行笈所携。一时惊喜欲狂，如在梦寐，亟求写影，遽承许诺。”如果这个序言描写当初在伯希和住处所见是真实的话，那么伯希和给罗振玉先看的是目录，后看的是文书原件。

因为除了罗振玉如此描写之外，这也与罗振玉《敦煌石室书目及发见之原始》一文的行文顺序吻合。伯希和随身带着一个简目，罗振玉一见就开始抄写。然后，伯希和又出示了另外一部分原件，罗振玉继续抄写。不过，对于原件部分，罗振玉可能开始只抄写了目录、提要之类。因为在他的文章中，对于这个部分做的标示是“以上诸书皆目见”。

拍照文书的事情也很快开始了。罗振玉在给汪康年的信中说的“醵赀影印八种，传钞一种”。所谓醵赀就是集资，是同人凑钱影印。看来这些影印费用不菲。这封信是八月十九日发出，说明影印工作已经进行。他在后来的信中，还向汪康年推销这些影印件。都是什么人参加了这次集资活动，现在还不能完全知晓，不过蒋黼在《沙州文录》序言中写道：“今年秋，遇法兰西学士伯希和于京师，读其所获敦煌石室书卷，其完整者已由同人醵金影写……”那么蒋黼一定属于集资人之一。

影印的资料目录，在罗振玉不久以后写的《敦煌石室秘录》一文中公布出来。这是一篇更清楚的介绍文章，也发表在《东方杂志》上，紧接着上一期，在同年的第 11 期、第 12 期上连续刊出的。文章开篇有按语：“按敦煌石室书目及发件之缘起，已见前期杂志。此篇叙述较详且确，并有考证语，故重录之。”看来这是编辑的按语。文章改变上一文的行文顺序，分为书卷、雕本、石刻、经象、壁画和古器物六部分，最后是余记。其中，已经影印的专门标出，即有：尚书・顾命残页、西州志残卷、一切如来尊胜陀罗尼、金刚经、温泉铭、化度寺邑禅师塔铭、柳公权楷书金刚经、老子西升化胡经、景教三威蒙度赞、莫尼教经残卷等共 10 件。在沙州志之后注曰“端制军已影照”。在惠超往五天竺国传之下注曰“抄出”字样。罗振玉等人集资影印的共 10 件，但在给汪康年的信中还说是 8 件，说明当时影印工作已经完成大部分，但尚未最终结束。

除了珍贵资料影印以外，其他的则进行了抄写。蒋黼的《沙州文录》序中继续写道：“所余丛残文字，皆足考见沙州沿革，补正旧史。乃与同县王捍郑太守，尽二日之力手录之。”该序标明的时间是“宣统元年九月”。与蒋黼同时抄录的王捍郑，即王仁俊。王仁俊很快出版了他的《敦煌石室真迹录》，时间也是这一年的九月，在国粹堂石印出版，共六册。他在书的序言中说他在伯希和的住处“怀饼就抄者四日”。与蒋黼说的时间有出入。而罗振玉在《敦煌石室秘录》的文字中，还有一个十余日的说法，所谓“与侪辈十余日奔走移录”。大约从八月十五开始，罗振玉等就没有空闲，十多日奔走抄写，辛苦异常，以至于到了九月四日的六国饭店宴会的时候，罗振玉竟然因病不能参加了。

从伯希和处，罗振玉得知敦煌藏经洞还有文书，于是立刻开展活动，最终说服政府收回这批文书，这是伯希和在北京透露的最重要的消息。另外，伯希和还说到了斯坦因。关于斯坦因的事情，罗振玉在八月十六日的文章中一点也没有提及，估计当时他还不知道，也就是说伯希和并没有把藏经洞的所有情况全部告诉罗振玉。但罗振玉在第二篇文章的余记部分却写到了，当时伯希和应该已经离开。罗的文章说：“伯希和君言英人某亦尝游窟室，购取不少，而以旁行书为多。伯君返国，拟往伦敦一观，允寄其目，不知其中更有秘籍几许，耿耿此心，与伯君归帆俱西驰矣。”

可见，关于斯坦因的消息，伯希和透露的较晚。而“英人某”这种说法，可能并没有道出斯坦因的名字。即使在罗振玉的这篇文章以后，关于斯坦因在敦煌获宝的消息仍然所知不广。《东方杂志》属于上海商务印书馆，张元济就属于上海商务印书馆，但他在1910年访问欧洲之前并不知道斯坦因的事情。他是在法国见到伯希和之后才知道的。“因晤伯君，知英人某先彼至敦煌，所得亦甚富……”

伯希和在北京，与中国学术界维持了相当友好的关系，允许抄录，在中国学者看来就是一件功德。但是，伯希和并没有因此改变他的行程，也就是说，中国学者在他那里抄录，时间依然是紧迫的，许多文书并没有来得及抄录。罗振玉在《敦煌石室秘录》最后部分的文字可以证明："石室秘藏此次借影者，计书卷六，雕本二，石刻三，壁画五，其纸敝故不可影者，则录之，但期日匆遽，不获备写，心长晷短，此憾如何！"伯希和九月十一日从前门登上火车，中国学者的抄录工作至此结束。许多人应该前往送行。"耿耿此心，与伯君归帆俱西驰矣。"这绝不是只有罗振玉才有的心声。

罗振玉等从伯希和处影印好抄录的敦煌文书，这成为第一批公开的敦煌文献。罗振玉的两篇介绍文献，再加上王仁俊的《敦煌石室真迹录》（1909 年 9 月），罗振玉、蒋黼的《敦煌石室遗书》（1909 年 11 月），成为世界敦煌学研究历史上第一批研究著作。伯希和的这批文书，因此成为敦煌学最早的一批研究资料，为敦煌学后来的发展，起到了引导和推动作用。

最初敦煌学：中日之比较

1909年伯希和在北京的日子里，接待的不仅仅是中国学者。在北京开办文求堂书店的日本人田中庆太郎也适时地访问了伯希和，伯希和介绍了敦煌文书的发现过程，同年十一月，田中庆太郎在日本人于北京办的《燕尘》杂志上，以《敦煌石室中的典籍》为题撰文介绍了这次拜访和见闻，他对罗振玉的《敦煌石室书目及发见之原始》一文有所提及。他是日本最先了解敦煌藏经洞的人。

不过，真正引发日本敦煌热潮的却是罗振玉的通信。当时，因为罗振玉与日本学界来往密切，关于敦煌发现古代文献的消息，罗振玉立刻致信日本田中治兵卫，内藤湖南得到这个消息，亲自写了新闻稿，明治四十二年（1909年）十一月十二日在东京、大阪两地的《朝日新闻》上以《敦煌石室的发现物》为题进行介绍。敦煌热潮开始引发，发动人即京都大学的内藤湖南教授。内藤的文章，直接引述罗振玉的书信，对敦煌藏经洞及其发现的过程、敦煌文书的价值等都做了全面介绍。不仅如此，对伯希和带走的敦煌文书的精华部分还罗列了书目，这就是：

颜师古玄言新纪明老部五卷。二十五等人图。太公家教。辩才家教。孔子修问书。天地开辟以来帝王记。百行章。何晏论语集解一、二、六卷。毛诗卷九（郑注口柏舟训传）。范宁穀梁集解（闵公至庄公）。孟说秦语中晋二。庄子第一卷。文子第五卷。郭知言记室修要。文选李善注第二十五、二十七卷。冥报记。新集文词教林。秦人吟。子赋。李若立略出籯金。老子道德经义疏第五卷。唐韵。切韵（小板五代刻本。均残）。唐礼图。辅篇义记二卷。李荃阃外春秋一、四、五卷。唐律一卷。故陈子昂集八、十卷。敦煌十咏。

对照罗振玉《敦煌石室书目及发见之原始》，可见两者的异同：

颜师古玄言记明老部五卷。二十五人图。太公家教。辩才家教。孔子修问书一册。开蒙要训。天地开辟以来帝王记。百行章一卷。何晏论语集解（存卷一卷二卷六）。毛诗卷九（背口柏舟故训传。郑注）。范宁穀梁集解（存闵公至庄公）。孟说秦语中晋二。庄子第一卷。文子第五卷。郁知言记室修要（按郁疑郭之讹……）。文选李善注第二十五、二十七卷。冥报记。新集文词教林。秦人吟。鹖子赋。李若立略出籯金。老子道德经义疏第五卷。唐均切均（小板五代刻本。均残）。唐礼图数页。辅篇义记（存二卷）。新集吉凶书仪二卷。李荃阃外春秋（存卷一卷四卷五）。唐律一卷。故陈子昂集（存卷八卷十）。敦煌十咏一卷。

比较可知两者基本一致，只有个别出入。原来的“鹖子赋”写成“子赋”，丢一“鹖”字，是在哪个过程丢失的不清楚。因为我们引证的不是罗振玉的书信，而是神田喜一郎征引的文字。“郁知言记室修要”，罗振玉在注释中已经说明怀疑是“郭知言记室修要”，应该在他的信中径直修改过来了。“唐均切均”改为“唐韵切韵”，与后来的《莫高窟石室秘录》一样。"新集吉凶书仪二卷"不知道为什么没有介绍。

通过对比我们可以了解到，罗振玉的信，从文章的行文顺序看，是在《敦煌石室书目及发见之原始》一文之后、《莫高窟石室秘录》一文之前发出的。因为内容上依然承袭前者，而部分内容已经修改，并在后者得到体现。

12天之后，从11月24日—27日，内藤湖南署名的《敦煌发掘的古书》连续在《朝日新闻》上发表。而这次发表的内容则是根据罗振玉的新文章《敦煌石室秘录》，因为罗振玉把这篇文章包括部分文物照片寄给了内藤湖南和狩野直喜。在这篇文章中，内藤把重要的敦煌文书逐一进行了介绍，而这些文书就是：1. 尚书 · 顾命残页；2. 西州志残卷；3. 尊胜陀罗尼；4. 金刚经；5. 温泉铭；6. 化度寺碑铭（唐 · 欧阳询书）；7. 老子化胡经；8. 景教三威蒙度赞；9. 摩尼教景残卷；10. 壁画；11. 沙州志。

接着，28日和29日两天，京都大学史学会第二次大会在新落成的图书馆召开，从北京寄给内藤、狩野两先生的敦煌古书、雕刻和壁画的照片被陈列出来，供人观赏。此外还配有相关的参考书、金石拓片，陈列品总数达三百多种。不仅如此，围绕这些敦煌文物，京都大学的先生们还进行了很专业的演讲。小川琢治主讲总说与地理；内藤湖南主讲西州志、温泉铭；滨田耕作主讲壁画与雕刻；富冈谦藏主讲尚书 · 顾命、尊胜陀罗尼、金刚经和化度寺碑；狩野直喜主讲老子化胡经；羽田亨主讲摩尼教景残卷；桑原骘藏主讲景教三威蒙度赞。直观生动的敦煌文物照片，专家深入浅出的讲解，加之新闻媒体推波助澜，敦煌热在日本持续升温，不仅对日本学术界，甚至是一般社会也产生了极大的影响。

这些来自神田喜一郎《敦煌学五十年》的记述，学者们至今耳熟能详。这里，之所以再次描述，主要想引出如下问题：对于伯希和敦煌文物的初次公布，中国与日本同样陷入兴奋，但同时又展现出不同的风貌。中国对敦煌的热忱，基本停留在少数学者的圈子内，而日本则让敦煌成为一个社会新闻，引发了社会的敦煌热。

荣新江先生很重视北京大学在中国敦煌学史上的特殊地位，研究发现，在与伯希和接触的中国学者中，包括罗振玉在内，多与北京大学有密切关系，完全可以说是“京师大学堂的学者开创了中国的敦煌学”。这个判断是不错的，特别是针对国内的状况而言尤其如此。这一研究启发我们去对比中日两国的情形，而结论也很清楚：中日双方在敦煌学发生时的状态，差异还是明显存在的。就大学而言，中国的京师大学堂与日本的京都大学都对各自的敦煌学起到了首轮推动作用。而京都大学一开始就充分利用了大学的独特地位，搞展览、办讲座，自觉地利用了大学传播敦煌学。而中国的大学，却没有担当起同样的社会责任。

罗振玉想到大学的时候是希望大学出资把藏经洞的剩余文物购回京师，而大学堂以无此经费予以拒绝。实际上，罗振玉等人更多的是从学者的个人立场开始敦煌学研究的，比起他们的大学内的身份，他们可能更看重自己的官员身份。所以，敦煌学在中国，可以说是以罗振玉为首的朋友圈子首先开始的。这是因为，中国的京师大学堂当时刚刚建立不久，它的现代社会的文化功能尚未确立，它后来的地位是在 1912 年，特别是 1917 年以后才确立起来的。1909 年的京师大学堂，更多的色彩是教育行政机关。

当时的日本京都大学已经创办十几年，明治三十九年开设了文科，三年以后的 1909 年，正是蓬勃发展时期。日本社会的整体状况也非中国可比，自信而稳定，向西方学习已经大有成效。特别是来自西方的学科体系，在日本已经落地生根，但当时的中国，刚刚成立不久的学部正在艰苦地推行这个体系。敦煌学后来的发展，主要是以学科分工的方式进行的，比如在敦煌文学的研究方面，王国维就受到狩野直喜的很大的正面影响。敦煌学刚刚发生的时候，中国落后于日本，而这对于日后两国敦煌学的发展都是有影响的。

近代学问与传统学问之间的区别可以表现在许多方面，其中与社会的关系也是一个重要方面。传统学问有明显的贵族化倾向，属于社会中的少数人。而近代学问的社会化功能加强，因而与社会的联系程度更高。内藤湖南的记者经历也许起到了特殊作用，日本的敦煌学从一开始就自觉地利用了大众传媒，从而使得日本的敦煌学从发生之日起就受到社会的广泛注意和支持，这等于事实上扩大了敦煌学的影响，造就了敦煌学的社会基础。罗振玉也把敦煌的信息通过传媒发布了出去，但《东方杂志》、《国粹学报》的社会影响无法与《朝日新闻》相比，翻看《东方杂志》、《国粹学报》，同人色彩是十分浓厚的。这不仅是罗振玉等人的社会观念问题，当时有影响力的报纸似乎对敦煌发生的事情并不关心。敦煌在中国，更多地为社会所接受，要到很晚以后。当然，这依然与中国当时的社会实际有关，政治问题、民生问题等，需要重视的问题太多，学术性的敦煌，不得不一再退让。

一个时代有一个时代的学问。同一个敦煌学，在它刚刚发生时的许多情况令人感怀不已。

唐宋时期的敦煌生活

走近敦煌

抗日战争时期的1942年，在寒冷的敦煌莫高窟，北大教授向达写下了这样的文字：“我们之所以不甘为奴为隶，情愿忍受中国历史上亘古未有的困苦，来奋战求存，为的是什么？还不是为了我们是有历史、有文化的民族，我们有生存的权利，我们也有承先启后的义务。千佛洞是我们民族在精神方面一个最崇高的表现，保护和发扬这种精神，难道不是我们应尽的义务么？”50多年过去了，我们今天还有同样的激情吗？莫高窟是祖先留下的老照片。在祖先的精神世界里，我们总可以多少发现一点自己今天的影像。藏经洞留下的是祖先的残破的日记，翻检一下，那也是我们自己的宝贵历程的一部分。

从藏经洞到莫高窟，再到敦煌学，一百多年了，敦煌的学者们，一点一滴地恢复着人类的记忆，如同征服太空一样扩展着我们历史的空间。

走近敦煌，你会感到不虚此行。

经洞封藏之谜

藏经洞发现以后，中外学者对于这个宝藏的研究就没有停止过，一个重要的问题是这些宝物为什么封藏起来？因为发现了一些碎纸和残卷，一个流行很久的说法是废弃说。敦煌某个寺院的废弃物，长期堆放，最后无法处理这些神圣物品，就封存起来（斯坦因）；另一个说法认为是西夏的军队进攻敦煌，为了避免这些经卷遭受战火，所以提前封存起来，此为避难说（伯希和）。

最新的说法是荣新江教授提出的。藏经洞就是当初敦煌三界寺的图书馆，而这个寺院在敦煌并不是最大、最好的寺院，在一个纸张缺乏的时代，他们必须经常收集这种纸张（包括废纸）用来对年久失修的经卷进行修补，而事实上也确实存在着这样的当时修补的经卷。另外，从外国探险家保存下来的藏经洞照片来看，藏经洞里的经卷是有序存放的，经卷都是用经帙（一种包袱皮）捆扎好的，甚至可以看到用千字文顺序作出的标示。这就否定了废弃之说。

为什么封藏呢？以往的西夏进攻说是有问题的，因为用错了证据，把黑城出土的文书当成了敦煌出土的文书。新的说法是与新疆伊斯兰教有关。喀拉汗王朝（以新疆喀什为政治中心）在皈依了伊斯兰教以后，曾经向信仰佛教的和田发动圣战，战争前后持续了 30 年。和田战败以后被迫也皈依伊斯兰教，同时对原来的佛教进行破坏，许多佛教僧侣逃亡境外。当时的和田与敦煌关系密切，和田的佛教僧侣逃亡敦煌的大有人在。和田发生的宗教灾难在敦煌引起恐慌，对伊斯兰教的东向发展进行了过高估计，于是在公元 1006 年左右，三界寺为了保全寺内最重要的财产，提前把自己的图书馆封藏起来。虽然后来新疆的伊斯兰教并没有打过来，但敦煌很快也陷入混乱，于是藏经洞一直封存着，直到忙忙碌碌的王道士走进来。这个说法的诱人之处不仅在于使用了新的证据，而且暗示着今后敦煌考古的美好前景，因为当时敦煌佛教寺院众多，采取相同措施的不应该只有三戒寺一家。这就是说，敦煌可能还有未发现的藏经洞。

敦煌学

以藏经洞出土文书和莫高窟艺术以及相临地区出土文物为研究对象的学科就是敦煌学。敦煌学的资料涉及历史、地理、语言、宗教、文学、考古、艺术、中外文化交流等多种学科，与传统的学科既有重合又有交叉，所以敦煌学在内容上难以统一，呈现出多学科的性质。敦煌资料一开始就流散到世界各地，敦煌学因而具有了国际性的特征。在中国第一次使用敦煌学概念的是陈寅恪，他强调敦煌学所代表的世界学术新潮流，主张中国学者应该预流，为世界学术作出贡献。但以往说起敦煌学，多强调伤心的一面，而这正是陈寅恪所不同意的。中国敦煌学起步最早，但长期落后，近 20 年才取得重大成就，不愧于敦煌所在的中国。陈寅恪概括敦煌学是新资料和新问题，此前的敦煌学研究，中外学者们在资料整理上花费了巨大精力，新世纪的敦煌学，在新问题的研究上将展现更广阔的前景。

信仰着的人们

敦煌文书中，以佛教文献为最大宗，约占汉文文献的百分之九十左右。毕竟是一个佛教寺院的图书馆，这是不足为奇的。其他种文献的保存，有的世俗文书是为了珍贵的纸张的再利用，有的比如道教文献，也许是为了供批判使用。当然，不是所有文书都能了解之所以保存下来的理由的。

大量佛教经典保存下来，除了寺院和僧侣们的努力以外，普通的信仰者也作出了贡献。当时的信仰者相信，抄写佛经本身就像念经、施舍一样是一种功德，有利于自己信仰的表达，也有利于自己的生活。于是，一卷卷佛经就这样抄写了出来。贞观十五年（641 年），正逢中国历史上少有太平盛世，皇帝唐太宗为此获得了不少赞誉。

这一年的七月八日，辛闻香抄写了《报恩经》一部，不知为什么，他与父母分离，流落他乡，而父母音信全无。他抄经的目的是希望父母今生幸福平安，而来世与父母不再分离（S4284）。公元 695 年大年初一，张万福和妻子吕氏抄写《观世音经》一卷。因为他们从沙州（敦煌）来到甘州（酒泉）而与父母分离，所以写经祝愿父母和亲戚，今生长寿平安，来生进入天国极乐世界（藏日本书道博物馆）。公元 700 年的 5 月 23 日，阴仁协抄写《金刚般若波罗蜜经》一卷，为了父母祖先、和家大小，也是为了还愿。他曾经许愿如果官到六品，每月抄写佛经两卷，如果到五品，每月写经二卷。他的愿望虽然已经实现有时，但因为一直在战争中，没有办法得到纸墨，所以未能还愿。现在，他已经官为大斗拔谷副使了，终于有机会还愿，写了这卷佛经（S87）。

普通信仰者的信仰，总是与生活日用联系在一起的，敦煌文书提供了很古老的证明。

变文与变相

有一种称作变文的通俗文学形式，也与佛教有关，可能来自佛教的俗讲。这是一种讲故事的方式，把散文和韵文结合在一起，介绍佛本生故事或者佛经故事。生动的语言吸引听众的注意，也是一种宗教宣传的方法。当然，变文不只包含佛教内容，讲历史故事的变文就与佛教无关了。这可是一件有意义的事，因为变文使用的是口语，中国的汉语历史因为有了这个证据，说起来可大不相同了。同时，关于白话文学的历史，至少不能不管不顾地从“五四”时代计算了。

讲故事的时候，讲演者还经常准备一些道具，最有意思的是一种图画，这就叫做变相。演讲者一边指点着画面，一边讲解图画的内容。这种看图讲故事的方式据研究来源于印度，对后世的影响也很大。这样的图画跟现在的连环画差不多，画面与画面之间既有联系又有区别。演讲者不只是讲，而且又演又唱，于是这与中国的戏剧起源又产生了纠葛（P4524）。

书法

说到艺术，自然忘不了中国特色的书法。唐太宗热爱王羲之的书法，当时就有许多故事流传。上有所好，下必甚焉，民间对王羲之的书法于是就达到了崇拜的程度。敦煌出有王羲之的草书临帖三种，虽然字数不多，亦足称珍品了（P4642、S3753）。王羲之的兰亭序，是王羲之书法的代表作，当时民间模仿太多，致使这帖“天下第一行书”有的时候不是被用来学习书法，而是被用来习字（P2544）。至于欧阳询的《化度寺塔铭》，传世的拓本有多种，但因为原石早失，多次翻刻难免失真，敦煌出土的唐拓，当然要比传世的拓本更接近原作了（P4510）。唐太宗不仅热爱书法，他自己据说也写得一手好飞白。但是，唐朝以来，人们只是听说过却没见过，现在敦煌出现了他的《温泉碑铭》的拓本，真正是令人的眼福不浅（P4508）。

户籍

书法艺术总是更多地与社会上层联系在一起，一般老百姓的主要问题是如何应付日常生活。在皇帝和民众之间，有一种叫做户籍的东西紧密地把双方联系起来。一家之主每年把自家的户口和土地情况按要求填写，这就是“手实”，手实的最后有一段保证词，保证自己的填写是如实的，若错误，愿意接受法律惩罚。一个乡的手实粘在一起，里正也要写上保证词。在唐代，法律对于户口统计出错是有明确量刑规定的。统治的前提是对户口进行控制，这种编户齐民体制可是中国历朝历代统治得以完成的重要条件。唐朝的制度是一年一造计账，三年一造户籍。但是，具体的户籍样式从没有见到过，而敦煌出土的唐代户籍给出了这方面的知识。唐朝的户籍，基本上分成两个部分，一是户口，记录户主及其家人（包括奴婢）的姓名、性别、年龄、身体状况和身份，下面是生、死、逃亡等注释。二是土地，记录应受田、已受田和未受田的数量，已受的永业田、口分田的位置和四邻。唐朝的户籍样式前后也有变化，与前朝，如西凉、北魏的格式也有区分，即便这种历代皆有的户籍，看来也是有所变更的。户籍是国家统治赖以进行的基础，从县到中央户部都存有多年的户籍资料，这是当时国情的权威资料总汇。

计账是根据户籍进行的分类统计资料，一年统计一次。统计单位也是从县、州到户部。分类如课丁账（需要对国家尽义务，如纳租服役的丁男统计）、逃亡账（逃跑到外地，在原籍不能尽义务人口的统计）、侍丁账（对国家需要尽义务，但家中有老人需要服侍而不能尽义务的男丁的统计）。计账的综合，就是国家可以调动的人力、物力的基本情况。

结社

计账制度等都是从国家立场出发制订的，民众只有遵守的义务而没有参与的权力，所以当时的民众对这样的国家并不报太大的指望，更切实的办法是自己解决自己的问题，民间结社就体现了这样的原则。“显德六年己未岁正月三日，女人社因兹新岁初来，各发好意，再立条件。盖闻至诚立社，有条有格。夫邑义者，父母生其身，朋友长其志，遇危则相扶，难则相救。与朋友交，言如信。结交朋友，世语相续，大者若姊，小者若妹，让语先登。立条件以后，山河为誓，终不相违。"（S527 女人社社条）民间结社是一个源远流长、广泛存在的传统。唐宋时代，许多地方有民间结社，而敦煌是留下资料最多的地方。结社的规模大小不一，多到百人，少则几个人，可以因缘各种情况，邻里之间、同行之间、女性、亲戚、官人、军人等都可以结社。结社采取自愿原则，凡参加者都必须保证接受社的规章制度。这些规章制度称作"社条"，由全体社人开会制订（称作"商量"），社中的重要事项，包括选举社官，权利、义务的规定等都在社条中有明确说明。日常事务由社官根据社条负责，遇到社条中没有的新情况，召开社人大会商量。社中一切事务实行公开原则，收支不论大小都有当时的票据和账目。敦煌文书中有一种是"社条文样"，可以说明结社以及社的管理制度是普同的。因为民间的这种结社主要是民间自助性质的，对于社会安定有很好的维系作用，所以政府是一切不问或者支持协助的。

生活场景

结社的实际意义有很多，一家有事，全社的人都会来帮忙。比如，盖房子就是一家的重大事情，单独完成困难较大，社的帮助很有必要。盖房子最重要的仪式是上梁，敦煌文书就提供了这方面的实例。首先要选择良辰吉日，然后进行庆贺，焚烧象征性的银钱，唱起祝贺歌，"自此上梁之后，富贵千年万年"，同时各种蒸饼、干粮由工匠从大梁的东南西北各方抛撒下来，人们一阵争抢，仪式就这样在喧闹、热烈的气氛中结束。真诚的祝福也许真能带来好的运气吧。（P3302 上梁文）

盖房子是大事，结婚更是大事了。敦煌文书记录当时的结婚礼仪实在是太复杂了，从通婚书的传递到婚礼的完成，这中间的过程专家要写厚厚的专著。有意思的是当时的洞房不是现在这样的一个房间，而是一种帐篷，设在房间的西南角的“吉地”之上。新郎新娘，“同牢盘（新郎新娘用同一个盘子吃肉），合卺（jǐn）杯（用同一个葫芦做的瓢饮酒），帐中夫妻左右坐”。这种婚礼来自很古老的传统，又明显地受到北方少数民族习惯的影响，不仅敦煌如此，中原也如此。（第 360 窟的青庐图）

结婚是喜事，离婚则令人感伤，但白头偕老毕竟不是人人都能实现的梦想，所以中途分手的事就在所难免了。丈夫写一道《放妻书》，双方父母亲戚认可，婚姻即宣告结束。“盖闻伉俪情深，夫妇语义重。幽怀合卺之欢，欢念同牢之乐。夫妻相对，恰似鸳鸯双飞，并膝花颜共坐。两德之美，恩爱极重，二体一心。生同床枕于寝间，死同棺椁于坟下。三年结缘，则夫妇相和，三年有怨，则来仇隙。今已不和，想是前世怨家。”理想的婚姻是美好的，但不如意的现实也实在没有办法，分手吧，就当作前世冤家。这道《放妻书》写明要给妻子提供三年衣粮，最后不知道为什么还喊了一句“伏愿娘子千秋万岁”。读着这样的文字，看到祖先与子孙在婚姻上经常共有的曲折，不得不感叹人类在情感上的无奈真真是万古长青的课题啊。（S6537）

比起离婚来，死人的事则是悲伤的。康大娘也许并无其人，但这样的诗读起来同样令人感伤。母亲要死了，孩子们怎么办啊。“日落西山昏，孤男留一群。”母亲最关心的是在自己身后父亲如何对待自己的孩子们。“有情怜男女，无情亦任君。”人之将死，其言亦善，但对于未来的事情，即将去世的母亲只有情感而没有力量，只好听之任之了。（S5381）老百姓的日子，什么时候都是不容易的。

敦煌从化乡

敦煌当时有许多少数民族居住。来自中亚地区的九姓胡人集中居住在敦煌县的城东，于是专门设置了一个乡，取名叫做从化乡。从化，大概是遵从中国教化的意思。能吸引远方的民族到中国来居住，是中国政治家很得意的事情。九姓胡人也叫粟特人，是一个信仰祆教，并以经商闻名的民族，由于阿拉伯帝国的兴起，被迫大批移居中国。来到中国以后，他们多聚族而居，依然信仰原来的宗教。当时的政府看来是崇尚信仰自由的，所以并不干预，敦煌从化乡就有祆祠一座。这个民族对唐朝有多方面的影响，安禄山、史思明就属于粟特人。

丝绸之路

在一个全球化的时代，我们才认识到即使在人类族群交往较少的时期，那种交往也是至关重要的，人类交往史正是人类历史的一部分。在信息高速公路和新航路开辟以前，贯通人类族群的道路已经联络着地球的各个部分，最重要的就是沟通几大文明的丝绸之路。族群的往来伴随着文化的交流，当时的族群的具体需要现在看来正是全人类发展的需要。近代以前，中国外来的文化动力，基本上都是靠丝绸之路载运来的，而中国对世界的贡献，也有许多是通过丝绸之路展开影响的。关于人类这条文化大动脉的历史，很长时期是湮灭无闻的。是 19 世纪以来的考古学和中亚探险，才最终使得丝绸之路在历史的深处显现出来。莫高窟和藏经洞为丝绸之路提供了大量的宝贵证明。丝绸之路关涉许多国家民族的历史，而这也是敦煌学能成为世界性学科的一个重要动力。莫高窟提供的民族史形象资料，藏经洞提供的民族语言和世界宗教证据，都在讲述同样的法则，人类内部的交往，既是人类自身发展的需要，也是人类自身发展的条件。全球化的历程，也许应该从丝绸之路讲起。敦煌作为丝绸之路上的一座重镇，留下千古证据和万种话题，这是中国之幸，也是人类之幸。

漫说吐鲁番出土文书

特殊葬俗

吐鲁番阿斯塔那509号墓，是1973年发掘的。该墓埋葬了三个主人，一男两女。男子叫张运感，葬于开元二十五年（737年），他的第一个妻子葬于久视元年（700年），第二个妻子埋葬时间不清，但因为从她的纸衾里拆出了宝应元年（762年）的文书，所以她埋葬的时间最早也是762年。这座古墓出土的文书最多，加上碎片，共87件之多。这么多文书都拆自死者的随葬用品，而最特殊的地方也就在这里。当时，这里实行着一种很特殊的葬俗，而正是这种特殊的葬俗，保存了这些纸文书。

就509号墓而言，文书拆自张运感和他第一位妻子的纸鞋以及他第二位妻子的纸衾。原来，这些死者是穿着这些用废纸糊成的衣物下葬的。所以，我们现在看到的吐鲁番出土文书，多是被剪裁成各种形状的纸张，比如纸鞋的各个部位等等。当然，不仅用废纸制作成服饰，也可以用作其他葬具，如纸棺等。考古工作者，要用特殊办法把这些纸糊的物品再次拆开，并尽量把同一张纸复原，这样我们才可以读到原有的纸上文字。就史料的价值而言，尽管纸糊的鞋子也有文物价值，但学者无疑更重视那些纸上的文字。正是通过这些文字，我们了解到了许多具体历史事实，这不仅对于我们今天研究当时的吐鲁番，即使对于我们研究整个唐朝，都有意义。

当然，首先有赖吐鲁番地区的干燥气候，这些纸文书才可以保存下来，但是当时这种使用废纸的葬俗，也是吐鲁番出土文书得以保存的另一个重要因素。吐鲁番的考古发掘，不仅限于唐代，在比较早期的墓葬中，同样发现了这样的葬俗。比如 1979 年发掘的阿斯塔那 382 号墓，埋葬时间大约在 444 年左右，墓中出土的一双绢面纸里的鞋子，纸上就有墨书文字。可见，用废纸制作葬具，在吐鲁番地区源远流长。

对于吐鲁番地区的这个葬俗，学者的认识也有一个过程。1913 年，日本吉川小一郎在吐鲁番地区进行过发掘，他发现了两种情况，“大部分木乃伊都横卧在中国特有的草席上，草席上贴着废纸。我们推测，置于棺内的死者好像都是高贵者或富有者”。（吉川小一郎《敦煌见闻》，载《丝路探险记》）但后来发掘了更多数量的古墓，尤其是 1949 年以后，中国考古工作者进行过 13 次大的发掘，这还不包括一些零星的发掘，有了 500 多座古墓发掘经验之后，结论则是“这种以纸为服饰乃至葬具（纸棺）的习俗，从伴出其他遗物所示死者身份看，绝非经济上的原因，虽然真正的原因目前我们还不太清楚”。(《吐鲁番出土文书》录文本第一册《前言》)

当然，除了这种作废的纸文书之外，当时还有一种文书叫“随葬衣物疏”的，是埋葬时专门书写并放入墓中的，内容除了表达某种冥世观念以外，主要是随葬品的清单。此外，与此相关的是墓表和墓志，记述死者生前事迹的文字，当然也是一种重要史料，但因为是刻写在砖石之上，所以不能归入文书之列。在唐朝统一吐鲁番以前的高昌国时代，有一种文书叫做“追赠令”，是国王在得知死者去世的消息以后，给予死者的最后一次职官晋升命令，通常也是写在纸上，埋入坟墓，应该属于正式的随葬文书。

说不尽的文书价值

吐鲁番与其他人类居住的地区一样，其自身的历史有赖于文字的记载。早期的吐鲁番历史可以用“车师”代表。西汉在吐鲁番盆地的东部开始屯田，这里的历史成了高昌与车师的历史。高昌，从一个屯田据点渐渐发展，到317年成了前凉的高昌郡。442年，沮渠氏的北凉残余势力进入高昌，继续保持大凉王国的称号，于是吐鲁番地区进入王国时期。450年，以交河城为首都的车师统治者被迫放弃交河投奔北魏，吐鲁番盆地实现政治统一。460年，柔然杀了沮渠安周，立阚伯周为高昌王，此后王国沿用该称不改。后来，又经历了张氏、马氏和麴氏，王国的历史一直到640年唐朝统一该地区。唐朝时将吐鲁番称为西州。唐代后期，回鹘人南下，一部分进入西州，史称西州回鹘。

以上所述吐鲁番早期历史，仅仅得其轮廓而已。详细的情况因为各朝正史所书高昌史，或者语焉不详，或者重复雷同，即使确有文字记录，有的也不能准确理解。吐鲁番出土文书，大大丰富了我们对吐鲁番早期历史的认识。文书的时间跨度，从西晋到唐朝，因此这一时段的吐鲁番历史的清晰度，超过了所有的传世记载。高昌郡时期的文书，成为当时中国郡一级地方机构独一无二的资料，其意义不仅在于认识高昌郡，也有利于认识河西地区以及全中国的同类问题。沮渠氏进入高昌，历史有记载，但是正是有赖于吐鲁番出土文书和其他考古资料，我们才比较准确地理解此事的重要性，比如佛教的西传、汉地佛教进入西域、河西文化扎根高昌等等。高昌王国的其他情况也一样，以麴氏高昌（502～640）而言，传世的记载十分模糊，究竟有过几个国王都不清楚，现在不仅能够排出高昌年表，而且知道了许多传世史籍并没有介绍的情况。历史上麴氏高昌曾经发生过一次政变，现在称作“义和政变”，可能当时的唐朝都不了解。高昌时期的实用官文书被保存下来，这也弥补了整个中国史这方面史料的不足。至于西州时期的文书价值，也一样意义重大。唐代的均田法令，历史的评价很高，但是很多情况并不清楚。吐鲁番出土了西州的退田授田文书，提供的资料几乎是唯一的。于是我们对均田法令有了崭新的认识，极大地改变了过去我们对均田制近乎完美的认识。府兵制度也一样，西州属于军府州，当地府兵的日常管理和战争动员等等具体资料，不仅对西州历史的认识有意义，对于唐朝的整体府兵制度的理解都有意义。在均田法令和府兵制的研究上，如果你没有利用吐鲁番出土的相关资料，仅此一点就可以判断你的研究不到位。

吐鲁番属于天山的山间盆地，同时也是天山南北的交通要道。作为丝绸之路的重要据点，吐鲁番出土文书充分地证明了这一点。往来这里的商人、他们经营的商品、丝绸贸易的大量存在，以及当地政府从中所得的贸易税收等等，都在吐鲁番出土文书中有所表现。贞观六年（632年），麹氏高昌国与焉耆发生过一次战争，根据唐朝记载，这场战争的原因是焉耆要开辟另外一条通往中原的道路，结果会导致往来人流、物流绕开高昌，高昌既得利益受损。古代民族与宗教，本来就是丝绸之路上的常客，这些都在吐鲁番出土文书上有记录。祆教、摩尼教，更不用说佛教。而高昌国接待的来自各地的各族客人，因为都有文字记录，也给出了一个多民族往来的生动图像。至于唐朝西州要接受来自西方的粟特人入籍，很具体地反映了中国的对外开放等问题。通过吐鲁番出土文书，我们可以获取的历史信息实在太丰富，难以尽说。

吐鲁番出土文书，与敦煌文献的命运相似，流散于世界各地，因此形成的研究也呈世界性。汉文的吐鲁番出土文书，大宗的有文物出版社的《吐鲁番出土文书》（录文本10册，图录本4册）；日本法藏馆的《大谷文书集成》（四册）。小宗的如柳洪亮《新出吐鲁番文书及其研究》；陈国灿、刘永增《日本宁乐美术馆藏吐鲁番文书》等。非汉文的也有许多，恕不一一。

安周兄弟与高昌文化

公元 441 年的河西走廊，硝烟弥漫。

北魏的大军，由东向西推进，后续部队源源不断。北凉的国王已经在两年之前投降，不愿投降的北凉人马在无讳、安周兄弟的率领下，节节败退，节节抵抗。张掖失守，酒泉失守，敦煌变成了汪洋中的一个孤岛。战争的双方力量对比太悬殊，前途一望可知。无讳此时已经称王，并且向南朝的刘宋派出使者。但这一切除了心理的支撑之外都没有意义。大兵压境，退无所居。长长的河西走廊，如今显得太过局促。

这时，无讳想到了高昌。第二年 9 月，无讳兄弟从敦煌出发一路战斗，经过焉耆到达高昌，留下的敦煌只是一座空城，因为一万多家居民被无讳兄弟挟持到了高昌。

很多事情都是这样，当它发生的时候，我们无从判断它的意义，很久以后，我们才恍然大悟。高昌有了后来那样的历史面貌，我们不得不追溯到大凉王无讳的那次灵机一动。公元 442 年是高昌历史上极其重要的一年。史学家把高昌的历史分为几个时期，442 年以前是高昌壁和高昌郡时代，443 年开始了高昌国时代。高昌国一直持续到唐太宗时变成了唐朝的一个州（西州），那已经是一百年以后的事了。

高昌就是现在的高昌故城，它位于吐鲁番盆地的中部偏东南，是当时吐鲁番两大政治中心之一。另一个中心在西部的交河城，是当时车师王国的都城。高昌从西汉的一个军事据点发展成为高昌郡，而车师人的统治却一直没有重大发展。车师人的文化面貌现在已经不十分清楚，他们似乎也是操塞语的民族，当时已经信仰了佛教。前几年，中日考古学家在交河岸边发现了这个古老王国的墓地，出土了一批金器，中国学者认为是贵族墓，而有的日本学者认为是国王墓。这种争论实际上只源于一种十分简单的理由：车师人的资料太少，很难做进一步的研究。仅从张骞时代算起，车师王国在这个土地上就有五百多年的历史，但是，后来这个古老王国的存在基础却被连根拔起。失去了继承人，当然就要丧失历史。

无讳兄弟占据高昌的第三年，无讳死去，安周成为大凉王。安周的政权很快就与车师发生战争。不必需要什么具体的理由，只是生存竞争也足以说明问题。但是，一个古老的王国，从此开始了痛苦的灭亡过程。北魏对北凉余部的追击实际上没有认真进行，他们的部队打到焉耆之后继续进攻龟兹，并没有北上高昌。这其中的原因历史书记载不清，也许与另一个游牧民族国家柔然的动向有关。北凉与柔然是一种传统的联盟关系，到达高昌的无讳兄弟依然与柔然保持着这种关系。但车师是向北魏称臣的盟国，对待北凉余部的态度，车师当然听从北魏的指挥。本来，乘无讳兄弟立足未稳，车师就首先发动了进攻，但不久，情况就发生了逆转。北魏在进攻焉耆的时候命令车师王伊洛率军助攻，结果造成了车师都城交河的防守变得单薄，安周于是对交河展开围攻。

交河故城，无论从什么角度看，都像一艘巨大的战舰。当历史的海洋干涸以后，这艘战舰就千万年地停泊在这里，但依旧挺拔，依旧高耸。关于当年鏖战的记忆，已经伴着岁月的老墙剥落，但后人的追问激情，却永远不会风干。

记载北魏历史的《魏书》，收录了车师王车伊洛给北魏皇帝的一封信，那是公元500年的事。信中说，自我们祖先以来我们一直对天朝忠贞不贰，天朝对我国更是垂爱有加。自从与无讳发生战争，至今已经进行八年，“人民饥荒，无以存活”，因为敌人攻击太猛烈，我们已经不能自全，现在领着三分之一的人舍弃故国逃亡，到了焉耆的东部，想要投奔天朝，希望能够得到天朝救助。车师的灭亡与北魏关系重大，但事到如今除了卑躬屈膝以外还能怎样呢？从这封信中我们知道双方之间的战争共进行了八年，战争开始的时间与无讳兄弟进入高昌的时间也是吻合的。八年的战争，车师国从此消失。王室失去了固有家园，在历史的记录中再没有什么消息。留下的车师国民，渐渐被汉化，即使在考古资料中也看不见他们有什么特殊的存在。

对于安周而言，战胜车师的代价也是惨重的。开战不久，高昌就发生了大饥荒，大凉政权内部还发生了一次分裂。无讳死，安周继承王位，但这个继承不知是否合法，反正无讳的儿子乾寿率领一部分人马投奔了北魏。战胜车师，结束了吐鲁番盆地两个政治中心的历史，吐鲁番实现了统一，高昌国的立国基础因而拥有了空间上的条件。

无讳兄弟称凉国，用意在于要重新夺回失去的河西之地，但实际上这一直是以愿望的方式存在的，历史再没有给过他们实现这个愿望的机会。这个凉王朝的统治，就一直局限在吐鲁番盆地这个范围之内。这与后来的各个高昌王朝，只有名义上的差别。面对时世，即使是曾经叱咤风云的人物，也只能望洋兴叹。这个王室的重要成员的墓地，后来在阿斯塔那被发现，虽然他们从来都不希望就这样老死高昌，但最终还是决定不了自己故事的结局。阿斯塔那177号墓的主人封戴，1972年被发现。据学者推测，他可能是北凉王牧犍的儿子，无讳和安周的侄子。这个墓葬出土的墓表，是这个地区发现最早的，也可以说后来的许多墓表都是接受了它的影响。1979年发现的阿斯塔那383号墓的主人是蒙逊夫人彭氏，而蒙逊是北凉的创始者，是无讳、安周的父亲。

无讳兄弟到达高昌，完全是不得已的。但这无形中给高昌的历史带来重大而深远的影响。第一次在吐鲁番地面上建立了一个王国，后来这王国虽然经常转换统治者，但王国的规模一直没有改变。于是在中原的不少史籍中都出现了高昌国的专门记载，于是至今我们都可以到史书中去了解当时的吐鲁番。这个王国的国民以汉族为主，但与周边民族融合，已经发生一些变化，比如男人们的穿着实际上与当地的少数民族没有什么不同。汉族服饰文化主要表现在妇女们的身上。有的书上说，高昌王国也和内地一样阅读儒家的经典，但使用的是胡语。这个说法在阿斯塔那没有大规模的文书出土以前，包括像罗振玉这样的大学者都是相信的，只是后来出土的大批当时使用的文书，才改变了人们的这个传统看法。高昌的汉族人按最早的说法是西汉时李广利征大宛时留下的兵卒，不过在无讳兄弟到来之前，确实已经有不少汉人在此居住。但是，汉人最大规模地到来应该就是无讳兄弟这次，而且以敦煌人为主。阿斯塔那出土过高昌时期的许多墓志，统计的结果表明，故乡在敦煌的最多，证据可谓确凿无疑了。

大批汉人的到来，致使当地文化不可避免地体现出汉文化的特征。这个王国的辖地虽然有限，但还是按中原的传统组织地方，也有郡县制度。不过这个制度的具体情况并不是完全与中原一样的。就文化而言，无讳兄弟带来最显著的变化是佛教。北凉本来就有王室支持佛教的传统。当时有一位名声很大的高僧叫昙无谶就住在北凉，他的佛法很高深，好像能够呼风唤雨。北凉与北魏发生冲突与昙无谶也有关系。北魏以宗主国的地位，要北凉把昙无谶送到北魏去，北凉宁可杀掉昙无谶也不愿这样做。最后北凉告诉北魏，昙无谶因犯罪被杀掉了。结果北魏只能生气而没有办法。再加上其他事情，北魏最后干脆出兵灭掉了北凉。当时人们对佛教是普遍信仰的，有的时候把佛教看得十分神秘，也认为佛教法力无边。昙无谶之后，北凉的统治者依然信奉佛教，昙无谶的一个大弟子法进就随无讳一起来到高昌。《高僧传》里说，无讳选择高昌就是征求了法进的意见。

阿斯塔那出土了一些早期的佛教写经，有的是无讳兄弟从河西带来的，有的是安周在高昌供奉抄写的。这些写经原件现在分布在世界各地，已经是价值连城的珍贵文物了。不过，要说最珍贵的，恐怕要属安周造寺碑了。在20世纪末和21世纪初，新疆到处都有挖宝人在故城古迹上活动。1882年，吐鲁番的挖宝人获得了一个石碑，但实际上并不了解它的价值。应该了解它的价值的人，比如官人，却又不知道它的存在。1902年，德国人格伦威尔在吐鲁番的胜金口发掘时，听说了这个石碑，立刻从当地挖宝人手里买去，并很快运到了德国柏林，收藏进了民俗学博物馆。第二次世界大战以后，这个石碑不知去向，有人认为可能毁于战火。幸运的是，西方学者对这个石碑进行了研究，有一张照片留了下来。

一个偶然的机会，中国人获得了拓片。1906年，清朝政府实行新政，派大臣到西洋考察宪政，其中有一位是金石收藏家端方。他到博物馆参观，发现了这个石碑，惊诧万分，立即认出了这是一件国宝。经过与馆方协商，博物馆允许他当场行拓。因为拓工不熟练，第一张不理想。但在拓第二张的时候，拓工用力过猛，碑字有了损坏，馆方立刻拒绝再拓。就这样，端方只得到一张半拓片。虽然如此，端方依然兴高采烈。回国以后，他遍邀知名学者欣赏他带回的拓片，许多人在他的拓片上留下了题记。端方死后，李介如得到这个拓片，他专门为这张拓片修建了一个“北凉碑馆”。

安周造寺碑真有这么大的价值吗？答案是肯定的。碑上的时间标志是承平三年，即公元449年。据碑文中说，这一年开始，安周在高昌大规模推动佛教事业，兴修寺院，抄写佛经等等。在中国的佛教历史上，佛教的传播路线一直是从西向东的，安周在高昌兴佛，是把河西的佛教移植高昌，可以看作是佛教由东向西的一次传播活动。在此之前，车师人的佛教似乎以小乘佛教为主，从此以后，高昌才以大乘佛教著称于世。碑文不仅记录下安周的兴佛历史，碑文本身也是一篇文学精品。优美的骈体文和深厚的佛学修为，如果说它是同时代、同类作品中的佼佼者，一点都不过分。有证据表明，高昌王国后来的佛教文学明显地受到这个碑文的影响。在新疆的文学历史和丝绸之路的历史上，安周造寺碑肯定是最耀眼的瑰宝之一。

德国人称作 M 寺的地方，现在还可以看到一些痕迹，这就是安周造寺碑的发现地。在这样的残垣断壁之间，如何能够想象国宝当年的光彩呢？在高昌故城，真希望还有很多这样的国宝没有被发现，真希望发现的国宝不再流往国外。不过，我最近的一个希望仍然是关于安周造寺碑的，我希望有一天在 M 寺的废墟上突然看到这方碑在太阳下闪闪发光。丝绸之路的往日辉煌，一千多年的故事，历史的机遇和悲怆，这方碑就是一位饱经沧桑的老人，面对如织游人，娓娓述说……

其实，一个人与一方水土的神秘关系，是怎么说也说不清的，比如安周兄弟和高昌，但我们不该忘记，尤其是在高昌故城和交河故城捕捉历史的时节。

最后应该补充一点，安周兄弟不是汉族人，他们是匈奴人，在历史书上他们姓沮渠氏。

帝国的节律
——从吐鲁番新出历日谈起

一千多年前的某一天，唐朝西州（今吐鲁番）的一个小吏顺手把一团撕成小条的废纸丢在一座佛塔旁边的建筑垃圾中。一阵风起，把这团纸高高卷起，最后吹入佛塔的建筑土洞中。后来，是更多的风，一刮就是一千多年。1996年的夏天，一个维吾尔族小男孩受到一只飞鸽的指引，奋力爬上荒芜的台藏塔。他把手探入一个小洞，以为会有一只温暖的鸽子，但是掏出来的竟然是一团废纸。

在吐鲁番文物局的整理桌案上，这团纸被小心地摊开，等待了一千多年的秘密，也至此揭开。

“大行皇帝”四个字让人大吃一惊。只有正在发丧的皇帝才有这样的称谓，是哪个皇帝正在办国丧？屏住呼吸，移动、展开、仔细地辨认，“永淳三年历日”字样呈现出来。高宗皇帝永淳二年（683年）十二月四日改当年年号为弘道元年，就在本月高宗驾崩，中宗即位改元嗣圣。后来，武则天连续废掉了两个皇帝，同时连续改元。永淳三年历日，显然颁布在弘道改元之前，应该在改元弘道的时候就宣布废弃了。

久已陌生的颁历制度，随着这团唐代的废纸的修复整理，在我们面前渐渐复活。

唐朝和唐朝以前，人们日常生活中所使用的日历（当时称历日）是中央政府统一颁发的。中央的相关机构就是太史局，根据《唐六典》卷十的记录，太史局长官太史令的职掌是“观察天文，稽定历数”，而更具体的负责人太史局之下的两名“司历”，他们的职责是“掌国之历法，造历以颁于天下”。该机构还有保章正一人，历生三十六人，装书历生五人。根据黄正建先生对开元年《唐杂令》的复原，唐令规定：“诸每年（太史局）预造来岁历，（内外诸司）各给一本，并令年前至所在。”（参见黄正建等《天一阁藏明抄本天圣令校证》，中华书局，2006年）在新出的这团废纸中，一张纸条上有三行文字，分别是“历生□玄彦写并校……历生李玄逸再校……三校”。看来，历生负责历日的抄写校定，而装书历生一定是负责历日的装订了。历生人数多，是因为历日数量很多，抄写、校对工作量很大。新历造出来，要在指定的时间内抄写、校定完毕，按照唐令的规定，要在新年到来之前送达。

根据《旧唐书·地理志》的记载，西州距离唐朝的首都长安5516里，虽然不是帝国境内最远的州府，毕竟也是相当遥远。我们无法知道永淳三年历日是否按时到达西州，但是确有一些年份的历日没有按时送抵西州。吐鲁番阿斯塔那506号墓出土的一件账历牒文就有记录，唐玄宗天宝十三载（754年）：“为正月、二月历日未到，准小月支，后历日到，并大月，计两日料。今载二月十三日牒送仓曹司充和籴讫。”（《吐鲁番出土文书》肆）到了二月份，中央颁发的历日还没有到达，但是按日发放的粮料不能停止，暂时先按小月的日期发放，后来历日到达，原来是大月，只好再把所欠粮料补发。严格按照中央颁布的历日行事，这真是一个很好的证明。

国家统一颁历，全国都按照一模一样的历日生活，从一定意义上体现了国家对时间的控制权。当时的交通条件下，不管是生产还是生活，庞大帝国的各地千差万别，但是中央政府在治下使用同一历日的制度显然很稳固，国家的意志力也充分体现在制度的运行中。过去，研究者经常用年号的奉行与否考察政治隶属关系，看来历日的奉行也有同样的标志意义。据《旧唐书》卷八十四《刘仁轨传》的记载，当刘仁轨受命统兵征讨百济的时候，“于州司请历日一卷，并七庙讳，人怪其故，答曰：‘拟削平辽海，颁示国家正朔，使夷俗遵奉焉。’”国家正朔，显然是包括七庙忌讳和历日在内的。这样，国家颁历就不仅仅是一种礼仪，也不仅仅为了引导生活，而是有着重要的政治功能。

吐鲁番出土的唐代前期历日，除了这件永淳三年历日以外，以前阿斯塔那 210 号墓出土过显庆三年（658 年）历日，阿斯塔那 341 号墓出土过开元八年（720 年）历日。还有一件唐代历日，出土于阿斯塔那 507 号墓，但无法判断年份。这些历日都不完整，都是作废以后被制成丧葬用品而埋入地下的。这些历日的格式都是相似的，每月份独立标出，专家总结为：“首列诸日日序干支纳音建除，次列朔望、中节、没灭，末注吉凶丛辰名目及用事宜吉事项。”（张培瑜《吐鲁番出土的唐代写本历书》）。以显庆三年正月四日、五日、六日为例，我们可以观察到历日的具体项目：

四日，丁亥，土、收　岁对小岁后。嫁娶、母仓、移徙、修宅吉。

五日，戊子，火、开　岁对母仓。加冠、入学、起土、移徙、修井、种莳、疗病吉。

六日，己丑，火、闭　岁对归忌，血忌。

面对以上这些历日，今天依然熟悉的内容已经不多，除了日期和干支以外，都属于古代历法的专门知识了。但是，看到最后的用事宜吉事项部分，仍然能够让人浮想联翩。每一天，朝廷颁发的历日里都详细地规定了何事为吉、何事为凶。当然，吉事多而凶事少。这至少可以理解为某天做某事是受到鼓励的。某一天历日中既然没有说明做某事吉，那么是否就可以理解为做某事不受鼓励呢？人间生活的具体内容很多都不在历日的规定之中，那是否就意味着可以自由行事呢？总之，这真是一个让人感兴趣的问题。

比如“种莳”，意思为种植和移栽，大概涵盖北方和南方的粮食种植与稻谷插秧。但是，这样的工作很难一日完成，那么第二日或者前一日在这个历日中都没有写明相关内容，那么是否就只能种植一日呢？显然不可能。但是，为什么四日、五日都规定“移徙”吉，是因为迁徙、搬家之类不能一日完成，所以规定了二日吗？那么为什么“种莳”就不给两个日子呢？还有“疗病”，不是有病尽快治，还要挑选一个吉日吗？入学吉，是否意味着这一天各种学校都开学呢？

历日是颁发全国的，但是其中列举的项目都能被执行吗？都能被全国各地的民众忠实地执行吗？显然十分困难。所以，这样的历日恐怕主要还是生活参考书，如果理解为百姓必须执行，那就太可笑了。但是，即使是生活参考书，想一想，也是一件不得了的事。如“血忌”是一个神煞，这一天不能针灸、见血。既然规定这天不宜见血，如果真的见了血，当然就是凶。这样的事情虽然少，可能被执行的程度更高。除非地方文化力量强大，否则，要抵御这来自朝廷的历日规定，一定也有难度。而有些项目，则有很高的参考值，比如“加冠”。作为成人礼，如果在哪一日举行都可以，就不如按照历日的规定办更稳妥。嫁娶、修宅、起土，凡此等等，都有这方面的特点。如果不能证明违反历日规定更吉祥，那就不如按照历日规定来。而吉凶这样的事情，不过是个心理认知问题，根本就难以证明。

于是，我们可以想象到一个难以置信的景象：大唐帝国的子民们，很多人选择同一天做同样的一件事。以唐高宗永徽三年为例，当时全国统计户数三百八十万，如果有半数人家遵从朝廷颁发的历日行事，有的时候，同一天就会有一百九十万户选择同一天做同样的事情，或者结婚、或者修宅、或者加冠……不一而足。虽然，同样的选项不仅在同一年，就是在同一月份中也有重复，但是因为项目依然有限，所有人户都在使用同样的一份历日，人户行为的重复率之高仍然是惊人的。这就如同全国都在同一个节拍下做操，即使有人不认真、不执行，甚至反对，但是因为多数人会选择从众，仍然汇合成一幅举手投足步调一致的巨大画面。这远比日出而作、日落而息的自然节律更具有文化意义，那是统一帝国高度集中的生活节律。此等景观，如何不令人惊叹！

龟兹王绛宾

沿着塔里木沙漠的边沿，各个绿洲像珍珠一样被丝绸之路串联在一起。在他们的东部敞开一个缺口，通过楼兰到达敦煌，进入中国内地。这是一串珍珠项链，镶嵌在天山和昆仑山之间。一般的绿洲往往成为项链上的一颗珍珠，两边的道路一出一进，构成了该绿洲的两个重要支点。如果政权的建立以一个绿洲为单位，这样政权的命运也就由两个方向的道路共同编织而成。

龟兹绿洲在塔里木周边的诸多绿洲中并不是最大的，但确实是一个有特色的绿洲。与一般塔里木绿洲一样，它也有两个方向的道路，向西南是阿克苏、喀什，向东经过轮台到达焉耆、楼兰。龟兹绿洲独特之处在于龟兹河，由龟兹河上行进入天山中部的巴音布鲁克草原，并进而可以到达开阔的伊犁河谷地区。龟兹国位于这样一个丁字路口之上，他的历史因而增加了更多的变数。就像家庭背景永远跟在一个人的背后一样，一个国家的地理位置就像命运一样成为它难分难解的机缘。

作为第一位名字为人所知的龟兹王绛宾，正是在这样的环境下开始了他的国王生涯。绛宾即位不久，就遇到一场重大危机。人口只有八万一千多的龟兹国，忽然受到一支五万人军队的攻击。危机主要来自东方的汉帝国，而起因则是西南方向的一个小国。进攻龟兹的军队是一支多国部队，主要出自西域诸国，而统率联军的是西汉帝国出使乌孙的长罗侯常惠，当时西汉的皇帝是汉宣帝。龟兹国的全国军队最多也不过两万一千人，双方力量对比太悬殊，龟兹王绛宾不能看着龟兹覆灭，他能够选择的只有妥协。

战争的起因实际上已经过去了许多年，在龟兹人看来，西汉帝国应该把这事忘记了。还是在汉武帝的时代，西汉帝国60万大军在李广利的统率下西征大宛，世界震惊。李广利凯旋班师，途径龟兹，却发现小小的龟兹竟有不轨行为。在龟兹的西南方向、姑墨（今阿克苏）的东南方向有一个人口只有两万多的小国叫做扜弥，当时正臣服于龟兹，并且派一个名叫赖丹的王子作为人质住在龟兹。附属国派人质到宗主国去是双方关系的证明，而当时龟兹和扜弥都是向西汉称臣的。李广利认为龟兹的做法是错误的，在指责了龟兹之后，李广利带走了赖丹。到了汉昭帝的时候，根据桑弘羊的建议，汉朝派赖丹带领一支小部队到轮台屯田，挂汉印，称校尉。这个局面让龟兹很不是滋味，因为赖丹原来是龟兹的臣下，现在则成了汉帝国的官员，龟兹感到的是屈辱和威压。龟兹的贵族人物姑翼力主杀掉赖丹，缓解龟兹的压力。这个意见得到了龟兹王的批准，在行动成功以后，龟兹王上书给汉朝，承认错误，请求原谅。

龟兹国敢于如此犯上作乱，汉朝当然十分恼火，但龟兹太小，不值得专门派出远征军，这事就这样搁置起来。又是一些年过去了，汉朝已经是宣帝在位了，而老龟兹王也已经过世，绛宾继承了王位。那时，西汉的主要敌国是北方的匈奴，而为了断匈奴右臂，汉朝与西域强大的乌孙结盟。乌孙属于马上民族，能征善战，而且人口较多，只军队一项就有12万人。乌孙通往西汉，走的不是现在的伊犁到乌鲁木齐这条道路，因为双方共同的敌人匈奴经常在这里出没，很危险。乌孙到西汉，要从伊犁河谷东行，然后沿着龟兹河到达龟兹，再向东去。龟兹因而处在乌孙与西汉交往的必经之路上，迎来送往是难免的。汉朝的长罗侯常惠出使乌孙，顺路发诸国兵攻打龟兹。现在不知道他的发兵，是在去乌孙的时候还是从乌孙返回的时候，如果是后者，龟兹王绛宾应该在龟兹还接待过常惠。

面对强大的进攻部队，龟兹王绛宾很快做出了决断，所以似乎并没有发生什么战斗。绛宾承认错误，而且确实是老国王在位时候的事情，绛宾的责任应该是有限的。至于当年的主谋，姑翼实在是在责难逃。绛宾把姑翼捆绑了送交常惠。常惠毫不犹豫地将姑翼斩于两军阵前。龟兹与汉朝的关系实现正常化。

姑翼之死，在龟兹显然是担当了替罪羊的角色，而国王绛宾无力抵挡强大的军事进攻，为了龟兹更大的利益，交出姑翼，也是有丢卒保帅的政策考虑。但是，毕竟有不得已的成分，绛宾的内心，一定是痛苦不堪的。龟兹河给龟兹带来的并不仅仅是生命，也有国王的悲伤。

不过，姑翼之死很快就过去了，龟兹河依旧发出欢快的声音。在人来人往的交通大道上，信息和物资如同河水一样在龟兹的土地上流淌。龟兹人已经习惯了这样的环境，并用半耕半商的文化丰富自己的生活。乌孙作为汉朝的盟国，继续与汉朝保持着密切的往来，一队队使者继续途经龟兹，先休息一下，然后登程。一些重要的使团，龟兹王绛宾也要亲自出面接待，这是国王的重要国事活动，绛宾本人似乎也是乐此不疲。

又一队乌孙的使团经过龟兹，他们是从汉朝的长安归来，要回到乌孙去。绛宾在例行的接待之后作出了一个十分重大的决定，扣留乌孙使团，不准他们返回乌孙。他同时派出自己的使者前往乌孙说明情况，态度真诚，动机感人。在西域，并不是所有的王国都有资格与汉朝保持密切的关系，所以许多绿洲之国都转而竭力向乌孙表示友好。在这种活动中，沙车的表现最充分，在老国王死后无子的情况下，沙车国为了与汉朝取得联系，同时又讨好乌孙，决定请乌孙王翁归靡与汉家公主解忧所生的儿子万年到沙车做王，当时万年正在长安读书，所以沙车的请求也直接上达给了汉朝。沙车的愿望很快得以实现，但他们更快地发现，他们的这个做法是错误的，最后不得不采取了得罪汉朝和乌孙的方式杀掉了万年。在沙车的郊外，现在还有一座很大的土堆。1995 年，曾有一位沙车地方的历史活字典式的老人指给我们看，那就是万年的坟墓。万年实在不具备一个国王所需的品质，他在沙车胡作非为，引起政变。个人的素质和背后的强大势力导致万年生命的过早完结，从而完成了他对自己美好名字的背叛。

绛宾扣留的乌孙使团的最核心成员就是万年的姐妹，名字叫第史。史书在记录乌孙王翁归靡与汉家公主解忧所生的子女的时候，使用了男女分排的办法，我们只知道第史是长女而万年是次子，但他们两人谁先出生却无法了解了。看来，汉朝公主所生的后代都要到长安去学习，这次第史也是在长安学习抚琴结束回来的。当然，绛宾扣留第史，绝不是要有意激怒乌孙，而是希望解忧公主允许把第史嫁给自己。此前，绛宾派出的求亲使者还没有从乌孙回来，刚好要娶的第史却来到了龟兹。绛宾被自己的激情所感动，先斩后奏，扣留下第史，再向解忧公主请求。绛宾的真诚感动了解忧公主，绛宾美梦成真。

绛宾太喜爱自己的这位夫人，可能有许多这方面的故事传进了解忧公主的耳朵。公主为女儿的幸福归宿心满意足，在高兴之余，她给汉朝写信，希望第史能享受比照皇帝宗室的待遇，允许第史入朝觐见。龟兹王绛宾自然是没有资格娶汉家的公主的，但现在能娶上汉家的外孙女，也已经是喜出望外了，也向汉朝表示如果允许，愿意陪同第史一起入朝。公元前 65 年，绛宾的愿望实现了，他陪同第史到达了长安。

汉朝盛情款待了远方的客人。汉朝提升了第史的待遇，不是比照而是正式册封第史为公主。绛宾和夫人都被皇帝赐予印绶，第史又被赐予车骑旗鼓，几十人的专门乐队，绫绸缎绮、金银珍宝不计其数。他们被留住了一年，又接受了很多赏赐，这才回到龟兹。

一年的时间里，绛宾也有机会到别的地方看看。长安的繁荣和汉朝的富强一定给绛宾留下了深刻印象。从此以后，绛宾成了汉家文化的顶礼膜拜者。他在龟兹建立了自己的宫殿，让人穿起汉式服装，修筑道路，实行出入传呼、钟鸣鼎食的汉家礼仪。绛宾的努力，使得龟兹的文化景观为之一变，对龟兹文化的深层影响也应该是存在的。他与汉家和好的政策不仅在他这一代得到保持，在他的儿子丞德即位后，自称汉外孙，依然继续绛宾的国策。

当然，也有人对绛宾的做法，比如修宫殿等，进行批评，认为那些汉家的宫廷礼仪不适合龟兹这样的小国。有一个讽刺绛宾的话后来演变成为一句成语，这就是非驴非马。原话是这样说的："驴非驴，马非马，若龟兹王，所谓骡也。"批评绛宾的不是龟兹人，而是龟兹以外的人，绛宾的政策为龟兹带来的利益，龟兹人自己是心知肚明的。

回首往事，绛宾对于龟兹河带来的和平安宁，一定是心存感激的。绛宾充分利用了龟兹的丁字路口，在错综复杂的形势下，保护龟兹的安全，建设龟兹的土地，完成了一代国王的使命。到了东汉时期，龟兹成了环塔里木最强大的绿洲之国。绛宾奠定的历史基础，终于获得了历史的承认。

第五章

激扬论史

中国古人是如何重视传统的？

公元前527年，晋国的大夫籍谈作为使者朝见周天子，但是什么礼物也没有进献，这在当时是很失礼的。周景王很不高兴，直言责问。籍谈的家族在晋国是世代掌管典籍的官员，而籍谈的回答是，因为晋国从来没有接受过天子的赏赐，所以没有礼品贡献。周景王于是给籍谈讲了一段历史，从晋国的建立开始，天子是如何不断赏赐的。籍谈无言以对。周景王于是说：籍家真的是没有后人了，掌管典籍的家族竟然数典忘祖。数典忘祖是成语，那些连自身历史都不知道的人，如同忘记祖先。历史承载的不仅仅是陈年旧事，更重要的是文化传统。不论个人还是民族，忘记自身文化传统，必然丧失文化之根，必然表现为文化失忆。个人的失忆是疾病，民族的失忆也是疾病。

秦国统一六国，认为各国的历史记忆如果散失民间的话，不利于集权统治，于是下令焚书，百姓私藏违令书籍，都要重罪处理。汉朝建立，竟然连重要的经典《尚书》都没有流传下来。后来听说齐地有一位老先生叫伏生，他还会背诵《尚书》，政府立刻派官员前往学习记录，因为当时伏生已经90多岁，没有能力长途跋涉到长安来。这就是后来还能够流传的今文《尚书》。为什么国家要花费这么大的力气保留下来一部古书？

这就是珍视文化传统。所以，几乎历朝历代，在政权稳定之后，都会出台鼓励民间献书的政策。民间收藏的图书，国家花大成本购进，如果不同意出卖，国家就派人抄写。汉兴一百年，根据司马迁的说法，“天下遗文古事，靡不毕集于太史公”。图书的存在，是文化传统能够流传的保证。人类是经验的动物，是理智的动物，知道文字记载，就是积累人类经验，保存人类智慧。

思想家孔子的贡献，人所共知是教育。他开创的私学教育，在一个动乱的年代，把传统文化传递给下一代。其实，孔子在保存文化传统方面，还有一个很大的贡献，那就是整理古书。通过对古书的整理，让古书得以更好地流传，从而为中国留住传统作出了贡献。孔子的后人，应该很明白孔子的良苦用心，也能体会孔子整理古史的意义，所以也用行动证明了他们不仅是孔子的血脉传人，也是精神传人。汉武帝的时候，朝廷大开献书之路，就在此时，孔子的后人在事隔多年之后，终于把几代人珍藏的一个秘密公开。原来在秦始皇焚书命令之后，孔子的后人就把私家收藏的图书珍藏起来，他家的墙壁中，竟然修建了一个隔层，专门用来藏书。孔子家藏书的公开，一时间成为一件盛事，因为传统没有被中断，这让有识之士大大松了一口气，更让莘莘学子的文化传承事业，有了更具体、更可靠的途径。

献书之外，古代中国的历朝历代，还有一个编书的传统政策。盛世修史是一个方面，此外还要编纂各类图书。国家有类似国家图书馆的机构，编修图书也是国家的工作。编写图书，一方面是希望通过阅读了解以前的经验；另一方面就是为了保存图书，让文化传统不在自己这个时代失传。宋初编写《太平御览》、《册府元龟》就是给皇帝提供阅读使用，让皇帝掌握更丰富的文化政治资源，以便更好地治理国家。与此同时编写的《太平广记》，在今天看来就是小说合集，这类图书有什么政治意义呢？虽然不如历史那么有政治之用，但是那其中同样包含中国智慧。所以，仍然可以看作是一种保存文化以利于传播的努力。至于后来各种大型图书的国家编纂，其实，都可以从保存、传播文化这个视角进行观察。

国家之外，个人对于撰述同样热衷。古人个人写作，有各种形式，文集是一种，或者各人搜集整理，或者后人进行整理。先秦诸子的著作，多是后人搜集整理的结果。而司马迁著《史记》，一开始，纯粹是个人行为。为什么？整理一个时代的历程，“藏之名山，副在京师，俟后世圣人君子”。不想成名于当代，只想流传于后世。这是对历史的一种有信心的预期，同时满怀着对文化传承的高度责任。古代读书人，基本人生轨迹，或者在朝为官，或者教书著述，即使乱世依然手不释卷，其实都是同一种文化态度和立场。穷则独善其身，达则兼济天下，即使生不逢时，也能体现可贵的文化人格。

正是因为在朝、在野的共同努力，中国古代形成了独特的文化传统，重视文化积累，重视文化传承。他们虽然没有如今“文化软实力”这样的概念，但是，他们都知道这是中国优异于他邦的特点。礼仪之邦的本质特点不就是文化事业发达吗？古代中国与其他国家的贸易往来，常常有各种各样的规定。在金属缺乏的年代，因为金属往往与武器联系在一起，所以各朝代常常规定金属禁运，即不准金属出口。其实，还有一种物品通常是不许出口的，这就是图书。为什么会有图书禁运呢？因为古代中国把图书当做一种独特物品。唐玄宗的时候，入藏的金城公主，来信要求唐朝供给一些图书。有的大臣就表示忧虑，历史书籍中多阴谋诡计，吐蕃学了也许会不利于唐朝。唐玄宗说，不能这么片面看问题，儒家经典中更多的是仁义道德，他们学会了不是更好吗。于是以皇帝的名义赐给大批图书。从大臣的反对来看，在古代中国，很多人把图书看作是一种独特的文化资源。

所以，古代虽然没有文化软实力的说法，但是确有重视文化软实力的传统。

科举制是千年痼疾吗?

1905 年，为着科举制的废除，社会一片欢呼。报章兴奋异常，有的称这是“革千年沉痼之积弊”；有的说废科举是“真中国历史上之新纪元，而东方大局之转移在此矣”。废除科举制的意义当然是重大的，但就历史而言，科举制是否真的就是千年沉痼呢?

科举制从汉代的察举制进化而来，本身已经带有历史选择的意味。科举制从诞生之时起，人们对它就没有停止过讨论、批评，但总的方向还是不断改进而不是废弃不用。在科举制度刚刚兴起不久的时候，科举制度的许多弊端就已经显现出来，历代统治者也不是置之不理。唐高宗永隆二年（681 年），根据考功员外郎刘思立的建议，皇帝专门下了一道命令：“学者立身之本，文者经国之资，岂可假以虚名，必须征其实效。如闻明经射策，不读正经，抄撮义条，才有数卷。进士不寻史传，唯诵旧策。共相模拟，本无实才。所司考试之日，曾不简练，因循旧例，以分数为限。至于不辩章句，未涉文词者以人数未充，皆听及第。其中亦有明经学业该深者，惟许通六，进士文理华瞻者，竟无科甲。铨综艺能，遂无优劣。试官又加颜面，或容假手，更相嘱请，莫惮纠绳。由是侥幸路开，文儒渐废，兴廉举孝，因此失人，简贤任能，无方可致。自今已后，考功试人，明经试帖，取十帖得六已上者，进士试杂文两首识文律者，然后并令试策，乃严加捉搦，必材艺灼然，合生高第者，并即依令。其明法并书算贡举人，亦量准此例，即为常式。”(《全唐文》)

正是考试本身造成了应试主义盛行。考试不在于显示才干和什么真才实学，最重要的是考中。所以，什么方法有利于考中，就采取什么方法。这还不包括通常的作弊。“明经射策，不读正经，抄撮义条，才有数卷。”这是一种简便的复习方法，这样做虽不利于经典的理解，但有利于考中。“进士不寻史传，唯诵旧策。共相模拟，本无实才。”旧策，就相当于清人的所谓时文，虽然并不能证明自己的文章水准，但也是有利于考中，所以这种方法能够千百年流传。唐高宗的诏书，说明统治者并不喜欢这样的风气，但他们能做什么呢？一是想方设法使应试者考出真才实学；二是尽量做到程序公正。

应该说，从唐朝到清朝，在考试的程序公正方面是有很大进步的，宋朝出现了锁院制，考官在考选期间与外界隔绝；糊名制，把考生的名字籍贯封糊，以免评卷人认出；后来进一步发展到誊录制，干脆把试卷誊写一遍，评卷人连字体也没有办法辨认出来了。唐朝时还可以带参考书，到宋受到限制，明清时片纸不许带人。与此同时，考场纪律更加严明，甚至要对考生搜身检查，考官分工更加明细，纪律更加严格，试卷管理更加繁复。可以这样说，就科举考试的程序公正的进步而言，差不多已经达到了人类智能的极限。

最困难的是用考题考出真才实学，考出国家需要的人才来。安史之乱发生以后，唐朝的历史进入了一个新的时期，总结安史之乱的教训，有人把科举考试的弊端与社会伦常联系起来，从而对当时的科举制进行激烈的攻击。唐代宗广德元年（763 年），礼部侍郎杨绾、尚书左丞贾至都指出正是现在的考试制度造成了社会道德水准下降，并且为安史之乱的发生提供了条件。他们主张取消进士科和明经科，令地方察举孝廉，尚书只考试经义和对策。这种意见是用心良苦的，但最后终于没有改动，因为现行的制度已经延续了很多年，一旦废去，可能会激化新的矛盾。虽然如此，但对于考试项目，比如考试诗赋的问题，却引起了长期的争论，而占上风的观点是以诗赋取人最不实用。加上古文运动的推波助澜，世人普遍倾向于从文章的观点看学识，不重视诗赋表现的才华。当然，在考试的具体问题上，是否考试诗赋，唐朝后期时曾有改动摇摆，却并没有真正解决这个问题（参见吴宗国先生《唐代科举制度研究》）。

北宋神宗时期，王安石主持变法，关于科举考试，再次出现争论。苏轼反对改革科举考试中的诗赋项目，认为从唐朝以后，“以诗赋为名臣者，不可胜数，何负于天下，而必欲废之？”但改革派的王安石则主张一是要统一道德，所以要修学校，变科举。另外，他认为：“今以少壮之时，正当讲求天下正理，乃闭门学作诗赋，及其入官，世事皆所不习。此科法败坏人材，致不如古。”最后罢诗赋、帖经、墨义，只考经典大义、论、策。取消诗赋考试之后，又增加明法一科，后来连进士科也加试法律（《宋史·选举志一》）。王安石的科举内容改革，明显的目标是减少虚华（如诗赋）、增加实用（如法律）。但是，就总体而言，如果从近代的眼光看，依然在儒家经典里打转，并没有跳出多远。不仅如此，王安石的这个改革，到了哲宗元祐更化，又一项项被推翻，恢复诗赋考试，罢试律义，科举又回到老路上去了。

朱元璋定天下，洪武三年（1370年）开始恢复科举考试，下诏：“汉、唐及宋，取士各有定制，然但贵文学而不求德艺之全……自今年八月始，特设科举，务取经明行修、博古通今、名实相称者。”科举连续进行了三年，朱元璋突然失去了兴趣。他认为：“所取多后生少年，能以所学措诸行事者寡，乃但令有司察举贤才，而罢科举不用。至十五年，复设。十七年始定科举之式，命礼部颁行各省，后遂以为永制。而荐举渐轻，久且废不用矣。”（《明史·选举二》）朱元璋的这个变化过程，意味深长。他也是从批判文学、召唤真才实学开始，然后发现科举上来的后生没有实践能力，就干脆放弃了科举，恢复察举制度，但最后还是回到科举上来了，应该说这是历史的选择。

乾隆三年（1738 年），兵部侍郎舒赫德认为科举考试不合理，从八股文这种文体，到考试内容，他要求全面改革科举。但是，他的这种说法实际即使在当时也是共识，反对者以大学士鄂尔泰为代表，当时就承认舒赫德的看法是正确的。他对科举的非议范围比舒赫德更大，但他还是反对改革之说的。他认为舒赫德没有看到更根本的地方，不是循名责实，而是抓住末节不放。"时艺所论，孔、孟之绪言，精微之奥旨。参之经史子集，以发其光华。范之规矩准绳，以密其法律。虽曰小技，而文武干济、英伟特达之才，未尝不出乎其中。不思力挽末流之失，而转咎作法之凉，不已过乎？"这次争论，以要求改革者全面失败而告终。并不是八股文等没有问题，而是连舒赫德自己也没有想出什么好办法来取代八股文，所以反倒是鄂尔泰显得理直气壮："时艺取士，自明至今，殆四百年，人知其弊而守之不变者，诚以变之而未有良法美意，以善其后。"

鄂尔泰的这个说法值得特别重视，近代以前，关于科举的批评代代而有，但科举的变化从根本上而言并没有发生。从文章形式上看，唐宋关于诗赋考试的争论最多，而到清朝批判则多针对八股文。但这些变化，都可以说是在科举制的范围内的变化。以至于如顾炎武这样的思想家，对科举有许多批评，但看他的建议，也仍是在传统的范围之内，比如要求重视五经全体，重视考试的难度以阻止侥幸等。从总体上看，科举制尽管有种种问题，但相对于已有的历史经验毕竟仍然有它的长处，比如程序相对公正，吸收人才的范围相对广泛等。

应该看到，古代的中国统治者并不能说都是因循守旧、不思进取的，但在那个时代，他们所能进行比较的资源是有限的，而在有限参考系统中，选择科举制是一种择善而从。不能认为科举制在近代的废除结局就意味着在古代也没有存在的理由和价值。

废除科举的过程

废除八股是铲除了科举制度的一个旧疾，而经济特科的设立则是代表了考试制度的一个新方向。严修（1860—1929），天津人，光绪九年进士。1894 年，甲午战争发生以后，被任命为贵州省学政。从现存的严修日记中可以看到，任学政的几年中，他一直在考虑科举考试问题，他还把王安石与苏轼的科举争论出成考题。在贵州的最后一段时间，他最主要的工作就是写出了建议设立经济特科的奏折。“词科之目，稽古为荣，而目前所须，则尤以通今为切要。或周知天下郡国利病，或熟谙中外交涉事宜，或算学译学擅绝专门，或格致制造能创新法，或堪游历之选，或工测绘之长，统立经济之名，以别旧时之科举。”（《严修年谱》）他把这种掌握具体知识，拥有一技之长者称之为经济科，经国济世的人才，并且认为是目前所需。这不仅显示了他与以往不同的人才观念，更重要的是，把新的学科与科举联络起来，把民间提倡多年的西学与现行制度结合起来。

冯桂芬是较早提倡西学的学者，他在《校邠庐抗议·采西学议》中已经列举西学，说“如算学、重学、视学、光学、化学等，皆得格物至理，舆地书备列百国山川厄塞、风土物产，多中人所不及”。但他对科举的改革没有什么新的建议，基本上停留在顾炎武的思想里。郑观应在西学与学校，西学与科举的问题上，是有很成熟设想的，在《盛世危言》的学校篇中，他广泛介绍西方和日本的学校和学科，如基础学科的国教、格致、算学、地理、史事、绘图、体操等。在考试篇中，他主张加试西学，"一试格致、化学、电学、重学、矿学新法。二试畅发天文精蕴、五洲地舆水陆形势。三试内外医科、配药及农家植物新法"。

严修的特科建议，肯定受到了郑观应思想的影响。根据他的日记，就在他提交奏折不久，有人从他那里借去了《盛世危言》。严修的建议在朝廷详议之后，最后形成了六个科目，即内政、外交、理财、经武、格物、考工，看起来都是老名词，实际的内容则多是西学，比如在理财一项中有税则、矿产、农功、商务。在格物一项中有中西算学、声光、化电。

特科只在新政时期进行过一次，但对于改革科举和促使科举走向覆灭是很关键的。梁启超在《戊戌政变记》中写道："贵州学政严修，适抗疏请举特科，得旨允行。当时八股未废，得此亦足稍新耳目，盖实新政最初之起点也。"严修的特科建议，使得科举改革走上了可操作的层面，而此例一开，一发而不可收拾。保守派似乎也看到了这一点，严修的老师徐桐宣布与他断绝关系，他实际上也因此丢官。严修自己也知道问题的严重性，他甚至做了更坏的准备。

戊戌变法的内容，有一项是建立新式学堂，推广新式学科。但新式学堂与科举的关系并不明晰，只有特科可以与新式学科保持一种沟通。在郑观应的思想中，首先是学校与西学是对应的关系，而科举考试西学不过是退而求其次的办法，但是竟然是他设想的补救办法首先得到承认和实施。经过戊戌政变，到了新政时期，学校与西学的关系被凸显出来，成为培养人才的首选方案。

在张之洞等人 1903 年年底的奏折中，要求逐渐减退科举的最大理由是科举妨碍了学校，一是学堂不同于科举，“科举文字每多剽窃，学堂功课务在实修，科举只凭一日之短长，学堂必尽累年之研究”。二是学堂已经包括了科举的内容，“凡中国的向有之经学、史学、文学、理学，无不包举靡遗”，“而学堂之所兼通者，科举所未备”，现在要求减退科举，并不是说废科举，“实乃将科举、学堂合并为一而已”。但是，由于社会上人们还有所观望，所以民间不肯出资兴办学堂，而“除兴学堂外，更无养才济时之术”。（《张之洞全集》）

1905 年 8 月，袁世凯等六大臣上书，请立停科举，所陈述的原因依然是科举妨碍学堂。由于国家急需人才，如果按原来的计划，只能等到 20 年以后才会出现有用人才，而强邻环伺，刻不容缓，即使立即停止科举，新的人才也要等待十年之后了。此次奏折，也不是没有新意，除了科举无用之外，更强调国民教育的意义。“且设立学堂者，并非专为储才，乃以开通民智为主，使人人获得普及之教育，具有普通之智能，上知效忠于国，下知自谋其生也。其才高者固足以佐治理，次者亦不失为合格之国民，兵农工商，各完其义务而分任其事业，妇人孺子，亦不使佚处而兴教于家庭。无地无学，无人不学，以此致富奚不富，以此图强奚不强。”（《袁世凯奏议》）这差不多是近代中国教育救国论的先声了。这个奏折上达的第二天，皇帝的批准上谕发下，科举制正式废除。

就是在科举制的时代，全国各地也都设有学校，但由于做官是唯一出路，学校实际上都是科举的预备学校。西学传入中国，在教育上首先是洋务运动中成立的一些专门学校中才有相应课程，并没有成为普通的教育课程。严修的特科开设，给了学习西学者一个政治出路，但没有对应的学校教育，这种特科的基础是很有限的。戊戌变法，正式在全国设立新式学堂，课程内容已经是中西合璧了，当然这种学堂的真正发展应该是新政时期。科举废除以前的新政时期，有两种学校并存，新式学堂和科举预备学校。1903 年限制科举，科举预备学校遭到致命打击，到

1905 年宣布废除科举制，学校的双轨制正式结束。

从这个过程中我们不难看出，如果没有新式学堂和相应的西学传入，科举制的弊端就不会如此明显，废除科举制的条件就不成熟，因为没有科举制的替代物，科举制的废除也就不会发生。与此同时，中国的人才观念在近代发生了极大变化，从古代的贵族式的通才思想（王安石已经属于特例），一变成为工具主义，特别强调具体的实践能力。这对中国历史的影响当然是深远的。

废除科举的思想运动

科举制的废除，是在近代才显得理由充足的。从科举制退出历史的步骤来看，这个理由也是不断充足起来的。

明清时代考科举，必须使用八股文这种文章体裁，《明史·选举志》的说明是："其文略仿宋经义，然代古人语气为之，体用排偶，谓之八股，通谓之制义。"八股文，又称八比、时文、时艺、制艺、经义、四书文等，全文分八个部分，要求严格，实即死板（参见启功《说八股》）。不管是乡试（省内统考）还是会试（全国统考），都是三场考试，"首场《四书》三题，《五经》各四题，士子各占一经"（《清式稿·选举三》）。三场考试并不是都用八股文，只有第一场使用，但由于第一场对于是否考中最为重要，所以科举考试与八股文就当然被看成存在着紧密的连带关系了。从总体上论证八股文的作用的，可以纪晓岚的一段文字为代表："夫设科取士，将使分治天下事也。欲治天下之事，必折中于理；欲明天下之理，必折中于经。其明经与否不可知，则以所言之是非醇驳，验所学之得失，准诸圣贤以定去取，较他途尚为有凭。而学者求工经义，不得不研思于经术，藉以考究古训，诵法先儒，不涉于奇邪之说，于民心士习，尤为先正其本原。经义一法，至今不变，明体达用之士，亦时时

挺出于其间，职是故也。”(《纪晓岚文集》)

另外，虽然没有看到有关论证，但推测八股文存在的一个重要理由是与试卷的评判有关。如果不规定文体，同样的题目就会有许多种类型的回答，而这对于评判者来说，难度是加大了的，而同一种八股文，结构的严格一致，很有利于评判者对考生的对比排队。林则徐曾经建议制定乡试考官校阅章程以防流弊，“窃查江南为文人渊薮，人闱士子，多至一万四五千人，额设同考官十八房，每房约须校阅八百余卷……乃头场荐卷未毕，而二三场试卷已陆续送入内帘……似此校阅情形，定弃取于俄顷之间，判升陈于恍惚之际”。(葛士浚《皇朝经世文续编・礼政四》)试卷多而校阅的考官少，完全相同格式的答卷应该是有利于迅速校阅的。明代的八股文，在最后有一个部分叫“大结”，是自由发挥的部分，但清朝取消了这部分，理由是容易做暗号给考官，怀疑也有不希望增加校阅试卷工作量的意思，当然谁也不会把这当作公开的理由提出来罢了。

八股文事关圣贤微言大义，士人心术，又有利于考官评卷，再加上清人迷信文风关乎气运，于是即使有人反对，也没能动摇它的地位。何况，有成千上万的青年人急于在科举上找到出路，而科举非运用八股文这块敲门砖不可，所以事实上也形成了很大的一个市场。翻阅徐继畬(1795—1873)的文集，这个印象特别深刻。他给别人的八股文集写序，把自己的一百多篇八股文结集刻印，选编明清的优秀八股文作批注，还专门写了一篇《示诸生行文法》，不厌其烦地讲解八股文的写作技巧(《徐继畬集》)。

但到了近代，人们的思考方向发生了变化，强调的内容也不再相同，原来的理由于是变得不那么充分了。八股文的空言无用于是渐渐成为共识，八股文也就从无用变成了有害。郑观应说“中国之士专尚制艺。上以此求，下以此应，将一生有用之精神，尽消磨于八股五言之中，舍是不遑涉猎。洎登第入官而后，上自国计民生，下至人情风俗，及兵粮钱谷等事，非所素习。猝膺民社，措治无从，皆因仕、学两歧，以致言行不逮也。”（夏东元编《郑观应集》）他认为，八股文的教育与实际的矛盾是严重的：一、徒然消耗了士人的生命；二、并不利于政治；三、甚至导致了言行不一的道德问题。这与纪晓岚的说法刚好相反，八股文的虚假繁荣真相也就变得很清楚了。

陈澧（1810—1882）认为：“文章之弊至时文而极。时文之弊，至今日而极。士子应试者又或不自为文，而剿袭旧文，试官患之，乃割裂经书以出题，于是题不成题，文不成文。”（盛康编《皇朝经世文续编·礼政六·贡举》）同一时期的王韬（1828—1897），主张废八股文的文字更加激烈。他在《原才》一文中指出：“今国家取士，三年而登之贤书，升之大廷，称之曰进士，重之曰翰林，以为天下人才在是矣。不知所试者时文也，非内圣外王之学也，非治国经野之道也，非强兵富民之略也……败坏人才，斫丧人才，使天下无真才，以至人才不能若古，无不由此。”在《原士》一文中，他又说：“为今之计，当废时文而以实学……且士既不为时文，其心思智慧，咸磨砺以成有用之学。”在《洋务下》一篇中，他又说道：“不废时文，人才终将不能古若，而西法终不能行，洋务终不能明，国家富强之效，终不能几。”（王韬《弢园文录外编》）在王韬的思想里，考试用八股文，不仅是浪费人才，而且是败坏人才。不废八股文，不仅实学难以兴起，连西学也不可能流行，国家富强的梦想也终于不能实现。

值得注意的是，在反对八股文考试的巨大浪潮中，并不是所有的观点都把八股文与科举考试的内容联系起来的，更多的人反对的只是八股文这种文体而已。至于“四书”等科举的内容，许多人还是抱着极大的尊敬态度的。在科举制改革问题上，因为八股文集中了最大的反对意见，所以成了科举改革的首选对象。当废除八股文从思想变成行动的时候，直接推动者的思想就变得很关键，康有为在几年内已经成了当时中国改革的民间倡导者和变法运动的领袖，而他在科举问题上，恰好正是一个只反八股，不反“四书”的人。“夫因文体之极弊，而欲废四书文者，过激之说也。因私淑之足贵，而并袒护今日之文体者，不通之论也。厘正文体乃以尊四书，变通流弊乃以符旧制。其为事至顺，其图变至易，其所关至大，其收效至神。”（汤志均编《康有为政论集》）这是康有为在1898年6月1日替杨深秀拟订的《请厘定文体折》，而在此之前，康有为在面见光绪皇帝的时候，就废八股已经与其达成一致。在这一年春天的强学会上，康有为就这个观点，还作过一次讲演。

八股文这种文体，形式主义太强烈。在纪晓岚的年代，他还可以讲心术训练，但到了近代，中国饱受列强侵袭，国将不国，八股取士，不仅无法适应时代对人才的急需，而且成了阻碍历史进步的存在。用康有为的话说，八股弊端有二，“能使天下无人才，一也；即有人才，而皇上无从知之，无从用之，二也”。八股文在首次科举制改革中就落马毙命，绝非偶然。

传统史学、新史学和公共史学的“三国鼎立”

——以武则天研究为例

作为中国历史上唯一的女皇帝，武则天的历史个案研究无疑蕴藏着丰富的政治与文化的解释空间。然而，梳理武则天的研究史我们会发现，这个聚讼不休的话题，在相当大程度上透视出我们史学的一种基本状况：对武则天的评价，专业史学内部纷争不止，而在“公共史学”领域内几乎一面倒。如果现在让所有愿意发表意见的中国人举手，倾向于认为武则天是个坏女人的观点一定遥遥领先。史学的进步，对于公共史学领域的影响，微乎其微。这是一个值得重视的现象。

传统史学与新史学

自从二十世纪之初新史学口号被提出，史学研究获得了长足的进步，这是不容怀疑的。如果说，传统史学最重要的倾向是政治借鉴和道德评价的话，那么新史学的主张则是实事求是和客观评述。尤其对于所谓惩恶扬善的道德评价，新史学即使不能完全摒弃，也尽量保持距离，因为善恶问题具体到个人，不仅存在理解的多元性，更具有易变性。每当时势变迁，都会引发新一轮的历史再评价，善恶评价最容易做出，也最容易改变。所以乾嘉学者，如钱大昕、王鸣盛等，都主张“据事直书，是非自见”，反对强立文法，擅加褒贬。

新史学的客观研究立场，不仅是不轻易褒贬善恶，而是要更大范围、更全面地考察历史。以历史人物研究而言，不仅表现在道德层面，更会表现在社会层面。一个人的历史地位，更重要的是历史创造，即为历史提供哪些新的贡献。在武则天的研究上，传统史学最关注的是武则天的个人品行与道德，更重视她与身边人之间的关系。新史学则强调武则天的社会意义，她代表了什么社会阶层、标志着社会的什么趋向。陈寅恪先生提出，武则天代表新兴集团，对于终结关陇集团的政治垄断意义重大，这可以说至今仍然是史学界研究的基本问题。

新史学与传统史学当然也存在着联系的方面，传统史学毕竟占据了史料优势，新史学不能不从传统史学的著作中寻求史料支持。但是，因为新史学对传统史学的立场保持着高度警惕，所以一方面利用传统史学的史料供给；另一方面尽力保持与传统史学观念、立场上的距离。此外，新史学竭尽全力扩大史料的搜索，发掘新的史料。新史料的发现于是成为新史学的重要组成部分，新史料不仅能够提供新的研究侧面，也可以为批判旧史学提供新的动力。

新史学有别于传统史学是很明显的，也可以称作是一个重要的进步。但是，史学的这个进步其实一直局限在史学的范围之内，对于史学之外的领域，比如文学或者公共史学，这个进步的影响几乎微乎其微。在新史学与传统史学之外，公共史学在中国极不发达，历史专业人士几乎都不屑光顾，这个领域长期以来被历史小说占有。电视兴起以后，历史题材的电视剧后来居上。这些不免虚构的“历史作品”，除了虚构以外，历史素材方面，几乎无一例外地全部采纳于传统史学。于是我们看到，公共史学与传统史学形成很自然的同盟，而新史学可以拓展的空间因此变得很狭窄。对于一般民众而言，他们差不多都是公共史学所属的群众，在中国，以至于很多人分不清历史与历史小说到底有什么区别。

传统史学与公共史学

公共史学，是指非专业的社会人士的历史阅读和研究，因为这个领域不被重视，所以长期以来没有声响。抗战时期，黎东方先生讲史系列几乎是灵光一现。后来，黄仁宇先生的《万历十五年》长期以来被当作公共史学的产品被消费。所以，这个领域影响巨大的是历史小说。历史小说毕竟是小说，他们文学构思第一，历史不过提供背景，所以他们并不介意利用传统史学的观点和立场，从小说主人公形象塑造和加强对读者的吸引来说，传统史学的文学叙述和道德评价，肯定更方便历史小说的吸收。所以，二者的关系更紧密，在很多方面如同结盟。

以武则天是否杀死亲生的小公主这件事情而言，我们可以分明看到传统史学的强大影响。本来《唐会要》关于小公主之死，记载很简单，即“昭仪所生女暴卒，又奏王皇后杀之”。“暴卒”显示的是意外死亡，武则天向皇帝告状是王皇后杀死小公主。这都是描述文字，最多表明武则天利用一切机会攻击情敌王皇后而已。但是，此事到了《新唐书》和《资治通鉴》的文字中，一变成为武则天亲自杀死小公主，然后嫁祸给王皇后。《唐会要》中所记，武则天的行为还在可以理解的范围，虎毒不食子，到了《新唐书》和《资治通鉴》，武则天一变成为禽兽不如了。

《资治通鉴》产生于《新唐书》之后，它的记载跟《新唐书》大同小异：“后宠虽衰，然上未有意废也。会昭仪生女，后怜而弄之，后出，昭仪潜扼杀之，覆之以被。上至，昭仪阳欢笑，发被观之，女已死矣，即惊啼。问左右，左右皆曰：‘皇后适来此。’上大怒曰：‘后杀吾女！’昭仪因泣诉其罪。后无以自明，上由是有废立之志。”

《新唐书》和《资治通鉴》本来就是影响巨大的史学名著，而影响更大的小说，径直取材于这些著作。清朝乾隆年间如莲居士编著《武则天改唐演义》，民国时的蔡东藩《唐史演义》，虽然在描写时有细节加工，但是武则天掐死公主嫁祸王皇后的基本情节，都是来自以上两部史书。比这两部小说更早的清初褚人获的《隋唐演义》，在描写这段情节的时候，几乎就是照抄史书："王皇后、萧淑妃，恩眷已衰。会昭仪生女，后怜而弄之。后出，昭仪潜扼杀之。上至昭仪宫，昭仪阳为欢笑，发被视之，女已死矣，惊啼问左右，皆言皇后适来此。高宗大怒道：'后杀吾女！'昭仪也泣数其罪。后无以自明，由是有废立之意。"

这些小说与史书的惊人一致，除了说明了小说取材来源于史书以外，也说明《资治通鉴》这样的史学著作至少在这个描写中完全符合小说的需要。史学著作如此生动具体，《史记》以下，也有传统，但是以《资治通鉴》而言，却不无问题。史书曾经记载武德时期太子李建成、李元吉跟后宫嫔妃乱伦，《资治通鉴》还很客观地说"宫禁深秘，莫能明也"（卷一百九十），比较之下，武则天潜毙小公主，何尝不是宫禁深秘呢？为什么这里详细描写，甚至不作考异说明呢？小说家读史，感叹武则天"宫闱淫乱，秽德昭彰，难以言述"（松村居士《武则天改唐演义》序），这不是小说家向壁虚构，而是史学家具体描述在前。以欧阳修、司马光这样严谨的学者，不可能是为了迎合某种低级趣味，但是他们的写法显然深得小说家们的欢心。

本来十分可疑的一件事，经过传统史学和小说家们的联合努力，作品传播力极强，导致故事家喻户晓。武则天为了政治斗争杀死亲生女儿，于是成了板上钉钉的"事实"。对此，表示质疑是严肃而严谨的。然而在如今的条件下，如果想让人们回到质疑的状态十分困难，不仅面临史料的辩驳，更要面对广大读者的认知状况。更多的情况是，改变后者比改变前者更艰难。因为多数的读者在阅读与历史有关的读物时，闲暇娱乐的需要超过获取真知的需要。

太子李弘之死也发生了类似的情况。太子李弘，早年即患上肺结核这种当时的顽疾，上元二年（675 年），没有留下一儿一女，仅仅 24 岁就死了。本来属于时代的正常情况，但是一种后来居上的说法是李弘死于武则天的毒害。《新唐书·武则天传》是这样记载的："萧妃女义阳、宣城公主幽掖廷，几四十不嫁，太子弘言于帝，后怒，鸩杀弘。"《资治通鉴》的文字是这样记述的："太子弘仁孝谦谨，上甚爱之；礼接士大夫，中外属心。天后方逞其志，太子奏请，数迕旨，由是失爱于天后。义阳、宣城二公主，萧淑妃之女也，坐母得罪，幽于掖庭，年逾三十不嫁。太子见之惊恻，遽奏请出降，上许之。天后怒，即日以公主配当上翊卫权毅、王遂古。己亥，太子薨于合璧宫，时人以为天后鸩之也。"

历史小说《唐史演义》如此记述："太子弘仁孝谦谨，颇不似武氏狡狯，每见武氏专擅，略加讽谏，遂忤母意。萧淑妃生有二女，一为义阳公主，一为宣城公主，因母得罪，被幽掖庭，年龄逾三十外，尚未遣嫁。弘代为悱恻，申请下降。武氏大为怫意，即将二公主配卫士。高宗取裴居道女为太子妃，裴女颇尽妇道，武氏不悦，太子也把裴女白眼相待。上元二年初夏，太子弘从高宗幸合璧宫，由武氏亲赐酒食，弘以谊关母子，当无他意，当即醉酒饱德。临行时尚不觉痛苦，及随驾入宫，才觉腹中膨胀，服药无效，呻吟了好几日，竟尔死了，年只有二十四岁。"

传统史学著作之间，也会有程度差异。对于太子弘之死，《新唐书》高度肯定，而《资治通鉴》用传说表达不确定。但是，《资治通鉴》却在传说如此之前，很从容地解释太子弘与武则天的矛盾，这给后来的怀疑加入了明显的倾向，即武则天下毒的可能性极大。小说没有沿着怀疑的路线前进，而是回到《新唐书》的确信观点中，仔细描写武则天下毒的具体办法是"赐酒食"。

传统史学，并非小说传奇，但是传统史学之所以跟这些小说创作走到一起，是有着更深层的关联的，即他们都认同和支持“女祸”这个概念。《新唐书》和《资治通鉴》中的武则天描述，就是一个具体的女祸史。清代学者赵翼有名著《廿二史札记》，即有“唐女祸”专条，揭示所谓女色报应。蔡东藩《唐史演义》开篇即从“唐乌龟”传说切入，大谈唐朝的女祸源流，而第一回的名目即为“溯龙兴开编谈将种，选蛾眉侍宴赚唐公”。于是，绘声绘色地描写女祸的故事，成就了传统史学与公共史学的甜蜜联姻。而社会偏见，在这一过程中显露无遗。

新史学与公共史学

比较而言，新史学与公共史学的距离十分遥远。公共史学，比如历史小说与历史电视剧，很少采用新的史学研究成果，双方如同置身于两个绝然不通的星球。这种现状，一方面是公共史学的特性使然。公共史学，虽然是史学的一部分，但是重心所在是消费历史，不是研究历史，而是了解历史故事、编排历史故事、通过历史故事感悟人生、理解文化以及传扬民族精神。在这个领域，消费第一，教育次之，没有研究的位置。所以，对待历史学的研究，他们是消费者的态度，如同超市购物，方便快捷和包装良好即可。

对比传统史学，新史学不利于消费的特点很容易被发现。首先，新史学没有统一的立场、统一的包装，比起传统史学来，新史学给人的印象是杂乱无章。其次，消费新史学对消费者有较高的专业要求，良莠不齐的产品在任何时候都会引起怀疑，需要精心选择，无形中提高了消费成本。最新的史学研究成果，往往是以学术论文的方式呈现的，而这些论文隐藏在大堆的专业研究期刊中，对于专业以外的人员来说，在这些刊物中寻找新成果如同大海捞针，很难不望而却步。

就总体而言，如果具体到学者各人，几乎人人都会有所差异。对于旧史学，绝不是所有史学中人都具有同样的觉悟、同样的意识和同样的立场。也许，正是这种情况的存在，决定了新旧史学及其与公共史学关系的状态。比如，学者群中，对于武则天的研究，并不是整齐划一的，有人主张为武则天翻案，有学者则认为，不能因为武则天是女性就要为她说话。缺乏独立研究的学者，一般性介绍很可能采自传统。即使是很严肃的学者，要写一部通俗的武则天书籍，很自然地会采用传统方式叙述，于是又回到传统史学的话语之中。给人留下总体的印象是，比起传统史学的坚毅强大来，新史学似乎是散兵游勇，既散漫又松懈，软弱无力。

之所以如此不利，是新史学自己造成的，“大多数历史学家以怀疑的眼光看待这些对历史的通俗运用，相信它们已经偏离了重构和解释历史的真正任务”。新史学不仅不能组成一个思想统一的阵营，更对公共史学的影响缺乏兴趣，比较起来，与其影响民众的史学认识，他们宁愿躲在象牙塔中重构历史。或者，他们经常把历史研究工作和历史普及工作当作不可兼得的矛盾事物，所以他们懒得去书写具有学术水准的通俗作品。因为专业史学工作者以象牙塔自荣，公众不了解专业史学的工作，甚至怀疑其存在价值。凡是高等院校需要压缩的时候，历史专业的取消几乎总是被首先提出。对于公众的缺乏了解、理解，甚至误解，每到这个时候史学界的表现总不免有些孤独，甚至凄凉，然而他们始终没有采取过任何有力的行动。

现在回头观察传统史学，我们会再次发现“传统之美”。传统史学仍然是影响最大的力量，他们不仅影响现在的专业史学队伍，也同样影响着公共史学领地。关于武则天，传统史学可以两《唐书》和《资治通鉴》为代表，它们拥有天然优势，对于后来的历史认识影响巨大。所谓天然优势，是指它们出现得比较早，有更多、更系统的记载作为参考。大家基本上认为，《旧唐书》充分利用了唐朝编写的《实录》和《国史》资料，而《新唐书》和《资治通鉴》在北宋时期编写，唐朝的这些文字资料依然保存较好。历史记载通常的情况下只能随着时间的流逝而流失，后来的研究者最大的困难往往就是史料缺乏。于是，早期编纂而成的史书拥有天然优势和影响力是不难理解的。

两《唐书》和《资治通鉴》的优势，还在于它们的书体特点，叙事性的史书，在叙事的同时加入自己的立场观点，读者在了解事件的同时不自觉地接受了作者的观点。因为作者的立场观点隐藏在叙事中，立场与观点随着事实传播更加容易。有的故事，在这些叙事性的史书中生动形象，文学性的文字不仅有利于事实的传播，也有利于作者观点的传播。更为可贵的是，传统史学追求文字叙述之美，这就是所谓文史不分家，他们当然重视自己的史学观点，同时也注意文字叙述的简明生动。

新史学基本上不考虑史学著作的文学性，这几乎就是在否定一般读者的存在。因此，在构思历史和历史人物的时候，也就不会重视人物的形象问题。一些影响人物形象的细节自然也不去追究，更多是干脆省略。在你没有研究的领域，传统的说法自然会来充填；在你研究不细致的地方，传统的说法自然占领市场。道德不是唯一的评判史学的标准，但是对所有涉及道德评价的地方都不发言，那么传统史学的道德立场就会依旧存在。

在新史学研究薄弱之处，依然是传统史学在当家作主。2007 年，王朔在《宫里的日子》中认为公主是自然死亡。而 1957 年林语堂的《武则天正传》，则坚持武则天扼杀公主。小说作者可以各有出发点，而史学研究没有给出应有的答案则是基本事实。当然，更有小说家把武则天当作女性解放的先驱，甚至有人把高阳公主的荒淫当作追求爱情的典型。当年，司马光等传统史学家把所有女祸的罪证集合起来，斗转星移，如今成了女权主义叙述现成的正面资料。这是另外一层的历史误会，不在这里申述。

如今几乎所有的武则天著作，不管是十分专业的著作，还是明确无误的公共史学作品，如网络作品、公众讲座产品，无不是夹在传统史学与新史学中间，参差错落。史学要发展，如果不能充分吸收传统史学的悠长，就只能如此这般接受传统史学的纠缠不休。当今史学的发展，公共史学应该是一个重要增长点。公共史学不仅为史学研究提供传播的渠道，也是史学影响社会、实现史学社会价值的方式，于史学研究更能够发挥培元固本的作用。史学界且不可继续等闲视之。

附录

孟宪实：思潮逐次过，思想沉下来
——《深圳商报》访谈录

开始受到“反思”的书影响

其实我真正开始有觉悟地读书，那是到了上大学的时候。我是1979年上大学的，当时一方面读了老师列出的专业书目，另一方面也受到一些思潮的影响，读了不少不是本专业的书，其中令人印象最深刻的是一些“反思”的书。在“文革”刚刚结束的时候，社会上很多“文革”的习惯还保留着。现在看那个时候，就像那时看“文革”，“今之视古，如后之视今”。回顾过去这30多年，其实整个社会是处在渐变的过程中，并不是从1978年就一夜之间变成了2009年，这期间是比较缓慢地在发生变化。应该说，其中思想界的变化比较剧烈，从而带动经济、社会的变化。从读书这个角度讲，“文革”之后如何看待“文革”是当时“反思”的书里最主要的课题。在党中央没有做出决议的时候，学术界和社会已经有各种各样的看法，对“文革”的批评声浪很大，直到后来《关于建国以来党的若干历史问题的决议》公布，为这些讨论“定了个调”，但这些讨论仍然在继续。

在改革开放刚开始的时候，也有一些反对的声音，有人认为“开放过头”了，要“收一收”。当时的人对于改革开放是否能进行下去，并不是谁都看得很清楚。不像现在，大家都觉得改革开放是不可逆转的历史潮流。应该说，“文革”之后社会上进行了比较深刻的反思，认识到“文革”对社会带来了非常严重的破坏。对于接下来要如何前进，当时社会上基本是支持改革开放的。在这样的背景下，我记得当时有一本书叫《斯大林时代》，揭露了斯大林时代的肃反运动等等，当时这种悲剧性的历史让人感觉触目惊心。

那时的我一边读书，一边面对一些现实问题。通过一系列的阅读之后，我看待历史和现实开始有了一种深刻、严肃的态度。

美学和心理学重新流行起来

在我从小求学受到的教育中，对于我们中国自身传统文化基本上是否定的。“五四”以来的基调，都认为传统文化使中国的现代化进程背上了沉重的包袱，中国的前进与抛弃这个包袱有着非常直接的关系，抛弃越多，进步就越快。但我在阅读的过程中接触到一些有关传统文化的内容，觉得这其实并不会那么“可恨”，比如唐诗、宋词，真的会成为现代化的绊脚石吗？这些通过阅读而获得的小小体验，就会转化为对中国传统文化的认识问题。在我上大学的时候，李泽厚的《美的历程》很有名，这本书没有用之前一贯的做法，把中国传统文化一笔否定，而是为每个时代的艺术都做一段很美妙的描述，比如青铜器、传统文学等，都有美的问题，其中也确实有中国的审美情趣问题，这也是中国文化独特的部分，这是无可否认的。所以当时这本书受到很多人的关注，在图书馆要预定、排队，才能借阅，许多人也纷纷去购买。在那段时间里，美学似乎成了一个新生事物，每个人都希望能了解一点、说一点。

在我大学毕业前后，弗洛伊德作品重新进入中国，这也是改革开放的结果，美学和心理学在20世纪30年代和40年代曾经在中国流行过，但后来中断了，美学受到批判，被认为是资产阶级的美学，而心理学也被认为是不科学的。直到改革开放才重新出现并流行起来，包括叔本华、尼采等等也是这样重新讲起来的。当时谁要是到大学去做一个有关弗洛伊德的讲座，听众一定会爆满。现在回忆起来，弗洛伊德一系列讲心理学的书给我留下了深刻的印象，他的书涉及的问题包括怎么看个人心理，其实心理也是有规律可循的，是可以研究、把握和分析的。

整个学界和媒体都在谈文化

在我大学毕业后不久，史学界有一个口号叫“史学危机”，认为我们原来坚持的史学理念有问题，史学范式出现毛病。出现危机了，大家就各想各的办法。当时打开国门后，各种新的理论纷纷传进来，其中金观涛他们有一个做法，就是所谓的“三论”，即系统论、控制论和信息论。用外来的方法来直接研究中国历史，他们在一本叫《兴盛与危机》的书里讲中国古代是一个超稳定的结构，几个系统之间如何进行互动，从而形成一个超稳定的社会结构。这在20世纪80年代中期的影响是非常大的。当时我则觉得心理学非常有用，可以用心理学的角度来分析古代的历史人物，但是心理学无法分析一切，比如社会结构就无法用心理学来分析。同样，用系统论来分析历史也有不合适的地方，有时前面分析准了，后面就不准。当时我通过使劲读这些书认识到，越是整齐划一，看起来很严谨、很系统的理论，运用起来就越有问题，一定会出现破绽。

到20世纪80年代中后期，李泽厚又出了几本书，就是三本中国思想史论，包括古代、近代和现代。李泽厚的特点是没有一个严谨的理论体系，但有一些非常核心的观点，比如他分析古代的思想家，会综合出一些说法，如“实践理性”等等。不管你同不同意，但是他的分析有点道理。所以他的观点比系统论那些更有说服力。他谈到现代思想史的时候，有个观点非常出名，就是救亡与启蒙的关系问题。中国要前进，一方面要救亡，另一方面要启蒙；救亡是反帝，启蒙是反封建。这两个主题本来是近代的基本问题，但又是相互冲突的，后来的结局是救亡压倒了启蒙。李泽厚认为，现在救亡问题已经解决了，关键是要启蒙。这种思想是很有震撼性的，它作为一种理论上的成果，却提出了现实性的问题。所以，在当时的“文化热”中，李泽厚、庞朴等人的著作都挺有影响力的。从 1985 年到 1986 年，有那么一段时间几乎整个学界、媒体都在谈文化，其实这就是有关文化问题谈论的热潮。所以，在改革开放的第一个十年里，可以说实现了一个非常完整的过渡，就是从反思“文革”，提出“中国向何处去”，到后来“文化热”的时候，大家认定方向找到了，所以当时的思潮、学潮非常多。

陈寅恪和顾准的思想启蒙意义

到了 20 世纪 90 年代开始，一方面人们认识到社会还是需要发展经济；另一方面是爱国主义退潮，大家不再急于求成了，认为中国还是需要点滴建设，而不是一下子就能解决掉长期积累的一些问题，包括环境问题、人口问题、社会结构问题等等。很多人也认识到，“五四”之后的进步青年往往都比较着急，总是试图用革命的方法来解决建设问题，其实这种方式是不合适的。在这以后，应该说中国社会真正成熟了，知识界讨论问题也不再那么急躁了。当然，也出现了一些分野，大家各做各的专业，“下海”也成为一种潮流。在这样的情况下，刘再复和李泽厚一起在国外发表了一篇谈话叫《告别革命》，这在一定程度上也反映了知识界、读书界的思考。李泽厚总结了一句话，大意是思想沉下去，学术提上来，用学术代替思想。

到邓小平南巡之后，开始重新重视经济建设。这个时候读书界最大的变化是陈寅恪被重新提出来，当时最重要的一本书是陆键东的《陈寅恪的最后二十年》，这本书的意义在于，它透露了一些建国之初的事情，非常让人震动。当时新中国刚刚成立，鉴于陈寅恪在历史学界的名气很大，有关部门想请他当历史研究所的所长。但陈寅恪提出了一个条件，就是在历史所不能搞政治学习，还要求领导人给他在保证书上签字画押。可想而知，最后他没有当成这个所长。陈寅恪是一介书生，竟然敢于向当时最高级的领导人提出这样一个显然不会被答应的条件，“知其不可为而为之”。他的胆识令很多人钦佩，而且人们发现他的学问还真大，他不仅通晓多种外语，还对许多历史问题、文化问题有深刻的见解。他绝对是一个书斋式的严肃学者，他对整个国家的许多问题也非常关心，这在他的字里行间都能看出来。所以在 20 世纪 90 年代，读陈寅恪的著作也成为了一个潮流，陈寅恪的人格魅力、治学态度也影响了许多学者。这背后也反映出了许多问题，比如说在做学问上，不要急于求成，不要急于把想法付诸于实践，而应该像陈寅恪一样，慢慢地沉淀下来，厚积而薄发。另外，陈寅恪也是有感情的，在做学问的过程中同样可以体现出他忧国忧民的思想感情。应该说，陈寅恪最可贵的地方在于，他是一个文化保守主义者，从他的著述里就可以看出他对中国传统文化的热爱，他的许多观感、想法也都是站在文化本位的角度和立场上来展开的，所以他认为中国文化要发展，也要保留，他主张珍惜中国文化。陈寅恪用实际行动书写了历史，用自己的行为，为中国做了一个注释，让大家不再随意否定传统文化了。

在陈寅恪重新受到关注的同时，顾准对很多人的影响也很大。《顾准文集》和《顾准日记》是当时很风行的两本书。顾准思考的是全世界的问题，他从古希腊民主政治去思考，得出中国也要实现民主的结论。这是他在“文革”那种状态下写的东西，一个人在最黑暗的时候，思考着国家最光辉的问题。而且他个人受了很多的苦，他的孩子跟他的关系都决裂了，但他仍然能为国家做很多思考。所以，顾准也被喻为“黑暗时唯一在思考的人”。当代中国有没有思想家呢？如果有的话就是顾准。

孟宪实：专家不会胡说历史
——《南方人物周刊》访谈录

到孟宪实家中采访，一进门就被他的书房吓了一跳。他把客厅征用了，惯常小康家庭常见的气度不凡的电视墙、豪华时髦的液晶电视，以及硕大的真皮转角沙发，这个客厅里全都没有。

沿墙一溜书柜，至少十米长，尽头摆着他的书桌。其他几面墙，也都立着短短长长的书柜。

采访快结束的时候，才找到他家的电视，式样是老的，尺寸也不大，藏在餐桌旁边，位置完全不适合观看。

45 岁的中国人民大学国学院副教授、历史剧《贞观之治》编剧之一、《百家讲坛》“玄武门之变”“贞观之治”的主讲人，笑嘻嘻地说，自己平时基本不看电视的。

不看电视的人，走上电视讲历史，为电视机前的观众编写剧本，都是偶然，“电视台的人东找西找，辗转找到我”。

开始觉得挺好，不妨一试。进了圈子之后，才知道这两样没一个轻松：做电视讲座，差点当了“逃兵”；而狠狠解放了一下思想，写出来的历史正剧最后因为这样那样的原因收视平平。

他诚恳地说，自己电视讲座的收视率也不高。原因嘛，自己没有完全按照制作方的要求，沿袭过往的成功案例，“我是按照问题来讲的”。

录像的时候，编导提醒他，“孟老师，咱不要老出人名好吗？别一会儿抬出一个历史学家来，老百姓不认识，没兴趣”。他心中暗暗叫苦，治学有道，引用了他人研究成果，岂能只字不提呢？广西师范大学出版社集纳他电视讲座的书稿出版《孟宪实讲唐史》一书，他特地在后面附上“参考文献”作为弥补，“不然以后怎么见同行啊！”

业界有不少人看了他的节目。出版社为他组织的新书发布会，变成了一个热烈的研讨会，他在北大读博时的导师吴宗国先生、北大中国古代史研究中心的李孝聪教授、荣新江教授，以及清华大学历史系教授张国刚等人，个个热情洋溢，热议专家应该如何为公众讲史。

尽管收视率和社会影响远远不及易中天、于丹等主讲人，但已经有舆论将他视为电视主讲人从江湖走向专业的代表。

历史剧是创作，绝不能当作历史

《人物周刊》：大众对历史的热情是跟着电视剧走的，在清宫戏、明朝戏热过之后，反映唐朝历史的《贞观之治》、《贞观长歌》先后登场，作为参与了历史剧《贞观之治》创作的历史学家，你对历史剧有什么底线要求吗？

孟宪实：电视剧就是电视剧，历史剧挂上“历史”两个字，它也绝对不是历史。学界根本没有必要去管它，它就是一种文学创作、艺术加工。

现在的问题是历史剧还有所谓“正剧”和“戏说”的区分，戏说大家好辨别一些，肯定是非历史的东西多。正剧就麻烦了，很多人会误以为这里面讲的就是历史，会拿它跟史实对照。这个区分有问题，你根本分不清楚的。这中间并没有量化的可操作的具体标杆，比如说规定历史正剧中必须百分之七十以上是史实。

其实20世纪50年代就有过这种讨论，郭沫若借新编历史剧《蔡文姬》和新编京剧《赤壁之战》为曹操翻案，学术界就如何评价曹操展开了热烈争鸣。当时田余庆先生就说了，这个事情历史学家没有必要参与，就严格划分开界线好了。

《人物周刊》：作为唐史专家，你热情赞美贞观之治的文治武功，而在总结贞观盛世的原因时，你特别强调“制度”而非个人德行对历史的影响，为什么？

孟宪实：贞观时期虽然是帝王当政，但是他们的制度意识非常强，这是专家的共识。这也是中国历史上一个少见的理性时代。强调这个，一方面是历史事实；另一方面也是一种提醒，在我们这个现代社会里，制度意识仍然有不断强化的必要。

制度是人类社会智慧的结晶，也是社会进步的标志。一个社会的领导人、统治阶层，是否有制度意识，是他是否理性、是否健康的一个标志。如果当领导的，天天都是这样工作，“这个事就过去了，下不为例”，这个社会没有办法健康运转。

《人物周刊》：你特别强调历史研究一定要有现实价值，如果对现实无益、没有价值的话，就完全不必存在，为什么？

孟宪实：研究唐史20多年，我知道有一个问题在我们学界，或者说在我们大学的历史系是一直存在的，就是历史学的现实意义，历史学对现实社会到底有没有意义？

这本来是一个不言自明的问题。我们学术界轻易不说这个问题，原因可能有两个方面：一个是“文化大革命”时期历史学走入一种畸形，表现出很不好的倾向，因此现在不怎么说了；第二，在市场经济发达的时代，历史学转化成现实的生产力，直接转变成经济效益很困难，所以历史学的老师也不便于直截了当跟同学讲历史学到底有什么意义。但是只要有历史学，它的意义追问肯定是存在的。如果一个学科对现实生活没有意义，那它就应该被抹去。

向社会大众传播历史知识、传播历史学的基本方法、传播正确的历史观，就是历史学家或者专业从业人员的社会责任，也是对社会的一种回报。至于通过什么样的媒体，电视、广播，还是著书立说，并不重要。媒体不过是手段，最主要的还是内容准确、知识准确、方法可取。

讲深了不行，讲浅了也不行

《人物周刊》：你说自己刚到《百家讲坛》的时候，中间差点逃跑，最痛苦的转变在什么地方？

孟宪实：电视里讲课跟在大学讲课完全不一样，讲深了不行、讲浅了也不行。他们有自己的套路和模式，估计观众有点疲劳了，主讲人就得赶紧抛出一个悬念、一个问题。设问经常是结构需要，有的时候我自己都觉得问题提得特别傻。

一个问题掰开揉碎讲半天，着急。作为专家，你对这段历史有认识，有些东西你觉得特别重要，必须要讲，但是它又没有故事，这个很麻烦。我有一段真的不想讲了。

《人物周刊》：电视讲史因为对象的要求，必然要牺牲主讲人的专业性，你认为这种牺牲是否在所难免？这种牺牲有底线吗？你的底线是什么？

孟宪实：专家学者讲史有一个好处，就是他绝对不会胡说。尊重历史对他来说是一种本能，这个学术底线他不会破的，所谓的牺牲肯定是在底线之上的，是学术性的牺牲。

我们写论文谈一个问题，一般都是先讲几家观点，再亮出自己的观点。电视讲座不能这么讲，编导一再强调一个技术问题，要求你少出人名，观众不知道，也记不住他们。

但历史学研究讲究的就是一字一句的出处。有个主讲人讲了一个学者的观点，但是没有说明出处。后来我遇到那个学者，他挺生气，开玩笑说要告他剽窃。其实我知道这里面的苦衷，电视讲座你就是想讲明出处，都没机会，讲了也给掐掉了。我后来特意在出书的时候把参考文献附上，就是怕讲完后没法见同行。

《人物周刊》：许多人将你视为电视主讲人走向专业、理性的一个标志，你是如何维护自己的专业性的？

孟宪实：我比较偏重学术界的想法，学术和非学术的界线自己先要讲明，比如我的电视讲稿出版的时候，我在后记里讲明，这不是学术作品。

其实我自己从一开始就没想只讲常识，我想把一些可以写成论文的新见放进去，比如晋阳起兵谁是主谋、比如魏征进谏的制度要求、比如玄武门兵变李渊被囚禁等等，这些都是可以写成好论文的。这些学术界看了，也会有兴趣的。可能就是问题讲得太多了，造成收视率不理想，但我自己挺满意的。

《人物周刊》：你个人认为，我们这个社会应该构建怎样的历史知识传播结构？有学者认为《百家讲坛》的一枝独秀已经形成学者明星化的名利场，这样的情形是否会导致人们只认识这个舞台上亮相的学者？

孟宪实：坦白地说，现在的主讲人，包括我自己在内，肯定不是一流学者，一流学者没有时间和精力出来给大众讲常识。咱们现在的电视讲座太少了，层次没有分出来。如果有一个节目面对的不是普通观众，而是具备一定专业知识、稍有史识的观众，学界的一流人物就可以出来讲了。

后记

这是多年思考记录自己读史点滴的一本汇总之书。本书得以完成，并不在于多年的如此积累，而在于老同学申作宏的鞭策、鼓励。在我情意慵懒的时候，申兄亲自上阵为我收割。这些文字，原本都是发表在各种各样的报刊上的，后来统一放在自家的博客上供大家批评。经营博客，原本是不太用心的，多数的情况下是完成作业的心态，至于到底总量如何，能否分类等等，自己心中根本无数。老同学的关心和努力，让我感激至深。

博客上刊布的文字，多承网友指正，发现了许多错误。现在集合起来，也有改正，希望不要让众多帮助过我的网友失望。

这本漫记中，“生猛春秋”是相对完整的一组文章。这组文章曾在《深圳商报》上连载，其实并没有写完。一边读书，一边写笔记，这是我很惬意的一段记忆。但是在 2009 年 6 月初的时候，连载被迫中断，个中原因搞得自己也兴趣荡然。所以，这组文章其实并不完整，连一个基本的总结都没能作，遗憾不可避免。个人的感觉有的时候真是很恍惚，为什么经济高速发展、举世艳羡的今天，每遇喜事，反而触目皆是战兢呢。

关于唐朝的一组文章都是电视讲座的副产品。最初，中央电视台“百家讲坛”栏目的编辑要求先讲一个小题目，我就选择了长孙皇后。但是这个题目没有讲完，好像就讲了一次，就进入了唐太宗的讲座。有关长孙皇后的文字，其实就是当时的讲稿。关于唐高宗的讲座，谈到他与武则天纠缠不可避免。有关小公主之死的传说，写了一篇论辩性的文字，发表在《中华读书报》上，后来也收入《唐高宗的真相》一书中。这次再次收录，理由不太充分，不过是希望这个观点更多地传播而已，当然也是因为属于博客文章的缘故。其实，这些多是博客开通之初的文字，想起来，这是要感谢我的学妹杨晓燕的。

敦煌学是读者群较少的一个学科，虽然边际很宽泛。在中国，敦煌与吐鲁番是联合组成学会的，而在季羡林先生看来，所有西域研究都是可以冠以吐鲁番学的。这些故事，有的是二十世纪写的，如吐鲁番的故事；而关于敦煌的文字，是 2000 年的时候，为纪念敦煌藏经洞发现一百周年而作，最初发表在《南方周末》上。

因为有感而发，写过一些短文，但总体上不脱离历史。有网友关心很多，也有人建议多写些生活感悟。感悟谁都会有，不过凡写文字，总不敢越界，偶然也会应邀写些短文，心中每每不能底气十足。所以，这次汇集博客中的文字，还是回到历史专业的周边，如同一个胆小的人不敢离家太远。

身边多有历史随笔写得很好的人，看看自己这些文字，不免担惊受怕。或者，干脆下个决心，以后加倍努力吧。

2009 年 9 月于北京老营房路

一转眼，十年已过。今年决定出此增订版，有机会加入一些新的篇章，请读者批评。感谢凤凰出版社，让本册小书再有面世机会。

2019 年 9 月 30 日